DIREITO TRIBUTÁRIO

COLEÇÃO
sinopses
PARA CONCURSOS

Coordenação
Leonardo Garcia

28

Roberval Rocha

DIREITO TRIBUTÁRIO

8ª edição

Revista, atualizada e ampliada

2021

EDITORA JusPODIVM
www.editorajuspodivm.com.br

EDITORA
*Jus*PODIVM
www.editorajuspodivm.com.br

Rua Território Rio Branco, 87 – Pituba – CEP: 41830-530 – Salvador – Bahia
Tel: (71) 3045.9051
• Contato: https://www.editorajuspodivm.com.br/sac

Diagramação: Isabella Giordano *(giordano.bella@gmail.com)*

Capa: Ana Caquetti

ISBN: 978-65-5680-261-9

8.ª ed., *2.ª tir.:* mai./2021.

Coleção Sinopses para Concursos

A *Coleção Sinopses para Concursos* tem por finalidade a preparação para concursos públicos de modo prático, sistematizado e objetivo.

Foram separadas as principais matérias constantes nos editais e chamados professores especializados em preparação de concursos a fim de elaborarem, de forma didática, o material necessário para a aprovação em concursos.

Diferentemente de outras sinopses/resumos, nos preocupamos em apresentar ao leitor o entendimento do STF e do STJ sobre os principais pontos, além de abordar temas tratados em manuais e livros mais densos. Assim, ao mesmo tempo em que o leitor encontrará um livro sistematizado e objetivo, também terá acesso a temas atuais e entendimentos jurisprudenciais.

Dentro da metodologia que entendemos ser a mais apropriada para a preparação nas provas, demos destaques (em outra cor) às palavras-chaves, de modo a facilitar não somente a visualização, mas, sobretudo, à compreensão do que é mais importante dentro de cada matéria.

Quadros sinóticos, tabelas comparativas, esquemas e gráficos são uma constante da coleção, aumentando a compreensão e a memorização do leitor.

Contemplamos também questões das principais organizadoras de concursos do país, como forma de mostrar ao leitor como o assunto foi cobrado em provas. Atualmente, essa "casadinha" é fundamental: conhecimento sistematizado da matéria e como foi a sua abordagem nos concursos.

Esperamos que goste de mais esta inovação que a Editora Juspodivm apresenta.

Nosso objetivo é sempre o mesmo: otimizar o estudo para que você consiga a aprovação desejada.

Bons estudos!

Leonardo Garcia
leonardo@leonardogarcia.com.br
www.leonardogarcia.com.br
Instagram: @leomgarcia

Guia de leitura da Coleção

A Coleção foi elaborada com a metodologia que entendemos ser a mais apropriada para a preparação de concursos.

Neste contexto, a Coleção contempla:

- **Doutrina otimizada para concursos**

Além de cada autor abordar, de maneira sistematizada, os assuntos triviais sobre cada matéria, são contemplados temas atuais, de suma importância para uma boa preparação para as provas.

> A EC 75/2013, originada pela aprovação da chamada "PEC da Música", inseriu nova alínea no texto constitucional com intuito de assegurar condições especiais para a exploração comercial, por artistas nacionais, do mercado de venda de músicas. Pode-se dizer que seu cunho, assim como a imunidade dos livros, é cultural. Uma das justificativas políticas em que se baseou a novidade foi a tentativa de reduzir os custos de CDs e DVDs musicais para fazer frente à pirataria que reina nesse nicho de mercado. De um lado, a medida foca tipos de mídia cujo uso está em franco declínio (CDs e DVDs); de outro, protege o mercado de arquivos digitais, em ascensão. Importante observar que o processo de replicação industrial destas mídias permanece tributado.

- **Entendimentos do STF e STJ sobre os principais pontos**

> ▸ **Qual o entendimento do STF sobre esse ponto:**
>
> ◙ É compatível com a Carta Magna a norma infraconstitucional que atribui a órgão integrante do Poder Executivo da União a faculdade de estabelecer as alíquotas do Imposto de Exportação. Competência que não é privativa do Presidente da República. (RE 570680, repercussão geral)

- **Palavras-chaves em outra cor**

As palavras mais importantes (palavras-chaves) são colocadas em outra cor para que o leitor consiga visualizá-las e memorizá-las mais facilmente.

> É importante não confundir os tipos de quórum: a maioria absoluta é a "metade mais um" **do número de parlamentares da casa**; a maioria simples é a "metade mais um" do número de parlamentares **presentes na sessão no momento da votação** respectiva.

- **Quadros, tabelas comparativas, esquemas e desenhos**

Com esta técnica, o leitor sintetiza e memoriza mais facilmente os principais assuntos tratados no livro.

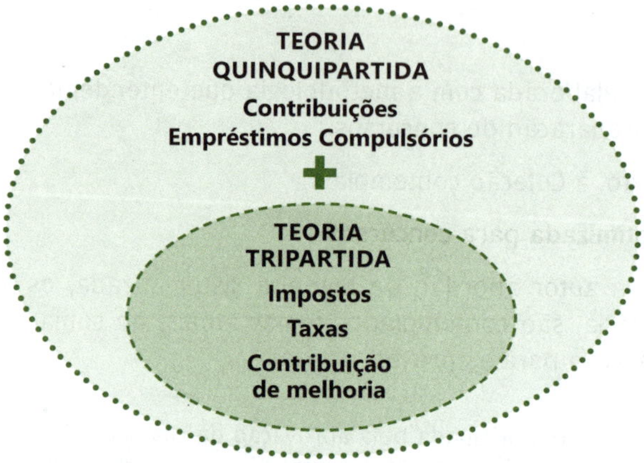

- **Questões de concursos no decorrer do texto**

Através da seção *"Como esse assunto foi cobrado em concurso?"* é apresentado ao leitor como as principais organizadoras de concurso do país cobram o assunto nas provas.

> ▸ **Como esse assunto foi cobrado em concurso?**
>
> **(Cespe/Sefaz/AL/Auditor/2020)** Considerando que Pedro, domiciliado em São Paulo, tenha decidido transferir R$ 100.000 de sua conta-corrente, para seu único filho, residente no estado de Alagoas, como presente de Natal, nesse caso, Pedro é contribuinte do ITCD no estado de Alagoas.
>
> *Resposta: Errada.*

Sumário

Capítulo

I

Direito Tributário

1. DEFINIÇÃO

A subdivisão do direito em *público* e *privado* provém do direito romano, cujo sistema apartava as normas relativas ao estado dos negócios romanos – direito público – das normas referentes aos interesses particulares – direito privado.

A maior crítica a esse sistema consiste na dificuldade de se precisar, com clareza, as situações nas quais o interesse assegurado pela norma jurídica seria meramente **privado** ou exclusivamente **público**, já que há situações de interferência recíproca entre eles. Tal dificuldade fez com que vários pensadores reexaminassem essa dicotomia inúmeras vezes, reestruturando-a em outras bases, ora com fundamento no **interessante preponderante**, ora com base no **fim do direito**, nas **espécies de propriedade** etc.

Trata-se de uma discussão que varou séculos, tendo sido alvo de críticas por parte de grandes nomes, como Savigny, Ihering, Jellinek, Radbruch, sem nunca ter chegado a um denominador comum. No entanto, apesar das críticas ainda hoje existentes contra essa dicotomia, muitos doutrinadores a consideram útil para melhor identificar os traços característicos dos diversos ramos da ciência jurídica.

De modo superficial, consideram-se pertencentes ao direito público as normas jurídicas que trazem comandos **cogentes**, imperativos. Tais normas não deixam campo de discricionariedade ao particular, que deve segui-las de maneira obrigatória. O direito público caracteriza-se, ainda, pela nítida **predominância** do interesse público sobre o particular. São exemplos de ramos do direito público: penal, administrativo, tributário, constitucional, processual etc.

Já ao direito privado dizem respeito as normas jurídicas de caráter *dispositivo*, ou seja, não cogentes (não imperativas), que permitem aos sujeitos de uma dada relação jurídica maior flexibilidade na sua observância, com *predominância* da autonomia das partes interessadas. São exemplos de ramos do direito privado o direito civil e o direito comercial.

A história do direito tributário, por sua vez, é marcada pela grande influência do direito financeiro e da ciência das finanças, dos quais derivou, como vertente, até ganhar autonomia com o desenvolvimento de regras próprias e de um conjunto de princípios ínsitos que o erigiram à categoria de disciplina independente.

O direito tributário, como ramo do direito público, teve origem com o incremento da atividade estatal, uma vez que o crescimento das obrigações do Estado para com os seus cidadãos (segurança, saúde, educação etc.), fruto do surgimento do Estado Social, exigiu uma fonte permanente de recursos a serem carreados aos cofres públicos. Destarte, cada vez mais complexas tornaram-se as relações jurídicas relacionadas com a obtenção de receitas pelo Estado, para cumprimento de suas - cada vez mais inovadoras - obrigações.

Com a crescente complexidade na obtenção de recursos, assentou-se um ramo específico da ciência jurídica, para estudar e sistematizar os princípios e normas atinentes à obtenção de receitas estatais enquadradas no conceito de tributos: o direito tributário.

Dentre as várias conceituações doutrinárias brasileiras, podem ser destacadas as seguintes: "disciplina jurídica dos tributos" (Amaro, 2001); "ramo didaticamente autônomo do direito, integrado pelo conjunto das proposições jurídico-normativas que correspondam, direta ou indiretamente, à instituição, arrecadação e fiscalização de tributos" (Carvalho, 1999); "ramo do direito que se ocupa das relações entre o fisco e as pessoas sujeitas a imposições tributárias de qualquer espécie, limitando o poder de tributar e protegendo o cidadão contra os abusos desse poder" (Machado, 2006).

2. RELAÇÃO COM OUTROS RAMOS DO DIREITO

O direito é uno, não havendo, destarte, ramos **isolados, estanques,** da ciência jurídica. Por formar um sistema, o direito deve ser entendido por meio da relação existente entre os seus diversos ramos, que se interligam, compartilhando princípios e conceitos.

O direito tributário, como não poderia deixar de ser, possui relações com diversos outros ramos do direito. Assim é que a legislação tributária traz, em seu bojo, diversos conceitos de direito civil ("personalidade", "posse", "capacidade", por exemplo), de direito administrativo ("ato administrativo"), direito comercial ("falência", "fundo de comércio" etc.), que devem ser entendidos de acordo com a sua caracterização nas respectivas origens.

A lei tributária não estabelece, normalmente, situações concretas de dever jurídico ou obrigação, mas sim meros tipos de realidade de fato que, quando ocorrem, implicam o nascimento de uma obrigação tributária concreta. Como é de domínio comum, toda realidade de fato que constitua objeto de direito ou interesse das pessoas é disciplinada pelo direito civil e, em algumas situações, pelo direito comercial. E, como é evidente, essa qualidade civilista acompanha tal realidade em qualquer ramo de direito especial que a avoque.

Daí o sistema precisar, até, **normas de inter-relação**, como o próprio Código Tributário Nacional - CTN, que, em seu art. 110, estabelece uma nítida relação entre o direito tributário e os ramos do direito privado que possuem conceitos utilizados na legislação tributária:

> Art. 110. A lei tributária não pode alterar a definição, o conteúdo e o alcance de institutos, conceitos e formas de direito privado, utilizados, expressa ou implicitamente, pela Constituição Federal, pelas Constituições dos Estados, ou pelas Leis Orgânicas do Distrito Federal ou dos Municípios, para definir ou limitar competências tributárias.

A autonomia do direito tributário, bem como dos demais ramos do direito, entretanto, deve ser entendida como meramente **didática**, uma vez que, devido à unicidade da ciência jurídica, não se pode falar em autonomia **científica** ou **jurídica**.

3. ATIVIDADE FINANCEIRA DO ESTADO

Para a realização de seus objetivos, o Estado necessita angariar recursos financeiros, à semelhança de qualquer outra organização. Nesse sentido, cuida da obtenção, gestão e dispêndio dos aportes econômicos necessários às suas atividades políticas, sociais, judiciais, educacionais etc.

A gerência desses recursos é regulada pelo direito financeiro, ramo do direito público encarregado do estudo e do regramento jurídico da atividade financeira estatal. Esta, por sua parte, desenvolve-se fundamentalmente em três campos:

a) **Receita**, ou seja, a obtenção de recursos patrimoniais;

b) **Gestão**, que consiste na administração e na conservação do patrimônio público; e

c) **Despesa**, isto é, o emprego dos recursos patrimoniais para a realização dos fins visados pelo Estado.

A atividade financeira do Estado caracteriza-se pela obtenção das chamadas **receitas originárias** e **receitas derivadas**. Para entendermos a diferença entre elas, primeiramente devemos atentar para um conceito crucial, qual seja, o conceito de soberania. O poder do Estado, conforme mandamento constitucional expresso, emana do povo, que o exerce diretamente ou por meio de seus representantes. A soberania caracteriza-se, então, por ser uma expressão do poder estatal. É o conjunto de prerrogativas e poderes que devem ser exercidos pelo Estado para a consecução dos objetivos previstos na Constituição.

As receitas, então, são classificadas em originárias e derivadas.

As **originárias** advêm da exploração do patrimônio do próprio Estado, sem a utilização de qualquer prerrogativa inerente à soberania estatal. Ou seja, na obtenção de tais receitas, o Estado não se utiliza do chamado poder de império, encontrando-se em posição de igualdade em relação ao particular. Advêm de relações jurídicas nascidas com predominância da autonomia da vontade individual, como nos contratos. O Estado aufere tais fundos a partir de relações de direito privado estabelecidas com particulares. Neste caso, a Administração Pública age como uma pessoa comum, estabelecendo relações contratuais com outras pessoas. São exemplos de receitas originárias: aluguéis recebidos, receita da venda de bens, dividendos recebidos por participação em empresas, lucro de empresas estatais etc.

As receitas **derivadas** têm como característica básica a utilização, por parte do Estado, do poder de império, reflexo da soberania estatal. O particular recolhe a receita derivada aos cofres do Estado não por opção própria, mas por determinação legal. O particular se vê, assim, compelido a cumprir a obrigação nascida *ex lege*, ou seja, em razão da lei. As receitas derivadas são, então, obtidas de forma coercitiva pelo Estado, que não deixa opção ao particular a não ser adimplir a obrigação, sob pena das sanções cabíveis. São exemplos de receitas derivadas: tributos e penalidades pecuniárias.

Da classificação acima, depreende-se que, a princípio, podemos identificar a natureza específica de determinada receita estatal observando o comportamento do Estado. Se o ente estatal não utiliza o seu poder de império, comportando-se como um particular, estamos diante de uma receita originária; caso haja utilização do poder de império por parte do Estado, estaremos diante de uma receita derivada.

4. FONTES DO DIREITO TRIBUTÁRIO

O termo "fonte do direito" é usado com várias acepções. No mais das vezes, identifica a origem primária do direito, as condicionantes reais que determinam o aparecimento de uma norma jurídica no mundo dos fatos. É também utilizado no sentido de "fundamento de validade de uma norma jurídica".

Várias classificações de fontes do direito são propostas pela doutrina, como a de Maria Helena Diniz (2005), que as discrimina em fontes **materiais** e fontes **formais**, da seguinte maneira:

- **Fontes materiais**: são fontes de produção do direito positivo, consistem no conjunto de fatores sociais determinantes do conteúdo do direito e dos valores que o direito procura realizar.
- **Fontes formais**: são os fundamentos de validade da ordem jurídica. Subdividem-se de acordo com o demonstrado na tabela abaixo.

Fontes formais	
Estatais	**Não estatais**
- Legislação; - Jurisprudência; - Convenções internacionais; - Normas dos grupos sociais.	- Costumes; - Doutrina; - Negócios jurídicos privados.

Ao direito tributário brasileiro interessa sobremaneira o estudo das fontes do direito positivo escrito, adequado ao nosso ordenamento, no qual reina, por imposição constitucional, o princípio da legalidade, assim como as abordagens periféricas relativas à doutrina, à jurisprudência e aos costumes administrativos das autoridades fiscais.

Recentemente, com a introdução, pela Emenda Constitucional nº 45/2004, da **súmula vinculante** na estrutura constitucional nacional, alargou-se o arcabouço das fontes primárias do direito, que passa a contar, com ineditismo, com a jurisprudência do Supremo Tribunal Federal – STF com força de lei ***erga omnes***, sem se originar de uma ação constitucional em sentido estrito, ou seja: sem se originar de uma decisão em sede de ação direta de inconstitucionalidade (ADI) ou de ação direta de constitucionalidade (ADC).

4.1. Constituição

É a fonte de mais alto grau de hierarquia normativa do sistema positivo. Abriga normas de estruturação do Estado, de exercício dos poderes e de feitura das demais normas – todas dela defluentes. No campo tributário, regula as competências dos entes estatais, os limites da tributação, os direitos e deveres do cidadão perante o fisco e os princípios que fundamentam a atividade tributante.

A Constituição não cria tributos, apenas prescreve as permissões para sua instituição. A par disso, entretanto, Paulo de Barros Carvalho pondera sobre uma exceção vislumbrada no texto magno, qual seja, a instituição direta de **contribuição confederativa** (CF, art. 8º, IV):

> **Art. 8º** É livre a associação profissional ou sindical, observado o seguinte: [...] IV – a assembleia geral fixará a contribuição que, em se tratando de categoria profissional, será descontada em folha, para custeio do sistema confederativo da representação sindical respectiva, independentemente da contribuição prevista em lei;

Apesar de crer mais consistente o entendimento segundo o qual a Constituição outorgou competência aos sindicatos para instituir o tributo, o autor aceita a interpretação de **instituição direta** pela Carta Constitucional. Para o STF, no entanto, a contribuição confederativa sequer tem natureza tributária.

As emendas constitucionais (CF, art. 60) também não criam tributos, pois, assim como o texto constitucional, apenas definem competências para tanto. A Emenda Constitucional de Revisão nº 01/1994, entretanto, disciplinou diretamente algumas contribuições sociais, com a estipulação de alíquotas, bases de cálculo, figuras de contribuinte etc.

4.2. Lei complementar

A lei complementar diferencia-se da lei ordinária tanto no aspecto **material**, pois só pode versar sobre matérias taxativamente previstas na Constituição, quanto no aspecto **formal**, atinente ao seu processo legislativo, que exige um quórum diferenciado para votação, já que deve ser aprovada pela **maioria absoluta** da Casa legislativa, enquanto o quórum de aprovação da lei ordinária é de **maioria simples**.

É importante não confundir os tipos de quórum: a maioria absoluta é a "metade mais um" **do número de parlamentares da casa**; a maioria simples é a "metade mais um" do número de parlamentares **presentes na sessão no momento da votação** respectiva.

Importante destacar a **inexistência de hierarquização** entre leis ordinárias e leis complementares. Assim, uma lei ordinária não pode ser atacada em face de uma lei complementar. O que pode ocorrer é a invasão de competência por parte da lei ordinária.

Exemplificando: a Constituição determina que normas gerais em matéria tributária devem ser reguladas por lei complementar. O CTN possui status de lei complementar porque trata de normas gerais tributárias. Se for editada uma lei ordinária que contrarie o disposto no CTN em matéria de normas gerais tributárias, estaremos diante de uma inconstitucionalidade por invasão de competência, e não de ilegalidade em face de lei complementar.

Regra geral, a Constituição reserva a essa espécie normativa a função de **complementar** as próprias disposições constitucionais. Assentado nas exigências constitucionais, o STF não acata a veiculação em lei ordinária de definições ou condições que repercutam na fruição de imunidades, por inconstitucionalidade formal na indevida veiculação normativa por lei inadequada à matéria, que deveria sempre ser em **lei complementar**.

Em matéria tributária, presta-se aos seguintes tipos de normatização:

Atribuições de lei complementar
1º) Dispor sobre conflitos de competência tributária;
2º) Regular as limitações constitucionais ao poder de tributar;

Atribuições de lei complementar
3º) Estabelecer normas gerais em matéria de legislação tributária, especialmente sobre:
- Definição de tributos e de suas espécies, bem como, em relação aos impostos discriminados na Constituição, a dos respectivos fatos geradores, bases de cálculo e contribuintes;
- Obrigação, lançamento, crédito, prescrição e decadência tributários;
- Tratamento tributário adequado ao ato cooperativo praticado pelas sociedades cooperativas;
- Definição de tratamento diferenciado e favorecido para as microempresas e para as empresas de pequeno porte, incluindo regimes especiais ou simplificados, no caso do ICMS, da contribuição social do empregador e do PIS/Pasep.

O estabelecimento de normas gerais de direito tributário detalha o estatuto jurídico do Sistema Tributário Nacional, pormenorizando as regras que devem ser seguidas pelas leis ordinárias e demais normas infraconstitucionais, no perfazimento do arcabouço legal das diversas esferas de poder político federativo.

Atualmente, as normas gerais em matéria tributária estão estabelecidas no Código Tributário Nacional, originalmente uma lei ordinária, mas recepcionada pela Constituição de 1967 como lei complementar.

Cabe, também, à lei complementar, veicular a instituição de tributos determinados na Constituição:

Tributos criados por lei complementar	
Empréstimos compulsórios	Art. 148
Imposto sobre grandes fortunas	Art. 153, VII
Imposto residuais	Art. 154, I
Contribuições previdenciárias residuais	Art. 195, § 4º c/c art. 154, I

▸ **Como esse assunto foi cobrado em concurso?**

(FMP/PGE/AC/Procurador/2017) No que tange ao direito tributário, é correto dizer que cabe à lei complementar

(A) resolver eventuais conflitos de competência que possam surgir entre a União, os Estados, o Distrito Federal e os Municípios.

(B) estabelecer as limitações ao poder de tributar votadas pelo Congresso Nacional, além daquelas já previstas na Constituição Federal.

(C) explicitar a definição dos tributos e suas espécies, tão somente.

(D) estabelecer o teto máximo das multas tributárias.

(E) determinar o percentual de partição das receitas tributárias entre os entes da federação.

Resposta: Alternativa "A".

A Constituição Federal proíbe que:

a) **matérias reservadas à lei complementar** sejam veiculadas em medida provisória (CF, art. 62, § 1º, III), do que decorre a impossibilidade de instituição de empréstimo compulsório, imposto sobre grandes fortunas, impostos residuais e contribuições previdenciárias residuais por meio de MPv;

b) seja utilizado lei delegada, em matéria tributária, para versar sobre matérias reservadas a lei complementar (CF, art. 68, § 1º, parte final).

O texto constitucional também exige lei complementar em certos assuntos tributários esparsos, como:

- ICMS: inúmeras determinações (art. 155, § 2º, XII);
- ITCMD: fixar certos critérios de competência territorial (art. 155, § 1º, III);
- ISSQN: fixar suas alíquotas máximas e mínimas; afastar sua incidência nas exportações de serviços para o exterior e regular a forma e as condições como isenções, incentivos e benefícios fiscais serão concedidos e revogados. (art. 156, III);
- Repartição de receitas tributárias: delineamento de controles e de transparência (art. 161);
- Fixação de montantes permissivos de remissão ou anistia de contribuições sociais (art. 195, § 11).

4.3. Lei ordinária

Via de regra, é o veículo normativo que **determina as hipóteses de incidência tributária**, isto é: "cria" o tributo. Aliás, cria o tributo em sentido abstrato, pois o tributo, como será visto, só nasce com a ocorrência do respectivo fato gerador da obrigação tributária.

É a lei ordinária o instrumento do exercício da competência tributária. Além disso, preceitua as denominadas **obrigações acessórias**, que são deveres legais que instrumentalizam a tarefa prática de arrecadação e fiscalização tributárias, desenvolvida pela Administração Pública.

Todos os entes federativos estão aptos a editar leis ordinárias no âmbito das suas respectivas competências constitucionais. Como a Federação pressupõe a autonomia das pessoas políticas que a compõem, inexiste supremacia de lei ordinária federal em face de leis ordinárias estaduais, distritais ou municipais: todas têm o mesmo *status* jurídico.

4.3.1. Iniciativa de lei em matéria tributária

No art. 61, § 1º, II, b, da Constituição Federal, dentre as matérias de **iniciativa privativa** do Presidente da República (é importante registrar que, pelo princípio da simetria, tal competência também pode ser estendida, se for o caso, aos chefes do Poder Executivo de outros entes federados) consta a "*organização administrativa e judiciária, matéria tributária e orçamentária, serviços públicos e pessoal da administração dos Territórios*".

De uma leitura apressada, poder-se-ia inferir que a competência para a iniciativa legislativa em matéria tributária seria privativa do Poder Executivo. Entretanto, esse dispositivo constitucional refere-se, tão-somente, a matérias vinculadas aos **territórios federais**, como já decidiu a jurisprudência.

Como a iniciativa do processo de feitura de leis tributárias dos entes federativos não foi restringida por essa norma, verifica-se a existência de *concorrência de iniciativa* entre o Poder Executivo e o Poder Legislativo no tocante ao assunto, pois ambos podem apresentar projetos de leis. A regra é absoluta e não pode ser suprimida ou limitada por leis orgânicas ou por constituições estaduais, no âmbito dos Municípios, Distrito Federal e Estados. Tais cartas políticas devem carregar preceito idêntico ao da Carta Magna, sob pena de inconstitucionalidade.

A prerrogativa dos parlamentares, neste campo, é ampla, sendo-lhes permitido, até mesmo, propor concessão de benefícios fiscais - isenções, remissões, anistias, alongamento de prazos de pagamento etc., sem esbarrar na vedação constitucional prevista no art. 63, I, que proíbe o aumento de despesas previstas nos projetos de iniciativa exclusiva do Presidente da República, com exceção daquelas pertinentes ao orçamento e à lei de diretrizes orçamentárias.

E não esbarram por conta de dois motivos: primeiro, como já dito, porque matéria tributária não é de iniciativa privativa; segundo, porque **matéria tributária** não se confunde com **matéria orçamentária**, para efeito de submissão às restrições constitucionais acima descritas, mesmo prevendo que o Estado venha a "abrir mão" de arrecadar os tributos atingidos pelos benefícios fiscais.

4.3.2. Atos do Poder Executivo federal majoradores de alíquotas de tributos

Como será visto adiante, no capítulo **Princípios do direito tributário**, alguns tributos de competência da União podem ter suas alíquotas majoradas por ato do Poder Executivo federal:

Alíquotas alteráveis por atos do Poder Executivo Federal	
Tributo	**Permissivo**
- Imposto de Importação (II) - Imposto de Exportação (IE) - Imposto sobre Produtos Industrializados (IPI) - Imposto sobre Operações Financeiras (IOF)	CF, art. 153, § 1º
- Cide-combustíveis	CF, art. 177, § 4º, I, "b"

Tais atos mostram-se, nesses casos, com **força de lei material** e não têm de ser, necessariamente, editados pelo Presidente da República, uma vez que a previsão constitucional é larga, aduzindo a "atos do Poder Executivo", o que abre espaço, também, ao Ministro de Estado da área correspondente, no caso, Ministro da Fazenda, para a edição do ato.

> ▸ **Qual o entendimento do STF sobre esse ponto:**
>
> ◙ É compatível com a Carta Magna a norma infraconstitucional que atribui a órgão integrante do Poder Executivo da União a faculdade de estabelecer as alíquotas do Imposto de Exportação. Competência que não é privativa do Presidente da República. (RE 570680, repercussão geral)

4.4. Lei delegada

Segundo o art. 68 da Constituição Federal, as leis delegadas são elaboradas pelo Presidente da República, que deverá solicitar a delegação ao Congresso Nacional. Por simetria, permite-se a edição de leis delegadas, também, nos âmbitos municipal, estadual e distrital.

A delegação, contudo, é restrita, não podendo abranger certas matérias: atos de competência exclusiva do Congresso Nacional; atos de competência privativa da Câmara dos Deputados ou do Senado Federal; **matéria reservada à lei complementar**; legislação sobre organização do Poder Judiciário e do Ministério Público, bem como sobre a carreira e a garantia de seus membros; sobre nacionalidade, cidadania, direitos individuais, políticos e eleitorais e legislação sobre planos plurianuais, diretrizes orçamentárias e orçamentos.

Em essência, não é vedado à lei delegada tratar de matéria tributária, a não ser que tal matéria seja reservada à lei complementar: normas gerais de direito tributário e instituição de tributos da competência residual da União.

4.5. Medida provisória

Em caso de **relevância** e **urgência**, o Presidente da República poderá adotar medidas provisórias, com força de lei, devendo submetê-las de imediato ao Congresso Nacional (art. 62, CF). A "força de lei" a que se refere a Constituição é a **força de lei ordinária**. As medidas provisórias são denominadas comumente pela sua sigla: "MP". Podem ser editadas pelo Executivo dos demais entes políticos, desde que previstas nas respectivas constituições ou leis orgânicas.

Vedado, porém, que tal instrumento legislativo verse sobre: nacionalidade, cidadania, direitos políticos, partidos políticos e direito eleitoral; direito penal, processual penal e processual civil; organização do Poder Judiciário e do Ministério Público, a carreira e a garantia de seus membros; planos plurianuais, diretrizes orçamentárias, orçamento e créditos adicionais e suplementares, ressalvado o previsto no art. 167, § 3º, CF; detenção ou sequestro de bens, de poupança popular ou qualquer outro ativo financeiro; matéria **reservada à lei complementar**.

Assim, semelhantemente às leis delegadas, a medida provisória pode conter matéria tributária, desde que não reservada à lei complementar.

Mas o texto constitucional faz uma reprimenda expressa à edição de MPs em matéria tributária, determinando que, caso a MP implique instituição ou majoração de **impostos**, só produzirá efeitos no exercício financeiro seguinte, se houver sido convertida em lei até o último dia daquele em que foi editada. Entretanto, ficam excetuados desta regra os seguintes impostos: II, IE, IPI, IOF e impostos extraordinários de guerra (CF, art. 62, § 2º).

> ▸ **Como esse assunto foi cobrado em concurso?**
>
> **(Cespe/Sefaz/DF/Auditor/2020)** A majoração de qualquer tributo por medida provisória somente produzirá efeitos no exercício financeiro seguinte se for convertida em lei até o último dia do exercício em que tiver sido editada.
>
> *Resposta: Errada.*

4.6. Tratado internacional

Faz parte das atribuições do Presidente da República celebrar tratados, convenções e atos internacionais (CF, art. 84, VIII), sujeitos à competência exclusiva do Congresso Nacional para resolver definitivamente sobre eles, caso acarretem encargos ou compromissos gravosos ao patrimônio nacional (CF, art. 49, I).

Os tratados internacionais refletem bastante no ordenamento tributário interno de um país, mormente no que diz respeito ao controle dos efeitos da dupla tributação (norma interna e norma estrangeira incidindo sobre mesmo fato gerador) e aos mecanismos de comércio exterior (impostos e tarifas de importação e exportação).

O CTN regula esses reflexos no art. 98, afirmando que "os tratados e as convenções internacionais revogam ou modificam a legislação tributária interna, e serão observados pela que lhes sobrevenha".

Ao impor observância às leis supervenientes ao tratado, o CTN levantou uma grande questão: pode lei superveniente revogar as disposições de um tratado? A doutrina majoritária responde à indagação de maneira negativa, mas assentada em diferentes pressupostos:

a) Para Luciano Amaro, o conflito entre a lei interna e o tratado resolve-se pelo princípio da especialidade: a lei especial derroga a lei geral. No caso, a lei especial seria o tratado, que preponderaria se posterior ou se anterior à lei interna.

b) Para Hugo de Brito Machado, as regras de direito internacional e o princípio da moralidade impõem a proeminência dos tratados, sob pena de desprestígio do Estado que os creditou, do que se deflui que só poderiam ser revogados por instrumento adequado: a **denúncia** de seu conteúdo, que é a forma utilizada por um Estado para se desenlaçar de compromissos normativos pactuados em âmbito internacional, não por uma norma interna.

- **Qual o entendimento do STJ sobre esse ponto:**
- São isentos do imposto de renda os rendimentos do trabalho recebidos por técnicos a serviço das Nações Unidas, contratados no Brasil para atuar como consultores no âmbito do Programa das Nações Unidas para o Desenvolvimento – PNUD. Os "peritos" a que se refere o Acordo Básico de Assistência Técnica com a ONU, suas Agências Especializadas e a Agência Internacional de Energia Atômica, promulgado pelo Dec. 59.308/66, estão ao abrigo da norma isentiva do imposto de renda. Tal acordo atribuiu os benefícios fiscais decorrentes da Convenção sobre Privilégios e Imunidades das Nações Unidas, promulgada pelo Dec. 27.784/50, não só aos funcionários da ONU em sentido estrito, mas também aos que a ela prestam serviços na condição de "peritos de assistência técnica", no que se refere a essas atividades específicas. (REsp 1306393, recurso repetitivo)

4.7. Decreto legislativo

É instrumento de competência exclusiva do Congresso Nacional, utilizado, entre outras funções legislativas, para introduzir, no ordenamento nacional, o conteúdo dos tratados e convenções internacionais firmados pelo Poder Executivo.

As normas tributárias pactuadas entre Estados soberanos no âmbito internacional não têm eficácia interna imediata. Exige-se que sejam absorvidas no direito pátrio por meio da aprovação de um decreto legislativo, por maioria simples dos membros do Congresso Nacional, em discussão e votação em ambas as Casas legislativas. Sua promulgação é feita pelo Presidente do Senado, sem a participação do Presidente da República.

Também é instrumento utilizado pelas assembleias legislativas estaduais para absorver o conteúdo dos convênios firmados entre Estados federados. Uma vez promulgado, tem status de lei ordinária.

4.8. Convênio

Ato normativo executivo infralegal, que expressa, em matéria tributária, ajuste de vontade entre entes federativos.

A Constituição Federal excepciona o princípio da legalidade, permitindo que certos convênios tenham **força de lei**, como é o caso daquele previsto no art. 155, § 2º, XII, "g".

Nesse caso, a deliberação dos Estados, que é feita por convênio, poderá conceder e revogar benesses fiscais relativas ao ICMS, excepcionando a exigência, prevista na própria Constituição, de **lei específica** que regule exclusivamente a matéria ou o tributo a que se refiram, para conceder qualquer subsídio, isenção, redução de base de cálculo, concessão de crédito presumido, anistia ou remissão relativos a impostos, taxas ou contribuições (CF, art. 150, § 6º).

4.9. Norma regulamentar

O decreto e o regulamento são tidos, atualmente, como figuras sinônimas, **atos administrativos** de abrangência normativa semelhante. A Constituição Federal alude a eles no art. 84, IV, como forma pela qual o Presidente da República dá curso à fiel execução das leis. Não têm natureza jurídica legislativa.

Os decretos podem ser caracterizados como atos que provêm da manifestação de vontade dos chefes do Poder Executivo, o que os torna resultantes de competência administrativa específica.

Já os regulamentos são atos que dispõem sobre meios instrumentais necessários ao cumprimento das normas tributárias em geral, esclarecendo contribuintes e fisco a respeito das formalidades e regras a serem cumpridas no dever de exação e de recolhimento dos tributos. Normalmente, são expedidos por Ministros de Estados ou Secretários municipais ou estaduais, no âmbito de suas respectivas funções técnico-administrativas.

Ambas as figuras explicam a forma de execução das leis tributárias, sem, no entanto, ultrapassar os limites normativos destas, ou seja, sem **inovar**.

O conteúdo e o alcance dos decretos restringem-se aos das leis em função das quais sejam expedidos, determinados com observância das regras de interpretação estabelecidas no próprio CTN (art. 99). Tal regra é válida, igualmente, para os regulamentos.

▸ **Como esse assunto foi cobrado em concurso?**

(TRF/3R/Juiz/2018) Indique a afirmação incorreta:

(A) tributo é toda prestação pecuniária compulsória, em moeda ou cujo valor nela se possa exprimir, instituída em lei, que não constitua sanção por ato ilícito.

(B) medida provisória pode estabelecer a extinção de tributo.

(C) lei que disponha sobre outorga de isenção deve ser interpretada literalmente.

(D) os decretos restringem o conteúdo e o alcance das leis em função das quais são expedidos.

Resposta: Alternativa "D".

4.10. Norma complementar

O próprio CTN, no art. 100, arrola as normas complementares das leis, dos tratados e das convenções internacionais e dos decretos:

Normas complementares
- Atos normativos expedidos pelas autoridades administrativas;
- Decisões administrativo-normativas dos órgãos administrativos singulares ou coletivos;
- Práticas reiteradas das autoridades administrativas.
- Convênios que entre si celebrem União, Estados, Distrito Federal e Municípios.

O objetivo das normas complementares é esclarecer e auxiliar os aplicadores do direito, uniformizando procedimentos, prevenindo conflitos na relação de sujeição tributária, operacionalizando a execução da legislação e servindo de ferramenta para sua interpretação. Atreladas ao princípio da hierarquia normativa, devem obedecer ao comando superior das leis, das quais retiram seu fundamento de validade.

Os atos normativos expedidos pelas autoridades administrativas são as portarias, instruções, circulares etc., que derivam diretamente do **poder regulamentar** da Administração Pública. Têm a função de detalhar os comandos legais e regulamentares que lhes são superiores (leis, decretos, regulamentos etc.).

As decisões dos órgãos singulares ou coletivos de jurisdição administrativa a que a lei atribua eficácia normativa são comumente denominadas, no jargão tributário, de "jurisprudência administrativa" e expressam o entendimento dos órgãos fiscais imbuídos da solução do processo administrativo-tributário, das lides tributárias que surgem dos conflitos fisco-contribuinte, ou, simplesmente, das **consultas** tributárias, que são processos específicos para que o sujeito passivo solicite à Administração o esclarecimento de dúvidas a respeito da correta aplicação da legislação tributária em face de um caso concreto, ou em tese. Nem todas essas decisões, contudo, irradiam os efeitos explicitados no art. 100 do CTN, mas somente aquelas a que as leis tributárias atribuam **eficácia normativa**.

As práticas reiteradamente observadas pelas autoridades administrativas representam o "costume administrativo", que deve ser tomado pelos contribuintes como parâmetro para a correta aplicação da lei, uma vez que consiste na interpretação daqueles incumbidos de aplicá-la. Não há exigências formais que balizem o costume administrativo, apenas a **reiteração** da conduta do fisco e o princípio da **boa-fé**.

Os convênios a que se refere o art. 100 não são os convênios de ICMS reportados alhures. Trata-se dos denominados "convênios de cooperação", firmados entre os fiscos das diferentes esferas, para prestação mútua de assistência à fiscalização dos tributos respectivos e permuta de informações de interesse da Administração Tributária, conforme dispõe o art. 199 do CTN.

▸ **Qual o entendimento do STJ sobre esse ponto:**

◙ A validade das instruções normativas pressupõe a estrita observância dos limites impostos pelos atos normativos primários a que se subordinam, sendo certo que, se vierem a positivar em seu texto uma exegese que possa irromper a hierarquia normativa sobrejacente, viciar-se-ão de ilegalidade e não de inconstitucionalidade. (REsp 993164, recurso repetitivo)

▸ **Como esse assunto foi cobrado em concurso?**

(Cespe/PGM/Fortaleza/Procurador/2018) As práticas reiteradamente observadas pelas autoridades administrativas são normas complementares consuetudinárias de direito tributário. Assim, na hipótese de a norma ser considerada ilegal, não é possível caracterizar como infracional a conduta do contribuinte que observa tal norma, em razão do princípio da proteção da confiança e da boa-fé objetiva.

Resposta: Certa.

4.11. Efeitos decorrentes da observância às normas complementares

Diz o art. 100, parágrafo único do CTN:

A observância às normas complementares impede
- A imposição de penalidades;
- A cobrança de juros de mora;
- A atualização do valor monetário da base de cálculo do tributo.

A regra protege a boa-fé daqueles que se orientaram pelas palavras do próprio fisco, pois, não raro, há edição de normas complementares em desacordo com preceitos legais superiores, que, quando identificadas, são anuladas ou revogadas pela própria Administração. Nesse caso, aqueles que as seguiram não podem ser penalizados por essas mudanças de entendimento supervenientes.

Entretanto, pode acontecer de, pela indução ao erro, ter havido recolhimento a menor de tributos devidos. Qual a solução nesse caso? Como são normas jurídicas inferiores às leis que definem as obrigações tributárias, elas não têm a força de exonerar o sujeito passivo de cumprir com tais obrigações, pois, caso isso fosse possível, estaria a Administração Pública legislando indiretamente por meio dessas normas complementares, o que agrediria o princípio da estrita legalidade tributária. O CTN então, resolve a questão, sem abrir mão do recolhimento dos tributos, mas impedindo que qualquer gravame seja imputado ao sujeito de boa-fé, que terá direito a pagar o que deve, sem juros, correção ou multas.

5. LEGISLAÇÃO TRIBUTÁRIA

O Código Tributário Nacional arrola diversos tipos normativos aptos a veicular regras tributárias, denominando-os, genericamente, de "legislação tributária":

> **Art. 96.** A expressão "legislação tributária" compreende as leis, os tratados e as convenções internacionais, os decretos e as normas complementares que versem, no todo ou em parte, sobre tributos e relações jurídicas a eles pertinentes.

Não se pode olvidar que as disposições constitucionais e demais leis complementares tributárias estão incluídas no conceito amplo de legislação tributária utilizado no Código.

Capítulo

II

Tributo

1. DEFINIÇÃO

A definição de tributo é dada pelo próprio CTN:

> **Art. 3º** Tributo é toda prestação pecuniária compulsória, em moeda ou cujo valor nela se possa exprimir, que não constitua sanção de ato ilícito, instituída em lei e cobrada mediante atividade administrativa plenamente vinculada.

Da qual podem ser extraídas suas notas legais distintivas:

a) **Prestação pecuniária**: é aquela expressa em moeda, dinheiro. Não pode haver tributo que exija, por exemplo, a prestação em produtos, ou animais. A palavra pecúnia origina-se do latim e significa dinheiro. As prestações de serviços obrigatórios ao Estado, como o serviço militar e o serviço eleitoral, não são tributos, por não serem expressos em moeda. Do mesmo modo, afasta a instituição de tributos ***in natura*** ou ***in labore***.

> ▸ **Como esse assunto foi cobrado em concurso?**
>
> **(Consulplan/TJ/MG/Cartórios/Provimento/2017)** A partir da definição legal de tributo, considerando-se o art. 3º e outras disposições constantes do Código Tributário Nacional, é correto afirmar:
>
> (A) Tributo é toda prestação pecuniária, podendo constituir sanção de ato ilícito.
>
> (B) Tributo é prestação em moeda ou cujo valor nela se possa exprimir, sendo vedado o uso de unidades fiscais para indexação.
>
> (C) Tributo é pagável em dinheiro, mas também em bens imóveis, nos termos da lei.
>
> (D) A característica de ser prestação compulsória denota a natureza de receita originária do tributo.
>
> *Resposta: Alternativa "C".*

b) **Compulsória**: o contribuinte é obrigado a pagar tributo, em virtude da relação de império que o Estado estabelece sobre a sociedade no exercício de sua soberania. Ocorrido o fato gerador, o sujeito tem o dever de pagar o tributo, independente de sua vontade. Por essa razão, por não depender da vontade do contribuinte, os civilmente incapazes também são obrigados ao pagamento de tributos.

> **Qual o entendimento do STJ sobre esse ponto:**
>
> ▣ O Fundo de Saúde do Exército é custeado pelos próprios militares que gozam, juntamente com seus dependentes, de assistência médico-hospitalar, cuja contribuição é cobrada compulsoriamente dos servidores. A contribuição de custeio, por inserir-se no conceito de tributo previsto no art. 3º, do CTN, ostenta natureza jurídica tributária, sujeitando-se ao princípio da legalidade. (REsp 1086382, recurso repetitivo)

c) **Não constitui sanção de ato ilícito**: Muitas vezes, somos obrigados a pagar valores ao Estado em decorrência de infrações que cometemos. Nesse caso, não se trata de tributo. Multas de trânsito, multas administrativas, multa pela prática de crime não são tributos.

d) **Instituído em lei**: tributo é obrigação *ex lege*. Para que seja exigido legitimamente, torna-se necessário que a lei o estabeleça com antecedência.

e) **Atividade vinculada**: é aquela exercida pela autoridade administrativa em observância estrita à lei. À autoridade administrativa não é dado decidir pela conveniência e pela oportunidade da exação fiscal, pois não possui apenas o *poder*, mas também o *dever* de exigir o tributo. Diferencia-se, pois, da atividade discricionária, por meio da qual o agente decide pela conveniência e pela oportunidade da realização do ato.

1.1. Natureza jurídica

É o fato gerador da obrigação que determina a natureza específica do tributo que sobre ele incide (CTN, art. 4º). A natureza jurídica, entenda-se, é a posição que a espécie tributária ocupa no ordenamento: se imposto, taxa, contribuição etc.

> **Art. 4º** A natureza jurídica específica do tributo é determinada pelo fato gerador da respectiva obrigação, sendo irrelevantes para qualificá-la:
>
> I - a denominação e demais características formais adotadas pela lei;
>
> II - a destinação legal do produto da sua arrecadação.

Esse artigo, entretanto, só é aplicável à **teoria tripartida** das espécies tributárias, encartada no art. 5º do CTN. Se o fato gerador é: (a) uma situação independente de qualquer atividade estatal específica, relativa ao contribuinte, (CTN, art. 16), trata-se de **imposto**; (b) o exercício regular do poder de polícia, ou a utilização, efetiva ou potencial, de serviço público específico e divisível, prestado ao contribuinte ou posto à sua disposição (CTN, art. 77), trata-se de **taxa**; e (c) a valorização imobiliária, decorrente de obras públicas (CTN, art. 81, c/c CF, art. 145, III), **contribuição de melhoria**.

> ▸ **Como esse assunto foi cobrado em concurso?**
>
> **(Inaz/CORE/MS/Assistente/2018)** No que diz respeito à classificação dos tributos no Brasil, várias teorias foram adotadas pela doutrina, pela jurisprudência e pelo Código Tributário Nacional ao longo do tempo, sempre tendo havido divergência sobre a classificação dos tributos e, consequentemente, sobre a teoria adotada. Apesar das diferenças de entendimento entre lei, doutrina e jurisprudência, o Código Tributário Nacional adota expressamente a teoria da:
>
> (A) pentapartida, que considera como tributos: impostos, taxas, contribuições de melhoria, empréstimos compulsórios e contribuições especiais.
>
> (B) tetrapartida, considerando como tributos: impostos, empréstimos compulsórios, contribuições especiais e contribuições de melhoria.
>
> (C) bipartida, apenas considerando como tributos os impostos e as taxas.
>
> (D) tripartida, classificando os tributos como impostos, taxas e contribuições de melhoria.
>
> *Resposta: Alternativa "D*

Como no ordenamento brasileiro existem outras modalidades tributárias além daquelas descritas no CTN, a saber: **contribuições especiais** e **empréstimos compulsórios**, a teoria da tripartição é insuficiente como critério distintivo das modalidades tributárias (o próprio art. 217 do CTN admite a existência de outras figuras tributárias que não aquelas três previstas no seu art. 5º).

A teoria mais aceita é a quinquipartida, tida como encartada na tipologia tributária constitucional brasileira:

Hoje, a doutrina fala em análise conjugada da base de cálculo e do fato gerador para a correta identificação da natureza jurídica da exação, assim como da necessária avaliação da **finalidade** das contribuições especiais e da possibilidade, ou não, de devolução do montante arrecadado, no caso dos empréstimos compulsórios.

1.2. Denominação

A disciplina jurídica que deriva de uma espécie tributária nunca deriva de sua denominação, mas sim, e tão-somente, do seu fato gerador. Por isso, o estudioso não deve se preocupar com nomes que, às vezes, nada esclarecem sobre o tributo em estudo. Expressões como "adicional ao frete para renovação da marinha mercante", "salário-educação", "Cide-combustíveis" etc. não são levadas em conta para definir ou qualificar a exação, pois apenas indicam, quando muito, sua origem legislativa ou o assunto com o qual se relacionam.

Outra importância do preceito consiste em impedir que, principalmente no que toca às taxas, cuja instituição pelo Poder Público é "aberta" - diferentemente dos impostos, que são ***numerus clausus*** -, possa o legislador instituir diversas exações incidentes sobre o mesmo fato gerador, apenas as criando com nomes diferentes. Exemplo: "taxa de limpeza urbana", "taxa de varrição de ruas" e "taxa de limpeza de logradouros".

1.3. Destinação

Considerar irrelevante a destinação legal do produto da arrecadação para qualificar a natureza tributária não faz mais sentido, já que alguns novos tipos tributários definidos na Constituição, mas não no CTN, como é o caso das contribuições sociais, têm como nota distintiva a vinculação dos recursos gerados.

O preceito parece ter tido origem na ideia de autonomia do direito tributário em face do direito financeiro, pois só importaria àquele a ideia, em certos aspectos, de **receita pública**, deixando a este último a regulamentação jurídica dos preceitos da **despesa pública**. Entretanto, em nada prejudica tal autonomia a preocupação, sim, com a finalidade atribuída aos recursos arrecadados. Atualmente, diante de preceitos como **transparência fiscal**, é cada vez mais exigida do legislador a indicação da finalidade das exações. A **vinculação das receitas** é, pois, uma tendência moderna.

1.4. Características dos tributos quanto à sua finalidade

Pode-se caracterizar um tributo quanto à finalidade que lhe direciona a lei tributária. A análise dessa finalidade, contudo, não integra a ciência do direito tributário: é mais afeta à economia. E não a integra porque, em regra, a destinação de um tributo não é critério para delinear suficientemente seu regime jurídico. De qualquer modo, é conhecimento que se exige do estudioso da matéria, de indubitável utilidade prática.

Caracterizam o tributo, quanto à sua finalidade, a:

a) **Fiscalidade**: não há finalidade específica, apenas a de carrear disponibilidades financeiras para os cofres públicos. É a regra geral dos impostos. Diz-se, também, que um tributo é **fiscal** quando o sujeito ativo da obrigação tributária é o mesmo sujeito titular da competência tributária para instituí-lo. Exemplo: o IPTU, que tem como sujeito ativo e como titular da competência tributária a mesma pessoa jurídica de direito público, o Município. Um exemplo a *contrario sensu* é o da contribuição de interesse das categorias profissionais e econômicas, cujo titular é o respectivo conselho profissional, mas, em que pese tal titularidade, é instituída pela União: exemplo de parafiscalidade.

b) **Parafiscalidade**: compreende o vocabulário "parafiscalité", empregado pela primeira vez em 1947, no "Inventaire Schumann", elaborado pelo ministro da Economia da França, que lhe deu o nome, sendo que "a sua origem foi a desorganização que as guerras causaram nas coletividades, pelas perdas de vidas, de bens materiais, de habitações e de empregos, pela dispersão de pessoas e famílias e a incerteza de seu futuro, principalmente na Europa. Para enfrentar as necessidades de alojamento, alimentação, assistência médica, o Estado teve, subitamente, sem tempo, vagar ou inspiração para qualquer planejamento, que atender a milhões de pessoas de algum modo atingidas. Os recursos necessários ao custeio das atividades resultantes dos danos de guerra não poderiam vir de dotações orçamentárias normais. Por isso, urgência e presteza exigiram geração pronta de recursos e descentralização de métodos para torná-los disponíveis e aplicáveis aos fins a que destinados" (Melo, 2003).

Ocorre quando o sujeito competente para instituir determinado tributo, que só pode ser um ente federativo, delega a outra pessoa jurídica de direito público, que passa a denominar-se, genericamente, de **entidade paraestatal**, a sujeição ativa do tributo – a **capacidade tributária** – atribuindo-lhe, também, o produto da arrecadação. O exemplo mais conhecido é o do Instituto Nacional de Seguridade Social – INSS – autarquia federal, sujeito ativo de certas contribuições sociais instituídas pela União.

c) **Extrafiscalidade**: a finalidade não é meramente arrecadatória e contém traços regulatórios de certos comportamentos econômicos, sociais, sanitários etc. Os impostos sobre o comércio exterior são exemplos clássicos de tributos extrafiscais. Sua utilização, pelo governo federal, pode, por exemplo, fomentar ou desestimular a produção nacional de certos itens. Exemplo: se ocorre demanda interna excessiva por farinha de trigo, produto estrangeiro de que o Brasil depende muito, o governo pode diminuir as respectivas alíquotas do II, com intenção de baratear o produto, evitando que o preço do pão aumente. Outro exemplo: se houver uma excessiva valorização do preço do álcool combustível no mercado internacional, o governo pode aumentar as alíquotas respectivas do IE, para evitar que os produtores nacionais desabasteçam o mercado interno.

1.5. Classificações relevantes de tributo

Sobre o assunto, apresenta-se a seguinte classificação, ainda que sucinta, visando melhorar a compreensão da matéria:

a) **Tributo vinculado**: é aquele cujo fato gerador relaciona-se (vincula-se) a alguma contraprestação por parte do Estado. Ex: taxas e contribuição de melhoria.

b) **Tributo não vinculado**: é aquele cujo fato gerador não se vincula a nenhuma contraprestação específica por parte do Estado. É o caso específico dos impostos, tal e qual definido juridicamente pelo próprio CTN:

> **Art. 16.** Imposto é o tributo cuja obrigação tem por fato gerador uma situação independente de qualquer atividade estatal específica, relativa ao contribuinte.

c) **Tributo de arrecadação vinculada**: é aquele cuja arrecadação deve, necessariamente, ser utilizada no fim que justificou sua criação. Ex.: empréstimos compulsórios e contribuições especiais, que são tributos finalisticamente afetados, consagrados no texto constitucional.

A afetação da arrecadação a certas despesas ou serviços, é requisito necessário para o exercício da competência da União Federal no que tange às contribuições e aos empréstimos compulsórios. Sem afetar essas espécies tributárias - que somente a União tem competência para criar, com exceção da contribuição para o custeio da seguridade social dos servidores públicos, que é de competência do respectivo ente federativo a que eles se vinculam -, falece legitimidade para sua instituição legislativa. As leis criadoras destes tributos devem, obrigatoriamente, destinar sua arrecadação ao custeio das despesas expressamente permitidas no texto constitucional.

Observa-se que a destinação assume relevância não só tributária, mas constitucional e legitimadora do exercício dessas competências. Se o produto da arrecadação dessas espécies tributárias não estiver vinculado aos fins constitucionais admitidos - se inexistente o gasto ou se desviado o recurso arrecadado para outros fins -, é tido por ilegítimo, e enseja repetição daquilo que foi pago.

d) **Tributo de arrecadação não vinculada**: é aquele cujas receitas podem ser livremente utilizadas para as despesas gerais da Administração Pública, atendidos os preceitos orçamentários. Ex: impostos, taxas e contribuição de melhoria.

De acordo com a Constituição Federal:

> **Art. 167.** São vedados: [...] IV - a vinculação de receita de impostos a órgão, fundo ou despesa, ressalvadas a repartição do produto da arrecadação dos impostos a que se referem os arts. 158 e 159, a destinação de recursos para as ações e serviços públicos de saúde, para manutenção e

> desenvolvimento do ensino e para realização de atividades da administração tributária, como determinado, respectivamente, pelos arts. 198, § 2º, 212 e 37, XXII, e a prestação de garantias às operações de crédito por antecipação de receita, previstas no art. 165, § 8º, bem como o disposto no § 4º deste artigo;
>
> [...]
>
> § 4º É permitida a vinculação de receitas próprias geradas pelos impostos a que se referem os arts. 155 e 156, e dos recursos de que tratam os arts. 157, 158 e 159, I, a e b, e II, para a prestação de garantia ou contragarantia à União e para pagamento de débitos para com esta.

É o que se denomina de **princípio da não afetação**, restrito aos impostos, mas, conforme se depreende do texto constitucional, bastante mitigado, pois prevê várias exceções permissivas da afetação desta espécie tributária.

Apesar de não ser impositivo para taxas e contribuições de melhoria, já que possibilita a vinculação destes a situações específicas – como, por exemplo, aquelas que direcionam a arrecadação das taxas a determinados fundos ou órgãos da Administração Pública –, a regra geral é não preverem as leis instituidoras destes tributos, sua vinculação, pois, assim procedendo, mantêm a discricionariedade do Poder Executivo quanto à determinação de como e quando utilizar o montante arrecadado.

Algumas constituições estaduais pretenderam criar novas vinculações de receita, fora do modelo constitucional republicano, no que foram repelidas pelos tribunais, em homenagem ao princípio da separação de poderes, eis que a prévia vinculação constitucional excluiria a competência do Poder Executivo para a proposta orçamentária.

Quanto à vinculação do fato gerador a prestações estatais	
Vinculado	**Não vinculado**
- Taxas; - Contribuições de melhoria; - Contribuições previdenciárias;	- Impostos
Quanto ao destino dos recursos arrecadados	
De arrecadação vinculada	**De arrecadação não vinculada**
- Empréstimos compulsórios; - Contribuições especiais; - Custas e emolumentos judiciais;	- Impostos; - Taxas; - Contribuições de melhoria;

e) Tributo **fiscal**: é aquele cuja finalidade principal é arrecadar recursos para cobrir as despesas públicas. Ex.: IR, IPTU, ICMS, IPVA, ITBI, ITCMD, ISS, contribuição de melhoria e empréstimos compulsórios.

▸ **Como esse assunto foi cobrado em concurso?**

(Cespe/TRT/7R/Analista/2017) A principal finalidade do imposto sobre serviços (ISS) é a arrecadação de recursos para o titular da competência tributária. Por esse motivo, o ISS configura um tributo essencialmente

(A) fiscal.

(B) indireto.

(C) adicional.

(D) pessoal.

Resposta: Alternativa "A".

f) Tributo **extrafiscal**: é aquele cuja finalidade principal não é arrecadatória. Sua finalidade pode ser econômica – proteção da indústria nacional, controle da balança comercial, controle da inflação, taxa de juros, câmbio, ou social – desestímulo à manutenção de propriedades improdutivas. Ex.: II, IE, IOF, IPI (cigarros), ITR.

Vale ressaltar que a fiscalidade e a extrafiscalidade não são mutuamente excludentes, ou seja, todos os impostos possuem algo de fiscal e de extrafiscal; ora mais de um, ora mais de outro. O IPTU, por exemplo, é considerado um imposto fiscal, porque sua principal finalidade é carrear recursos para os cofres dos Municípios, mas pode também ser utilizado para desestimular a manutenção de áreas não aproveitadas dentro dos perímetros urbanos, apresentando, nesse caso, também característica extrafiscal.

g) Tributo **parafiscal**: é aquele cuja arrecadação não é destinada aos entes políticos da Federação – União, Estados, Distrito Federal e Municípios. Destinam-se à manutenção de órgãos autônomos fiscalizadores de algumas profissões ou do interesse de categorias econômicas específicas. Ex.: OAB, CRM, Sesi, Sesc etc.

Na teoria do tributo, a parafiscalidade é um conceito negativo. São parafiscais os tributos não fiscais.

Os tributos parafiscais são, portanto, aqueles que não seguem o caminho típico, ordinário, normal, dos tributos do Estado. São tributos que, tendo sido estabelecidos pelo Estado e derivados de seu poder financeiro, apresentam certos desvios em relação a suas receitas tributárias normais, ou são exigidos por órgãos ou organismos alheios à Administração financeira do Estado, ou, ainda, não ingressam, total ou parcialmente, no Tesouro, ou não se integram aos Orçamentos Gerais do Estado; ou, integrando-se neles, não se destinam indistintamente a cobrir a despesa pública, mas dizem respeito a um gasto público particular, ou seja, não se integram, não se misturam com as demais receitas orçamentárias.

h) Tributo ***in natura:*** o que não faz referência a pagamento em pecúnia, mas sim em bens. Não é previsto nos ordenamentos modernos. Era o caso de antigas cobranças que recaiam sobre a agricultura, pecuária ou comércio, obrigando a dação de parte da colheita, da criação ou das mercadorias ao Estado.

i) Tributo ***in labore***: também não faz referência a pagamento em pecúnia, mas em serviços. Não é previsto no ordenamento brasileiro. Trata-se de conceito intimamente ligado à história da tributação, pois, em diferentes épocas da humanidade, surgiu o tributo em pecúnia como substituto da obrigação de prestar serviço militar.

j) Tributo **direto**: é aquele em que o contribuinte de direito é também o contribuinte de fato, ou seja, a pessoa física ou jurídica que a norma legal define como sujeito passivo da obrigação é a mesma que arca com o ônus de recolher o valor devido ao fisco. É o caso dos impostos sobre patrimônio e renda.

k) Tributo **indireto**: é aquele em que o contribuinte de direito recolhe o valor aos cofres públicos, mas transfere o ônus econômico para outra pessoa, chamado contribuinte de fato. Regra geral, é o caso dos impostos incidentes sobre a produção e o consumo, como o ICMS e o IPI.

Apesar de ser uma distinção de cunho econômico, identificar se um imposto é direto ou indireto tem reflexos jurídicos muito importantes, como nos casos de pedido de repetição de indébito, visto adiante, em capítulo próprio. Esse tipo de aferição chama-se análise da **repercussão econômica** do tributo, muito versada nos tribunais:

l) Tributo **real**: aquele graduado unicamente em função do aspecto econômico da operação. Real, neste caso, deriva do latim **res**, que significa coisa. Ex.: o IPVA é o mesmo para todos os proprietários de determinado tipo de veículo, independentemente das condições pessoais de cada contribuinte.

m) Tributo **pessoal**: aquele graduado em função das condições de cada contribuinte. Ex.: o imposto de renda admite várias deduções, permitindo a quem tenha mais gastos com saúde e educação pagar menos.

n) Tributo **proporcional**: é aquele em que o ônus da carga tributária é repartido de maneira paritária entre as várias classes de renda da sociedade. A proporcionalidade é tida como um subprincípio da capacidade contributiva, e, apesar de não estar explícito no texto constitucional, indica que o imposto deve incidir sempre à mesma alíquota, independentemente do valor da base de cálculo. Pode ser aplicado a todos os tributos não sujeitos aos princípios da progressividade e da pessoalidade, como é o caso, por exemplo, do ITCMD.

o) Tributo **progressivo**: pode referir-se a um contexto econômico como um todo – exemplo de países que utilizam a política tributária como instrumento de redistribuição de renda, cobrando mais de quem ganha ou possui mais bens – o que faz com que a carga tributária seja maior para as classes de renda mais alta;

ou, referir-se ao tributo em si mesmo - quando sua alíquota aumenta à medida que aumenta sua base de cálculo. É a regra adotada pelo imposto de renda, obrigatoriamente, e pelo IPTU, opcionalmente, no Brasil.

p) Tributo **regressivo**: é aquele em que a carga tributária é maior para as classes de renda mais baixa. É a regra geral dos impostos sobre o consumo no Brasil. Pegue-se o exemplo do ICMS que incide sobre os alimentos da cesta básica: a alíquota com que o consumidor se depara é a mesma tanto para o rico quanto para o pobre. Entretanto, como os mais pobres consomem quase toda a sua renda em alimentos, enquanto os mais ricos poupam o excedente não consumido, pode-se dizer que a carga tributária aí aferida pesa muito mais sobre o pobre que sobre o rico, e, portanto, no contexto econômico, é regressiva, como demonstram a tabela-exemplo abaixo:

Comparativo	Cidadão A	Cidadão B
Renda mensal	R$ 10.000,00	R$ 500,00
Gastos com alimentação	R$ 2.000,00	R$ 300,00
ICMS sobre alimentação (17%)	R$ 340,00	R$ 51,00
Imposto pago proporcional à renda	3,4%	10,2%
Conclusão: nesse exemplo, o ônus tributário incidente sobre a renda dos contribuintes mais pobres é quase três vezes maior que sobre os mais ricos.		

E os extratos da seguinte reportagem:

> Pobres pagam 44% mais impostos do que ricos.
>
> Os impostos no Brasil pesam mais sobre os que têm menor renda. Os 10% mais pobres pagam 44,5% mais do que os 10% mais ricos, de acordo com pesquisa elaborada pelo Ipea (Instituto de Pesquisa Econômica Aplicada). Segundo o estudo, a carga tributária representa 22,7% da renda dos 10% mais ricos. Para os 10% mais pobres, no entanto, o peso equivale a 32,8% de sua renda. [...]. A explicação para a diferença entre o peso dos impostos está na forma de cobrança. A base da arrecadação no Brasil é mais forte na chamada tributação indireta, ou seja, embutida em alimentos ou bens de consumo. Como o brasileiro mais pobre gasta a maior parte de sua renda em consumo, paga mais impostos. Considerando apenas a tributação indireta, a carga dos mais pobres é de 29,1%, contra 10,7% dos mais ricos. Na comparação apenas da tributação direta, como o Imposto de Renda, os mais pobres pagam o equivalente a 3,7% de sua renda, enquanto os mais ricos pagam 12%. "O mais pobre compromete mais a sua renda com produtos de sobrevivência, por isso paga mais imposto. A tributação é indireta, que tem estrutura fortemente regressiva". (Folha de São Paulo, 15.8.2008)

Quanto ao tributo **em si mesmo considerado,** diz-se que é regressivo quando sua alíquota diminui à medida que aumenta sua base de cálculo.

> ▸ **Como esse assunto foi cobrado em concurso?**
>
> **(Cespe/Sefaz/AL/Auditor/2020)** O Diferentemente do IRPF, os impostos indiretos, tais quais os impostos que incidem sobre a circulação de mercadorias e serviços, são regressivos, posto que oneram proporcionalmente mais os indivíduos com menor capacidade de pagamento, e não neutros, no sentido de provocarem distorções sobre a alocação de recursos na economia.
>
> *Resposta: Alternativa "C".*

2. TIPOLOGIA

O ordenamento brasileiro anterior à Constituição Federal de 1988 assentava-se na teoria tripartida das espécies tributárias, que distinguia três espécies de tributos: **impostos, taxas** e **contribuições de melhoria**, tal qual disposto no art. 5º do CTN.

A nova Constituição (art. 145 e incs.), aparentemente, manteve o mesmo panorama, pois o seu texto ressalta competir aos entes federados instituir os seguintes tributos: "impostos; taxas e contribuição de melhoria".

Entretanto, a doutrina majoritária tende a aceitar várias espécies tributárias, estendendo o conceito, também, para os **empréstimos compulsórios** e para as **contribuições *lato sensu*,** tipos não previstos no CTN, mas arrolados na Constituição Federal. Há também quem enxergue no **pedágio** caracteres de figura tributária distintos das demais espécies.

Discussões à parte, o fato é que, na Constituição Federal, podem ser identificadas previsões para várias espécies de tributos:

Figuras tributárias na Constituição Federal	
Tributo	**Norma**
Imposto	Arts. 153, 154, 155 e 156
Taxa	Art. 145, II
Contribuição de melhoria	Art. 145, III
Empréstimo compulsório	Art. 148
Contribuição social	Arts. 149, 195, I, e 239 Art. 74, ADCT
Contribuição de intervenção no domínio econômico	Art. 149
Contribuição para custeio de previdência e assistência social de servidores públicos	Art. 149, § 1º
Contribuição para o custeio do serviço de iluminação pública	Art. 149-A

2.1. Imposto

Segundo o art. 16 do CTN, "imposto é o tributo cuja obrigação tem por fato gerador uma situação independente de qualquer atividade estatal específica, relativa ao contribuinte".

Diferenciando-se das taxas e das contribuições de melhoria, os impostos não se vinculam a qualquer contraprestação por parte da Administração Pública. O fato gerador de tais tributos são fatos econômicos relativos exclusivamente aos contribuintes, abstraindo-se de qualquer atividade por parte do Estado.

> **Como esse assunto foi cobrado em concurso?**
>
> **Cespe/PGM/Fortaleza/Procurador/2017)** No que se refere à teoria do tributo e das espécies tributárias, julgue o item seguinte: o imposto é espécie tributária caracterizada por indicar fato ou situação fática relativa ao próprio contribuinte no aspecto material de sua hipótese de incidência.
>
> *Resposta: Certa.*

A situação em que se baseia o imposto deve expressar conteúdo econômico – valor, pois o direito tributário como um todo assenta-se em bases econômicas, ou seja, não há possibilidade de tributar-se algo inapreciável economicamente, ou que não tenha tradução econômica.

Os impostos são tributos de **competência privativa**, designados e atribuídos discriminadamente a cada uma das pessoas políticas. Em princípio, são ***numerus clausus***, ressalvando-se, unicamente, a possibilidade de utilização, pela União, da competência residual prevista no art. 154, I, da Constituição Federal e da competência extraordinária, prevista no inciso II deste mesmo artigo:

> **Art. 154.** A União poderá instituir:
>
> I – mediante lei complementar, impostos não previstos no artigo anterior, desde que sejam não cumulativos e não tenham fato gerador ou base de cálculo próprios dos discriminados nesta Constituição;
>
> II – na iminência ou no caso de guerra externa, impostos extraordinários, compreendidos ou não em sua competência tributária, os quais serão suprimidos, gradativamente, cessadas as causas de sua criação.

A distribuição constitucional de competências para instituir impostos tem a seguinte configuração:

União	– Imposto de Importação de Produtos Estrangeiros (II); – Imposto de Exportação, para o Exterior, de Produtos Nacionais ou Nacionalizados (IE); – Imposto de Renda e Proventos de Qualquer Natureza (IR); – Imposto sobre Produtos Industrializados (IPI);

União	- Imposto sobre Operações de Crédito, Câmbio e Seguro, ou relativas a Títulos ou Valores Mobiliários (IOF); - Imposto sobre a Propriedade Territorial Rural (ITR); - Imposto sobre Grandes Fortunas (IGF), nos termos de lei complementar; - Impostos residuais; - Impostos extraordinários de guerra.
Estados e Distrito Federal	- Imposto sobre a Transmissão Causa Mortis e Doação, de Quaisquer Bens ou Direitos (ITCMD);
Estados e Distrito Federal	- Imposto sobre Operações relativas à Circulação de Mercadorias sobre Prestações de Serviços de Transporte Interestadual e Intermunicipal e de Comunicação - (ICMS); - Imposto sobre a Propriedade de Veículos Automotores (IPVA).
Municípios e Distrito Federal	- Imposto sobre a Propriedade Predial e Territorial Urbana (IPTU); - Imposto sobre a Transmissão Inter Vivos, a Qualquer Título, por Ato Oneroso, de Bens Imóveis, por Natureza ou Acessão Física, e de Direitos Reais sobre Imóveis, exceto os de Garantia, bem como Cessão de Direitos a sua Aquisição (ITBI); - Imposto sobre Serviços de Qualquer Natureza (ISSQN).

2.2. Taxa

2.2.1. *Conceito*

Os entes políticos poderão instituir taxas, em razão do exercício do poder de polícia ou pela utilização, efetiva ou potencial, de serviços públicos específicos e divisíveis, prestados ao contribuinte ou postos à sua disposição, com a ressalva de não poderem ter base de cálculo própria de impostos (CF, art. 145, II e § 2º).

O CTN, indo mais além, circunscreve o âmbito da exação às respectivas atribuições do ente tributante (CTN, art. 77, *caput*). Assim, não pode um Município cobrar taxa pela preservação de vias federais ou estaduais, ou a União cobrar taxa pela coleta de lixo urbano, pois, evidentemente, nesses exemplos, os serviços prestados estão fora da competência dos pretensos sujeitos ativos. Para efeito de instituição e cobrança de taxas, consideram-se compreendidas no âmbito das atribuições dos entes políticos aquelas que, segundo a Constituição Federal, as constituições estaduais e as leis orgânicas do Distrito Federal e dos Municípios e a legislação com elas compatível, competirem a cada uma das pessoas políticas (CTN, art. 80).

▸ **Qual o entendimento do STF sobre esse ponto:**

◙ É inconstitucional a cobrança de taxa, espécie tributária, pelo uso de espaços públicos dos municípios por concessionárias prestadoras do serviço público de fornecimento de energia elétrica. (RE 581947, 27.5.2010, repercussão geral)

> **Como esse assunto foi cobrado em concurso?**
>
> **(FCC/CL/DF/Consultor/2018)** De acordo com a Constituição Federal e com o Código Tributário Nacional, o tributo:
>
> (A) que pode ser cobrado pelo Distrito Federal, no âmbito de suas respectivas atribuições, que é instituído para fazer face ao custo de obras públicas de que decorra valorização imobiliária benéfica para toda a sociedade, independentemente de acréscimo de valor que possa resultar dessa obra para cada imóvel, denomina-se contribuição social.
>
> (B) cuja obrigação tem por fato gerador uma situação dependente de atividade estatal específica, relativa ao contribuinte, denomina-se imposto.
>
> (C) que pode ser cobrado pelo Distrito Federal, no âmbito de suas respectivas atribuições, e que tem como fato gerador o exercício regular do poder de polícia, denomina-se taxa.
>
> (D) que pode ser cobrado apenas pelo Distrito Federal, no âmbito de suas respectivas atribuições, que é instituído para fazer face ao custo de obras públicas de que decorra valorização imobiliária, tendo como limite total a despesa realizada e como limite individual o acréscimo de valor que da obra resultar para cada imóvel beneficiado, denomina-se taxa de valoração imobiliária.
>
> (E) cuja obrigação tem por fato gerador uma situação independente de qualquer atividade estatal específica, relativa ao contribuinte, denomina-se taxa compulsória pelo uso potencial de serviço público.
>
> *Resposta: Alternativa "C".*

As taxas são tributos cujo fato gerador é configurado por uma atuação estatal específica, referível ao contribuinte, podendo consistir no exercício regular do poder de polícia ou na prestação ao contribuinte, ou na colocação à sua disposição, de serviço público específico e divisível.

A função econômica precípua das taxas é cobrir razoavelmente os custos pela manutenção dos serviços a elas afeitos. É um instrumento de custeio, em geral parcial, de certa despesa pública, que o legislador visa repartir entre a universidade de cidadãos e aqueles que obtêm certas prestações de serviços públicos.

Essa repartição do **custo do serviço** é o que fundamenta essa espécie tributária. É ideal que os valores arrecadados pelas taxas sejam utilizados na manutenção dos serviços a que ela se refere, entretanto, como se trata, via de regra, de uma espécie tributária de **arrecadação não vinculada** – ou seja: a utilização do produto de sua arrecadação é discricionária para o Poder Executivo –, nada impede que os recursos sejam utilizados em outras contas orçamentárias. O que, obviamente, não abre brechas à discussão caso a lei instituidora da taxa vincule seus recursos a finalidades específicas, o que é constitucionalmente permitido, uma vez que a vedação de vinculação de receitas públicas a órgãos, fundos ou despesas (CF, art. 167, IV), só diz respeito a impostos.

Ainda sobre o **custo do serviço**, a jurisprudência é restritiva sobre o desenho que a base de cálculo das taxas pode ter, asseverando que essa espécie tributária compromete-se tão somente com o custo do serviço específico e divisível que as motiva, ou com a atividade de polícia desenvolvida, impedindo que o tipo de atividade exercida pelo contribuinte possa servir de parâmetro para aferir o custo do exercício do **poder de polícia** (o maior ou menor trabalho ou atividade que o Poder Público se vê obrigado a desempenhar na fiscalização).

Diferentemente dos impostos, a taxa, tributo vinculado, diz respeito a um fato **do Estado**, não a um fato **do contribuinte**. O seu fato gerador é a prestação estatal do serviço, ou sua mera colocação à disposição do administrado. O Estado exerce ou disponibiliza determinada atividade e, por isso, cobra a taxa de quem aproveita, efetiva ou potencialmente, aquela atividade.

As atividades gerais do Estado devem ser financiadas com os impostos, arrecadados de toda a coletividade. Contudo, aquelas atividades estatais que, dada sua divisibilidade e referibilidade a um indivíduo ou a um grupo de indivíduos determinável, podem (e, numa perspectiva de justiça fiscal, devem) ser financiadas por tributos pagos pelos indivíduos a que essas atividades estatais se dirigem.

▸ **Qual o entendimento do STF sobre esse ponto:**

◙ A segurança pública, presentes a prevenção e o combate a incêndios, faz-se, no campo da atividade precípua, pela unidade da Federação, e, porque serviço essencial, tem como a viabilizá-la a arrecadação de impostos, não cabendo ao Município a criação de taxa para tal fim. (RE 643247, repercussão geral)

▸ **Como esse assunto foi cobrado em concurso?**

(FGV/Prefeitura/Salvador/Técnico/2017) O Município "X" instituiu, por lei, uma taxa, com o objetivo de prevenção e combate a incêndios. Considerando tal hipótese, à luz da Jurisprudência do Supremo Tribunal Federal, assinale a afirmativa correta.

(A) A lei municipal é constitucional, pois adstrita aos exatos limites da competência tributária atribuída aos municípios pela CRFB/88.

(B) A lei municipal é constitucional, pois a saúde financeira do município é um objetivo constitucional.

(C) A lei municipal é inconstitucional, pois se trata de tributo da competência exclusiva da União.

(D) A lei municipal é inconstitucional, pois a prevenção e o combate a incêndios compõem a segurança pública, não cabendo ao Município a criação de taxa para tal fim.

(E) A lei municipal é inconstitucional, pois trata de matéria típica de decreto municipal ou portaria.

Resposta: Alternativa "D".

A Constituição, ao contrário do que fez com os impostos, não discriminou as taxas passíveis de instituição por cada integrante da Federação. Como já dito, só pode instituir determinada taxa aquele ente político detentor da competência de fiscalização da referida atividade.

Por se tratar de tributo vinculado à atuação específica do Estado, assim como as contribuições de melhoria e as contribuições sociais, a entidade política atuante, que preste o serviço ou desenvolva a atividade considerada geradora do fato tributário, será sempre o sujeito ativo do tributo, o que dispensa a necessidade de discriminação constitucional, até porque a gama de fatos que podem ser tributados é por demais extensa para compatibilizar-se com um comando genérico.

2.2.2. Vedação de base de cálculo idêntica à de impostos

Segundo o art. 145, § 2º, da CF, "as taxas não poderão ter base de cálculo própria de impostos".

O fato gerador do imposto é o fato econômico relativo ao contribuinte que demonstra uma manifestação de riqueza, o que habilita o Estado a destacar-lhe uma parcela de patrimônio próprio para a manutenção dos serviços estatais. A base de cálculo do imposto é a medida que quantifica esse fato econômico e permite a segregação de uma parte em favor do Estado. A base de cálculo guarda, portanto, estreita relação com o fato gerador dos tributos.

Ao vedar a identidade de bases de cálculo entre taxas e impostos, o comando constitucional afirma que, sendo o fato gerador das taxas um fato do Estado, sua base de cálculo não pode ser própria de impostos, cujos fatos geradores são fatos do contribuinte.

> ▸ **Qual o entendimento do STF sobre esse ponto:**
>
> ◙ É inconstitucional a taxa municipal de conservação de estradas de rodagem cuja base de cálculo seja idêntica à do imposto territorial rural. (Súmula 595)

> ▸ **Como esse assunto foi cobrado em concurso?**
>
> **(Cespe/DPU/Defensor/2017)** A respeito das espécies tributárias existentes no sistema tributário brasileiro, julgue o item que se segue: no cálculo do valor de determinada taxa, pode haver elementos da base de cálculo de algum imposto, desde que não haja total identidade entre uma base e outra.
>
> *Resposta: Certa.*

Exemplo: a propriedade de imóvel revela uma manifestação de riqueza do contribuinte, quantificável pelo valor deste mesmo imóvel. Daí que a base de cálculo do IPTU é o valor venal do imóvel. O imposto é calculado aplicando-se uma alíquota (por exemplo: 2%) à base de cálculo. Quanto mais valioso o imóvel (o que revela maior manifestação de riqueza por parte do contribuinte) maior o imposto a pagar. Se o Município desejar criar uma taxa pela coleta de lixo residencial, não poderá utilizar como base de cálculo o valor do imóvel. Isso porque a base de cálculo da taxa deve guardar relação com o **fato do Estado** e não com a riqueza do contribuinte. Por isso, normalmente as taxas de coleta de lixo cobradas pelos Municípios costumam ser fixas para todas as residências, já que o custo para recolher o lixo em cada casa é mais ou menos o mesmo.

Deve-se, contudo, prestar atenção à posição que mitiga, de certa forma, o texto constitucional:

> **Qual o entendimento do STF sobre esse ponto:**
>
> - É constitucional a adoção, no cálculo do valor de taxa, de um ou mais elementos da base de cálculo própria de determinado imposto, desde que não haja integral identidade entre uma base e outra. (Súmula Vinculante 29)

2.2.3. *Tipologia das taxas*

As taxas podem ser de dois tipos:

a) taxa pelo exercício do poder de polícia; e

b) taxa de serviços: (b.1) pela utilização efetiva de serviços públicos específicos e divisíveis prestados ao contribuinte; e (b.2) pela utilização potencial de serviços públicos específicos e divisíveis postos à disposição do contribuinte.

> **Qual o entendimento do STF sobre esse ponto:**
>
> - A taxa cobrada exclusivamente em razão dos serviços públicos de coleta, remoção e tratamento ou destinação de lixo ou resíduos provenientes de imóveis, não viola o artigo 145, II, da Constituição Federal. (Súmula Vinculante 19)

2.2.4. *Taxa decorrente da prestação de serviço público*

Para efeito de cobrança de taxas pela prestação de serviços públicos, o art. 79 do CTN traz as seguintes distinções:

Utilização do serviço público	
Efetiva	**Potencial**
Quando usufruído a qualquer título.	Quando, sendo de utilização compulsória, seja posto à disposição mediante atividade administrativa em efetivo funcionamento.

Tipos de serviço público	
Específico	**Divisível**
Quando pode ser destacado em unidades autônomas de intervenção, de unidade ou de necessidade pública.	Quando suscetível de utilização, separadamente, por cada um dos seus usuários.

A principal característica do serviço público, que o habilita a ser remunerado por taxa, é sua divisibilidade. Os serviços indivisíveis, prestados à coletividade em geral, devem ser remunerados pelos impostos. Exemplos de serviços indivisíveis, inábeis para a instituição de taxas: iluminação pública, limpeza de ruas, segurança pública, diplomacia, forças armadas, produção de leis etc.

A **utilização potencial** ocorre quando o serviço é posto à disposição do usuário. Nesse caso, o Estado não precisa investigar se está ocorrendo utilização efetiva para a cobrança da taxa.

O CTN foi impreciso ao utilizar a expressão "quando sendo de utilização compulsória". Se o serviço fosse compulsório, não caberia sua utilização potencial, pois ele seria sempre utilizado efetivamente. O que o Código quis dizer é que a instalação do serviço é feita por um ato de império do Estado, sem perquirir sobre a vontade dos usuários, atendendo a preceitos de ordem pública. O serviço é tido como essencial para a coletividade, e o normal é sua utilização efetiva. Mas pode ocorrer de determinado contribuinte, esporadicamente, não o estar utilizando. Isso não o exime de pagar a taxa, já que se trata de tributo, cuja incidência independe da vontade do sujeito passivo, e cujo pagamento é obrigatório.

Um exemplo: a coleta domiciliar de lixo é considerada essencial, com fundamento em preceitos de saúde pública. Ao instalar o serviço, o Estado o coloca à disposição de todas as residências atendidas pelo trajeto dos recolhedores. Mas, pode ocorrer que determinada casa esteja vazia, sem moradores, não havendo produção de lixo. Mesmo não utilizando efetivamente o serviço, o proprietário é obrigado a pagar a taxa porventura instituída para manutenção do serviço, porque a coleta está à sua disposição, valorizando sua propriedade.

Mas daí surge a pergunta: se o serviço é essencial e obrigatório para toda a coletividade, por que remunerá-lo mediante taxa e não por impostos? Porque, apesar de essencial, a maioria desses serviços não está disponível para 100% da população. Infelizmente, as periferias das cidades não contam com todos os serviços básicos e seria injusto que os cidadãos pagassem por algo que não usufruem. Outros exemplos são os serviços de coleta de esgoto e o de fornecimento de água.

Interessante verificar o que ocorreu com as chamadas "taxas de limpeza pública": A jurisprudência sedimentou entendimento de que tais exações não poderiam ser cobradas, uma vez que não se revestiam das características de **especificidade** e de **divisibilidade** exigidas na Constituição. Aí, os municípios modificaram suas leis, criando a "taxa de coleta de lixo", declarada constitucional pelo STF.

As "taxas de iluminação pública" também foram combatidas sob a mesma argumentação.

O que só foi resolvido com a introdução, na Constituição, da figura da "contribuição para custeio dos serviços de iluminação pública".

> **Como esse assunto foi cobrado em concurso?**
>
> **(Cespe/Sefaz/AL/Auditor/2020)** O conceito de taxa pressupõe a utilização efetiva de serviços públicos específicos e divisíveis, ou o exercício do regular poder de polícia.
>
> *Resposta: Errada.*

2.2.5. Distinção entre taxa e preço público

Há semelhanças entre os institutos da taxa e do preço público que podem, facilmente, levar à confusão. Suas características essenciais, portanto, revelam-se importantes critérios distintivos para apartar seus regimes jurídicos.

A taxa é espécie de tributo, caracterizando-se como obrigação *ex lege*, de sujeição obrigatória. O preço público – também denominado **tarifa** – é uma remuneração devida por um serviço público, de sujeição alternativa, que se estabelece em virtude de uma relação contratual entre o cidadão e o Poder Público, quase sempre representado por uma concessionária ou permissionária. As taxas regem-se pelos princípios e limitações constitucionais tributários, fato que não ocorre com os preços públicos, sujeitos ao regime contratual.

	Taxa	**Preço público**
Regime jurídico	Tributário (direito público)	Negocial (direito privado)
Autonomia de vontade	Irrelevante	Imprescindível
Incidência	Não depende da utilização do serviço	Depende da utilização do serviço

> **Como esse assunto foi cobrado em concurso?**
>
> **(Ieses/TJ/AM/Cartórios/Remoção/2018)** Tributo é toda prestação pecuniária compulsória, em moeda ou cujo valor nela se possa exprimir, que não constitua sanção de ato ilícito, instituída em lei e cobrada mediante atividade administrativa plenamente vinculada. São consideradas espécies de tributos, exceto:
>
> (A) contribuições de melhoria.
>
> (B) tarifa.
>
> (C) taxas.
>
> (D) impostos.
>
> *Resposta: Alternativa "B".*

O STJ, analisando a questão da natureza jurídica da cobrança por fornecimento de água e esgoto, ressaltava tratar-se a exação, de taxa (REsp 818649). Entretanto, como a jurisprudência recente do STF cristalizou-se no sentido contrário, de considerar a remuneração paga pelos serviços de água e esgoto como tarifa, afastando, portanto, seu caráter tributário, passou o STJ a seguir a diretriz traçada pelo Pretório Excelso.

2.2.6. *Custas e emolumentos*

É velha a discussão sobre a natureza jurídica das denominadas "taxas judiciárias", exigidas para processamento de feitos e realizações de ato e prestações de serviços do Poder Judiciário, tais como processamento de causas, alvarás, atos lavrados por serventuários, certidões etc.

Apesar de parte da doutrina as assimilar como sendo um preço público, a jurisprudência as tem, taxa judiciária e custas, como **espécies tributárias**, classificando-se como taxas, resultando da prestação de serviço público específico e divisível e que têm como base de cálculo o valor da atividade estatal referida diretamente ao contribuinte, pelo que deve ser proporcional ao custo da atividade do Estado a que está vinculada, devendo ter um limite, sob pena de inviabilizar o acesso de muitos à Justiça.

> **Qual o entendimento do STF sobre esse ponto:**
>
> ◙ Viola a garantia constitucional de acesso à jurisdição a taxa judiciária calculada sem limite sobre o valor da causa. (Súmula 667)

Em 1994, a Emenda Constitucional nº 45, incluiu no Texto Magno o § 2º do art. 98: "as custas e emolumentos serão destinados exclusivamente ao custeio dos serviços afetos às atividades específicas da Justiça", o que transformou essa espécie tributária num caso *sui generis* de tributo de **arrecadação constitucionalmente vinculada**.

> **Como esse assunto foi cobrado em concurso?**
>
> (Consulplan/TJ/MG/Cartórios/Remoção/2018) Em relação às taxas, assinale a alternativa correta:
>
> (A) os emolumentos por não terem natureza tributária caracterizam-se como preço público.
>
> (B) a União não pode conceder isenção da taxa estadual de emolumentos dos serviços extrajudiciais.
>
> (C) é imprescindível para a cobrança de taxa decorrente do exercício do poder de polícia a prestação potencial de futuro serviço público.
>
> (D) a vinculação das taxas judiciárias e dos emolumentos a entidades privadas ou mesmo a serviços públicos diversos daqueles a que tais recursos se destinam não subverte a finalidade institucional do tributo.
>
> *Resposta: Alternativa "B".*

2.2.7. Taxa relativa ao exercício regular do poder de polícia

O CTN estabelece o que é poder de polícia, sendo esta definição de fundamental importância não apenas para o direito tributário como também para o direito administrativo e o constitucional:

> **Art. 78.** Considera-se poder de polícia atividade da Administração Pública que, limitando ou disciplinando direito, interesse ou liberdade, regula a prática de ato ou abstenção de fato, em razão de interesse público concernente à segurança, à higiene, à ordem, aos costumes, à disciplina da produção e do mercado, ao exercício de atividades econômicas dependentes de concessão ou autorização do Poder Público, à tranquilidade pública ou ao respeito à propriedade e aos direitos individuais ou coletivos.
>
> Parágrafo único. Considera-se regular o exercício do poder de polícia quando desempenhado pelo órgão competente nos limites da lei aplicável, com observância do processo legal e, tratando-se de atividade que a lei tenha como discricionária, sem abuso ou desvio de poder.

O poder de polícia é uma das principais manifestações da soberania do Estado sobre os cidadãos, uma vez que impõe limites ao exercício da liberdade. Segundo a Constituição, somos cidadãos livres, podendo fazer tudo aquilo que queremos. Porém, essa liberdade não é absoluta e encontra limites na lei. Podemos fazer tudo aquilo que a lei não nos proíbe. E a lei limita a liberdade em nome de atributos a que a coletividade dá valor, como a segurança, a higiene, a ordem, os costumes, o mercado concorrencial etc.

Exemplo: qualquer cidadão é livre para abrir um açougue. Porém, essa liberdade encontra limites nas leis que impõem condições mínimas de higiene e conservação da carne exposta à venda. Para que possa abrir um açougue, o cidadão deve requisitar um alvará à Administração Pública responsável pela fiscalização desses estabelecimentos. A expedição do alvará permite que o Estado saiba da existência do açougue, visando à sua ulterior fiscalização. Como a abertura de vários estabelecimentos comerciais gera, para o Estado, um custo pela sua fiscalização, o Sistema Tributário Nacional permite que se exija a chamada taxa pelo exercício do poder de polícia.

Para incidência da taxa de poder de polícia, assim como para a incidência da taxa pela prestação de serviços, há que se diferenciar, sempre, o exercício do poder de polícia que envolve a coletividade em geral (***uti universi***), custeada pelos impostos, e o exercício do poder de polícia específico, singular, individualizado (***uti singuli***), passível de tributação por taxa.

Diferentemente da taxa pela prestação de serviços, contudo, é a exigência do **exercício efetivo**, por órgão administrativo, do poder de polícia para legitimação da cobrança de taxa, não sendo possível sua instituição baseada em potencial exercício desse poder. Inexistindo materialização do poder de polícia, é ilegítima a cobrança de taxa.

▸ **Qual o entendimento do STF sobre esse ponto:**

◙ É constitucional taxa de renovação de funcionamento e localização municipal, desde que efetivo o exercício do poder de polícia, demonstrado pela existência de órgão e estrutura competente para o respectivo exercício. (RE 588322, repercussão geral)

São exemplos de atividades de polícia que ensejam a cobrança da taxa: atividade de fiscalização de anúncios; fiscalização dos mercados de títulos e valores mobiliários pela Comissão de Valores Mobiliários - CVM; taxa de localização e funcionamento de estabelecimentos em geral etc.

▸ **Como esse assunto foi cobrado em concurso?**

(Cespe/TRE/BA/Analista/2017) É responsabilidade da administração pública regular a prática de ato ou a abstenção de fato por meio da limitação ou regulação de direito, interesse ou liberdade. Para essa finalidade, utiliza-se

(A) a taxa de polícia.

(B) o preço público.

(C) a contribuição de melhoria.

(D) a contribuição social.

(E) a taxa de serviço.

Resposta: Alternativa "A".

2.3. Contribuição de melhoria

A contribuição de melhoria pode ser cobrada por qualquer ente tributante no âmbito de suas respectivas atribuições (CTN, art. 81). Daí se dizer que sua instituição é **competência comum** da União, Estados, Distrito Federal e Municípios.

Apesar de o texto constitucional dizer simplesmente que a contribuição de melhoria será devida em "decorrência de obra pública", em verdade, é obrigação decorrente de "valorização de bem imóvel em decorrência de obra pública". O fundamento que justifica a imposição da contribuição de melhoria é o princípio que proíbe o enriquecimento sem causa. Sem a cobrança, os proprietários dos imóveis beneficiados por obra pública se beneficiariam de um acréscimo em seu patrimônio, em detrimento do conjunto da população que arca com os impostos. A jurisprudência repele a exação, caso não reste configurada, realmente, a valorização do imóvel.

▸ **Como esse assunto foi cobrado em concurso?**

(Ieses/TJ/RO/Cartórios/2017) É instituída para fazer face ao custo de obras públicas de que decorra valorização imobiliária, tendo como limite total a despesa realizada e como limite individual o acréscimo de valor que da obra resultar para cada imóvel beneficiado. A sentença acima define:

(A) A contribuição de melhoria.

(B) Taxa.

(C) Imposto.

(D) Tarifa.

Resposta: Alternativa "A".

Importante aspecto a ser anotado é que o ente tributante deve provar a existência do nexo de causalidade entre a execução da obra pública e a valorização do imóvel. Se a valorização ocorreu por motivo alheio à obra, não cabe a cobrança de contribuição de melhoria.

Ressalte-se, também, que a contribuição de melhoria não se confunde com os reflexos que a valorização do imóvel trará para o aumento da base de cálculo do IPTU, ITR e outros impostos sobre o patrimônio. Portanto, além do valor da contribuição de melhoria, outros impostos terão sua base de cálculo majorada em decorrência da valorização do imóvel considerado.

São requisitos mínimos da lei instituidora da contribuição (CTN, art. 82):

Requisitos para cobrança da contribuição de melhoria
- Publicar previamente: • o memorial descritivo do projeto; • o orçamento do custo da obra; • a parcela do custo da obra a ser financiada; • a delimitação da zona beneficiada; • o fator de absorção da valorização. - Fixar prazo não inferior a trinta dias, para impugnação de qualquer dos elementos. - Regulamentar o processo de impugnação, sem prejuízo da sua apreciação judicial.

O Decreto-lei nº 195/67, que estabeleceu normas gerais no caso de instituição do tributo, prevê que será devida a contribuição de melhoria, no caso de valorização de imóveis de propriedade privada, em virtude de qualquer das seguintes obras públicas.

Obras públicas que ensejam cobrança de contribuição de melhoria
- Abertura, alargamento, pavimentação, iluminação, arborização, esgotos pluviais e outros melhoramentos de praças e vias públicas; - Construção e ampliação de parques, campos de desportos, pontes, túneis e viadutos;

Obras públicas que ensejam cobrança de contribuição de melhoria
- Construção ou ampliação de sistemas de trânsito rápido, inclusive todas as obras e edificações necessárias ao funcionamento do sistema; - Serviços e obras de abastecimento de água potável, esgotos, instalações de redes elétricas, telefônicas, transportes e comunicações em geral ou de suprimento de gás, funiculares, ascensores e instalações de comodidade pública; - Proteção contra secas, inundações, erosão, ressacas, e de saneamento de drenagem em geral, diques, cais, desobstrução de barras, portos e canais, retificação e regularização de cursos d'água e irrigação; - Construção de estradas de ferro e construção, pavimentação e melhoramento de estradas de rodagem; - Construção de aeródromos e aeroportos e seus acessos; - Aterros e realizações de embelezamento em geral, inclusive desapropriações em desenvolvimento de plano de aspecto paisagístico.

Exemplo 1	Exemplo 2
- Custo da obra: R$ 50.000,00 - Imóveis beneficiados: 10 - Valorização de cada imóvel: R$ 6.000,00 - Total da valorização dos imóveis: R$ 60.000,00 - Como o limite total das contribuições de melhoria é o custo da obra: R$ 50.000,00, divide-se entre os 10 imóveis, resultando uma tributação de R$ 5.000,00 para cada.	- Custo da obra: R$ 100.000,00 - Imóveis beneficiados: 10 - Valorização de cada imóvel: R$ 6.000,00 - Total valorizado dos imóveis: R$ 60.000,00 - Como o limite individual para cada contribuinte é o valor correspondente à valorização de seu imóvel, a contribuição de melhoria será de R$ 6.000,00 para cada.

Os cálculos do exemplo referem-se aos **valores máximos** que podem ser cobrados dos contribuintes. Nada impede que a Administração Pública exija um valor menor.

Por fim, cabe distinguir a contribuição de melhoria do instituto do imposto, por conta de sua incidência depender de uma atividade estatal específica; e da taxa, porque a atividade estatal desenvolvida é de diversa natureza (não é serviço, mas obra).

▸ **Como esse assunto foi cobrado em concurso?**

(Vunesp/Pauliprev/Procurador/2018) A Prefeitura do Município X está interessada em realizar obras públicas destinadas ao asfaltamento de vias urbanas. Caso as obras sejam concluídas, é razoável esperar a valorização dos imóveis situados nas vias asfaltadas. Contudo, a Prefeitura não detém os recursos necessários à realização da obra, tampouco considera justo com os moradores de vias não beneficiadas o recurso a um aumento geral de impostos na cidade ou a realização de uma operação de crédito, com o propósito de custear as referidas obras. Nesse contexto específico, julgue as afirmações a seguir e assinale a alternativa correta:

(A) o Município poderia financiar as obras por meio de uma elevação da base de cálculo do imposto sobre propriedade territorial urbana (IPTU) dos imóveis situados na região que se beneficiará das obras, antecipando a valorização que é esperada no valor venal desses imóveis.

(B) o Município poderia emitir títulos públicos de subscrição obrigatória pelos proprietários dos imóveis situados na região beneficiada, na forma de empréstimo compulsório, o qual viria a ser posteriormente quitado com a elevação da arrecadação do imposto sobre propriedade territorial urbana (IPTU) devido à valorização dos imóveis.

(C) o Município poderia se valer da cobrança de contribuição de melhoria, tendo como limite total a despesa realizada com as obras de asfaltamento, e, como limite individual, o acréscimo de valor que da obra resultar para cada imóvel beneficiado.

(D) o Município poderia financiar as obras por meio da cobrança do imposto sobre transmissão de bens imóveis (ITBI) situados na região de interesse, vinculando, mediante lei, a cobrança de tal imposto a fundo público especial de obras de asfaltamento.

(E) o Município poderia se valer da cobrança de contribuição de melhoria, tendo como limite total a despesa realizada com as obras de asfaltamento e como limite individual o valor proporcional da obra em relação ao valor de cada imóvel.

Resposta: Alternativa "C".

2.4. Empréstimo compulsório

Os empréstimos compulsórios são tributos temporários que a União compulsoriamente cobra dos administrados para custear despesas urgentes, ficando obrigada a devolvê-los assim que solucionada a causa que justificou sua instituição.

Não há previsão constitucional que vincule a instituição dos empréstimos compulsórios a qualquer fato ou situação jurídica específica relacionada ao contribuinte, nem faça menção aos seus fatos geradores, limitando-se a prever os **motivos** pelos quais a exação pode ser criada (CF, art. 148). Motivos estes que não devem ser confundidos com fatos geradores.

Motivos para criação dos empréstimos compulsórios
- Para atender a despesas extraordinárias, decorrentes de calamidade pública, de guerra externa ou sua iminência;
- No caso de investimento público de caráter urgente e de relevante interesse nacional (nesse caso, observado o princípio da anterioridade).

Interessa notar que a primeira hipótese, diferentemente da segunda, não precisa atender ao princípio da anterioridade. Aliás, sequer teria lógica que o País, enfrentando calamidade pública ou guerra, tivesse que aguardar um decurso de prazo legal para poder lançar mão de recursos destinados ao enfrentamento de tragédias sociais.

A aplicação dos recursos provenientes de empréstimo compulsório será vinculada à despesa que fundamentou sua instituição (CF, art. 148, parágrafo único). A competência para instituir o tributo é exclusiva da União, e o veículo normativo necessário para tanto há de ser, obrigatoriamente, lei complementar (CF, art. 148, *caput*), que deve descrever o fato gerador da exação.

Sua nota característica é a de ser, diferentemente das outras espécies tributárias, restituível e temporário. O que não o desnatura juridicamente, pois, de acordo com Paulo de Barros Carvalho (1999), sua configuração tributária está nitidamente exposta na Constituição Federal, satisfazendo plenamente as cláusulas que compõem a redação definidora de tributo no CTN.

Interessante traçar um paralelo entre o empréstimo compulsório e os impostos extraordinários instituídos em caso de guerra externa ou iminente:

<table>
<tr><th colspan="2">Guerra externa
ou sua iminência</th></tr>
<tr><th>Impostos extraordinários</th><th>Empréstimo compulsório</th></tr>
<tr><td>- Instituídos por lei ordinária;
- Irrestituíveis;
- Não vinculados.</td><td>- Instituído por lei complementar;
- Restituível;
- Vinculado.</td></tr>
<tr><th colspan="2">Características
comuns</th></tr>
<tr><td colspan="2">- Competência da União;
- Temporariedade;
- Não se submetem ao princípio da anterioridade.</td></tr>
</table>

- **Como esse assunto foi cobrado em concurso?**

(Ieses/TJ/RO/Cartórios/Provimento/2017) Nos termos da Constituição Federal, é vedado à União, exceto:

(A) utilizar tributo com efeito de confisco.

(B) instituir, na iminência ou no caso de guerra externa, impostos extraordinários, compreendidos ou não em sua competência tributária.

(C) exigir ou aumentar tributo sem lei que o estabeleça.

(D) instituir impostos sobre patrimônio, renda ou serviços dos Estados e Municípios.

Resposta: Alternativa "B".

2.5. Contribuições especiais

Vide capítulo específico sobre esse tópico, adiante.

2.6. Pedágio

A Constituição Federal, ao instituir limitações ao poder de tributar, vedando limitações ao tráfego de pessoas ou bens, por meio de tributos interestaduais ou intermunicipais, ressalvou de tal limitação a cobrança de pedágio pela utilização de vias conservadas pelo Poder Público (CF, art. 150, IV).

A novidade logo atraiu a análise da doutrina quanto à natureza jurídica do instituto: se seria, ou não, de cunho tributário, assemelhando - se a alguma espécie existente, ou, pelo contrário, seria *sui generis*.

Quanto à sua natureza, muitos opinaram tratar-se de uma nova figura tributária, uma vez que está discriminada no capítulo que concerne às limitações ao poder de tributar, como exceção a um princípio que cuida da criação de tributos.

Quanto às suas características, entretanto, dividem-se as opiniões em algumas vertentes: uma, afirmando tratar-se de taxa devida pela utilização do bem público; outra, asseverando que se trata de uma taxa de serviço paga pela atividade estatal de conservação das estradas objeto do gravame, e uma terceira, asseverando ser um preço público.

No STF, havia precedente afirmando ser o pedágio uma taxa, mas, no julgamento da ADI 800, a Corte entendeu que a limitação é mesmo um preço público (tarifa) de caráter contratual, e não diz respeito a tributos.

Capítulo

III

Princípios do Direito Tributário

1. DEFINIÇÃO

A maior parte da doutrina diz que os princípios são enunciados genéricos carregados de valor, que orientam a criação, a interpretação e a aplicação das normas jurídicas. Outro não é o ensinamento da jurisprudência.

Os princípios são mais abstratos que as normas escritas e, por isso, podem ter seu conteúdo diminuído ou aumentado pela interpretação, o que facilita sua adequação às modificações sociais. Mas, assim como aquelas, possuem força normativa emanada da própria Constituição, e as cominações que lhes forem contrárias devem ser declaradas inconstitucionais.

2. PRINCÍPIOS CONSTITUCIONAIS GERAIS

Há, na Constituição, inúmeros princípios aplicáveis a todo o ordenamento: justiça, certeza do direito, segurança jurídica, igualdade, legalidade, irretroatividade das leis, universalidade da jurisdição, devido processo legal, isonomia dos entes políticos, direito de propriedade, liberdade de iniciativa, supremacia do interesse público, indisponibilidade do interesse público etc.

Na seara das relações tributárias, há princípios explícitos na Constituição, assim como princípios entranhados, implícitos, que regulam a atividade do fisco e conferem direitos fundamentais aos cidadãos em face das pretensões estatais.

3. PRINCÍPIOS CONSTITUCIONAIS TRIBUTÁRIOS EXPRESSOS

Muitos dos princípios do direito tributário resguardados no texto da Constituição Federal constituem limitações ao poder de tributar (arts. 150 a 152):

Princípio	Previsão
Capacidade contributiva	Art. 145, § 1º
Legalidade	Art. 150, I
Isonomia	Art. 150, II
Irretroatividade	Art. 150, III, "a"
Anterioridade	Art. 150, III, "b"
Anterioridade nonagesimal	Art. 150, III, "c"
Não confisco	Art. 150, IV
Não limitação ao tráfego de pessoas e bens	Art. 150, V
Transparência	Art. 150, § 5º
Uniformidade geográfica	Art. 151, I
Não discriminação em razão da procedência ou do destino	Art. 152

3.1. Capacidade contributiva

Este princípio ingressou no ordenamento brasileiro na Constituição de 1946, mas foi suprimido na de 1967, não deixando, entretanto, de ser considerado um princípio informador do direito tributário, pois os princípios sobrepairam às normas positivadas, constitucionais ou não. Retornou no texto de 1988:

> **Art. 145. § 1º** Sempre que possível, os impostos terão caráter pessoal e serão graduados segundo a capacidade econômica do contribuinte, facultado à administração tributária, especialmente para conferir efetividade a esses objetivos, identificar, respeitados os direitos individuais e nos termos da lei, o patrimônio, os rendimentos e as atividades econômicas do contribuinte.

No dizer da Constituição, é a **capacidade econômica**. Significa que cada um deve contribuir na proporção de suas rendas e haveres, independentemente de sua eventual disponibilidade financeira. São subprincípios deste: a progressividade, a proporcionalidade, a personalização e a seletividade.

Não existem princípios absolutos, todos se limitam por outros princípios. A mensuração da capacidade contributiva não pode servir de instrumento para, de um lado, tributar - retirar - aquilo de quem nada tem, ou, por outro, tributar numa graduação tal que fulmine o direito de propriedade:

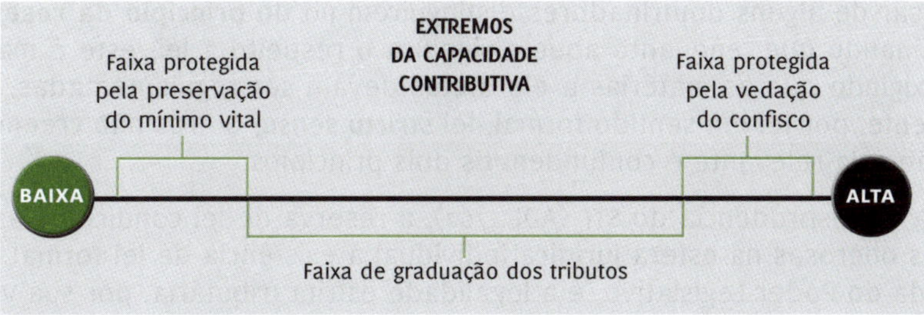

A expressão "**sempre que possível**" resguarda a possibilidade de utilização de impostos com características extrafiscais e de impostos com graduação incompatível com a capacidade econômica.

> **Como esse assunto foi cobrado em concurso?**
>
> **(FMP/PGE/AC/Procurador/2017)** Em relação ao princípio da capacidade contributiva do contribuinte é correta a afirmação:
>
> (A) A Constituição Federal expressamente determina que seja observado o princípio da capacidade contributiva na estruturação de todos os tributos.
>
> (B) Para cumprir os objetivos do princípio da capacidade contributiva, é facultado à administração identificar o patrimônio, os rendimentos e as atividades econômicas do contribuinte.
>
> (C) É obrigatória à administração tributária a observação do princípio da capacidade contributiva, quando se trata de impostos.
>
> (D) No que tange às contribuições sociais, a Constituição Federal determina que o princípio da capacidade contributiva seja aplicado respeitando as faixas de contribuição à previdência.
>
> (E) O princípio da capacidade contributiva deve ser avaliado também segundo a capacidade econômica futura de cada contribuinte.
>
> *Resposta: Alternativa "B".*

3.2. Legalidade

3.2.1. Conteúdo do princípio da legalidade

Não é um princípio exclusivo da seara tributária. O art. 5º, II, da CF assevera que "ninguém será obrigado a fazer ou deixar de fazer alguma coisa senão em virtude de lei". Mas o texto constitucional vai mais além, reforçando o estatuto constitucional do contribuinte:

> **Art. 150, I –** Sem prejuízo de outras garantias asseguradas ao contribuinte, é vedado à União, aos Estados, ao Distrito Federal e aos Municípios exigir ou aumentar tributo sem lei que o estabeleça.

Apesar de alguns doutrinadores distinguirem-no do **princípio da reserva de lei**, ensinando que, enquanto aquele significa o respeito à lei, este é mais restrito, exigindo que as matérias a ele afetas devam ser regulamentadas, necessariamente, por lei em sentido formal, lei ***strictu sensu***; outros não creem que a distinção seja relevante e confundem os dois princípios.

Para a jurisprudência do STF (ADI 4762), a reserva de lei condiciona as intervenções onerosas na esfera jurídica individual à existência de lei formal, isto é, emanada do Poder Legislativo, e a legalidade estrita tributária, por sua vez, é a vedação constitucional dirigida à administração federal, estadual e municipal de instituir ou aumentar tributo sem que haja lei que o autorize.

3.2.1.1. Lei ordinária

Só a lei pode criar ou extinguir tributos (CTN, art. 97). Em geral, lei ordinária, mas há tributos que só podem ser criados por lei complementar.

Os entes tributantes utilizam-se de artifícios de variada ordem para burlar a necessidade de lei formal para instituição ou majoração de tributos. O mais corriqueiro deles é a atualização da base de cálculo de alguns impostos periódicos em índices superiores aos índices inflacionários oficiais anuais.

> **Qual o entendimento do STJ sobre esse ponto:**
>
> ◙ É defeso, ao Município, atualizar o IPTU, mediante decreto, em percentual superior ao índice oficial de correção monetária. (Súmula 160)

Muitas vezes, ocorre a tentativa de cobrança simplesmente sem a tipificação legal dos fatos geradores respectivos, também rechaçada nos tribunais.

> **Qual o entendimento do STF sobre esse ponto:**
>
> ◙ Sem lei estadual que a estabeleça, é ilegítima a cobrança do imposto de circulação de mercadorias sobre o fornecimento de alimentação e bebidas em restaurante ou estabelecimento similar. (Súmula 574)

> **Como esse assunto foi cobrado em concurso?**
>
> **(Cespe/DPE/AC/Defensor/2017)** Em matéria tributária, é facultado à lei ordinária
>
> (A) alterar a base de cálculo de tributos.
>
> (B) majorar a alíquota de impostos, desde que observados os limites legais.
>
> (C) definir tratamento favorecido para as microempresas.
>
> (D) instituir empréstimos compulsórios, desde que observados os requisitos constitucionais.
>
> (E) dispor sobre conflito de competência entre os entes tributantes.
>
> *Resposta: Alternativa "B".*

3.2.1.2. Lei ordinária específica

A Constituição Federal (art. 150, § 6º) restringe ainda mais a disponibilidade legislativa sobre determinadas matérias tributárias cometidas a lei ordinária, exigindo lei específica para que certos benefícios fiscais sejam concedidos aos administrados:

Restrições à concessão de benefícios fiscais (exigência de lei específica)
- Subsídio - Isenção - Redução de base de cálculo - Concessão de crédito presumido - Anistia - Remissão

Segundo o texto constitucional, qualquer desses benefícios, quer relativos a impostos, taxas ou contribuições, só poderá ser concedido mediante lei específica, federal, estadual ou municipal, que regule exclusivamente as matérias acima enumeradas ou o correspondente tributo ou contribuição, sem prejuízo do disposto no artigo 155, § 2º, XII, "g", da CF.

3.2.1.3. Lei complementar

Tributos criados por lei complementar	
Empréstimos compulsórios	Art. 148
Imposto sobre grandes fortunas	Art. 153, VII
Impostos residuais	Art. 154, I
Contribuições previdenciárias residuais	Art. 195, § 4º, c/c art. 154, I

3.2.1.4. Medida provisória

Em caso de relevância e urgência, o Presidente da República pode adotar medidas provisórias, **com força de lei**, devendo submetê-las de imediato ao Congresso Nacional (CF, art. 62). Reflexamente, governadores e prefeitos também podem adotá-las, desde que previstas nas respectivas constituições estaduais e leis orgânicas desses entes políticos.

Apesar de antigas divergências doutrinárias, hoje é pacífico o entendimento do STF sobre a legitimidade da medida provisória para instituir tributos, desde que seja respeitado o princípio da anterioridade.

Entretanto, **matérias reservadas à lei complementar** não podem ser veiculadas nesse tipo normativo (CF, art. 62, § 1º, III), ou seja, os seguintes tributos não podem ser criados por medida provisória: empréstimos compulsórios, imposto sobre grandes fortunas, impostos residuais e contribuições previdenciárias residuais.

A medida provisória que implique instituição ou majoração de impostos, excetuados II, IE, IPI, IOF e impostos extraordinários, só produz efeitos no exercício financeiro seguinte se houver sido convertida em lei até o último dia daquele em que foi editada (CF, art. 62, § 2º).

3.2.1.5. Lei delegada

Lei delegada é fruto da autorização do Poder Legislativo, via Resolução do Congresso Nacional, ao Poder Executivo, para sua elaboração e edição. Cabível, identicamente, em matéria tributária, com exceção de **matérias reservadas à lei complementar**, que não podem ser fruto de delegação (CF, art. 68, § 1º, parte final).

Ou seja, empréstimos compulsórios, imposto sobre grandes fortunas, impostos residuais e contribuições previdenciárias residuais não podem ser **criados** por lei tributária delegada.

3.2.2. Exceções ao princípio da legalidade

Todos os tributos devem ser **criados** por lei, mas existem aqueles que podem ter suas **alíquotas** majoradas por ato do Poder Executivo. São eles:

Alíquotas alteráveis por ato do Poder Executivo	
Tributo	**Permissivo**
- Imposto de Importação (II) - Imposto de Exportação (IE) - Imposto sobre Produtos Industrializados (IPI) - Imposto sobre Operações Financeiras (IOF)	CF, art. 153, § 1º
- Imposto sobre Circulação de Mercadorias e Serviços de Transporte Interestadual e Intermunicipal e de Comunicação (ICMS s/ combustíveis e lubrificantes)	CF, art. 155, § 4º, IV
- Contribuição de Intervenção no Domínio Econômico (Cide-combustíveis)	CF, art. 177, § 4º, I, "b"

As respectivas bases de cálculo desses tributos, entretanto, não podem ser alteradas por esse meio.

No caso do ICMS sobre combustíveis e lubrificantes, as alíquotas são definidas por convênio entre Estados e DF, e o **ato do Poder Executivo** não é um decreto, mas uma deliberação entre os representantes dos entes federativos. Nos demais casos, o ato do Poder Executivo também não será, necessariamente, um decreto.

Essa flexibilidade conferida ao Poder Executivo não significa delegação de competência legislativa, já que a faixa permitida de variação das alíquotas há de estar expressa em lei.

▸ **Como esse assunto foi cobrado em concurso?**

(Cespe/PGM/Fortaleza/Procurador/2017) A alteração de alíquotas do imposto de exportação não se submete à reserva constitucional de lei tributária, tornando-se admissível a atribuição dessa prerrogativa a órgão integrante do Poder Executivo.

Resposta: Certa.

Importante ressaltar que **não existem** exceções ao princípio da legalidade no que tange às taxas e às contribuições de melhoria. Impossível, por exemplo, aumentá-los por decretos, portarias etc.

3.3. Isonomia

Segundo o art. 150, II, da CF é vedado instituir tratamento desigual entre contribuintes que se encontrem em situação equivalente, proibida qualquer distinção em razão de ocupação profissional ou função por eles exercida, independentemente da denominação jurídica dos rendimentos, títulos ou direitos.

Trata-se do princípio da isonomia, que deriva do princípio da igualdade (CF, art. 5º, *caput*) e visa impedir que sujeitos passivos, em situações semelhantes, tenham tratamento tributário desigual perante a lei, e que os desassemelhados sejam tratados igualmente. O que, em ambos os casos, ofenderia os valores da **justiça tributária**.

Não é, assim como qualquer outro princípio, absoluto, pois fatores como a extrafiscalidade podem autorizar tratamento desigual aos iguais.

Não repugna ao princípio a exacerbação dos tributos incidentes sobre produtos nocivos, como o jogo, o tabaco e álcool; a progressividade de alguns impostos; os incentivos fiscais etc.

▸ **Qual o entendimento do STF sobre esse ponto:**

- A atualização de débitos tributários pela Taxa Selic é legítima e traduz rigorosa igualdade de tratamento entre contribuinte e fisco, não se tratando de imposição tributária. (RE 582461, repercussão geral)

3.4. Irretroatividade

Segundo o art. 150, III, a, da CF, é vedado cobrar tributos em relação a fatos geradores ocorridos antes do início da vigência da lei que os houver instituído ou aumentado.

Aqui, o Constituinte teve o cuidado de resguardar, mais uma vez, o status jurídico do administrado, já que outra disposição da CF, o art. 5º, XXXVI, traz conteúdo ainda mais abrangente: "a lei não prejudicará o direito adquirido, o ato jurídico perfeito e a coisa julgada", o que, por si só, já seria suficiente para afastar a retroatividade das leis.

Entretanto, a vedação à retroatividade das leis não é absoluta. No direito penal, por exemplo, é regra que a lei menos gravosa retroaja.

O que o princípio protege é a relação jurídica, observada no exato momento da ocorrência do fato gerador: a lei regente, aí, torna juridicamente perfeita a relação fisco-sujeito passivo. É por esse motivo que também não se aceita que a redução do tributo (alteração da base de cálculo, alíquota ou qualquer outro elemento que o torne menos gravoso) retroaja. O CTN reflete essa situação, ao preceituar, em seu art. 105, que "a legislação tributária aplica-se imediatamente aos fatos geradores futuros e aos pendentes".

3.4.1. Normas tributárias retroativas

No direito tributário, portanto, a regra geral é que a norma alcance os fatos geradores posteriores à sua edição, mas algumas disposições normativas podem retroagir:

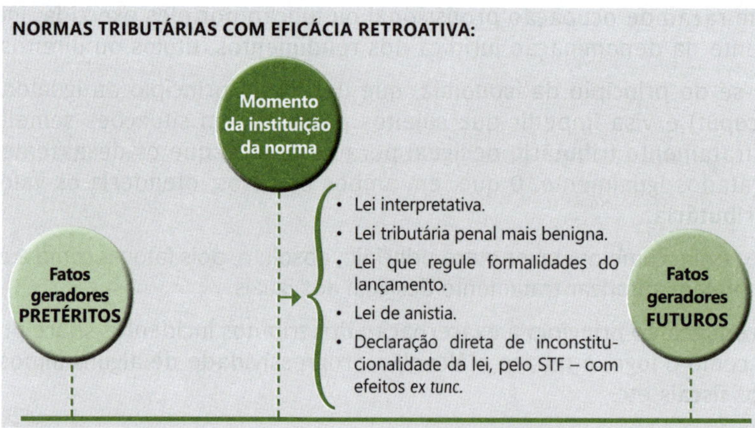

Cabe observar que em todos esses casos são assegurados o direito adquirido, o ato jurídico perfeito e a coisa julgada.

3.4.1.1. Lei interpretativa

As leis interpretativas, aquelas que apenas explicam o conteúdo de outras normas, retroagem por terem efeitos meramente declaratórios, isto é, são ineficazes para constituir novas relações jurídicas. Veda-se, todavia, a aplicação de penalidades aos dispositivos interpretados.

Segundo o art. 106, I, do CTN, "a lei aplica-se a ato ou fato pretérito em qualquer caso, quando seja expressamente interpretativa, excluída a aplicação de penalidade à infração dos dispositivos interpretados".

3.4.1.2. Lei tributária penal mais benigna

De acordo com o art. 106, II, do CTN, as leis tributárias penais mais benignas atingem apenas os atos não definitivamente julgados, quando:

Atos não julgados em definitivo
- Deixe de defini-lo como infração;
- Deixe de tratá-lo como contrário a exigência de ação ou omissão, desde que não tenha sido fraudulento e não tenha implicado falta de pagamento de tributo;
- Comine penalidade menos severa que a originalmente prevista.

3.4.1.3. Lei instrumental

Aplica-se ao lançamento a legislação que, posteriormente à ocorrência do fato gerador da obrigação, tenha instituído novos critérios de apuração ou processos de fiscalização, ampliado os poderes de investigação das autoridades administrativas ou outorgado ao crédito maiores garantias ou privilégios, exceto, neste último caso, para o efeito de atribuir responsabilidade tributária a terceiros (CTN, art. 144, § 1º).

3.4.1.4. Lei de anistia

A lei de anistia só se aplica a fatos ocorridos antes de sua vigência (CTN, art. 180, *caput*), mas, a rigor, ela apenas declara a extinção da punibilidade de certas infrações, o que, para alguns tributaristas, faz com que não seja considerada uma norma retroativa; já para outra corrente, a característica da retroação é nota indissociável de qualquer lei de anistia (Denari, 2002). Aliás, a anistia, por ser considerada **perdão de infrações**, não deixa de ser uma norma tributária penal benigna.

3.4.1.5. Declaração direta de inconstitucionalidade de lei, pelo STF, com efeitos "ex tunc"

A declaração direta de inconstitucionalidade de lei proferida pelo STF, via ADI ou ADC (CF, art. 102, I) – controle concentrado de constitucionalidade – opera efeitos de lei com efeitos ***ex tunc***, mas o tribunal pode limitar tais efeitos em alguns casos previstos no art. 27 da Lei nº 9.868/99:

> **Art. 27.** Ao declarar a inconstitucionalidade de lei ou ato normativo, e tendo em vista razões de segurança jurídica ou de excepcional interesse social, poderá o Supremo Tribunal Federal, por maioria de dois terços de seus membros, restringir os efeitos daquela declaração ou decidir que ela só tenha eficácia a partir de seu trânsito em julgado ou de outro momento que venha a ser fixado.

O Supremo também pode declarar a inconstitucionalidade de uma lei via controle difuso, mas, nesse caso, os efeitos da declaração são ***ex nunc*** e alcançam somente as partes do processo – os efeitos extensivos, aqui, dependem de Resolução do Senado Federal.

3.5. Anterioridade

O princípio vem insculpido no art. 150, III, b, da CF, que veda cobrar tributos no mesmo exercício financeiro em que haja sido publicada a lei que os instituiu ou aumentou.

Visa proteger o sujeito passivo do ônus tributário imprevisto ou não planejado, dispondo que a lei gravosa só produza seus efeitos no ano seguinte. De acordo com o art. 34 da Lei nº 4.320/64, o exercício financeiro, no Brasil, corresponde ao ano civil - 1º de janeiro a 31 de dezembro.

Caso a lei não cause gravame, isto é, reduza ou fulmine o tributo, não há que se ater ao disposto pela anterioridade.

O respeito a esse primado é tamanho que a EC nº 03/1993 foi considerada parcialmente inconstitucional por desrespeitá-lo. O STF (ADI 939) entendeu que o princípio constituía um direito individual fundamental, cláusula pétrea, protegido pelo art. 60, § 4º, IV, da CF - "não será objeto de deliberação a proposta de emenda tendente a abolir os direitos e garantias individuais". Foi a primeira e única vez que uma emenda constitucional foi assim declarada no Brasil.

O princípio, contudo, não é absoluto e comporta regras exceptuadoras insertas no próprio texto constitucional.

Algumas situações que dizem respeito à Administração Tributária, e não à natureza ou à imposição do tributo em si, não se submetem ao princípio da anterioridade, como já sumulado.

- **Qual o entendimento do STF sobre esse ponto:**
- Norma legal que altera o prazo de recolhimento da obrigação tributária não se sujeita ao princípio da anterioridade. (Súmula Vinculante 50)

3.5.1. Exceções ao princípio da anterioridade

A Constituição prevê que alguns tributos possam ser cobrados no mesmo ano da publicação da lei que os institua ou majore. São eles:

Tributos que excetuam o princípio da anterioridade	
Tributo	**Permissivo**
- Empréstimo compulsório p/ despesas extraordinárias - Imposto de Importação (II)	CF, art. 150, § 1º
- Imposto de Exportação (IE) - Imposto sobre Produtos Industrializados (IPI) - Imposto sobre Operações Financeiras (IOF) - Impostos extraordinários de guerra	CF, art. 150, § 1º
- ICMS s/ combustíveis e lubrificantes	CF, art. 155, § 4º, IV, "c"

Tributos que excetuam o princípio da anterioridade	
Tributo	**Permissivo**
- Contribuição de Intervenção no Domínio Econômico (Cide-combustíveis)	CF, art. 177, § 4º, I, "b"
- Contribuições de seguridade social	CF, art. 195, § 6º

▸ **Como esse assunto foi cobrado em concurso?**

(Cespe/DPE/PE/Defensor/2018) A respeito dos princípios da anterioridade e da irretroatividade, ambos princípios constitucionais do sistema tributário, assinale a opção correta:

(A) todos os impostos se submetem aos princípios da anterioridade e da irretroatividade, mas as taxas, contribuições e demais espécies tributárias somente se submetem ao princípio da irretroatividade.

(B) todos os tributos devem se submeter aos princípios da anterioridade e da irretroatividade.

(C) o princípio da irretroatividade aplica-se a todo tributo; o da anterioridade, por sua vez, admite exceções.

(D) o princípio da irretroatividade se aplica apenas aos impostos e às taxas; o da anterioridade se aplica a todos os tipos de tributos.

(E) o princípio da irretroatividade se aplica apenas aos tributos parafiscais; o da anterioridade, por sua vez, se aplica tanto aos tributos fiscais como aos extrafiscais.

Resposta: Alternativa "C".

3.5.2. Distinção do princípio da anualidade

Os dois princípios – anualidade e anterioridade – não se confundem. Até 1969, o ordenamento constitucional brasileiro exigia prévia autorização orçamentária para que os tributos pudessem ser cobrados. A cada ano, era necessário que o Poder Legislativo aprovasse o orçamento para o cumprimento da regra. Tal providência foi abolida com a Emenda nº 1, de 1969. Portanto, tal princípio não mais subsiste no direito brasileiro.

3.6. Anterioridade nonagesimal

Reza o art. 150, III, c, da CF, que é vedado cobrar tributos antes de decorridos noventa dias da data em que haja sido publicada a lei que os instituiu ou aumentou, observado o disposto na alínea *b*.

O princípio da anterioridade não foi, por si só, suficiente para aprimorar a conduta dos fiscos brasileiros e evitar surpresas para os sujeitos passivos. Alterações legislativas publicadas no dia 31 de dezembro, para entrada em vigor no dia seguinte - 1º de janeiro, eram práticas corriqueiras. Técnica legislativa que em nada desrespeitava a Constituição.

A EC 42/2003 aperfeiçoou o texto constitucional ao exigir, em regra, que todas as leis tributárias **instituidoras ou majoradoras** de tributos tenham um período de vacância de, pelo menos, noventa dias contados da sua publicação.

Caso a alteração legislativa seja oriunda de uma medida provisória, o termo inicial para a contagem do prazo nonagesimal é a data de publicação da MPv e não a da lei na qual é convertida. Entretanto, se houver agravamento da carga tributária estabelecida somente na lei de conversão, ou seja, não prevista originalmente no texto da MPv, a contagem do termo iniciar-se-ia da publicação desta (STF, RE 568503).

Qual o entendimento do STF sobre esse ponto:

- O prazo nonagesimal somente deve ser utilizado nos casos de criação ou majoração de tributos, não na hipótese de simples prorrogação de alíquota já aplicada anteriormente. (RE 584100, repercussão geral)
- A postergação do direito do contribuinte do ICMS de usufruir de novas hipóteses de creditamento, por não representar aumento do tributo, não se sujeita à anterioridade nonagesimal prevista no art. 150, III, c, da Constituição. (RE 603917, 25.10.2019, repercussão geral)

O texto constitucional prevê exceções ao princípio.

Tributos que não obedecem ao princípio da anterioridade nonagesimal (CF, art. 150, § 1º, parte final)
- Empréstimo compulsório para despesas extraordinárias (art. 148, I)
- Imposto de Importação (II)
- Imposto de Exportação (IE)
- Imposto de Renda (IR)
- Imposto sobre Operações Financeiras (IOF)
- Impostos extraordinários de guerra (art. 154, II)
- Imposto sobre Propriedade de Veículos Automotores (IPVA) (fixação da base de cálculo)
- Imposto sobre Propriedade Predial e Territorial Urbana (IPTU) (fixação da base de cálculo)

Interessante notar que o IPI não se submete à regra da anterioridade "geral", mas deve obedecer à anterioridade "nonagesimal".

Como esse assunto foi cobrado em concurso?

(FCC/Sefaz/BA/Auditor/2019) A Constituição Federal consagra o princípio da anterioridade anual, ou seja, a proibição de a Administração Fiscal cobrar tributos no mesmo exercício financeiro em que haja sido publicada a lei que os instituiu ou aumentou e consagra, também, o princípio da anterioridade nonagesimal ou noventena, que veda a cobrança de tributos antes de decorridos noventa dias da data em que haja sido publicada a lei que os instituiu ou aumentou. Sobre este tema, a Constituição vigente estabelece que

(A) o imposto sobre a renda deve observar os princípios constitucionais da anterioridade anual e da anterioridade nonagesimal (noventena).

(B) a anterioridade nonagesimal (noventena), prevista na Constituição Federal, aplica-se à fixação da base de cálculo do imposto sobre propriedade de veículos automotores e do imposto sobre propriedade predial e territorial urbana.

(C) o imposto sobre produtos industrializados observa o princípio da anterioridade nonagesimal (noventena), mas não observa o princípio da anterioridade anual.

(D) os empréstimos compulsórios instituídos para atender a despesas extraordinárias, decorrentes de calamidade pública, de guerra externa ou sua iminência, e no caso de investimento público de caráter urgente e de relevante interesse nacional devem observar a anterioridade anual.

(E) os Municípios e o Distrito Federal poderão instituir contribuição, na forma das respectivas leis, para o custeio do serviço de iluminação pública, observando o princípio da anterioridade nonagesimal, não precisando observar a anterioridade anual, por expressa autorização constitucional.

Resposta: Alternativa "C".

3.7. Vedação ao confisco

No Brasil, a Constituição proíbe utilizar tributo com efeito de confisco (art. 150, IV).

As raízes desse princípio são históricas. Na jurisprudência norte-americana, por exemplo, uma decisão de Marshall, juiz da Suprema Corte, foi um marco do direito tributário e do direito constitucional do século XIX: *"um poder ilimitado para tributar envolve necessariamente um poder para destruir: porque há um limite, além do qual nenhum cidadão, nenhuma instituição e nenhuma propriedade podem ser tributados."*

O confisco tem caráter extremamente punitivo: é a apreensão dos bens de alguém, por ato administrativo ou judicial, sem indenização. É a perda dos bens. O texto constitucional fala do "confisco velado", indireto, cujo conceito depreende-se da jurisprudência.

▸ **Qual o entendimento do STF sobre esse ponto:**

◙ A proibição constitucional do confisco em matéria tributária nada mais representa senão a interdição, pela Carta Política, de qualquer pretensão governamental que possa conduzir, no campo da fiscalidade, à injusta apropriação estatal, no todo ou em parte, do patrimônio ou dos rendimentos dos contribuintes, comprometendo-lhes, pela insuportabilidade da carga tributária, o exercício do direito a uma existência digna, ou a prática de atividade profissional lícita ou, ainda, a regular satisfação de suas necessidades vitais (educação, saúde e habitação, por exemplo). A identificação do efeito confiscatório deve ser feita em função da totalidade da carga tributária, mediante verificação da capacidade de que dispõe o contribuinte considerado o montante de sua riqueza (renda e capital) – para suportar e sofrer a incidência de todos os tributos que ele deverá pagar, dentro de determinado período, à mesma pessoa política que os houver instituído (a União Federal, no caso), condicionando-se, ainda, a aferição do grau de insuportabilidade econômico-financeira, à observância, pelo legislador, de padrões de razoabilidade destinados a neutralizar excessos de ordem fiscal eventualmente praticados pelo Poder Público. (ADC 8-MC. DJ 4.4.2003)

▸ **Como esse assunto foi cobrado em concurso?**

(TRF/3R/Juiz/2018) Considerando que dentre as limitações constitucionais ao poder de tributar insere-se a vedação ao uso do tributo com efeito de confisco, indique qual a afirmação correta:

(A) o Poder Executivo pode criar multas em percentuais que excedam o valor do tributo cobrado, visto que a imposição de multa tem o duplo objetivo de educar o contribuinte e de ressarcir o Poder Público.

(B) a multa correspondente a 90% do valor do tributo devido não tem caráter confiscatório.

(C) a falta de atualização monetária da tabela de incidência do imposto de renda na fonte sobre os salários tem natureza de confisco.

(D) é possível a cobrança de multa confiscatória desde que observado o princípio da praticidade da arrecadação e da prevalência do interesse público sobre o privado.

Resposta: Alternativa "B".

O princípio tem estreita correlação com os direitos fundamentais de propriedade, de liberdade de iniciativa e de liberdade profissional, alvos preferenciais da tributação.

A tributação, obviamente, diminui a propriedade, que não é direito absoluto, mas não pode anulá-la. O que se proíbe é que, via transversa, o tributo consiga espoliar o sujeito passivo numa medida tal que seja equivalente ao confisco.

O Brasil, infelizmente, não adotou critérios objetivos, mesmo que jurisprudenciais, para aferir o confisco. Aqui, como a Constituição não define o confisco ou sua medida, cabe ao Judiciário fazê-lo. O Tribunal Constitucional alemão, por exemplo, entende que a carga tributária total incidente sobre um determinado contribuinte não pode exceder 50% dos seus rendimentos.

Apesar de mencionar somente "tributos", a doutrina e a jurisprudência abominam, com igual intensidade, as multas desproporcionais.

> **Qual o entendimento do STF sobre esse ponto:**
>
> ◙ A aplicação da multa moratória tem o objetivo de sancionar o contribuinte que não cumpre suas obrigações tributárias, prestigiando a conduta daqueles que pagam em dia seus tributos aos cofres públicos.
>
> Assim, para que a multa moratória cumpra sua função de desencorajar a elisão fiscal, de um lado não pode ser pífia, mas, de outro, não pode ter um importe que lhe confira característica confiscatória, inviabilizando inclusive o recolhimento de futuros tributos. Não é confiscatória a multa moratória no importe de 20%. (RE 582461, repercussão geral)

Por fim, é bom lembrar que a tributação exasperada é admitida por motivos extrafiscais: a progressividade no tempo, prevista para o IPTU (CF, art. 182, II), por exemplo.

3.8. Não limitação ao tráfego de pessoas e bens

Veda a CF, o estabelecimento de limitações ao tráfego de pessoas ou bens, por meio de tributos interestaduais ou intermunicipais, ressalvada a cobrança de pedágio pela utilização de vias conservadas pelo Poder Público (art. 150, V).

A liberdade de ir e vir é um dos fundamentais pilares de um Estado Democrático de Direito (CF, art. 5º, XV), realçando os laços dos entes federativos, e, como tal, não pode ser restringida por imposições tributárias.

Alguns autores afirmam que o **pedágio** pode ser cobrado por não se tratar de espécie do gênero tributo, mas de um **preço público**. Tese que foi encampada pelo STF (ADI 800), que asseverou a inaplicabilidade do princípio da legalidade estrita na sua instituição.

> **Como esse assunto foi cobrado em concurso?**
>
> **(Cesgranrio/Liquigás/Advogado/2018)** A Constituição Federal estabelece inúmeras vedações ao poder de tributar, dentre elas, limitações ao tráfego de pessoas ou bens, por meio de tributos interestaduais ou intermunicipais, ressalvada a cobrança relativa à(ao):
>
> (A) multa.
> (B) renda.
> (C) sanção.
> (D) pedágio.
> (E) patrimônio.
>
> *Resposta: Alternativa "D".*

3.9. Transparência

Segundo norma constitucional, a lei determinará medidas para que os consumidores sejam esclarecidos acerca dos impostos que incidem sobre mercadorias e serviços (art. 150, § 5º).

Trata-se do princípio da transparência, que se destina a mostrar à sociedade a carga tributária embutida em produtos e serviços, oculta sob o manto da tributação indireta do IPI, ICMS e ISS.

Melhor redação seria o esclarecimento a todos os **cidadãos**, não só aos consumidores, e sobre todos os **tributos**, não só os impostos, já que o crescimento da carga tributária brasileira, ultimamente, tem-se dado por conta da expansão irrefreada das contribuições.

Na LC nº 101/2001, Lei de Responsabilidade Fiscal, que estabelece normas gerais de finanças públicas, o princípio já foi devidamente implementado, exigindo a **transparência da gestão fiscal** por meio de instrumentos democráticos, como relatórios e prestações de contas simplificados e abertos ao público, assim como incentivo à participação popular em audiências públicas para discussão dos orçamentos.

3.10. Uniformidade geográfica

É **vedado à União** instituir tributo que não seja uniforme em todo o território nacional ou que implique distinção ou preferência em relação a Estado, ao Distrito Federal ou a Município, em detrimento de outro, admitida a concessão de incentivos fiscais destinados a promover o equilíbrio do desenvolvimento socioeconômico entre as diferentes regiões do País (art. 151, I).

Baseia-se no princípio federativo e, apesar de a norma ser voltada para a União, por simetria, deve ser observada também pelos Estados, Distrito Federal e Municípios, pois não se admite, por exemplo, que um Estado possa instituir tributo que não seja uniforme em seus Municípios. Ademais, o art. 19, III, da Constituição veda que os entes políticos criem distinções entre si.

Quanto à uniformidade geográfica dos tributos municipais, há importante consideração a respeito do IPTU, que pode ter alíquotas diferenciadas de acordo com a **localização** do imóvel (CF, art. 156, § 1º, II).

Como os incentivos fiscais são destinados a promover o desenvolvimento e a reduzir as desigualdades sociais e regionais, podem, indiretamente, ser tidos por instrumentos que embasam os objetivos fundamentais da República (CF, art. 3º, III). O art. 43 da CF permite à União a criação de **regiões de desenvolvimento**, por lei complementar, com a instituição, entre outras medidas, de incentivos regionais para isentar, reduzir ou diferir temporariamente tributos federais (CF, art. 43, § 2º, III).

Pelo princípio da simetria, igualmente Estados e Municípios podem conceder incentivos fiscais em suas respectivas áreas, com os fundamentos constitucionais do art. 151, I.

▸ **Qual o entendimento do STF sobre esse ponto:**

◙ Há direito ao creditamento de IPI na entrada de insumos, matéria-prima e material de embalagem adquiridos junto à Zona Franca de Manaus sob o regime de isenção, considerada a previsão de incentivos regionais constante do art. 43, § 2º, III, da CF, combinada com o comando do art. 40 do ADCT. (RE 592891, 25.4.2019, repercussão geral)

3.11. Não discriminação em razão da procedência ou do destino

O art. 152, *caput*, da CF, proíbe estabelecer diferença tributária entre bens e serviços, de qualquer natureza, em razão de sua procedência ou destino.

Veda-se, pela não discriminação tributária em razão da procedência ou do destino, a existência de "comunidades de Estados" ou "comunidades de Municípios" dentro da própria Federação, estabelecendo, entre eles, posições tributárias vantajosas em detrimento daqueles que não participarem desses "pactos".

Cabe observar que o dispositivo não se aplica às relações internacionais para o Brasil, como Estado soberano, pois lhe é permitido escolher os parceiros comerciais e firmar acordos ou tratados que estabeleçam distinções tributárias (II, IE, IPI, IR etc.), por conta do país de origem ou do país de destino dos bens e serviços transacionados. O Mercosul é um exemplo disto.

A manutenção do pacto federativo implica, para os entes políticos, a vedação a hierarquias de forma tributária: todos devem relacionar-se em pé de igualdade, com autonomia política limitada nos termos da Constituição.

▸ **Como esse assunto foi cobrado em concurso?**

(FCC/TRF/3R/Técnico/2019) Sob o título "Das limitações do Poder de Tributar", a Constituição Federal de 1988 consagra o princípio da

(A) anterioridade, segundo o qual a União, os Estados, o Distrito Federal e os Municípios não podem exigir ou aumentar tributo sem lei que o estabeleça.

(B) legalidade, dispondo que a União, os Estados, o Distrito Federal e os Municípios não podem cobrar tributos em relação a fatos geradores ocorridos antes do início da vigência da lei que os houver instituído ou aumentado.

(C) irretroatividade da lei tributária, que veda aos entes políticos tributantes cobrar tributo no mesmo exercício financeiro em que haja sido publicada a lei que os instituiu ou aumentou.

(D) igualdade tributária, dispondo que os entes políticos da Federação não podem instituir tratamento desigual entre contribuintes que se encontrem em situação equivalente, devendo levar em consideração a ocupação profissional ou função por eles exercida, bem como a denominação jurídica dos rendimentos, títulos ou direitos.

(E) não discriminação tributária, que veda aos Estados, ao Distrito Federal e aos Municípios estabelecer diferença tributária entre bens e serviços, de qualquer natureza, em razão de sua procedência ou destino.

Resposta: Alternativa "E".

4. OUTROS PRINCÍPIOS RELEVANTES

4.1. Tipicidade tributária

Derivado da segurança jurídica, o princípio da tipicidade tributária impõe que a lei tributária defina taxativa e completamente as situações tributárias necessárias e suficientes para o nascimento da obrigação tributária, bem como os critérios de quantificação do tributo. Veda a interpretação extensiva e a analogia, encetando no tipo legal todos os elementos necessários à tributação. Daí ser chamada, também, de **tipicidade cerrada**.

4.2. "Non olet"

Non olet! (Não cheira!) foi a resposta dada pelo imperador romano Vespasiano à censura de seu filho à decisão de tributar o uso dos banheiros públicos. Hoje, denomina o princípio que orienta a tributação dos atos ilícitos ou imorais, baseado na irrelevância da regularidade jurídica dos atos e de seus efeitos, conforme o CTN:

> Art. 118. A definição legal do fato gerador é interpretada abstraindo-se:
>
> I – da validade jurídica dos atos efetivamente praticados pelos contribuintes, responsáveis, ou terceiros, bem como da natureza do seu objeto ou dos seus efeitos;
>
> II – dos efeitos dos fatos efetivamente ocorridos.

Tecnicamente, impõe que a interpretação do fato gerador seja objetiva, deixando de lado a pessoa do sujeito passivo. Irrelevante, pois, a análise da eficácia do ato, da capacidade civil dos envolvidos e de sua licitude. Daí não se furtarem à tributação as riquezas adquiridas por incapazes ou os rendimentos advindos da contravenção, da prostituição, do contrabando ou do tráfico de drogas:

▸ **Como esse assunto foi cobrado em concurso?**

(UEG/PC/GO/Delegado/2018) Fato gerador é a situação definida em lei como necessária e suficiente à ocorrência da obrigação tributária principal. Entre diferentes aspectos do fato gerador, verifica-se que:

(A) o produto do crime se encontra sujeito à tributação na medida em que, conforme o Código Tributário Nacional, vigora para exação tributária a regra do "non olet".

(B) o Estado, no exercício do seu poder de tributar, ao prever como fato gerador determinado ato, abstrai qualquer aspecto de licitude penal.

(C) a definição do fato gerador demanda não só ato jurídico válido, mas também natureza lícita do seu objeto e efeitos conforme o ordenamento jurídico.

(D) sujeito passivo da obrigação tributária é apenas o contribuinte, dado que vigora, também, no direito tributário o princípio da intransferibilidade da sanção a afastar a solidariedade.

(E) o cidadão que se encontre sob a custódia do Estado, quando condenado simultaneamente à vedação de contratação com Poder Público, não pode ser sujeito passivo de obrigação tributária.

Resposta: Alternativa "A".

4.3. Proporcionalidade

Princípio extremamente importante e que serve de escoro firme para a interpretação das normas constitucionais e infraconstitucionais.

▸ **Qual o entendimento do STF sobre esse ponto:**

◙ Tributação e ofensa ao princípio da proporcionalidade. O Poder Público, especialmente em sede de tributação, não pode agir imoderadamente, pois a atividade estatal acha-se essencialmente condicionada pelo princípio da razoabilidade, que traduz limitação material à ação normativa do Poder Legislativo. O Estado não pode legislar abusivamente. A atividade legislativa está necessariamente sujeita à rígida obervância de diretriz fundamental, que, encontrando suporte teórico no princípio da proporcionalidade, veda os excessos normativos e as prescrições irrazoáveis do Poder Público. O princípio da proporcionalidade, nesse contexto, acha-se vocacionado a inibir e a neutralizar os abusos do Poder Público no exercício de suas funções, qualificando-se como parâmetro de aferição da própria constitucionalidade material dos atos estatais. - A prerrogativa institucional de tributar, que o ordenamento positivo reconhece ao Estado, não lhe outorga o poder de suprimir (ou de inviabilizar) direitos de caráter fundamental constitucionalmente assegurados ao contribuinte. É que este dispõe, nos termos da própria Carta Política, de um sistema de proteção destinado a ampará-lo contra eventuais excessos cometidos pelo poder tributante ou, ainda, contra exigências irrazoáveis veiculadas em diplomas normativos editados pelo Estado (ADI 2551-MC-QO. DJ 20.4.2006)

4.4. Federalismo

É ínsito ao Federalismo o princípio de repartição das competências tributárias, expresso no art. 145 da CF, que permite aos entes políticos instituir e cobrar seus próprios tributos. Outro princípio que informa o Federalismo é o da repartição das receitas tributárias (CF, arts. 157 a 162), que visa manter a equidade e o desenvolvimento harmônico dos entes federados.

A repartição constitucional de competências pressupõe, no âmbito tributário, que cada ente federado possua rendas que lhe assegurem a capacidade de auto-organização. Do que decorre a vedação de iniciativas de emendas constitucionais que retirem dos entes federados seus meios de subsistência orçamentária (receitas próprias), a ponto de torná-los ainda mais dependentes do governo central, o que, indiretamente, ofenderia o equilíbrio do princípio federativo, eleito expressamente como cláusula pétrea no Brasil (CF, art. 60, § 4º, I).

▸ **Qual o entendimento do STF sobre esse ponto:**

◙ A constituição estadual não pode estabelecer limite para o aumento de tributos municipais. (Súmula 69)

Outro reflexo constitucional do Federalismo é a imunidade tributária recíproca, prevista no art. 150, VI, "a", da Constituição, já que, na Federação, os entes políticos não se subordinam entre si, são autônomos, o que obstaculiza o poder de tributar de uns sobre os outros – ainda que parcialmente, porquanto só dizem respeito a **impostos**.

▸ **Como esse assunto foi cobrado em concurso?**

(Cespe/TCE/PA/Auditor/2018) A Constituição Federal de 1988 adotou o modelo de federalismo cooperativo, de modo que a autonomia financeira dos entes federativos é assegurada pela atribuição de competências tributárias e participação nas receitas tributárias arrecadadas de tributos de competência de outros entes.

Resposta: Certa.

4.5. Simetria

As disposições tributárias da Constituição Federal devem, obrigatoriamente, ser refletidas nas constituições estaduais e leis orgânicas dos Municípios e do Distrito Federal. O Poder Legislativo desses entes políticos não pode **escolher** princípios e normas que serão veiculados em detrimento de outros. O que não significa que não pode inovar ou agregar mais conteúdo em seus textos. Pode, desde que não contrarie a Carta da República. Daí se dizer que deve manter simetria com o texto federal.

4.6. Discriminação das competências tributárias

O sistema brasileiro de discriminação de competências tributárias é extremamente rígido e integralmente posto no texto constitucional, o que exige do ente político a máxima observância da medida do exercício do seu poder de tributar dentro dos limites da competência que lhe foi outorgada.

4.7. Responsabilidade fiscal

A responsabilidade fiscal, há muito conhecida do direito norte-americano, aportou no Brasil com a Lei de Responsabilidade Fiscal, LC nº 101/2000, e exprime o conceito de ***accountability*** – gerência eficiente – dos recursos públicos.

Como estabelece normas gerais de direito financeiro, ela influencia intensamente a gestão tributária, principalmente no que diz respeito à:

a) Instituição, previsão e efetiva arrecadação de todos os tributos da competência constitucional dos entes federados, requisitos essenciais da responsabilidade fiscal (art. 11);

b) Vedação de transferências voluntárias para entes que não instituem e cobram todos os **impostos** de sua competência (art. 11, parágrafo único);

c) Renúncia de receita, que foi severamente restringida (art. 14).

4.8. Não surpresa

Baseia-se na boa-fé das relações Estado-cidadão, exigindo uma razoável predeterminação dos direitos e deveres que compõem o estatuto jurídico da tributação, evitando sobressaltos e permitindo o planejamento das atividades econômico-financeiras tanto privadas quanto estatais, ambas dependentes da ciência antecipada do montante de recursos disponíveis para o desenvolvimento normal de suas operações.

É um complexo principiológico formado por outros princípios constitucionais: anterioridade, anterioridade nonagesimal, legalidade e irretroatividade.

4.9. Direito adquirido

Os direitos fundamentais de preservação da coisa julgada, do ato jurídico perfeito e do direito adquirido são assimilados no direito tributário pela limitação constitucional representada pelo **princípio da irretroatividade da lei tributária** (CF, art. 150, III, a), que protege a relação jurídica, observada no exato momento da ocorrência do fato gerador: a lei regente, aí, torna juridicamente perfeita a relação fisco-sujeito passivo.

Entretanto, a **vedação à retroatividade das leis não é absoluta**. No direito tributário, excepciona-se o princípio em caso de leis interpretativas e leis penais tributárias benignas (CTN, art. 106).

Na aplicação de leis retroativas, contudo, não pode o ente federado que promulgou a norma alegar o princípio constitucional da irretroatividade da lei para prejudicar os destinatários da nova regra. A irretroatividade é garantia do cidadão contra o Poder Público, pois só a este é oponível, não podendo ser invocada pelo próprio Estado contra o cidadão.

- **Qual o entendimento do STF sobre esse ponto:**
- O direito ao abatimento dos prejuízos fiscais acumulados em exercícios anteriores é expressivo de benefício fiscal em favor do contribuinte. Instrumento de política tributária que pode ser revista pelo Estado. Ausência de direito adquirido. (RE 344994, repercussão geral)

- **Qual o entendimento do STJ sobre esse ponto:**
- A obtenção ou a renovação do Certificado de Entidade Beneficente de Assistência Social (Cebas) não exime a entidade do cumprimento dos requisitos legais supervenientes. (Súmula 352)

5. PRINCÍPIOS CONSTITUCIONAIS ESPECÍFICOS A CERTOS IMPOSTOS

Para cada um dos impostos previstos na Constituição Federal há um regime jurídico específico. IPI, IR, ICMS e IPTU são regidos por princípios constitucionais particulares (seletividade, não cumulatividade, progressividade etc.) que serão delineados mais adiante, no estudo individualizado de cada uma dessas espécies tributárias.

Capítulo

IV

Sistema Constitucional Tributário

1. COMPETÊNCIA TRIBUTÁRIA

Segundo a Constituição, a competência para legislar em matéria tributária – que é a "competência legislativa plena" a que se refere o art. 6º do CTN – é **concorrente** (CF, art. 24, I).

No âmbito da legislação concorrente, a competência da União limita-se a estabelecer normas gerais em direito tributário, o que não exclui nem a competência suplementar dos Estados e do Distrito Federal nem a competência dos Municípios para legislar sobre assuntos de interesse local.

A sistemática de atribuição de competências tributárias é um dos pilares do princípio federativo e visa prover os entes federados de recursos que lhes possibilite manter suas respectivas autonomias financeiras e, assim, fazer frente aos seus dispêndios.

A Constituição brasileira possui um sistema misto de partilha de competência e de partilha do produto da arrecadação de origem tributária.

No primeiro mecanismo, o poder de criar tributos é repartido entre os vários entes políticos, de modo que cada um tem competência para impor prestações tributárias, dentro da esfera que lhe é assinalada pela Constituição. É a chamada "competência tributária", a aptidão para criar tributos.

▸ **Como esse assunto foi cobrado em concurso?**

(Ganzaroli/Fisco/Araçu/2020) A Constituição Federal atribui à competência tributária aos entes políticos em seus artigos 153 a 156, e outorga a cada qual o poder de instituir e cobrar exações tributárias, devendo às pessoas jurídicas de Direito Público atuar nos ditames constitucionais, bem como nos limites de suas respectivas parcelas de poder. Sobre a competência tributária é correto afirmar:

(A) A competência tributária não se distingue da competência legislativa plena;

(B) A competência tributária é a habilidade privativa e estabelecida por grupos privados atribuída ao ente político para que este, com base na lei, proceda à instituição da exação tributária;

(C) A competência tributária é igual a capacidade tributária ativa;

(D) Patente o conceito de competência tributária, se evidenciando ainda a finalidade de tal competência, outorgada pela Constituição, que por sua vez demonstra indissociável vontade popular, em virtude de emanar do povo qualquer forma de poder ou competência, para ver atendidas as razões e necessidades públicas, visando o bem comum.

Resposta: Alternativa "D".

Pode-se, também, caracterizar a competência tributária como o poder atribuído pela Constituição Federal para a instituição de tributos mediante lei. Portanto, somente pessoas jurídicas com capacidade de legislar podem ser titulares de competência tributária, o que, em nosso país, ocorre com as chamadas pessoas políticas ou entes federados:

> **CTN, Art. 6º** A atribuição constitucional de competência tributária compreende a competência legislativa plena, ressalvadas as limitações contidas na Constituição Federal, nas Constituições dos Estados e nas Leis Orgânicas do Distrito Federal e dos Municípios, e observado o disposto nesta Lei.
>
> **Parágrafo único.** Os tributos cuja receita seja distribuída, no todo ou em parte, a outras pessoas jurídicas de direito público pertencerá à competência legislativa daquela a que tenham sido atribuídos.

Por se tratar de uma atribuição de poder, o exercício da competência tributária é facultativo, isto é, o ente federado não é obrigado a instituir todos os tributos que a Constituição lhe reservou.

Apesar de ser uma regra atinente ao âmago do princípio federativo, que preserva a *autonomia* de todos os entes da Federação, o princípio da responsabilidade na gestão fiscal impõe a prevenção dos riscos capazes de afetar o equilíbrio das contas públicas, mediante, entre outras ações, o cumprimento de metas de resultados entre receitas e despesas e por meio da obediência a limites e condições no que tange à renúncia de receita (art. 1º da LRF). Assim, observa-se que a responsabilidade fiscal mitiga a faculdade de instituir tributos, prevendo, até mesmo, sanções orçamentárias aos entes federados que a descumprirem (LC nº 101/2000):

> **Art. 11.** Constituem requisitos essenciais da responsabilidade na gestão fiscal a instituição, previsão e efetiva arrecadação de todos os tributos da competência constitucional do ente da Federação.
>
> **Parágrafo único.** É vedada a realização de transferências voluntárias para o ente que não observe o disposto no *caput*, no que se refere aos impostos.

2. CAPACIDADE TRIBUTÁRIA ATIVA

A competência tributária não se confunde com a capacidade tributária ativa, que é a capacidade de figurar no polo ativo da relação jurídica obrigacional tributária ou o poder de cobrar, exigir e fiscalizar o tributo. O INSS, por exemplo, é uma autarquia federal com o poder de arrecadar e fiscalizar algumas contribuições sociais, mas isso não significa que possui "competência" relativa a tais tributos, que continua sendo exclusiva da União.

> **Como esse assunto foi cobrado em concurso?**
>
> **(FCM/Fisco/Contagem/Auditor/2020)** Competência tributária e capacidade tributária ativa são institutos que não se confundem. Enquanto a competência se traduz na aptidão conferida pelo texto constitucional para instituir e legislar sobre tributos, a capacidade tributária ativa corresponde às funções de arrecadar, fiscalizar e executar. Em razão dessa distinção, é correto afirmar que:
>
> (A) o não exercício da competência tributária legitima a sua delegação a outra pessoa jurídica de direito público.
>
> (B) a capacidade tributária ativa, quando delegada, não poderá ser revogada unilateralmente pelo concedente.
>
> (C) o Distrito Federal possui competência residual em relação aos impostos dos Estados, nos termos da Constituição Federal.
>
> (D) a função de arrecadar tributos atribuída a uma pessoa jurídica de direito privado constitui hipótese de delegação de competência.
>
> (E) a capacidade tributária ativa em relação ao ITR poderá ser delegada pela União aos municípios mediante convênio, hipótese em que caberá a este a integralidade da exação.
>
> *Resposta: Alternativa "E".*

São características legais da capacidade tributária ativa:

2.1. Atribuição delegável

A capacidade tributária ativa compreende o **poder de administrar** o tributo. Tal poder, como é nota característica do direito administrativo, pode ser delegado nos limites da lei, que, na seara tributária, são delineados pelo CTN:

> **Art. 7º** A competência tributária é indelegável, salvo atribuição das funções de arrecadar ou fiscalizar tributos, ou de executar leis, serviços, atos ou decisões administrativas em matéria tributária, conferida por uma pessoa jurídica de direito público a outra, nos termos do § 3º do artigo 18 da Constituição.

2.2. Atribuição não legislativa

Não envolve a competência legislativa, que é intransferível. Diz respeito apenas à dimensão administrativo-executiva da competência tributária.

2.3. Privilégios processuais

Segundo art. 7º, § 1º, do CTN, "a atribuição compreende as garantias e os privilégios processuais que competem à pessoa jurídica de direito público que a conferir".

Já o art. 209 define que a expressão "Fazenda Pública" abrange a Fazenda Pública da União, dos Estados, do Distrito Federal e dos Municípios. Processualmente, entretanto, o conceito mostra-se insuficiente, pois há de englobar, também, as autarquias, as fundações públicas e as novas agências executivas ou reguladoras que ostentarem o matiz de autarquias especiais. Evidentemente, as sociedades de economia mista e as empresas públicas, embora integrem a Administração Pública indireta, não ostentam natureza de direito público e, por isso, não se inserem no conceito de Fazenda Pública.

Para efeito de cobrança judicial de tributos, por exemplo, a interpretação do art. 1º da Lei nº 6.830/1980, Lei de Execução Fiscal, é ampla e envolve todos os entes acima relacionados, desde que sujeitos ativos de pretensões tributárias inscritas em dívida ativa para cobrança forçada:

> **Art. 1º** A execução judicial para cobrança da Dívida Ativa da União, dos Estados, do Distrito Federal, dos Municípios e respectivas autarquias será regida por esta Lei e, subsidiariamente, pelo Código de Processo Civil.

Os privilégios processuais, que a doutrina mais técnica prefere chamar de **prerrogativas processuais**, baseiam-se na supremacia do interesse público e envolvem, entre outros, **prazos especiais** (CPC/15, art. 183): "A União, os Estados, o Distrito Federal, os Municípios e suas respectivas autarquias e fundações de direito público gozarão de prazo em dobro para todas as suas manifestações processuais, cuja contagem terá início a partir da intimação pessoal."; **reexame necessário** das sentenças que julgarem procedentes, no todo ou em parte, os embargos à execução de dívida ativa, ou forem contrárias aos interesses da Fazenda Pública (CPC/15, art. 496, I e II); **restrições ao cabimento de instrumentos processuais**, como a antecipação de tutela, concessão de liminares e cautelares concedidas contra a Fazenda Pública (Lei nº 9.494/1997) etc.

▸ **Como esse assunto foi cobrado em concurso?**

(Cespe/Sefaz/AL/Auditor/2020) Se, no âmbito de determinado estado, um ente público delega a determinada pessoa jurídica de direito público a função de arrecadação dos tributos, a essa pessoa jurídica serão aplicáveis as garantias e os privilégios processuais que competem ao ente público cedente.

Resposta: Certa.

2.4. Atribuição revogável

A atribuição pode ser revogada, a qualquer tempo, por ato unilateral da pessoa jurídica de direito público que a tenha conferido (CTN, art. 7º, § 2º). Entretanto, enquanto a atribuição estiver válida, o polo ativo da sujeição tributária só poderá ser ocupado pelo ente delegado, pois o ente delegante é excluído da relação processual.

2.5. Atribuição a pessoa jurídica de direito privado

Apesar de o art. 7º, § 3º, do CTN dizer expressamente que "não constitui delegação de competência o cometimento, a pessoas de direito privado, do encargo ou da função de arrecadar tributos", doutrina minoritária afirma que o postulado desse artigo foi revogado pela Constituição Federal, que passou a permitir a delegação de arrecadar tributos a pessoas de direito privado.

Exemplifica com o caso dos cartórios, que recebem, diretamente, e à sua própria conta, os emolumentos pelos serviços prestados ao público, cuja natureza é de taxa, e com as taxas cobradas pelo Serviços Sociais Autônomos (Sesi, Sesc, Senai, Senac, Sebrae, Senar, Senat, Sest e Apex-Brasil), todos pessoas jurídicas de direito privado.

A Lei nº 9.649/98 tentou, realmente, efetivar essa ideia, ao prever que os serviços de fiscalização de profissões regulamentadas, com exceção da OAB, seriam exercidos em caráter privado, por delegação do Poder Público, mediante autorização legislativa, e seriam dotados de **personalidade jurídica de direito privado**, sem nenhuma vinculação funcional ou hierárquica com os órgãos da Administração Pública.

Seria uma inovação jurídica de porte, uma vez que, até então, os chamados "conselhos profissionais" eram considerados autarquias especiais, pessoas jurídicas de direito público. O STF, instado a pronunciar-se sobre a constitucionalidade da lei, acatou o parecer da Procuradoria Geral da República, exarado nos seguintes termos:

> Já no § 4º, os referidos conselhos são autorizados a fixar, cobrar e executar as contribuições anuais devidas por pessoas físicas ou jurídicas, bem como os preços de serviços e multas, as quais constituem receitas próprias. Ocorre que essas contribuições possuem caráter tributário, ou seja, são tributos, de competência da União Federal, não parecendo possa, em face

> do art. 119 do CTN, a capacidade de ser sujeito ativo da concernente obrigação tributária ser delegada a ente dotado de personalidade jurídica de direito privado. Com efeito, o art. 119 do CTN é claro ao estabelecer que: "sujeito ativo da obrigação é a pessoa jurídica de direito público titular da competência para exigir o seu cumprimento". Assim, tendo sido o art. 119 do CTN recepcionado pela CF, não poderia a lei ordinária modificá-lo, pois, para tanto, é necessário lei complementar.

E declarou inconstitucionais os dispositivos da lei a esse respeito, reconhecendo que os serviços de fiscalização de profissões regulamentadas constituem atividade típica do Estado, preservando, assim, a natureza de autarquias federais (STF. ADI 1717).

Diferenças entre	
Competência tributária	**Capacidade ativa**
Poder para instituir tributo	Poder para cobrar, exigir, fiscalizar, arrecadar
Atribuição legislativa	Atribuição executiva ou administrativa
Indelegabilidade	Delegabilidade
Titularidade: União, Estados, Distrito Federal e Municípios	Titularidade: qualquer pessoa jurídica de direito público que receba delegação do ente competente

3. TIPOLOGIA DA COMPETÊNCIA TRIBUTÁRIA

Dentre as diversas classificações dadas pela doutrina à competência tributária - sem critérios científicos, registre-se -, a mais clássica a divide de acordo com o diagrama abaixo:

3.1. Competência comum

A Constituição Federal não designa quais taxas e contribuições de melhoria os entes da Federação podem instituir, assegurando a todos eles competência para cobrar aqueles tributos que dizem respeito à contraprestação de atividades estatais no âmbito de suas respectivas atribuições administrativas. Assim, por exemplo, a União pode cobrar uma taxa para a conservação de um parque nacional; o Estado, uma taxa semelhante para a conservação de um parque estadual; o Município, idem, para a conservação de um parque municipal.

3.2. Competência privativa

Os impostos passíveis de instituição constam, todos, do texto constitucional, que delineia um regime que é a regra do sistema: a atribuição de competências privativas.

É a atribuição, com **exclusividade**, de um tributo a um determinado ente federativo. Ao atribuir competência aos Municípios para a instituição do ISS, por exemplo, a Constituição garante-lhes que nenhuma outra esfera de poder invadirá aquela competência, ou seja, União e Estados não poderão intentar instituir um ISS "estadual" ou um ISS "federal".

Os impostos são arrolados detalhadamente na Carta Magna, por ente federativo competente. Já as contribuições e empréstimos compulsórios são atribuídos à União, com exclusividade.

> **Como esse assunto foi cobrado em concurso?**
>
> **(Cespe/TCE/MG/Analista/2018)** Determinado município da Federação, ao instituir contribuição para o custeio do serviço de iluminação pública e contribuição de melhoria, decorrente de obra pública, exerce, respectivamente:
>
> (A) competência residual e competência privativa.
> (B) competência privativa e competência residual.
> (C) competência comum e competência privativa.
> (D) competência privativa e competência comum.
> (E) competência comum e competência comum.
>
> *Resposta: Alternativa "D".*

3.3. Competência cumulativa

A organização político-administrativa da República compreende a União, os Estados, o Distrito Federal e os Municípios, todos autônomos, nos termos da Constituição (CF, art. 18).

Os Territórios Federais não são entes componentes do Estado Federal, eles apenas integram a União, como descentralizações administrativo-territoriais. Atualmente, não existem Territórios Federais, mas a Constituição possibilita a criação de novos, por meio de lei complementar (CF, art. 18, §§ 2º e 3º).

Já o Distrito Federal, apesar de ser um ente federativo autônomo, não pode subdividir-se em Municípios, sendo-lhe atribuídas, em virtude disso, as competências legislativas reservadas aos Estados e aos Municípios, cumulativamente (CF, art. 32, § 1º).

A competência tributária cumulativa diz respeito a estas duas situações *sui generis* da Federação: (1º) como o Distrito Federal não pode subdividir-se em Municípios, assegurou-se-lhe a instituição dos impostos municipais; (2º) como os Territórios não têm competência tributária, é a União quem lá institui os impostos estaduais e, se o Território não for dividido em Municípios, também os impostos municipais.

3.4. Competência residual

É de competência da União a instituição de **imposto ou contribuição novos**, não especificamente previstos na Constituição.

Para instituí-los, é necessária a promulgação de lei complementar que assegure a não cumulatividade e a não coincidência de fato gerador e de base de cálculo com outras espécies tributárias semelhantes, discriminadas na Constituição (arts. 154, II, c/c art. 195, § 4º):

Impostos residuais	Contribuições sociais residuais
Instituição por lei complementar.	Instituição por lei complementar.
Não cumulatividade.	Não cumulatividade.
Fato gerador e base de cálculo distintos de outros impostos.	Fato gerador e base de cálculo distintos de outras contribuições.

Ao vedar a não cumulatividade, impede-se, também, a criação de impostos ou contribuições **adicionais** àqueles já existentes no sistema constitucional tributário.

▸ **Como esse assunto foi cobrado em concurso?**

(UFG/CM/Goiânia/Procurador/2018) A Constituição Federal funda o Sistema Tributário Nacional, estabelecendo um conjunto de princípios e normas. Nesse sistema, estabelece-se a competência residual concedida:

(A) igualmente aos entes federados, como possibilidade de criar novos tributos mediante lei competente.

(B) hierarquicamente à União, aos estados e municípios, como possibilidade de aplicar tributos previstos em lei complementar.

(C) concorrentemente à União e aos estados, como possibilidade de criar impostos mediante legislação competente.

(D) exclusivamente à União de criar impostos não previstos no texto constitucional mediante lei complementar.

Resposta: Alternativa "D".

3.5. Competência extraordinária

Possibilita o art. 154, II, da CF, que a União possa instituir "na iminência ou no caso de guerra externa, impostos extraordinários, compreendidos ou não em sua competência tributária, os quais serão suprimidos, gradativamente, cessadas as causas de sua criação".

São várias as características dos **impostos extraordinários de guerra**, adiante estudadas.

3.5.1. *Iminência ou guerra externa*

Pode-se estranhar que o texto não faça referência a guerra externa **declarada**, como em outras referências constitucionais (art. 5º, XLVII, "a"; art. 21, II; art. 49, II; art. 84, XIX; art. 91, § 1º, I), mas não o faz por um motivo lógico: a declaração de guerra é o último ato de uma nação diante de uma agressão externa, uma medida drástica. Já os períodos que antecedem os conflitos podem perdurar (veja-se o caso do Brasil na Segunda Guerra Mundial) e exigem do país provisões de porte, para provável utilização futura, o que demanda vultosas fontes de recursos, dentre as quais, os tributos.

3.5.2. *Impostos*

Não se trata de instituição de **um tributo** denominado "imposto extraordinário de guerra", mas da possibilidade de instituição de **vários impostos** com esse *nomen juris*, até mesmo, concomitantemente, ou seja, em caso de guerra, a União pode instituir um, dois, "n": quantos impostos extraordinários forem necessários para enfrentar a situação.

3.5.3. *Compreendidos ou não na competência da União*

Não se resguarda nenhuma situação jurídica do alcance desse tipo de exação, mesmo aquelas que já são tributadas por Estados, Distrito Federal e Municípios, a título de imposto, taxa ou contribuição de melhoria. A liberdade dada ao legislador foi amplíssima, em virtude da gravidade da situação que enseja sua aplicação.

Permite-se, nessa rara situação, a ocorrência de **dupla tributação**. Por exemplo: pode o imposto extraordinário repetir o IPTU, sendo cobradas do contribuinte duas exações distintas sob o mesmo fundamento econômico, qual seja, a propriedade do imóvel urbano. Uma, como de praxe, destinada ao Município; outra, referente ao imposto extraordinário.

3.5.4. *Supressão gradual*

Os impostos são eminentemente **temporários** e vinculados às causas de sua criação.

4. ATRIBUIÇÃO CONSTITUCIONAL DE COMPETÊNCIAS TRIBUTÁRIAS

A distribuição de competências para instituir tributos é estruturada de maneira nítida no texto constitucional, de acordo com a tabela abaixo:

Competências constitucionais tributárias			
Tributo	**União**	**Estados e DF**	**Municípios e DF**
Impostos	✓	✓	✓
Taxas	✓	✓	✓

Competências constitucionais tributárias			
Tributo	**União**	**Estados e DF**	**Municípios e DF**
Contribuição de melhoria	✓	✓	✓
Empréstimo compulsório	✓		
Contribuição de intervenção no domínio econômico	✓		
Contribuições sociais	✓		
Contribuição p/ custeio do serviço de iluminação pública			✓
Contribuição p/ custeio de previdência e assistência social de servidores públicos	✓	✓	✓

5. LIMITAÇÕES CONSTITUCIONAIS AO PODER DE TRIBUTAR

As limitações constitucionais ao poder de tributar fixam os limites dentro dos quais as exações tributárias podem carrear recursos para o Poder Público, balizando a forma, a intensidade e a maneira de atuação dos fiscos. A Constituição lhes reserva espaço próprio na "Seção II - Das Limitações do Poder de Tributar", no capítulo do Sistema Tributário Nacional:

Limitações constitucionais ao poder de tributar (arts. 150 a 152)
- Princípio da legalidade (art. 150, I).
- Princípio da isonomia (art. 150, II).
- Princípio da irretroatividade (art. 150, III, "a").
- Princípio da anterioridade (art. 150, III, "b").
- Princípio da anterioridade nonagesimal (art. 150, III, "c").
- Princípio do não confisco (art. 150, IV).
- Princípio da não limitação ao tráfego de pessoas e bens (art. 150, V).
- Imunidade da música nacional - art. 150, V, "e".
- Imunidade recíproca (art. 150, VI, "a").
- Imunidade dos templos (art. 150, VI, "b").
- Imunidade dos partidos políticos, sindicatos de trabalhadores, instituições de educação e de assistência social, sem fins lucrativos (art. 150, VI, "c").
- Imunidade dos livros, jornais, periódicos (art. 150, VI, "d").
- Princípio da transparência (art. 150, § 5º).
- Exigência de lei específica para concessão de benefícios fiscais (art. 150, § 6º).

Limitações constitucionais ao poder de tributar (arts. 150 a 152)
- Princípio da uniformidade geográfica (art. 151, I).
- Vedação, à União, de tributação diferenciada da renda das obrigações da dívida pública dos demais entes federados (art. 151, II).
- Vedação, à União, de tributação diferenciada da remuneração e dos proventos dos agentes públicos dos demais entes federados (art. 151, II, parte final).
- Vedação, à União, de instituição de isenções heterônomas (art. 151, III).
- Princípio da não discriminação em razão da procedência ou do destino (art. 152).

Ressalte-se, contudo, que as limitações não se esgotam na referida Seção, podendo ser encontradas esparsamente noutras partes do texto constitucional, explícita ou implicitamente, ou até mesmo na legislação infraconstitucional. Citem-se, como exemplos, as imunidades de taxas, as imunidades de contribuições e as imunidades específicas de certos impostos.

As limitações funcionam como verdadeiras vedações ou supressões da competência tributária. Aliás, a própria atribuição de competências já é uma forma de limitação. Essas limitações são de três ordens:

1º) Princípios constitucionais tributários;

2º) Imunidades tributárias; e

3º) Limitações infraconstitucionais previstas pela Carta Magna.

5.1. Princípios constitucionais tributários

Vide capítulo *Princípios do direito tributário*, que analisa os princípios constitucionais tributários explícitos, implícitos e, também, os princípios tributários não constitucionais.

5.2. Imunidades

Vide capítulo *Imunidade tributária*, que descreve todos os casos de imunidades, detalhadamente, incluindo os casos esparsos no texto constitucional não mencionados no capítulo referente ao *Sistema Tributário Nacional*.

5.3. Limitações infraconstitucionais ao poder de tributar

A Constituição admite, indiretamente, limitações infraconstitucionais ao poder de tributar. É o que se dá, por exemplo, com a demarcação do campo de incidência do ISS, cujos fatos tributáveis são todos regulados por lei complementar ("lista de serviços tributáveis" constante na LC nº 116/2003) e, de maneira geral, com a normatização, por leis complementares, da definição dos tributos e de suas espécies, bem como, em relação aos impostos discriminados na Constituição, a dos respectivos fatos geradores, bases de cálculo e contribuintes (CF, art. 146, III, "a").

▸ **Como esse assunto foi cobrado em concurso?**

(Vunesp/CM/Itaquaquecetuba/Procurador/2018) A Constituição Federal apresenta as limitações ao poder de tributar, que, dentre elas, obriga ao Poder Executivo submeter certos temas à análise do Poder Legislativo Federal, para aprovação por meio de lei complementar, como, por exemplo:

(A) definição dos contribuintes da contribuição de melhoria.

(B) aumento da Base de Cálculo do IPTU (imposto sobre a propriedade predial e territorial urbana).

(C) fixação da alíquota do ITBI (imposto sobre a transmissão "inter vivos", por ato oneroso, de bens imóveis).

(D) alteração da data de vencimento da taxa de lixo.

(E) definir a alíquota mínima do ISS (imposto sobre serviços).

Resposta: Alternativa "E".

6. NORMAS GERAIS DE DIREITO TRIBUTÁRIO

O Sistema Tributário Nacional tem sua base definida na Constituição Federal, que atribui a cada ente da Federação competências para a instituição dos diversos tributos nela previstos. A Constituição não cria tributo, apenas prevê a sua instituição pelas pessoas políticas estatais, definindo as limitações impostas ao poder de tributar.

O art. 146 da Constituição atribui à **lei complementar** várias matérias de cunho tributário, notadamente o estabelecimento de normas gerais. A Constituição Federal, em virtude da importância das matérias tributárias para a sociedade, preferiu que suas normas gerais fossem definidas por uma espécie legislativa cuja aprovação pelo Congresso exigisse quórum qualificado para aprovação legislativa, de rito mais dificultoso. Para que uma lei complementar seja aprovada é necessário o voto favorável da maioria absoluta dos congressistas. Uma lei ordinária necessita apenas da maioria simples.

Atribuições de lei complementar
1º) Dispor sobre conflitos de competência tributária;
2º) Regular as limitações constitucionais ao poder de tributar;
3º) Estabelecer normas gerais em matéria de legislação tributária, especialmente sobre: - Definição de tributos e de suas espécies, bem como, em relação aos impostos discriminados na Constituição, a dos respectivos fatos geradores, bases de cálculo e contribuintes; - Obrigação, lançamento, crédito, prescrição e decadência tributários; - Tratamento tributário adequado ao ato cooperativo praticado pelas sociedades cooperativas; - Definição de tratamento diferenciado e favorecido para as microempresas e para as empresas de pequeno porte, incluindo regimes especiais ou simplificados, no caso do ICMS, da contribuição social do empregador e do PIS/Pasep.

Atualmente, as normas gerais em matéria tributária estão estabelecidas no Código Tributário Nacional, originalmente uma lei ordinária, mas recepcionada pela Constituição de 1967 como lei complementar.

Pela **Teoria da Recepção**, quando uma nova Constituição é aprovada, as leis em vigor no regime passado não conflitantes com o novo texto continuam válidas na nova ordem. Daí dizer-se que as leis compatíveis são recepcionadas pela nova Carta, independentemente de os requisitos formais de aprovação serem diferentes. O que chamamos de Código Tributário Nacional é, do ponto de vista formal, uma lei ordinária, a Lei nº 5.172, de 25 de outubro de 1966. A Constituição de 1967 exigiu que as normas gerais em matéria tributária fossem veiculadas por lei complementar, então a lei ordinária em vigor foi recepcionada como complementar. Portanto, o CTN é formalmente lei ordinária e materialmente lei complementar.

Natureza legislativa do CTN	
1966	**A partir de 1967**
Formalmente lei ordinária.	Formalmente lei ordinária.
Materialmente lei ordinária.	Materialmente lei complementar.
Modificação por lei ordinária.	Modificação por lei complementar.

Como esse assunto foi cobrado em concurso?

(Vunesp/CM/Campo_Limpo_Paulista/Procurador2018) O princípio da legalidade em direito tributário é central, assegurando a proteção do direito dos cidadãos à propriedade. A esse respeito, é correto afirmar que a Constituição Federal reserva à lei complementar:

(A) o estabelecimento de normas gerais sobre obrigação, lançamento, crédito, prescrição e decadência tributários.

(B) a instituição dos impostos de competência da União e do Distrito Federal.

(C) a especificação do fato gerador das contribuições sociais, profissionais e de intervenção no domínio econômico.

(D) definição de tratamento isonômico e equitativo para as microempresas e para as empresas de pequeno porte.

(E) a instituição de empréstimos compulsórios pela União, Estados, Municípios e Distrito Federal.

Resposta: Alternativa "A".

Assentado nas exigências constitucionais, o STF não acata a veiculação em lei ordinária de definições ou condições que repercutam na fruição de imunidades, por inconstitucionalidade formal na indevida veiculação normativa por lei inadequada à matéria, que deveria sempre ser em **lei complementar**.

Deve-se destacar a não hierarquização entre leis ordinárias e leis complementares. Assim, uma lei ordinária não pode ser atacada em face de uma lei complementar. O que pode ocorrer é a invasão de competência por parte da lei ordinária. Exemplificando, a Constituição determina que normas gerais em matéria tributária devem ser reguladas por lei complementar. O CTN possui *status* de lei complementar porque trata de normas gerais tributárias. Se for editada uma lei ordinária que contrarie o disposto no CTN em matéria de normas gerais tributárias, estaremos diante de uma inconstitucionalidade por invasão de competência, e não de ilegalidade em face de lei complementar.

> **Como esse assunto foi cobrado em concurso?**
>
> **(Vunesp/TJ/AC/Juiz/2019)** A respeito da hierarquia das normas tributárias no ordenamento jurídico brasileiro, é correto afirmar, com base no Código Tributário Nacional (CTN), que:
>
> (A) as normas gerais contidas no CTN podem ser alteradas por lei ordinária, apesar da aprovação desse código como lei complementar.
>
> (B) por ser materialmente lei ordinária, o CTN pode ser modificado livremente por medida provisória posterior que o contrarie.
>
> (C) o CTN é formalmente lei ordinária, mas materialmente lei complementar, motivo pelo qual apenas pode ser alterado por lei complementar no que refere às normas gerais sobre tributação.
>
> (D) o CTN é formalmente lei complementar, mas materialmente lei ordinária, motivo pelo qual pode ser alterado por lei ordinária no que refere às normas gerais sobre tributação.
>
> *Resposta: Alternativa "C".*

7. REPARTIÇÃO DE RECEITAS TRIBUTÁRIAS

Uma das estruturas que sustenta a coesão entre as esferas federativas é a repartição de receitas tributárias, visando tornar efetiva a autonomia dos entes menores que a União Federal (Estados, Distrito Federal e Municípios), e possibilitar-lhes, estrategicamente, fontes diversas de recursos que não somente os seus próprios, evitando, assim, que eventuais problemas econômicos locais ou regionais possam minguar totalmente as fontes financeiras de determinada unidade federada.

O entrelaçamento proporcionado pela sistemática constitucional de repartição de receitas tributárias intenta, sobretudo, equalizar minimamente as finanças dos vários entes federados, almejando um dos objetivos fundamentais da República Federativa do Brasil, que é a redução das desigualdades regionais (CF, arts. 3º, III, e 170, VII).

É quase que uma relação constitucionalizada de solidariedade político-financeira, baseada no redirecionamento de fundos dos entes maiores para os entes menores. No Brasil, não há previsão de repasse de receitas financeiras dos municípios para União ou para os estados; nem destes ou do Distrito Federal para a União. O fluxo de recursos é sempre da União para municípios, Distrito Federal e estados; e destes últimos, para seus respectivos municípios.

Como é vedado ao Distrito Federal subdividir-se em municípios (CF, art. 32, *caput*), nenhuma de suas receitas próprias é repartida, assim como a dos municípios, que são os menores entes federados.

Dentre as diversas espécies tributárias que compõem as arrecadações, somente aquelas que derivam dos impostos e da CIDE-combustíveis são objeto de repartição. Taxas, contribuição de melhoria, empréstimos compulsórios e contribuições em geral não são repartidos.

Para assegurar o rateio dos recursos, a Constituição Federal prevê que:

> Art. 160. É vedada a retenção ou qualquer restrição à entrega e ao emprego dos recursos atribuídos, nesta seção, aos Estados, ao Distrito Federal e aos Municípios, neles compreendidos adicionais e acréscimos relativos a impostos.
>
> Parágrafo único. A vedação prevista neste artigo não impede a União e os Estados de condicionarem a entrega de recursos: I – ao pagamento de seus créditos, inclusive de suas autarquias; II – ao cumprimento do disposto no art. 198, § 2º, incisos II e III.

A regra, por ser restritiva e assegurar o pilar financeiro da Federação, não pode ser alargada pela legislação infraconstitucional.

> ▸ **Qual o entendimento do STF sobre esse ponto:**
>
> ◙ Ação direta de inconstitucionalidade. Constituição do Estado de Sergipe. ICMS. Parcela devida aos municípios. Bloqueio do repasse pelo Estado. Possibilidade. 1. É vedado ao Estado impor condições para entrega aos Municípios das parcelas que lhes compete na repartição das receitas tributárias, salvo como condição ao recebimento de seus créditos ou ao cumprimento dos limites de aplicação de recursos em serviços de saúde (CF, artigo 160, parágrafo único, I e II). 2. Município em débito com o recolhimento de contribuições previdenciárias descontadas de seus servidores. Retenção do repasse da parcela do ICMS até a regularização do débito. Legitimidade da medida, em consonância com as exceções admitidas pela Constituição Federal. 3. Restrição prevista também nos casos de constatação, pelo Tribunal de Contas do Estado, de graves irregularidades na administração municipal. Inconstitucionalidade da limitação, por contrariar a regra geral ditada pela Carta da República, não estando a hipótese amparada, *numerus clausus*, pelas situações excepcionais previstas. Declaração de inconstitucionalidade dos §§ 1º e 2º do art. 20 da Constituição do Estado de Sergipe. (ADI 1106. DJ 13.12.2002)

Porém, cabe registrar, quanto à vedação de retenção de recursos de participação, que a legislação infraconstitucional pode criar obstáculos ao repasse de verbas não definidas expressamente na Constituição, as chamadas "transferências voluntárias", como foi feito pela Lei de Responsabilidade Fiscal – LC nº 101/2000, cujo art. 11, parágrafo único veda a realização de transferências voluntárias para o ente federado que não faça a previsão legal, a instituição e a arrecadação efetiva de todos os tributos de sua competência constitucional.

7.1. Sistemática de repartição

A Constituição reserva toda a Seção VI do capítulo referente ao Sistema Tributário Nacional para disciplinar a repartição das receitas tributárias. Entretanto, por atecnia legislativa, a repartição referente ao IOF incidente sobre o ouro ficou definida no mesmo artigo que confere competência à União para instituir esse tributo (CF, art. 153, § 5º).

Existem duas formas adotadas pela Constituição possibilitando a participação de uma pessoa política no produto de arrecadação de outra: a **direta** e a **indireta**.

A primeira impõe uma relação simples, na qual parte do valor arrecadado é diretamente repassado ao ente destinatário, sem "estacionar" em nenhum fundo financeiro específico ou ficar dependendo de regramento infraconstitucional para que seja calculada a exata quantia objeto do repasse. Exemplo, o art. 158, III, da Constituição, que prevê: "Pertencem aos Municípios cinquenta por cento do produto da arrecadação do imposto do Estado sobre a propriedade de veículos automotores licenciados em seus territórios".

A segunda, impõe uma relação complexa, são formados fundos específicos aos quais afluem parcelas de receitas de dados impostos. Depois, são rateados entre os participantes beneficiários, respeitando critérios legais preestabelecidos.

7.1.1. Receitas não repartidas

Como explanado, a repartição só é efetuada sobre as receitas originadas da arrecadação de impostos e da CIDE-combustíveis. A arrecadação proveniente de taxas, contribuições de melhoria, outras contribuições especiais, empréstimos compulsórios etc., não são repartidas.

Mas, não são as receitas de todos os impostos que são repartidas, há situações de exceção. Os impostos da competência municipal e distrital não são objeto de repartição porque não há entes federados menores que os municípios e o Distrito Federal aptos a receber repasses. Os impostos de: transmissão causa mortis e doação (estadual); de exportação; de importação; sobre grandes fortunas e extraordinários de guerra (federais) ficaram de fora do acertamento constitucional, conforme resumido no quadro abaixo:

Receitas de impostos não repartidas		
União Federal	**Estados**	**DF e Municípios**
- Imposto Extraordinário de Guerra - Imposto de Importação (II) - Imposto de Exportação (IE) - Imposto s/ Grandes Fortunas (IGF)	ITCMD	Não repartem suas receitas

7.1.2. Repartição direta

7.1.2.1. Da União para os Estados e o Distrito Federal

a) 100% do arrecadado com o imposto sobre renda e proventos de qualquer natureza, incidente na fonte, sobre rendimentos pagos, a qualquer título, por eles, suas autarquias e pelas fundações que instituírem e mantiverem (CF, art. 157, I);

b) 20% do arrecadado com o imposto instituído no exercício da competência residual atribuída à União pelo art. 154, I (CF, art. 157, II);

c) 30% do arrecadado com o imposto sobre operações de crédito, câmbio e seguro, ou relativas a títulos ou valores mobiliários incidente sobre o ouro, quando definido em lei como ativo financeiro ou instrumento cambial (CF, art. 153, § 5º, I).

7.1.2.2. Da União para os municípios

a) 100% do arrecadado com o imposto sobre renda e proventos de qualquer natureza, incidente na fonte, sobre rendimentos pagos, a qualquer título, por eles, suas autarquias e pelas fundações que instituírem e mantiverem (CF, art. 158, I);

b) 50% do arrecadado com o imposto sobre a propriedade territorial rural, relativamente aos imóveis neles situados, ou 100%, se o município fiscalizar e cobrar o ITR, por opção legal, permitida no art. 153, § 4º, III da Constituição (CF, art. 158, II);

c) 70% do arrecadado com o imposto sobre operações de crédito, câmbio e seguro, ou relativas a títulos ou valores mobiliários incidente sobre o ouro, quando definido em lei como ativo financeiro ou instrumento cambial (CF, art. 153, § 5º, II).

7.1.2.3. Dos Estados para os municípios

a) 50% do arrecadado com imposto sobre a propriedade de veículos automotores licenciados em seus territórios (CF, art. 158, III);

b) 25% do arrecadado com o imposto sobre operações relativas à circulação de mercadorias e sobre prestações de serviços de transporte interestadual e intermunicipal e de comunicação.

A repartição do bolo do ICMS deverá ser creditada da seguinte forma: 75%, **no mínimo**, na proporção do valor adicionado nas operações relativas à circulação de mercadorias e nas prestações de serviços, realizadas em seus territórios; e **até** 25%, de acordo com o que dispuser lei estadual ou, no caso dos Territórios, lei federal (CF, art. 158, IV).

Não se admite, porém, que os critérios legais de repartição dessa última parcela do montante de ICMS possam afastar totalmente algum município de receber fatia de recursos por essa via.

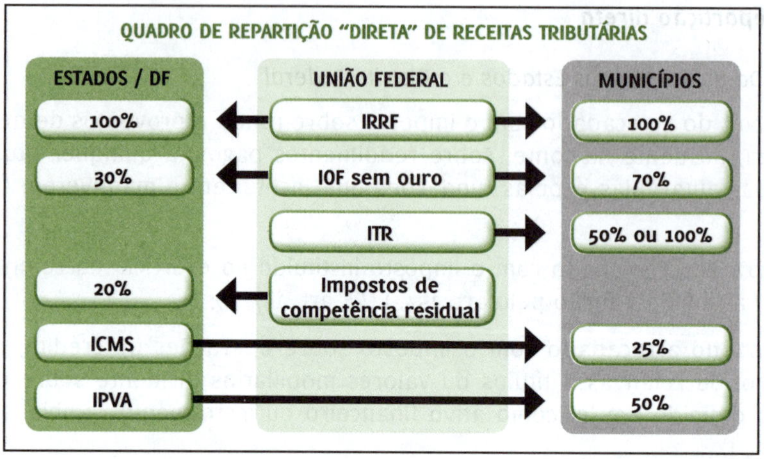

▸ **Como esse assunto foi cobrado em concurso?**

(FCC/TJ/SC/Juiz/2017) As participações dos Municípios na arrecadação do ICMS são fixadas conforme os seguintes parâmetros:

(A) lei estadual disporá livremente sobre os critérios aplicáveis para o cálculo das parcelas devidas aos Municípios, desde que respeitadas as desigualdades regionais.

(B) são calculadas, integralmente, pelo valor adicionado nas operações relativas às prestações de serviços e circulação de mercadorias ocorridas nos territórios municipais.

(C) são determinadas pelos valores adicionados nas operações relativas às prestações de serviços e circulação de mercadorias ocorridas nos territórios municipais e por outros critérios fixados em lei estadual.

(D) são fixadas pelos Estados conforme critérios definidos por Resolução do Senado Federal, atentando para as desigualdades regionais e locais.

(E) são calculadas sobre 1/3 do tributo efetivamente arrecadado, conforme a população local, áreas de preservação permanente, áreas alagadas para produção de energia elétrica e levando em conta o desenvolvimento regional.

Resposta: Alternativa "C".

7.1.3. Repartição indireta

A repartição indireta de receitas tributárias é feita por meio de fundos constitucionais provenientes, tão-somente, de recursos federais.

Quatro destes fundos advêm de 49% do montante total efetivamente arrecadado pela União Federal com o IPI e com o IR (arrecadação "efetiva" porque não engloba a parcela de IR retida na fonte pelos demais entes federados, incidente sobre rendimentos pagos, por eles, suas autarquias e fundações, já objeto de repartição direta), repartidos na seguinte forma (CF, art. 159, I):

a) 21,5% ao Fundo de Participação dos Estados e do Distrito Federal;

b) 22,5% ao Fundo de Participação dos Municípios;

c) 3% para aplicação em programas de financiamento ao setor produtivo das regiões Norte, Nordeste e Centro-Oeste, através de suas instituições financeiras de caráter regional, de acordo com os planos regionais de desenvolvimento, ficando assegurada ao semiárido do Nordeste a metade dos recursos destinados à região, na forma que a lei estabelecer;

d) 2% ao Fundo de Participação dos Municípios, que serão entregues nos primeiros decêndios dos meses de julho (1%) e dezembro (1%) de cada ano.

Repartição "indireta" de receitas tributárias "Fundos constitucionais provenientes do IR + IPI"	
Fundo de Participação dos Estados e do Distrito Federal – FPE	21,5%
Fundo de Participação dos Municípios – FPM	22,5%
Fundo para programas de financiamento ao setor produtivo das regiões NE, NO e CO.	3%
Fundo de Participação dos Municípios – FPM decendial	2%
Total	49%

O quinto fundo constitucional é conhecido por "fundo compensatório da desoneração das exportações", cujo intuito é ressarcir os Estados e o Distrito Federal pelas perdas decorrentes da imunidade do ICMS sobre os produtos que vendem ao exterior (art. 155, § 2º, X, a).

É composto por 10% do arrecadado com o imposto sobre produtos industrializados, proporcionalmente ao valor das respectivas exportações de produtos industrializados (CF, art. 159, II).

▸ **Como esse assunto foi cobrado em concurso?**

(Excelência/Fisco/Taubaté/Auditor/2019) Sobre a repartição das receitas tributárias, a União entregará do produto da arrecadação dos impostos sobre renda e proventos de qualquer natureza e sobre produtos industrializados, 49% (quarenta e nove por cento), e, especificamente ao Fundo de Participação dos Municípios:

(A) vinte inteiros e cinco décimos por cento.

(B) trinta e dois inteiros e cinco décimos por cento.

(C) vinte e dois inteiros e cinco décimos por cento.

(D) Nenhuma das alternativas.

Resposta: Alternativa "C".

Desse total repassado aos Estados, 25% será repassado aos municípios respectivos – creditado da seguinte forma (CF, art. 158, parágrafo único, I e II): 75%, **no mínimo**, na proporção do valor adicionado nas operações relativas à circulação de mercadorias e nas prestações de serviços, realizadas em seus territórios; e **até** 25%, de acordo com o que dispuser lei estadual ou, no caso dos Territórios, lei federal (CF, art. 159, § 3º). Sistemática de cálculo essa semelhante à repartição direta do ICMS, já vista.

Porém, nenhuma unidade federada pode receber parcela superior a 20% do montante global, devendo o eventual excedente ser distribuído entre os demais participantes, mantido, em relação a esses, o critério de partilha nele estabelecido (CF, art. 159, § 2º).

O último dos fundos constitucionais é composto de 29% do arrecadado com a contribuição de intervenção no domínio econômico prevista no art. 177, § 4º (CIDE – combustíveis), distribuídos na forma da lei, observada a destinação ao financiamento de programas de infraestrutura de transportes conforme impõe o art. 177, § 4º, II, c da Constituição (CF, art. 159, III).

Desse total recebido pelos Estados, 25% será repassado aos respectivos municípios (cabe observar que o montante final recebido pelos municípios é de 7,25% do total arrecadado pela União: 25% x 29% = 7,25%).

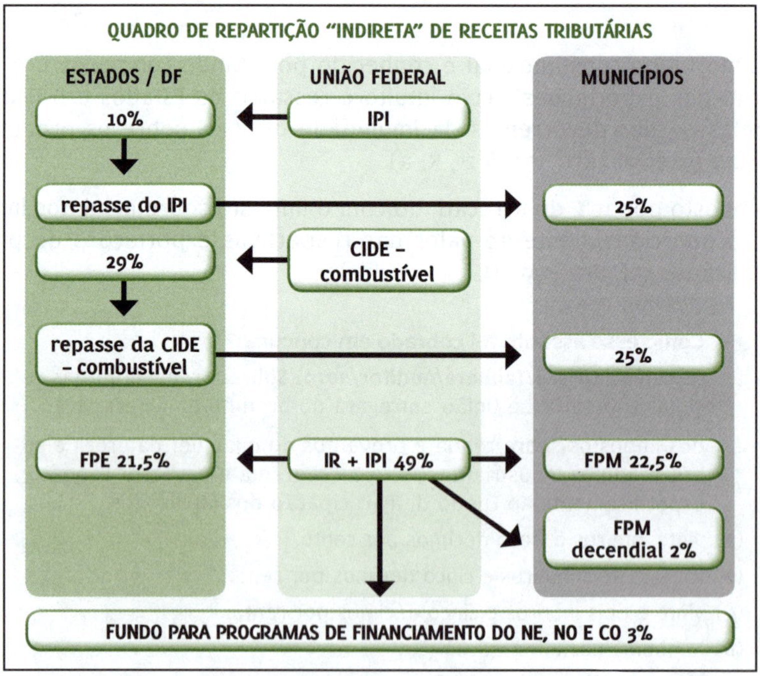

7.2. Controles complementares

Para delinear os controles e a transparência das repartições constitucionais, o art. 161 da Carta Maior reserva à **lei complementar** competência para versar sobre os assuntos abordados na tabela abaixo.

Atribuições de lei complementar
- Definição do valor adicionado de ICMS (art. 161, I);
- Critérios de repasses e rateios (art. 161, II);
- Acompanhamento de cálculos e liberações das participações (art. 161, III)

O inciso I refere-se à definição do valor adicionado para efeito de repartição direta do ICMS estadual com os municípios, feito pela LC nº 63/90, nos seguintes termos:

> Art. 1º, § 1º O valor adicionado corresponderá, para cada Município:
>
> I - ao valor das mercadorias saídas, acrescido do valor das prestações de serviços, no seu território, deduzido o valor das mercadorias entradas, em cada ano civil;
>
> II - nas hipóteses de tributação simplificada a que se refere o parágrafo único do art. 146 da Constituição Federal, e, em outras situações, em que se dispensem os controles de entrada, considerar-se-á como valor adicionado o percentual de 32% (trinta e dois por cento) da receita bruta.

Compete ao Tribunal de Contas da União calcular as quotas referentes aos fundos de participação indireta.

Todos os entes federados são obrigados a divulgar, até o último dia do mês subsequente ao da arrecadação, os montantes de cada um dos tributos arrecadados, os recursos recebidos, os valores de origem tributária entregues e a entregar, e a expressão numérica dos critérios de rateio (CF, art. 162).

Capítulo

V

Imunidade Tributária

SUMÁRIO • 1. Definição. – 2. Distinção entre imunidade, isenção e não incidência: 2.1. Não incidência; 2.2. Não incidência constitucionalmente qualificada; 2.3. Isenção; 2.4. "Isenção constitucional". – 3. Tipologia das imunidades: 3.1. Imunidades genéricas e específicas; 3.2. Imunidades excludentes e incisivas; 3.3. Imunidades subjetivas e objetivas; 3.4. Imunidades explícitas e implícitas; 3.5. Imunidades incondicionadas e condicionadas. – 4. Imunidades em espécie: 4.1. Imunidade recíproca; 4.1.1. Extensão da imunidade recíproca às autarquias e às fundações públicas; 4.1.2. Restrições ao alcance da imunidade recíproca; 4.2. Imunidade dos templos; 4.3. Imunidades genéricas; 4.3.1. Imunidade dos partidos políticos e de suas fundações; 4.3.2. Imunidade das entidades sindicais dos trabalhadores; 4.3.3. Imunidade das instituições de educação e de assistência social, sem fins lucrativos; 4.4. Imunidade dos livros, jornais, periódicos e papel de sua impressão; 4.5. Imunidade das músicas nacionais; 4.6. Imunidades de taxas e de contribuições; 4.6.1. Imunidade de taxas; 4.6.2. Imunidade de contribuições; 4.7. Imunidades específicas aos impostos; 4.7.1. Imposto sobre Produtos Industrializados; 4.7.2. Imposto Territorial Rural; 4.7.3. Imposto sobre Circulação de Mercadorias e Serviços; 4.7.4. Imposto sobre Serviços; 4.7.5. Imposto sobre Transmissão "inter vivos" de Bens Imóveis; 4.7.6. Tributação exclusiva pelo ICMS, II e IE; 4.7.7. Quaisquer impostos.

1. DEFINIÇÃO

A natureza jurídica da imunidade tributária é objeto de grandes discussões doutrinárias. Corrente há que a entende como uma espécie de limitação constitucional ao poder de tributar; para outros, tratar-se-ia de normas constitucionais que impedem os entes políticos de legislar impositivamente sobre situações protegidas da tributação. E há, ainda, quem nela enxergue um princípio constitucional próprio, de vedação impositiva, direcionada aos entes federados.

Pragmaticamente, trata-se de uma técnica legislativa constitucional que qualifica situações que não podem ser atingidas por alguns ou por qualquer tipo de tributo, em vista de especificidades eleitas pelo Constituinte como de proteção objetiva ou subjetiva do alcance de normas tributárias, com objetivo de deixá-las fora do campo em que se autoriza a instituição de tributos.

As imunidades podem ser encontradas explícita ou implicitamente no texto constitucional, como adiante será visto, e abarcam várias espécies tributárias, além dos impostos, uma vez que há menção, no corpo da Constituição, a imunidades de taxas e de contribuições sociais.

A maior parte das imunidades é prevista na seção *Das Limitações do Poder de Tributar*, incluída no capítulo da Constituição que trata do Sistema Tributário Nacional. Entretanto, há regras de imunidade esparsas, fora da parte atinente à tributação.

Algumas imunidades estão previstas como espécies de **direito ou garantia individual fundamental**, ou como sustentáculo da forma federativa do Estado brasileiro, o que as tornam **cláusulas pétreas constitucionais**, obstaculizando que possam vir a ser objeto de deliberação de proposta de emenda constitucional que intente aboli-las (CF, art. 60, § 4º, incs. I e IV).

O fundamento axiológico das imunidades é a preservação dos valores fundantes do Estado que as institui. No caso brasileiro, a liberdade religiosa, a Federação, o estímulo à beneficência e à organização social, a liberdade de imprensa etc., valores tidos por relevantes e, como consequência, alçados ao *status* de intributáveis pelo ordenamento.

> ▸ **Como esse assunto foi cobrado em concurso?**
>
> **(CPCON/Fisco/Guarabira/Auditor/2019)** Existem diversas maneiras em que alguém pode ser levado a não pagar o tributo. Assinale a alternativa em que o não surgimento do dever de pagamento decorre da inexistência de fato gerador:
>
> (A) na isenção e na moratória.
>
> (B) na alíquota zero e na remissão.
>
> (C) na imunidades e nas não-incidências simples.
>
> (D) na suspensão do pagamento do tributo.
>
> (E) na anistia e no parcelamento.
>
> *Resposta: Alternativa "C".*

2. DISTINÇÃO ENTRE IMUNIDADE, ISENÇÃO E NÃO INCIDÊNCIA

Os institutos tributários da imunidade, da isenção e da não incidência, apesar de serem tecnicamente semelhantes, não se confundem. Suas principais características são abaixo delineadas (vide quadro comparativo no capítulo **Exclusão do crédito tributário**).

2.1. Não incidência

A não incidência é a não subsunção de certa situação a uma norma tributária, independentemente de lei que a preveja. É definida por exclusão: toda situação fática que não se enquadra na descrição do fato gerador é uma hipótese de não incidência.

A previsão da não incidência nos próprios textos legais é uma exceção – por muitos vista como desnecessária –, porém útil para definir e esclarecer situações duvidosas, aumentando a segurança jurídica nas relações tributárias e prevenindo conflitos. Quando ocorre, é chamada de **não incidência legalmente qualificada**.

Exemplo: pode ser que determinada norma preveja que um tributo incida sobre as situações jurídicas "A", "B" e "C". Do que se depreende, logicamente, que as situações "D", "E", "F" etc. não estarão submetidas à tributação, pois elas não se encontram previstas na regra de incidência. Entretanto, como uma dada situação "X" é bastante semelhante à situação tributada "A", o legislador opta, por questão de segurança jurídica, que a norma preveja expressamente que "o tributo não incidirá na situação X", aclarando seu alcance e proscrevendo qualquer tentativa de interpretação extensiva que vise abarcar aquela situação pela tributação.

2.2. Não incidência constitucionalmente qualificada

Parte da doutrina advoga que as imunidades nada mais são do que hipóteses de não incidência da norma tributária constitucionalmente classificadas, isto é, normas de não incidência previstas no próprio texto constitucional.

2.3. Isenção

A isenção distingue-se da imunidade pela sede jurídica. Toda previsão de imunidade radica na Constituição e, às vezes, é chamada de **isenção constitucional**. O ***nomen juris*** não importa: se a previsão está no texto constitucional, é imunidade; a seu turno, toda previsão de intributabilidade abaixo da Constituição é isenção.

> **Como esse assunto foi cobrado em concurso?**
>
> **(IBFC/CM/Feira_de_Santana/Procurador/2018)** Assinale a alternativa incorreta, sobre a noção técnica de imunidade frente a outras figuras tributárias que podem resultar igualmente no não desembolso de valor em dinheiro do tributo:
>
> (A) imunidade refere-se a uma limitação do poder de tributar que nenhuma lei tem atribuição para regular.
>
> (B) a imunidade decorre de norma materialmente constitucional.
>
> (C) a isenção é um favor legal, fruto do exercício da competência tributária por parte da entidade tributante.
>
> (D) imunidade e isenção são favores tributários distintos, porém, decorrentes do mesmo fenômeno restrito ao exercício ordinário do poder de tributar na elaboração da lei ordinária.
>
> *Resposta: Alternativa "D".*

2.4. "Isenção constitucional"

Em algumas passagens de seu texto, a Constituição impõe **isenções** a certas situações que discrimina, como aquela inserta no § 5º do art. 184: "são isentas de impostos federais, estaduais e municipais as operações de transferência de imóveis desapropriados para fins de reforma agrária".

Essas previsões nada mais são do que **imunidades**, pois, quando definidas no corpo da Carta Magna, impedem que as normas tributárias incidam sobre as situações descritas. Os termos utilizados na CF é que não observaram a boa técnica jurídica; correto seria dizer "são imunes...".

3. TIPOLOGIA DAS IMUNIDADES

As imunidades tributárias apresentam-se no ordenamento com várias características. Pode-se ordená-las de acordo com a análise da sua essência normativa:

Tipos de imunidade
- Genéricas e específicas.
- Excludentes e incisivas.
- Subjetivas e objetivas.
- Explícitas e implícitas.
- Incondicionadas e condicionadas.

3.1. Imunidades genéricas e específicas

A utilidade dessa classificação reside na delimitação do alcance da norma imunizante. As imunidades **genéricas** são previstas nos incisos do art. 150, VI, da CF:

> **Art. 150.** Sem prejuízo de outras garantias asseguradas ao contribuinte, é vedado à União, aos Estados, ao Distrito Federal e aos Municípios: [...] VI - instituir impostos sobre: a) patrimônio, renda ou serviços, uns dos outros; b) templos de qualquer culto; c) patrimônio, renda ou serviços dos partidos políticos, inclusive suas fundações, das entidades sindicais dos trabalhadores, das instituições de educação e de assistência social, sem fins lucrativos, atendidos os requisitos da lei; d) livros, jornais, periódicos e o papel destinado a sua impressão.

Elas impedem que qualquer ente político tributante venha a impor tributação sobre as situações discriminadas e baseiam-se em valores eleitos pelo Poder Constituinte originário como de **máxima proteção**, tais como a liberdade de informação, a liberdade de imprensa, a estruturação das organizações políticas, as beneficências de interesse público etc.

Já as imunidades **específicas**, também denominadas **tópicas** ou **especiais**, quase sempre são referentes a determinado tributo, limitando a proteção tributária constitucional a certas situações eleitas pela Carta Magna.

Um exemplo é a restrição ao ITBI, que, segundo a Constituição, não deve incidir "sobre a transmissão de bens ou direitos incorporados ao patrimônio de pessoa jurídica em realização de capital, nem sobre a transmissão de bens ou direitos decorrente de fusão, incorporação, cisão ou extinção de pessoa jurídica, salvo se, nesses casos, a atividade preponderante do adquirente for a compra e venda desses bens ou direitos, locação de bens imóveis ou arrendamento mercantil" (ao falar de "não incidência", o texto constitucional, como se sabe, em verdade, prevê uma imunidade).

3.2. Imunidades excludentes e incisivas

Essa classificação - proposta pelo tributarista Geraldo Ataliba - analisa as imunidades sob o ângulo do alcance da vedação intrínseca que veiculam.

Nas imunidades **excludentes**, por exemplo, a incidência de determinado tributo sobre um fato tributário afasta a incidência de quaisquer **outros** tributos sobre aquela mesma situação. É o que se verifica com o ouro (CF, art. 153, § 5º), quando definido em lei como ativo financeiro ou instrumento cambial, que se sujeita **exclusivamente** à incidência do imposto sobre operações de crédito, câmbio e seguro, ou relativas a títulos ou valores mobiliários - comumente denominado IOF.

Na imunidade **incisiva**, a norma também afasta certas incidências tributárias sobre a situação eleita na Constituição, mas não de maneira exclusiva, e sim **compartilhada**, permitindo que mais de um tributo possa recair sobre os fatos geradores correspondentes.

Exemplo: à exceção do ICMS, do II e do IE, **nenhum outro imposto** poderá incidir sobre operações relativas a energia elétrica, serviços de telecomunicações, derivados de petróleo, combustíveis e minerais do País (CF, art. 155, § 3º).

3.3. Imunidades subjetivas e objetivas

O caráter distintivo, aqui, é a forma de incidência da imunidade, que pode ter como destinatário pessoas, sujeitos de direito (sempre **pessoas jurídicas**, saliente-se) ou situações de fato ou de direito previstas na Constituição.

As **imunidades subjetivas** são conferidas levando-se em consideração os atributos da personalidade de certas pessoas jurídicas, que impedem que estas sejam indicadas como sujeito passivo de obrigações tributárias **principais** - recolher tributo - abrangidas pela norma imunizante (mas não as livra das obrigações tributárias **acessórias**; por exemplo, nada impede que determinada lei municipal preveja a obrigação de os órgãos de entes públicos de outras esferas, Estados, União e Distrito Federal, e suas respectivas autarquias e fundações, serem obrigados a "reter na fonte" o ISS dos serviços tributáveis que lhes são prestados por contribuintes deste imposto, ou serem obrigados a informar a ocorrência de determinadas operações fiscais de interesse da administração tributária municipal).

São exemplos de imunidade subjetiva aqueles aludidos pelo art. 150, VI, da CF, que veda à União, aos Estados, ao Distrito Federal e aos Municípios a instituição de impostos, entre outras situações, sobre: a) patrimônio, renda ou serviços, uns dos outros - imunidade recíproca; b) templos de qualquer culto; e c) patrimônio, renda ou serviços dos partidos políticos, incluindo suas fundações, das entidades sindicais dos trabalhadores, das instituições de educação e de assistência social, sem fins lucrativos, atendidos os requisitos da lei.

As pessoas jurídicas destinatárias da imunidade subjetiva, como se vê, podem ser tanto de direito público (entes políticos referidos na imunidade recíproca) quanto de direito privado (as demais).

> ▸ **Qual o entendimento do STF sobre esse ponto:**
>
> ◙ A imunidade tributária subjetiva aplica-se a seus beneficiários na posição de contribuinte de direito, mas não na de simples contribuinte de fato, sendo irrelevante, para a verificação da existência do beneplácito constitucional, a repercussão econômica do tributo envolvido. (RE 608872, repercussão geral)

As **imunidades objetivas**, também denominadas **reais**, são as que recaem sobre determinados fatos, bens e situações. Critica-se tal denominação, uma vez que a imunidade beneficia sempre uma pessoa que é afastada da relação jurídica, impedindo que a pretensão tributária do Estado a alcance. Assim, descaberia falar de "**coisa**" protegida pelo manto do favor constitucional.

De qualquer modo, é caracterização recorrente no meio jurídico, que a identifica no art. 150, VI, "d", da Constituição, que veda a instituição de impostos sobre livros, jornais, periódicos e sobre o papel destinado à sua impressão.

Os doutrinadores também falam de uma categoria **mista**, chamada **subjetivo-objetiva**, por levar em conta a situação jurídica de pessoas - físicas, neste caso - e de coisas a elas relacionadas, na situação eleita pela norma imunizante. É o caso da exoneração do Imposto sobre a Propriedade Territorial Rural - ITR, que não incide sobre pequenas glebas rurais, definidas em lei, quando exploradas por proprietário que não possui outro imóvel (CF, art. 153, § 4º, II).

3.4. Imunidades explícitas e implícitas

A discriminação das imunidades **explícitas** é regra do sistema constitucional tributário, que detalha, pormenorizada e literalmente, as situações econômicas que são afastadas da tributação.

As imunidades **implícitas** são identificadas pela interpretação da Constituição, extraídas do contexto normativo e dos princípios maiores insertos na Carta Magna. O STF, por exemplo, já editou algumas súmulas reconhecendo imunidades implícitas no texto constitucional.

Como se vê, tal ressalva, por não constar expressamente no Texto Maior, teve de ser assentada no ordenamento pela interpretação judicial.

> ▸ **Qual o entendimento do STF sobre esse ponto:**
>
> ◙ A imunidade prevista no art. 150, VI, "d", da Constituição Federal abrange os filmes e papéis fotográficos necessários à publicação de jornais e periódicos. (Súmula 657)

3.5. Imunidades incondicionadas e condicionadas

Esta classificação leva em conta a natureza da norma constitucional que veicula a imunidade tributária quanto à sua própria eficácia, ou seja, quanto à sua aptidão de produzir, por si só, ou de modo dependente de normas infraconstitucionais, os efeitos que lhe são próprios.

Quanto à eficácia, a doutrina tipifica as normas constitucionais em:

a) **normas de eficácia plena**: as que independem de qualquer outra norma para produzir efeitos;

b) **normas de eficácia contida**: as que podem se submeter a restrições posteriores, advindas de outras normas, mas que, enquanto não restringidas, são plenas;

c) **normas de eficácia limitada**: as que são de aplicabilidade indireta, mediata ou reduzida, porque somente incidem totalmente sobre a matéria que regram após a edição de normas posteriores que as complementem ou que lhes concedam aplicabilidade.

O primeiro tipo, normas de eficácia plena, traduz-se em **imunidade incondicionada**, isto é, independe de outros comandos para integralizar seus efeitos. É o exemplo da imunidade recíproca encartada no art. 150, VI, "a", da Constituição.

Já as normas imunizantes de eficácia limitada dependem da edição de normas infraconstitucionais que regrem a aplicação estatuída na Constituição. Daí falar-se em imunidades **condicionadas**.

A CF/88 deixa claro, em seu art. 146, II, que cabe à lei complementar regular as limitações constitucionais ao poder de tributar, e a imunidade é uma dessas espécies de limitação. Mais adiante, no art. 195, § 7º, lê-se que "são isentas de contribuição para a seguridade social as entidades beneficentes de assistência social que atendam às exigências estabelecidas em lei". Duas observações são importantes nessa redação. Primeira, ao falar de "isenção", o texto constitucional refere-se, em verdade, a imunidade; segunda: "estabelecidas em lei" deve ser lido como "estabelecidas em lei complementar", único veículo normativo apto a regular imunidades.

O art. 14 do CTN, por exemplo, **condiciona** a fruição da imunidade tributária de impostos sobre o patrimônio, renda ou serviços dos partidos políticos, incluindo suas fundações, das entidades sindicais dos trabalhadores, das instituições de educação e de assistência social, sem fins lucrativos (CF, art. 150, VI, "c") ao atendimento de certos requisitos, sob pena de suspensão ou de não reconhecimento da aplicação do benefício constitucional (CTN, art. 14, § 1º). Assevera, ainda, que os serviços aludidos no texto constitucional são, exclusivamente, aqueles diretamente relacionados com os objetivos institucionais das entidades de que trata o artigo, previstos nos respectivos estatutos ou atos constitutivos (CTN, art. 14, § 2º).

> ▸ **Qual o entendimento do STF sobre esse ponto:**
>
> ◙ Os requisitos para o gozo de imunidade hão de estar previstos em lei complementar. Cabe à lei ordinária apenas prever requisitos que não extrapolem os estabelecidos no CTN ou em lei complementar superveniente. (RE 566622, repercussão geral)

> ▸ **Qual o entendimento do STJ sobre esse ponto:**
>
> ◙ O certificado de entidade beneficente de assistência social (Cebas), no prazo de sua validade, possui natureza declaratória para fins tributários, retroagindo seus efeitos à data em que demonstrado o cumprimento dos requisitos estabelecidos por lei complementar para a fruição da imunidade. (Súmula 612)

Outro exemplo de imunidade condicionada é o do ITR, cuja não incidência constitucional depende da previsão legal do conceito de "pequena gleba rural" (CF, 153, VI, § 4º). Ou seja, a lei pode estender ou restringir - **condicionar**, portanto - o alcance dessa imunidade, bastando, para tanto, que o tamanho da gleba rural seja aumentado ou diminuído em seu texto.

Um claro exemplo de imunidade condicionada é o do ISS, de competência dos Municípios e do Distrito Federal, cuja amplitude foi conferida totalmente às regras infraconstitucionais, conforme previsão do art. 156, § 3º, II, da Constituição, que atribui, à lei complementar, "excluir da sua incidência exportações de serviços para o exterior".

Por fim, não se verifica, na Constituição, a existência de normas de eficácia contida veiculadoras de imunidade tributária.

4. IMUNIDADES EM ESPÉCIE

4.1. Imunidade recíproca

A imunidade recíproca encontra-se estatuída no art. 150, VI, "a", da Constituição Federal, que veda aos entes federados "instituir impostos sobre patrimônio, renda ou serviços, uns dos outros".

É a mais antiga das exonerações constitucionais tributárias: foi instituída na primeira Constituição da fase republicana do Brasil (1891). Baseia-se num pressuposto que afasta a submissão entre as diferentes esferas de poder político que compõem uma Federação, tal como estatuído no art. 18 da Constituição Federal: "A organização político-administrativa da República Federativa do Brasil compreende a União, os Estados, o Distrito Federal e os Municípios, todos **autônomos**, nos termos desta Constituição".

Assim, a autonomia político-administrativa do ente federativo impede que ele se submeta à tributação de outro ente, pois não há relação de **subordinação** jurídica entre eles, já que se encontram num patamar de igualdade incompatível com o poder de império, que é a nota típica da tributação. Aliás: atualmente não se concebe mais a relação tributária como oriunda do ***jus imperii***, da relação de poder entre soberano e súdito do Estado, mas sim como relação jurídica entre Estado e cidadão-contribuinte.

> **▸ Como esse assunto foi cobrado em concurso?**
>
> **(Fauel/PGM/Paranavaí/Procurador/2018)** Assinale a alternativa correta:
>
> (A) a imunidade tributária referente aos livros, jornais, periódicos e o papel destinado a sua impressão, não se aplica ao livro eletrônico.
>
> (B) a imunidade tributária recíproca não pode ser estendida a empresas públicas ou sociedades de economia mista prestadoras de serviço público de cunho essencial e exclusivo.
>
> (C) a imunidade tributária recíproca não impede a cobrança do Imposto sobre Operações Financeiras nas operações financeiras realizadas pelos Municípios.
>
> (D) a jurisprudência do Supremo Tribunal Federal orienta-se no sentido de que a imunidade recíproca deve ser reconhecida em favor da Empresa Brasileira de Correios e Telégrafos, ainda que o patrimônio, renda ou serviço desempenhado pela Entidade não esteja necessariamente relacionado ao privilégio postal.
>
> (E) a imunidade recíproca dos entes federativos abrange os impostos, as taxas e as contribuições de melhoria.
>
> *Resposta: Alternativa "D".*

Importante observar que imunes são o patrimônio, a renda e os serviços dos entes federados, o que não afasta a tributação indireta (IPI, ICMS, ISS etc.) incidente sobre as operações de aquisição de bens e serviços por esses mesmos entes. Isto porque, no caso, serão os fornecedores desses bens e serviços os verdadeiros sujeitos passivos da relação tributária, o que leva as operações a serem gravadas. Assim, na venda de um automóvel para um órgão da Administração direta de um Município, por exemplo, incidem, sim, IPI e ICMS sobre a operação, a serem recolhidos pelo vendedor e pelo fabricante.

A interpretação que o Poder Judiciário dá ao alcance da imunidade recíproca é ampla, entretanto, cabe ressaltar que, mesmo com interpretação abrangente, somente os tributos **não vinculados** a ações estatais específicas - impostos - são encampados pela regra, o que deixa de fora de seu alcance os tributos **vinculados** - taxas, contribuições de melhorias, contribuições sociais.

Apesar da literalidade do dispositivo, o entendimento do STF avançou para estender seu alcance às empresas públicas e às sociedades de economia mista prestadoras de serviço público.

► **Qual o entendimento do STF sobre esse ponto:**

- A imunidade tributária recíproca reconhecida à Empresa Brasileira de Correios e Telégrafos alcança o IPTU incidente sobre imóveis de sua propriedade, bem assim os por ela utilizados. No entanto, se houver dúvida acerca de quais imóveis estariam afetados ao serviço público, cabe à administração fazendária produzir prova em contrário, haja vista militar em favor do contribuinte a presunção de imunidade anteriormente conferida em benefício dele. (RE 773992, repercussão geral)
- Não incide o ICMS sobre o serviço de transporte de bens e mercadorias realizado pela Empresa Brasileira de Correios e Telégrafos. (RE 627051, repercussão geral)

Por outro lado, a Suprema Corte mudou seu entendimento no que toca a imóveis públicos arrendados a empresas privadas de fins lucrativos, afastando o alcance da imunidade que respeita ao IPTU.

► **Qual o entendimento do STF sobre esse ponto:**

- A imunidade recíproca, prevista no art. 150, VI, "b", da CF, não se estende a empresa privada arrendatária de imóvel público, quando seja ela exploradora de atividade econômica com fins lucrativos. Nessa hipótese é constitucional a cobrança do IPTU pelo Município. (RE 594015, repercussão geral)

4.1.1. Extensão da imunidade recíproca às autarquias e às fundações públicas

O § 2º do art. 150 da CF estende o alcance da imunidade recíproca à administração indireta (autarquias e fundações instituídas e mantidas pelo Poder Público) de todos os entes políticos.

Porém, a imunidade, nesse caso, é restrita ao **patrimônio, à renda e aos serviços vinculados às finalidades essenciais** dessas autarquias ou fundações instituídas e mantidas pelo Poder Público ou às finalidades delas decorrentes. Finalidades essenciais são aquelas inerentes à própria natureza da entidade, os propósitos que levaram à sua constituição.

Como esse assunto foi cobrado em concurso?

(Fepese/PGE/SC/Procurador/2018) A respeito das limitações constitucionais do poder de tributar, assinale a alternativa correta:

(A) é constitucionalmente proibida a instituição de impostos e de taxas sobre livros, jornais, periódicos e o papel destinado a sua impressão.

(B) a imunidade recíproca é extensiva às autarquias e fundações instituídas e mantidas pelo Poder Público, no que se refere ao patrimônio, à renda e aos serviços, vinculados a suas finalidades essenciais ou às delas decorrentes.

(C) a vedação de cobrar tributos antes de decorridos noventa dias da data em que haja sido publicada a lei que os instituiu ou aumentou não se aplica ao Imposto sobre Produtos Industrializados.

(D) norma legal que modifica o prazo de recolhimento da obrigação tributária sujeita-se ao princípio da anterioridade.

(E) a imunidade do patrimônio, da renda ou dos serviços das instituições de educação e assistência social, sem fins lucrativos, é chamada autoaplicável, porque independe do atendimento de requisitos legais.

Resposta: Alternativa "B".

4.1.2. *Restrições ao alcance da imunidade recíproca*

O § 3º do art. 150 da CF afasta da imunidade recíproca o patrimônio, a renda e os serviços relacionados com exploração de atividades econômicas regidas pelas normas aplicáveis a empreendimentos privados, ou em que haja contraprestação ou pagamento de preços ou tarifas pelo usuário.

Esta restrição aplica-se tanto à administração direta quanto à indireta. É uma proteção conferida à iniciativa privada contra o apoderamento estatal de atividades econômicas, garantindo que, mesmo nesse caso, tais atividades submeter-se-ão a regras equânimes de concorrência e disputa de mercados, no tocante à tributação.

Quanto ao tema, completa-se o objetivo constitucional com o disposto no art. 173 da Carta:

> Art. 173. Ressalvados os casos previstos nesta Constituição, a exploração direta de atividade econômica pelo Estado só será permitida quando necessária aos imperativos da segurança nacional ou a relevante interesse coletivo, conforme definidos em lei.
>
> § 1º A lei estabelecerá o estatuto jurídico da empresa pública, da sociedade de economia mista e de suas subsidiárias que explorem atividade econômica de produção ou comercialização de bens ou de prestação de serviços, dispondo sobre:
>
> [...] II – A sujeição ao regime jurídico próprio das empresas privadas, inclusive quanto aos direitos e obrigações civis, comerciais, trabalhistas e tributários;

> [...]
>
> § 2º As empresas públicas e as sociedades de economia mista não poderão gozar de privilégios fiscais não extensivos às do setor privado.

A antiga Súmula 76/STF, que se referia à CF/1946, tinha esse mesmo escopo restritivo ("As sociedades de economia mista não estão protegidas pela imunidade fiscal do art. 31, V, "a", Constituição Federal").

O conteúdo deste enunciado permanece compatível com a atual Constituição, cujos parâmetros da ordem econômica visam barrar privilégios estatais que possam comprometer a livre concorrência, exigindo das empresas públicas e paraestatais sujeição às mesmas regras previstas para o setor privado.

A CF, ao impedir tratamento tributário diferenciado às empresas estatais, vedando que elas usufruam de privilégios não extensivos ao setor privado, qualquer que seja seu tipo societário, consolida o princípio da isonomia (art. 150, II). Essa proibição, entretanto, vem sendo mitigada pelo STF no caso de prestação de serviço público.

Regra equivalente é utilizada na hipótese de contraprestação ou pagamento de preços ou tarifas pelo usuário, o que denota, igualmente, exploração de atividade econômica.

Aqui se faz necessária uma ressalva de origem jurisprudencial: mesmo havendo pagamento de preços ou tarifas pelo usuário, há que se discernir a prestação de serviço público da exploração econômica, cujas consequências tributárias são distintas.

Qual o entendimento do STF sobre esse ponto:

- A prestação de ações e serviços de saúde por sociedades de economia mista corresponde à própria atuação do Estado, desde que a empresa estatal não tenha por finalidade a obtenção de lucro. As sociedades de economia mista prestadoras de ações e serviços de saúde, cujo capital social seja majoritariamente estatal, gozam da imunidade tributária recíproca. (RE 580264, repercussão geral)
- Distinção, para fins de tratamento normativo, entre empresas públicas prestadoras de serviço público e empresas públicas exploradoras de atividade. Exercício simultâneo de atividades em regime de exclusividade e em concorrência com a iniciativa privada. Irrelevância. Existência de peculiaridades no serviço postal. Incidência da imunidade prevista no art. 150, VI, "a", da CF. (RE 601392, repercussão geral)
- Os serviços prestados pela ECT, inclusive aqueles em que a empresa não age em regime de monopólio, estão abrangidos pela imunidade tributária recíproca. (RE 601392, repercussão geral)

Outra limitação, constante na parte final do § 3º do art. 150 da CF, diz que o promitente comprador de imóvel público não se exonera da obrigação de pagar imposto relativamente ao bem imóvel. Essa norma foi gerada graças a antigas celeumas judiciais sobre quem seria o contribuinte de impostos incidentes sobre o bem, no caso de contrato de promessa de compra e venda de imóvel público.

O STF havia exarado a Súmula nº 74, afirmando que "o imóvel transcrito em nome de autarquia, embora objeto de promessa de venda a particulares, continua imune de impostos locais", contrariando a doutrina, que entendia que a promessa de compra e venda transferia, sim, a propriedade e, com isso, colocava em sujeição passiva o promitente comprador. O Constituinte de 1988 resolveu essa divergência.

4.2. Imunidade dos templos

Segundo o art. 150, VI, "b", da Constituição Federal, é vedado instituir impostos sobre patrimônio, renda ou serviços de templos de qualquer culto. A palavra "templo" é utilizada como sinônimo de instituição e não alude restritivamente ao prédio em que são celebrados os ritos, englobando, também, a casa paroquial, cemitérios religiosos, terrenos utilizados como estacionamento da instituição. Melhor opção teria sido falar em imunidade para "entidades religiosas":

A imunidade dos templos visa preservar a religião da influência do Estado, adensando a separação histórica que se estabeleceu, primeiramente, entre a Igreja Católica e o Estado brasileiro, com a Constituição republicana de 1891, e posteriormente, entre o Poder Público e qualquer culto religioso, como impõe o art. 19, I, da atual Constituição, que veda aos entes políticos "estabelecer cultos religiosos ou igrejas, subvencioná-los, embaraçar-lhes o funcionamento ou manter com eles ou seus representantes relações de dependência ou aliança, ressalvada, na forma da lei, a colaboração de interesse público".

Seu alcance não se restringe somente aos impostos, *strictu sensu*, sobre patrimônio, renda e serviços vinculados às atividades essenciais ou delas decorrentes, englobando, também, qualquer imposto que venha a gravar o patrimônio da entidade, como é, por exemplo, o caso do IOF.

> ▸ **Qual o entendimento do STF sobre esse ponto:**
>
> ◙ Ainda quando alugado a terceiros, permanece imune ao IPTU o imóvel pertencente a qualquer das entidades referidas pelo artigo 150, inciso VI, alínea "c", da Constituição Federal, desde que o valor dos aluguéis seja aplicado nas atividades para as quais tais entidades foram constituídas. (Súmula Vinculante 52)

> ▸ **Como esse assunto foi cobrado em concurso?**
>
> **(Cespe/PGM/Manaus/Procurador/2018)** É proibida a cobrança de tributo sobre o patrimônio e a renda dos templos de qualquer culto.
>
> *Resposta: Errada.*

4.3. Imunidades genéricas

É vedado aos entes tributantes instituir impostos sobre patrimônio, renda ou serviços dos partidos políticos, inclusive suas fundações, das entidades sindicais dos trabalhadores, das instituições de educação e de assistência social, sem fins lucrativos, atendidos os requisitos da lei (CF, art. 150, VI, "c").

Essas imunidades englobam quatro situações distintas, de acordo com a tabela abaixo.

Imunidades genéricas
- Partidos políticos e suas fundações.
- Entidades sindicais dos trabalhadores.
- Instituições de educação sem fins lucrativos.
- Instituições de assistência social sem fins lucrativos

Há pressupostos comuns a essas previsões:

1º) São de natureza subjetiva;

2º) Dizem respeito a pessoas jurídicas de direito privado;

3º) Abrangem o patrimônio, a renda e os serviços relacionados com as finalidades essenciais ou delas decorrentes, mas de forma ampla, conforme interpreta a jurisprudência.

4º) Devem atender aos **requisitos da lei**. A lei a que se refere o texto é a **lei complementar**, uma vez que, de acordo com o art. 146, II, da CF, somente essa espécie legislativa pode regular as limitações constitucionais ao poder de tributar. Portanto, continuam aplicáveis as normas do art. 14 do CTN, que **condicionam** a fruição dessas imunidades ao atendimento de certas exigências.

Requisitos para fruição de imunidades condicionadas
- Não distribuírem qualquer parcela de seu patrimônio ou de suas rendas, a qualquer título;
- Aplicarem integralmente, no País, os seus recursos na manutenção dos seus objetivos institucionais;
- Manterem escrituração de suas receitas e despesas em livros revestidos de formalidades capazes de assegurar sua exatidão.

▸ **Qual o entendimento do STF sobre esse ponto:**

▪ Ainda quando alugado a terceiros, permanece imune ao IPTU o imóvel pertencente a qualquer das entidades referidas pelo artigo 150, inciso VI, alínea "c", da Constituição Federal, desde que o valor dos aluguéis seja aplicado nas atividades para as quais tais entidades foram constituídas. (Súmula Vinculante 52)

4.3.1. Imunidade dos partidos políticos e de suas fundações

Os partidos políticos, que só adquirem personalidade jurídica na forma da lei civil, devendo registrar seus estatutos no Tribunal Superior Eleitoral, são tidos como instrumentos essenciais para a preservação do Estado Democrático de Direito e da representação popular.

O gozo da imunidade é condicionado aos mandamentos constitucionais (CF, art. 17) e complementares (CTN, art. 14).

4.3.2. Imunidade das entidades sindicais dos trabalhadores

É novidade trazida pela Constituição atual. Atente-se para o fato de as **entidades sindicais patronais** não se aproveitarem da exoneração.

4.3.3. Imunidade das instituições de educação e de assistência social, sem fins lucrativos

Prevista desde a Constituição de 1946, sob o argumento de fomentar a atividade institucional, em colaboração com o Estado. Uma das acepções da palavra "instituição", segundo o dicionário Houaiss, é a de "estrutura material e humana que serve à realização de ações de interesse social ou coletivo".

Tanto a **educação** quanto a **assistência social** são conceituadas pela própria Carta Política nos arts. 203 e 205.

Pelo seu caráter intrínseco de **utilidade e interesse social**, o Constituinte as subtraiu da tributação. Mas, para fruírem a imunidade, além dos requisitos gerais já explanados, devem ser estatuídas como instituições **sem fins lucrativos.**

Não ter fins lucrativos não se confunde com **não ter lucros**. Não é vedado a essas instituições auferir receitas para seu funcionamento, mediante cobrança pela prestação de seus serviços. O que não pode ocorrer, e esta é a nota distintiva que as qualifica como imunes, é a distribuição dos lucros auferidos ou reversão do patrimônio dessas instituições às pessoas que a criaram. Portanto, exige-se que a aplicação dos resultados econômicos positivos reverta em benefício da própria instituição.

A jurisprudência dá ampla extensão ao instituto imunizante.

- **Qual o entendimento do STF sobre esse ponto:**
- Ainda quando alugado a terceiros, permanece imune ao IPTU o imóvel pertencente a qualquer das entidades referidas pelo artigo 150, inciso VI, alínea "c", da Constituição Federal, desde que o valor dos aluguéis seja aplicado nas atividades para as quais tais entidades foram constituídas. (Súmula Vinculante 52)
- A imunidade tributária conferida a instituições de assistência social sem fins lucrativos pelo art. 150, VI, "c", da Constituição, somente alcança as entidades fechadas de previdência social privada se não houver contribuição dos beneficiários. (Súmula 730)

Quanto à ressalva contida na Súmula 730, baseia-se na distinção entre assistência social e previdência, já que esta última tem caráter contributivo. O STF entende que a imunidade alcança as entidades de previdência fechadas, se as mantenedoras bancarem integralmente os benefícios, não exigindo dos beneficiários participação alguma. O que denota verdadeiro caráter de assistência social.

Outra observação importante sobre este verbete é que o STF rejeitou a sua conversão em súmula vinculante.

Para a Corte, o entendimento relativo à matéria não está pacificado: como o art. 150, VI, c, da CF, não distingue as entidades de assistência social, ou seja, se apenas são beneficiárias da imunidade aquelas que não contam com a contribuição dos beneficiários ou se todas as entidades (PSV 109).

▸ **Como esse assunto foi cobrado em concurso?**

(Vunesp/PGM/Marília/Procurador/2017) A Associação dos Familiares e Amigos dos Vulneráveis de Marília, instituição de assistência social sem fins lucrativos, possui dois imóveis na área urbana municipal. Em um deles funciona sua sede, onde são desenvolvidas as atividades da associação. O outro encontra-se alugado para terceiro, para fins comerciais. Sobre esse segundo imóvel:

(A) incide IPTU, porquanto apenas o imóvel utilizado diretamente no desempenho das atividades assistenciais é alcançado pela imunidade subjetiva prevista na Constituição Federal.

(B) incide IPTU, assim como sobre o primeiro imóvel, já que a imunidade constitucional para entidades assistenciais não abrange imposto sobre patrimônio.

(C) incide IPTU, assim como sobre o primeiro imóvel, porque a imunidade constitucional para entidades é subjetiva e abrange aquelas que tenham finalidade de educação, além de partidos políticos, inclusive suas fundações, e entidades sindicais.

(D) não incide IPTU, pois, ainda quando alugado a terceiros, imóvel pertencente a instituição de assistência social permanece imune ao IPTU, desde que o valor dos aluguéis seja aplicado nas atividades essenciais da entidade proprietária.

(E) não incide IPTU, pois, ainda quando alugado a terceiros e independentemente da destinação do valor dos aluguéis, imóvel pertencente a instituição de assistência social permanece imune ao IPTU, já que a imunidade constitucional é, nessa hipótese, subjetiva.

Resposta: Alternativa "D".

4.4. Imunidade dos livros, jornais, periódicos e papel de sua impressão

É proibido instituir impostos sobre livros, jornais, periódicos e o papel destinado a sua impressão (CF, art. 150, VI, d).

A previsão consta nas constituições brasileiras desde 1946 e visa defender a liberdade de imprensa, tão agredida no período ditatorial de Getúlio Vargas, presidente que se utilizava de ardis fiscais para obrigar os meios de imprensa a apoiá-lo; manipulava as cotas de importação de papel-jornal e os impostos incidentes sobre elas.

Diversos outros valores, que não a liberdade de imprensa, também são objeto de proteção pela regra: liberdade de manifestação do pensamento, acesso à informação, estímulo à cultura, à educação, à leitura etc.

Sua natureza é **objetiva**, o que faz com que os meios de comunicação, bem como os autores, os vendedores, distribuidores, entre outros, não sejam alcançados pela exoneração, mas, tão-somente, os objetos expressamente nela previstos.

Quanto à interpretação do conceito dos objetos abrangidos, esta sim é larga. Os livros, jornais e periódicos, por exemplo, englobam, também, outros meios digitais de disseminação de informação escrita. No conceito de papel destinado à impressão, encontram-se certos insumos, como os discriminados na jurisprudência sumulada:

▸ **Qual o entendimento do STF sobre esse ponto:**

- A imunidade tributária constante do art. 150, VI, d, da CF/88 aplica-se à importação e comercialização, no mercado interno, do livro eletrônico (e-book) e dos suportes exclusivamente utilizados para fixá-los, como leitores de livros eletrônicos (e-readers), ainda que possuam funcionalidades acessórias. (Súmula Vinculante 57)
- A imunidade prevista no art. 150, VI, "d", da Constituição Federal abrange os filmes e papéis fotográficos necessários à publicação de jornais e periódicos. (Súmula 657)

▸ **Como esse assunto foi cobrado em concurso?**

(Cespe/MPC/PA/Procurador/2019) Determinada empresa vende cursos profissionalizantes de mecânica em seu sítio eletrônico na Internet com a finalidade de ensinar o estudante a montar peças para automóveis. Ao adquirir o curso, o cliente recebe em sua residência um kit didático composto por um fascículo impresso com instruções de montagem; um livro eletrônico, contido em um CD; e um material demonstrativo, constituído de componentes mecânicos, para a prática de lições. Nessa situação hipotética, considerando-se a jurisprudência do STF, entre os elementos que compõem o referido kit didático, é (são) objeto(s) de imunidade tributária:

(A) apenas o fascículo impresso.

(B) apenas o livro eletrônico em si, excluído seu suporte físico (CD), e o fascículo impresso.

(C) apenas o livro eletrônico, seu suporte físico (CD) e o fascículo impresso.

(D) o livro eletrônico, seu suporte físico (CD), o fascículo impresso e o material demonstrativo.

(E) apenas o livro eletrônico e seu suporte físico (CD).

Resposta: Alternativa "D".

4.5. Imunidade das músicas nacionais

A EC 75/2013, originada pela aprovação da chamada **"PEC da Música"**, inseriu nova alínea no texto constitucional com intuito de assegurar condições especiais para a exploração comercial, por artistas nacionais, do mercado de venda de músicas:

> **CF. Art. 150, V, e)** fonogramas e videofonogramas musicais produzidos no Brasil contendo obras musicais ou literomusicais de autores brasileiros e/ou obras em geral interpretadas por artistas brasileiros bem como os suportes materiais ou arquivos digitais que os contenham, salvo na etapa de replicação industrial de mídias ópticas de leitura a laser.

Pode-se dizer que seu cunho, assim como a imunidade dos livros, é cultural.

Uma das justificativas políticas em que se baseou a novidade foi a tentativa de reduzir os custos de CDs e DVDs musicais para fazer frente à pirataria que reina nesse nicho de mercado. De um lado, a medida foca tipos de mídia cujo uso está em franco declínio (CDs e DVDs); de outro, protege o mercado de arquivos digitais, em ascensão.

Importante observar que o processo de **replicação industrial** destas mídias permanece tributado.

▸ **Como esse assunto foi cobrado em concurso?**

(Vunesp/PGM/São_José_dos_Campos/Procurador/2017) A vedação à incidência de impostos sobre fonogramas e videofonogramas musicais produzidos no Brasil contendo obras musicais ou literomusicais de autores brasileiros e/ou obras em geral interpretadas por artistas brasileiros bem como os suportes materiais ou arquivos digitais que os contenham, salvo na etapa de replicação industrial de mídias ópticas de leitura a laser, consiste no que a doutrina denomina como

(A) isenção.

(B) remissão.

(C) imunidade.

(D) hipótese de não incidência diferida.

(E) hipótese de incidência diferida.

Resposta: Alternativa "C".

4.6. Imunidades de taxas e de contribuições

Uma leitura apressada das estruturas normativas da CF que dizem respeito ao alcance da imunidade tributária recíproca, geralmente leva a equívocos como a ideia, errada, de que não existem imunidades de taxas ou de contribuições.

É que essa imunidade refere-se somente aos impostos, não alcançando outras espécies tributárias. Veja que o texto do art. 150, VI, da Carta proíbe a União de "instituir impostos sobre...".

4.6.1. Imunidade de taxas

As imunidades de taxas e contribuições são tipificadas pontualmente no texto da Carta, ao contrário da imunidade de impostos, que é tratada genericamente no art. 150, VI.

Ainda assim, são corriqueiras as tentativas, na via judicial, de ampliação do alcance da imunidade tributária recíproca, pugnando para que alcance também as taxas. Mas a jurisprudência do STF é pacífica em repelir esse objetivo, asseverando que o artigo 150, VI, a, da CF não engloba o conceito de taxa, porquanto o preceito constitucional só faz alusão expressa a imposto (RE 613287). A antiga Súmula 324/STF, que se referia à CF/1946 já tinha essa interpretação ("A imunidade do art. 31, V, da Constituição Federal não compreende as taxas").

Previsão constitucional de imunidades de taxas
- Art. 5º, XXXIV - São a todos assegurados, independentemente do pagamento de taxas: a) o direito de petição aos Poderes Públicos em defesa de direitos ou contra ilegalidade ou abuso de poder; b) a obtenção de certidões em repartições públicas, para defesa de direitos e esclarecimento de situações de interesse pessoal;
- Art. 5º, LXXIII - Qualquer cidadão é parte legítima para propor ação popular que vise a anular ato lesivo ao patrimônio público ou de entidade de que o Estado participe, à moralidade administrativa, ao meio ambiente e ao patrimônio histórico e cultural, ficando o autor, salvo comprovada má-fé, isento de custas judiciais e do ônus da sucumbência;
- Art. 5º, LXXIV - O Estado prestará assistência jurídica integral e gratuita aos que comprovarem insuficiência de recursos;
- Art. 5º, LXXVI - São gratuitos para os reconhecidamente pobres, na forma da lei: a) o registro civil de nascimento; b) a certidão de óbito;
- Art. 5º, LXXVII - São gratuitas as ações de "habeas-corpus" e "habeas-data", e, na forma da lei, os atos necessários ao exercício da cidadania;
- Art. 206. O ensino será ministrado com base nos seguintes princípios: IV - gratuidade do ensino público em estabelecimentos oficiais;
- Art. 208, I - O dever do Estado com a educação será efetivado mediante a garantia de ensino fundamental, obrigatório e gratuito, assegurada, inclusive, sua oferta gratuita para todos os que a ele não tiveram acesso na idade própria;
- Art. 226, § 1º - O casamento é civil e gratuita a celebração.
- Art. 230, § 2º - Aos maiores de sessenta e cinco anos é garantida a gratuidade dos transportes coletivos urbanos.

▸ **Qual o entendimento do STF sobre esse ponto:**

◙ A cobrança de taxa de matrícula nas universidades públicas viola o disposto no art. 206, IV, da Constituição Federal. (Súmula Vinculante 12)

4.6.2. Imunidade de contribuições

Previsão constitucional de imunidades de contribuições
- Art. 149, § 2º, I - As contribuições sociais e de intervenção no domínio econômico de que trata o *caput* deste artigo não incidirão sobre as receitas decorrentes de exportação;
- Art. 195. A seguridade social será financiada por toda a sociedade, de forma direta e indireta, nos termos da lei, mediante recursos provenientes dos orçamentos da União, dos Estados, do Distrito Federal e dos Municípios, e das seguintes contribuições sociais: [...] II - do trabalhador e dos demais segurados da previdência social, não incidindo contribuição sobre aposentadoria e pensão concedidas pelo regime geral de previdência social de que trata o art. 201;
- Art. 195, § 7º São isentas de contribuição para a seguridade social as entidades beneficentes de assistência social que atendam às exigências estabelecidas em lei.
- Art. 203. A assistência social será prestada a quem dela necessitar, independentemente de contribuição à seguridade social, e tem por objetivos [...].

▸ **Qual o entendimento do STF sobre esse ponto:**

◙ As imunidades previstas nos artigos 149, § 2º, I, e 153, § 3º, III, da Constituição Federal são aplicáveis às empresas optantes pelo Simples Nacional. (RE 598468, 22.5.2020, repercussão geral)

◙ A norma imunizante contida no inciso I do § 2º do art. 149 da Constituição Federal alcança as receitas decorrentes de operações indiretas de exportação caracterizadas por haver participação negocial de sociedade exportadora intermediária. (RE 759244, 12.2.2020, repercussão geral)

4.7. Imunidades específicas aos impostos

4.7.1. Imposto sobre Produtos Industrializados

Não incidirá sobre produtos industrializados destinados ao exterior (CF, art. 153, § 3º, III).

4.7.2. Imposto Territorial Rural

Não incidirá sobre pequenas glebas rurais, definidas em lei, quando as explore o proprietário que não possua outro imóvel (CF, art. 153, § 4º).

4.7.3. Imposto sobre Circulação de Mercadorias e Serviços

Imunidades do ICMS (CF, art. 155, X, "a")
- Operações que destinem mercadorias para o exterior;
- Serviços prestados a destinatários no exterior;
- Operações que destinem a outros Estados petróleo (incluindo lubrificantes, combustíveis líquidos e gasosos dele derivados) e energia elétrica;
- O ouro, quando definido em lei como ativo financeiro ou instrumento cambial;
- As prestações de serviço de comunicação nas modalidades de radiodifusão sonora e de sons e imagens de recepção livre e gratuita.

Interpretando literalmente, mas a *contrario sensu*, a norma constitucional, que define o ICMS como imposto incidente sobre prestações de serviços de transporte "interestadual" e "intermunicipal" (CF, art. 155, II), parte da doutrina entende que o imposto não incide sobre o serviço de **transporte internacional**.

4.7.4. Imposto sobre Serviços

Não incidirá sobre exportações de serviços para o exterior do País, conforme previsão constitucional do art. 156, § 3º, II, regulamentada pela Lei Complementar nº 116/2003 (art. 2º, I).

4.7.5. Imposto sobre Transmissão "inter vivos" de Bens Imóveis

O imposto sobre transmissão "inter vivos", a qualquer título, por ato oneroso, de bens imóveis, por natureza ou acessão física, e de direitos reais sobre imóveis, exceto os de garantia, bem como cessão de direitos a sua aquisição, não incide sobre (CF, art. 156, § 2º, I):

a) a transmissão de bens ou direitos incorporados ao patrimônio de pessoa jurídica em realização de capital;

b) a transmissão de bens ou direitos decorrente de fusão, incorporação, cisão ou extinção de pessoa jurídica, salvo se, nesses casos, a atividade preponderante do adquirente for a compra e venda desses bens ou direitos, locação de bens imóveis ou arrendamento mercantil.

4.7.6. Tributação exclusiva pelo ICMS, II e IE

À exceção do ICMS, do II e do IE, nenhum outro **imposto** poderá incidir sobre operações relativas a (CF, art. 155, § 3º): energia elétrica; serviços de telecomunicações; derivados de petróleo e combustíveis e minerais do país.

Por conta do texto do art. 155, § 3º, da CF, com redação dada pela EC 3/93: "À exceção dos impostos de que tratam o inciso II do *caput* deste artigo e o art. 153, I e II, nenhum outro **tributo** poderá incidir sobre operações relativas a energia elétrica, serviços de telecomunicações, derivados de petróleo, combustíveis e minerais do País", foram judicialmente questionadas as incidências de várias **contribuições** sobre as operações a que aludia o dispositivo constitucional.

O STF entendeu que (a) outro dispositivo constitucional, o art. 195, *caput*, permitiria cobrar contribuições sobre o faturamento das empresas que desenvolvessem as atividades aludidas no art. 155, § 3º, da CF/88; (b) a imunidade alcançaria apenas as "operações de comercialização", não o faturamento ou a receita bruta dos contribuintes - que serviam de base de cálculo para as contribuições; e (c) que, no ordenamento constitucional anterior, a existência do "imposto único sobre combustíveis" não impediu a tributação pelo PIS. Posteriormente, a EC 33/2001 deu nova redação ao dispositivo constitucional, trocando a restrição "nenhum outro tributo", por "nenhum outro imposto".

> ▸ **Qual o entendimento do STF sobre esse ponto:**
>
> ▪ É legítima a cobrança da Cofins, do PIS e do Finsocial sobre as operações relativas a energia elétrica, serviços de telecomunicações, derivados de petróleo, combustíveis e minerais do país. (Súmula 659)

4.7.7. Quaisquer impostos

São imunes a impostos federais, estaduais e municipais as operações de transferência de imóveis desapropriados para fins de reforma agrária (CF, art. 184, § 5º).

Capítulo

VI

Vigência e Aplicação da Legislação Tributária

SUMÁRIO • 1. Validade. – 2. Vigência: 2.1. Vigência espacial; 2.2. Vigência temporal. – 3. Eficácia: 3.1. Conceitos gerais; 3.2. Restrições constitucionais; 3.2.1. Princípio da anterioridade; 3.2.2. Princípio da anterioridade nonagesimal. – 4. Aplicação: 4.1. Aplicação imediata; 4.2. Aplicação retroativa; 4.2.1. Retroatividade da lei interpretativa; 4.2.2. Retroatividade benigna.

1. VALIDADE

A validade de uma norma jurídica compreende um complexo de fatores, como a vigência, a eficácia e o fundamento axiológico, a "validade ética" da norma. Esses três aspectos essenciais de validade são os requisitos para que a norma jurídica seja legitimamente obrigatória, pois há uma correlação necessária entre validade formal, fática e ética.

Dizer que uma norma é válida é assumi-la como **pertinente** ao sistema a que pertence, ou seja, é reconhecer que foi inserida por órgãos legitimados, mediante procedimentos específicos. Assim, **validade** significa **compatibilidade** com o sistema, e esse juízo de pertinência leva em consideração as condições formais e materiais da produção normativa que, se não cumpridas, implicam a inconstitucionalidade ou a ilegalidade da norma, isto é, a não compatibilização com o ordenamento a que pertence.

Uma norma, enquanto não ab-rogada por outra, continua pertencendo ao sistema e, como tal, reveste-se de validade. Cite-se como exemplo a competência do Senado Federal para exarar resolução que suspenda a execução, no todo ou em parte, de lei declarada inconstitucional por decisão definitiva do Supremo Tribunal Federal, conforme preceitua o art. 52, X, da Constituição Federal. A resolução do Senado, no caso, tem *status* de lei e, só após a sua edição, a norma declarada inconstitucional perderá a validade. Até que isso ocorra, a norma declarada "inconstitucional" continuará valendo no sistema, irradiando efeitos jurídicos.

2. VIGÊNCIA

A vigência é a **validade formal** da norma, a qualidade advinda de sua feitura conforme as regras técnico-jurídicas previstas no devido processo legislativo. A validade formal também exige que a norma seja promulgada por autoridade competente.

Segundo o art. 101 do CTN, "a vigência, no espaço e no tempo, da legislação tributária rege-se pelas disposições legais aplicáveis às normas jurídicas em geral, ressalvado o previsto neste Capítulo".

Ou seja, o Código prevê **normas especiais**, a par das normas gerais aplicáveis a todo o ordenamento, que são previstas na Lei de Introdução às Normas do Direito Brasileiro - LINDB - Decreto-lei nº 4.657/1942:

Ressalte-se que a LINDB, apesar de referir-se ao Código Civil, dele não é parte integrante e constitui, na realidade, um diploma que disciplina a aplicação das leis em geral, de qualquer natureza. Daí ser tida por uma regra de superdireito. Como suas normas têm caráter **supletivo**, por admitirem disposição em contrário, a vigência das normas tributárias é regrada conforme elas próprias disponham e, sendo silentes, aplicam-se-lhes as disposições da LINDB.

2.1. Vigência espacial

Regra geral, a lei tributária só deve vincular os fatos geradores ocorridos no território do ente tributante, respeitando a repartição constitucional de competências tributárias. É o que se denomina **princípio da territorialidade das leis**, que, a despeito de não ser afirmado por uma norma escrita de direito, tem-se por princípio universal, seguido tanto no direito internacional quanto no direito interno.

A exceção à regra desse princípio é prevista no CTN, que possibilita a "extraterritorialidade interna" da legislação tributária para o caso de convênios e de normas gerais expedidas pela União. Trata-se de norma de natureza excepcional:

> **Art. 102.** A legislação tributária dos Estados, do Distrito Federal e dos Municípios vigora, no País, fora dos respectivos territórios, nos limites em que lhe reconheçam extraterritorialidade os convênios de que participem, ou do que disponham esta ou outras leis de normas gerais expedidas pela União.

2.2. Vigência temporal

A lei tributária, assim como outras leis, começa a vigorar 45 dias depois de oficialmente publicada, salvo se houver disposição em contrário. É a regra da LINDB, art. 1º, válida para o território nacional. No exterior, em três meses, contados também da publicação oficial (LINDB, art. 1º, § 1º). O intervalo entre a publicação do texto da lei e a sua entrada em vigor denomina-se ***vacatio legis***. Ocorre quando o início da vigência é postergado para data futura e certa, ou pendente de evento futuro e incerto.

No CTN, há regras específicas sobre o início da vigência temporal das normas complementares tipificadas em seu art. 100 (atos normativos, decisões normativas dos órgãos administrativos, práticas administrativas reiteradas e convênios). Segundo o art. 103 do CTN, **salvo disposição em contrário**, essas normas entram em vigor na conformidade da tabela abaixo.

Norma complementar	Início da vigência
Atos administrativos.	Data da publicação.
Decisões administrativas.	30 dias após a data da publicação.
Convênios.	Data neles prevista.

Repare que a regra de vigência temporal é sempre supletiva - "salvo disposição em contrário" - deixando a Administração Tributária livre para estipular o início dos efeitos normativos de seus próprios atos.

No Código encontra-se encartado, também, o **princípio da anterioridade**:

> **Art. 104.** Entram em vigor no primeiro dia do exercício seguinte àquele em que ocorra a sua publicação os dispositivos de lei referentes a impostos sobre o patrimônio ou a renda:
>
> I - que instituem ou majoram tais impostos;
>
> II - que definem novas hipóteses de incidência;
>
> III - que extinguem ou reduzem isenções, salvo se a lei dispuser de maneira mais favorável ao contribuinte, e observado o disposto no artigo 178.

Entretanto, o rol de situações previsto no art. 104 deve ser compatibilizado com o da atual Constituição, pois, à época da edição do CTN, só eram sujeitos ao princípio da anterioridade os impostos ali mencionados, enquanto, atualmente, o princípio constitucional abrange todos os tributos, ainda que com algumas exceções, como se verá adiante.

Regras de vigência temporal da legislação tributária

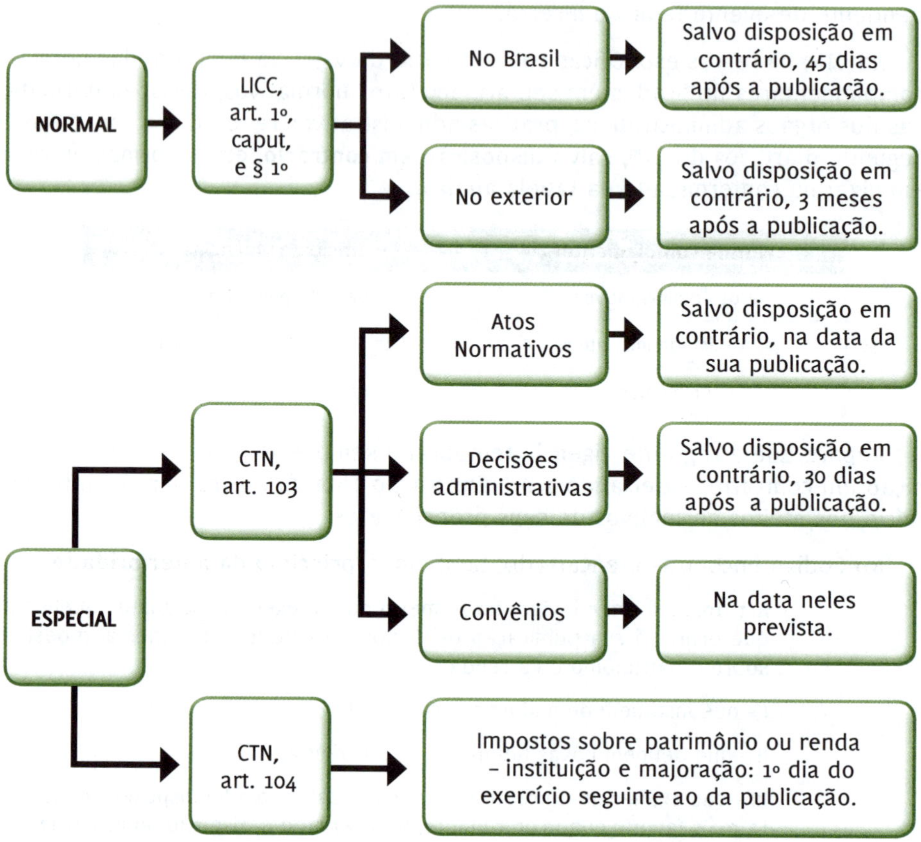

3. EFICÁCIA

3.1. Conceitos gerais

É a aptidão para que a norma produza os efeitos que lhe são próprios. Sempre depende da vigência: não existe eficácia sem vigência, mas pode existir vigência sem eficácia. A condição de eficácia da norma pode depender, ou não, de outras normas, o que leva à classificação, quanto a essa qualidade, em:

a) **Normas de eficácia contida**: as que podem submeter-se a restrições posteriores, advindas de outras normas, mas que, enquanto não restringidas, são plenas. Exemplo (CF, art. 5º, XIII): "é livre o exercício de qualquer trabalho, ofício ou profissão, atendidas as qualificações profissionais que a lei estabelecer";

b) **Normas de eficácia limitada**: as que são de aplicabilidade indireta, mediata ou reduzida, porque somente incidem totalmente sobre a matéria que regram após a edição de normas posteriores que as complementem ou que lhes concedam aplicabilidade. Exemplo (CF, art. 37, VII): "o direito de greve será exercido nos termos e nos limites definidos em lei específica";

c) **Normas de eficácia plena**: as que independem de qualquer outra norma para produzir efeitos. Exemplo (CF, art. 5º, IX): "é livre a expressão da atividade intelectual, artística, científica e de comunicação, independentemente de censura ou licença".

Não se deve confundir normas de eficácia **plena** com normas de eficácia **imediata**, pois estas abrangem aquelas, mas a elas não se limitam, já que abrangem, também, as normas de eficácia contida. Exemplos clássicos de normas de eficácia imediata são os da extensa previsão dos direitos e deveres individuais e coletivos no art. 5º da Constituição, cujo § 1º impõe que "as normas definidoras dos direitos e garantias fundamentais têm aplicação imediata", englobando tanto normas de eficácia plena quanto normas de eficácia contida.

As normas tributárias, para terem eficácia, devem compatibilizar-se com o texto constitucional, o que exige, *prima facie*, a superação das chamadas limitações constitucionais ao poder de tributar, previstas na Seção II - Sistema Tributário Nacional. As agressões legislativas ao texto da Constituição atraem a sanção da inconstitucionalidade da norma, que pode ser declarada inconstitucional via controle difuso ou via controle concentrado pelo Poder Judiciário.

Estreitamente correlacionadas com a vigência das normas tributárias estão duas limitações constitucionais ao poder de tributar encartadas no princípio da anterioridade e no princípio da anterioridade nonagesimal, adiante explanadas.

Tais princípios condicionam a eficácia das leis tributárias ao **fator tempo**, pois, mesmo com a vigência da lei estipulada em seu próprio texto, sua eficácia dependerá da compatibilidade entre o conteúdo legal da norma e as exigências constitucionais que poderão, no caso concreto, postergar as exigibilidades contidas na lei para momento futuro adequado ao padrão constitucional previsto no princípio da anterioridade e no princípio da anterioridade nonagesimal. Assim, pode ocorrer de determinada lei tributária ter vigência, mas não ter eficácia.

3.2. Restrições constitucionais

Os princípios constitucionais da **anterioridade** e da **anterioridade nonagesimal** restringem a livre estipulação legislativa no tocante ao início dos efeitos normativos das leis tributárias.

Restrições temporais à eficácia das leis tributárias

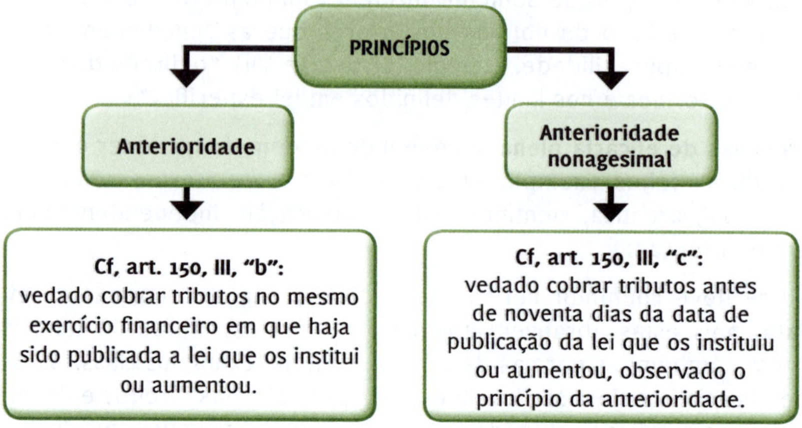

3.2.1. Princípio da anterioridade

O princípio da anterioridade, segundo o art. 150, III, b, da CF, proíbe a cobrança de tributos no mesmo exercício financeiro em que haja sido publicada a lei que os instituiu ou aumentou.

Como a vedação dirige-se à **instituição** ou à **majoração** de tributos, caso a lei não cause gravame, isto é, intente reduzir ou fulminar tributo, ou normatizar outros aspectos da espécie tributária, não há que se falar em desrespeito ao princípio da anterioridade.

Esse primado é tamanho que a EC nº 03/1993 foi considerada parcialmente inconstitucional por desrespeitá-lo. O STF entendeu que o princípio da anterioridade constituía um direito individual fundamental, cláusula pétrea, protegido pelo art. 60, § 4º, IV, da CF: "não será objeto de deliberação a proposta de emenda tendente a abolir os direitos e garantias individuais". Foi a primeira e única vez que uma emenda constitucional foi declarada inconstitucional no Brasil.

O princípio, contudo, não é absoluto e comporta regras excetuadoras insertas no próprio texto constitucional. Algumas situações que dizem respeito à Administração Tributária, e não à natureza ou à imposição do tributo em si, não se submetem ao princípio da anterioridade, como assinala a jurisprudência.

- **Qual o entendimento do STF sobre esse ponto:**
- Norma legal que altera o prazo de recolhimento da obrigação tributária não se sujeita ao princípio da anterioridade. (Súmula 669)

▸ **Como esse assunto foi cobrado em concurso?**

(Fundep/PGM/Contagem/Procurador/2019) Sobre os princípios constitucionais tributários, assinale a alternativa incorreta.

(A) norma legal que altera o prazo de recolhimento de obrigação tributária não se sujeita ao princípio da anterioridade.

(B) base de cálculo, sujeitos ativo e passivo e alíquotas devem estar previstos em lei formal e material, sob pena de violar os princípios da legalidade e tipicidade tributária.

(C) a alteração da base de cálculo do IPTU não se sujeita ao princípio da anterioridade nonagesimal.

(D) ato infralegal que altera o prazo de recolhimento de obrigação tributária afronta o princípio da legalidade tributária.

Resposta: Alternativa "D".

A própria Constituição Federal abre exceções ao princípio da anterioridade, permitindo que alguns tributos possam ser cobrados no mesmo ano da publicação da lei que os institua ou majore:

Tributos que excetuam o princípio da anterioridade	
Tributo	**Permissivo**
- Empréstimo compulsório para despesas extraordinárias (art. 148, I) - Imposto de Importação (II) - Imposto de Exportação (IE) - Imposto sobre Produtos Industrializados (IPI) - Imposto sobre Operações Financeiras (IOF) - Impostos extraordinários de guerra (art. 154, II)	CF, art. 150, § 1º
- Imposto sobre Circulação de Mercadorias e Serviços de Transporte Interestadual e Intermunicipal e de Comunicação (ICMS s/ combustíveis e lubrificantes)	CF, art. 155, § 4º, IV, "c"
- Contribuição de Intervenção no Domínio Econômico (Cide combustíveis)	CF, art. 177, § 4º, I, "b"
- Contribuições de seguridade social	CF, art. 195, § 6º

Exemplo prático: certo Município promulga uma lei aumentando a alíquota do ITBI em 1º.6.2013, com os tradicionais dizeres "esta lei entra em vigor na data de sua publicação". No dia seguinte, essa lei estará em vigor. Entretanto, por afrontar o princípio da anterioridade, só terá eficácia para os fatos geradores ocorridos a partir de 1º.1.2014. Durante esse intervalo, a lei vige, mas ainda não é eficaz, pois não supriu o **fator tempo** exigido na Constituição Federal. Até a data prevista para que sua eficácia seja plena, continua tendo eficácia a lei antiga, que, apesar de revogada - portanto, não mais vigente -, continua a regular os fatos tributários ocorridos até o início do exercício subsequente.

▸ **Como esse assunto foi cobrado em questões discursivas de concurso?**

(Vunesp/PGE/SP/Procurador/2018) É possível majorar alíquota do ITCMD (imposto sobre transmissão "causa mortis" e doações) no mesmo exercício em que tenha sido publicada a lei respectiva?

3.2.2. Princípio da anterioridade nonagesimal

A EC nº 42/2003 aperfeiçoou ainda mais o texto constitucional ao exigir, em regra, que todas as leis tributárias instituidoras ou majoradoras de tributos tenham um período de vacância de **pelo menos** noventa dias contados da sua publicação (art. 150, III, c).

É o chamado princípio da anterioridade nonagesimal, que também comporta as seguintes exceções, todas previstas na Constituição Federal:

Tributos que não obedecem ao princípio da anterioridade nonagesimal (CF, art. 150, § 1º, parte final)	- Empréstimo compulsório para despesas extraordinárias (art. 148, I) - Imposto de Importação (II) - Imposto de Exportação (IE) - Imposto de Renda (IR) - Imposto sobre Operações Financeiras (IOF) - Impostos extraordinários de guerra (art. 154, II) - Imposto sobre Propriedade de Veículos Automotores (IPVA) (fixação da base de cálculo) - Imposto sobre Propriedade Predial e Territorial Urbana (IPTU) (fixação da base de cálculo)

As exceções à aplicação do princípio da anterioridade em suas vertentes "geral" e nonagesimal podem ser assim resumidas:

Tributo	Anterioridade	Noventena
- Empréstimo compulsório p/ despesas extraordinárias	X	X
- Imposto de Importação (II)	X	X
- Imposto de Exportação (IE)	X	X

Tributo	Anterioridade	Noventena
- Imposto sobre Produtos Industrializados (IPI)	✗	✓
- Imposto sobre Operações Financeiras (IOF)	✗	✗
- Impostos extraordinários de guerra	✗	✗
- Imposto de Renda (IR)	✓	✗
- ICMS s/ combustíveis e lubrificantes	✗	✓
- CIDE combustíveis	✗	✓
- Contribuições de seguridade social	✗	✓
- IPVA (fixação da base de cálculo)	✓	✗
- IIPTU (fixação da base de cálculo)	✓	✗

4. APLICAÇÃO

Para o art. 144 do CTN, "o lançamento reporta-se à data da ocorrência do fato gerador da obrigação e rege-se pela lei então vigente, ainda que posteriormente modificada ou revogada".

É no momento exato da ocorrência do fato gerador que se estabelece o vínculo relacional da obrigação tributária entre o sujeito ativo e o sujeito passivo.

Do que se depreende que é da lei de regência do fato gerador que devem ser extraídas as consequências jurídicas, os efeitos normais da relação tributária, tais como a extensão da responsabilidade, a tipificação tributária, bases de cálculo, alíquotas aplicáveis etc.

Trata-se de desdobramento do princípio da irretroatividade das leis na seara tributária. Portanto, mesmo que, à data do lançamento, a lei vigente à data do fato gerador já esteja revogada, deverá ser respeitada sua **ultratividade**.

Os pressupostos jurídicos da aplicação da norma são a sua eficácia e a realização concreta do fato que se enquadra em seu conceito abstrato, pois a norma tributária, assim como qualquer norma jurídica, apenas veicula previsões genéricas e impessoais que regulam relações intersubjetivas. O amoldamento do fato à norma é comumente chamado de **subsunção**.

O CTN regula a aplicação da legislação tributária - a subsunção do fato à norma - de duas formas distintas: aplicação imediata e aplicação retroativa.

▸ **Qual o entendimento do STJ sobre esse ponto:**

◙ O IR incidente sobre os benefícios pagos acumuladamente deve ser calculado de acordo com as tabelas e alíquotas vigentes à época em que os valores deveriam ter sido adimplidos, observando a renda auferida mês a mês pelo segurado. Não é legítima a cobrança de IR com parâmetro no montante global pago extemporaneamente. (REsp 1118429, recurso repetitivo)

Também se aplica ao lançamento a legislação que, posteriormente à ocorrência do fato gerador da obrigação, tenha instituído novos critérios de apuração ou processos de fiscalização, ampliado os poderes de investigação das autoridades administrativas ou outorgado ao crédito maiores garantias ou privilégios, exceto, neste último caso, para o efeito de atribuir responsabilidade tributária a terceiros (CTN, art. 144, § 1º). São as chamadas **normas instrumentais**.

▸ **Qual o entendimento do STJ sobre esse ponto:**

☒ A quebra do sigilo bancário sem prévia autorização judicial, para fins de constituição de crédito tributário não extinto, é autorizada pela Lei 8.021/90 e pela LC 105/01, normas procedimentais, cuja aplicação é imediata, à luz do disposto no art. 144, § 1º, do CTN. (REsp 1134665, recurso repetitivo)

4.1. Aplicação imediata

Segundo dispõe o art. 105 do CTN, "a legislação tributária aplica-se imediatamente aos fatos geradores futuros e aos pendentes, assim entendidos aqueles cuja ocorrência tenha tido início mas não esteja completa nos termos do artigo 116".

O **fato gerador pendente** a que se refere o texto legal é aquele em curso, mas que não se completou, não se perfez para que pudesse submeter-se ao regramento da legislação respectiva.

4.2. Aplicação retroativa

Um dos principais sustentáculos do direito moderno e das garantias fundamentais do cidadão é a irretroatividade das leis, fortemente amparada na busca por segurança jurídica. Regra geral, a lei só se aplica aos fatos ocorridos após o termo inicial de sua vigência e, muito excepcionalmente, alcança fatos ocorridos no passado, desde que não cause gravame às balizas constitucionais do ato jurídico perfeito, da coisa julgada e do direito adquirido e, no direito tributário, das limitações constitucionais ao poder de tributar.

O CTN admite a aplicação retroativa da lei tributária nas seguintes hipóteses, taxativas:

Aplicação retroativa da lei tributária	
Em qualquer caso	**Tratando-se de ato não definitivamente julgado**
- Quando seja expressamente interpretativa, excluída a aplicação de penalidade à infração dos dispositivos interpretados.	- Quando deixe de defini-lo como infração - Quando deixe de tratá-lo como contrário a qualquer exigência de ação ou omissão, desde que não tenha sido fraudulento e não tenha implicado falta de pagamento de tributo - Quando comine penalidade menos severa que a prevista na lei vigente ao tempo da sua prática

A jurisprudência também impede que a chamada **mutação jurisprudencial tributária** que agrave a situação do contribuinte produza efeitos retroativos, alcançando fatos geradores pretéritos, consumados sob a égide da diretriz judicante então observadas (STJ, REsp 1596978, recurso repetitivo).

4.2.1. Retroatividade da lei interpretativa

Apesar de ser bastante discutível, na doutrina, a aceitação da existência de leis interpretativas, pode-se defini-las como **leis que não inovam no mundo normativo**, porquanto se limitam a esclarecer dúvidas oriundas de dispositivo de lei anterior.

A interpretação dita "autêntica", que é aquela promovida pelo próprio legislador em face de dispositivos normativos nebulosos ou geradores de controvérsias, baseia-se na edição de uma lei nova para explicar uma lei antiga, com o objetivo de dirimir incertezas e fulminar obscuridades da lei interpretada.

A interpretação quanto aos resultados pode ser **declaratória**, **extensiva** ou **restritiva**. Na declaratória, não ocorre ampliação ou restrição ao alcance da lei interpretada; da interpretação restritiva, decorre um ***minus*** no alcance da lei; da extensiva, um ***plus***.

Pelos resultados, parecem aceitas no direito tributário apenas as interpretações autênticas declaratórias e restritivas, porquanto não causam agravamento do ônus tributário imposto ao destinatário da norma, o sujeito passivo.

4.2.2. Retroatividade benigna

No que se refere às penalidades, o critério estipulado no art. 106 do CTN aplica-se retroativamente quando o conteúdo da lei for mais favorável ao infrator. Tratando-se de ato não definitivamente julgado, quando:

a) deixe de defini-lo como infração;

b) deixe de tratá-lo como contrário a qualquer exigência de ação ou omissão, desde que não tenha sido fraudulento e que não tenha implicado falta de pagamento de tributo; e

c) comine penalidade menos severa que a prevista na lei vigente ao tempo da sua prática.

NORMAS TRIBUTÁRIAS COM EFICÁCIA RETROATIVA:

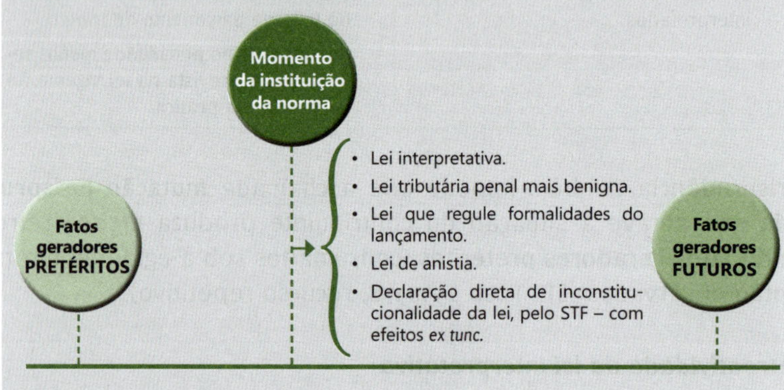

Trata-se de influência de um dos princípios fundamentais do direito penal, encartado na Constituição Federal, segundo o qual "a lei penal não retroagirá, salvo para beneficiar o réu" (CF, art. 5º, XL). Os reflexos desse princípio, por se tratar de matéria afeta a **penalidades**, e, portanto, contida no campo do **direito tributário penal**, foram absorvidos e dispostos no CTN.

Observe-se, entretanto, que, se a força desse princípio, no direito penal, sobrepuja até mesmo a coisa julgada, já que "a lei posterior, que de qualquer modo favorecer o agente, aplica-se aos fatos anteriores, ainda que decididos por sentença condenatória transitada em julgado" (Código Penal, art. 2º, parágrafo único), o mesmo não se dá na seara do direito tributário, em que a aplicação retroativa das leis benignas tem como limite o **ato não definitivamente julgado**, que é aquele que ainda pode ser questionado na **esfera judicial**, já que os julgamentos administrativos, no direito brasileiro, não têm o condão de impedir a apreciação, pelo Poder Judiciário, à lesão do direito nem de fazer coisa julgada material.

- **Como esse assunto foi cobrado em concurso?**

(Fepese/PGE/SC/Procurador/2018) Com base nas disposições do Código Tributário Nacional, assinale a alternativa correta acerca da legislação tributária:

(A) a lei tributária aplica-se a ato ou fato pretérito, tratando-se de ato não definitivamente julgado, quando deixe de defini-lo como infração.

(B) salvo disposição em contrário, os atos normativos expedidos pelas autoridades administrativas entram em vigor 30 dias após a data da sua publicação.

(C) interpreta-se de modo mais favorável ao contribuinte a legislação tributária que disponha sobre suspensão ou exclusão do crédito tributário.

(D) a legislação tributária aplica-se imediatamente aos fatos jurídicos passados, futuros e pendentes.

(E) a observância estrita das normas complementares de direito tributário não afasta a imposição de penalidades, a cobrança de juros de mora e a atualização do valor monetário da base de cálculo do tributo.

Resposta: Alternativa "A".

Capítulo

VII

Interpretação e Integração da Legislação Tributária

SUMÁRIO • 1. Interpretação: 1.1. Interpretação literal; 1.2. Interpretação benigna; 1.3. Utilização de institutos, conceitos, formas e princípios gerais do direito privado. – 2. Integração: 2.1. Analogia; 2.2. Princípios gerais de direito tributário; 2.3. Princípios gerais de direito público; 2.4. Equidade.

1. INTERPRETAÇÃO

As normas jurídicas, em geral, contêm imprecisões técnicas, ambiguidades e vaguezas, decorrentes das tentativas de exprimir intenções legislativas que nem sempre são adequadas à linguagem escrita. Disto resulta que, como pressuposto básico da aplicação do direito, todas as normas devem ser interpretadas.

A interpretação é atividade intelectual que visa desvelar o conteúdo, o sentido e o alcance das normas jurídicas. Para tanto, o estudioso do direito serve-se da teoria científica da interpretação, a **hermenêutica**, responsável pela criação de métodos e, como desmembramento destes, técnicas científicas que direcionam o desenrolar da tarefa interpretativa (Lima, 2004).

A interpretação, que não se confunde com a hermenêutica, é a técnica de explicar o pensamento constante na norma, revelando seu sentido e seu alcance. Tarefa que não resulta, nunca, um comando novo, já que o exegeta apenas **declara** o significado, o alcance e a acepção da norma jurídica interpretada. Portanto, nunca inova, apenas declara um comando de vontade legislativa preexistente à própria interpretação.

Existem diversos métodos de interpretação das normas jurídicas que, na ciência do direito, não atuam de modo excludente, mas sim complementar, haja vista que não há hierarquização entre eles. As técnicas interpretativas tradicionais são:

a) Interpretação literal

O intérprete restringe-se à análise das construções de linguagem escrita, atendo-se ao conteúdo gramatical da norma jurídica para identificar o sentido dos vocábulos utilizados e a sua correspondência com a realidade a que se reportam. Fundamenta-se nas regras de gramática e de linguística. É também denominada **semântica** ou **filológica**.

b) Interpretação histórica

A análise histórica leva em consideração as circunstâncias fáticas que cercaram a produção da norma jurídica à época de sua feitura, assim como a influência da conjuntura de então na vontade do legislador. Em verdade, baseia-se na averiguação dos antecedentes da norma: iniciativa do projeto de lei, justificativas, exposições de motivos, emendas, discussões parlamentares etc.

c) Interpretação lógica

É a aplicação da lógica formal à teoria do direito, assentada em regras tradicionais de hermenêutica, como os princípios da especialidade, da sucessividade, da irretroatividade, da retroatividade benigna etc. Sua razão última é precisar a norma com o maior grau de **compatibilidade** possível.

d) Interpretação teleológica

Também chamado de método sociológico. Procura desvendar a finalidade da norma, adaptando-a às dinâmicas exigências sociais. Essa adaptação é de conteúdo pragmático e está prevista no art. 5º da LINDB: "na aplicação da lei, o juiz atenderá aos fins sociais a que ela se dirige e às exigências do bem comum".

e) Interpretação sistêmica

Técnica de interpretação da norma baseada no cotejo com o sistema jurídico no qual está inserida. Identifica e valora as relações de hierarquização normativa e os confrontos com princípios e postulados do ordenamento como um todo.

f) A interpretação no Código Tributário Nacional

Como se pode verificar, ante a multiplicidade de métodos interpretativos válidos na teoria jurídica, não há regras específicas e pré-estabelecidas que restrinjam o trabalho do intérprete da norma jurídica, até porque a interpretação é afeta à teoria da linguagem e, por conseguinte, a todas as ciências. Entretanto, o art. 107 do CTN é expresso em impor que a legislação tributária seja interpretada conforme o disposto no seu Capítulo IV - Interpretação e Integração da Legislação Tributária (CTN, arts. 107 a 112):

O estabelecimento dessa norma legal que impõe regras de interpretação sobre outras normas legais não passou sem críticas pela doutrina. Para Ricardo Lobo Torres (2000), a norma insculpida no CTN é insuficiente, pois nem o Código esgota a disciplina da interpretação nem a atividade hermenêutica pode ser desenvolvida sem levar em consideração os princípios gerais de direito não escritos. O autor chega a afirmar, com razão, que melhor seria não ter havido a previsão constante no art. 107 do CTN, já que as normas sobre interpretação e integração do direito são, assim como as que intentam interpretar, ambíguas e carecem, elas próprias, de interpretação.

Abaixo, são explanadas as regras interpretativas aceitas pelo CTN, quais sejam:

a) interpretação literal das normas que suspendem ou excluem o crédito tributário, outorguem isenção, dispensem o cumprimento de obrigações acessórias;

b) interpretação benigna do direito tributário penal;

c) restrições à utilização dos institutos, conceitos, formas e princípios gerais de direito privado.

1.1. Interpretação literal

Apesar de ser considerada como uma das técnicas mais insuficientes de interpretação, o CTN impõe que sejam interpretadas literalmente as seguintes hipóteses normativas:

Interpretação literal
- Suspensão ou exclusão do crédito tributário;
- Outorga de isenção;
- Dispensa do cumprimento de obrigações acessórias.

Quanto à definição de suspensão do crédito tributário, vide o capítulo *Suspensão do crédito tributário*; quanto à exclusão e à isenção, vide o capítulo *Exclusão do crédito tributário*; quanto à dispensa do cumprimento de obrigações acessórias, vide o capítulo *Obrigação tributária*, todos adiante.

▸ **Qual o entendimento do STJ sobre esse ponto:**

◙ Impossível interpretar o art. 6º, XIV, da Lei 7.713/88 de forma analógica ou extensiva. Daí, na espécie, não se conceder isenção do imposto de renda sobre rendimento de pessoa física (servidor público) portadora de distonia cervical, pois não se trata de moléstia arrolada na referida norma. (REsp 1116620, recurso repetitivo)

▸ **Como esse assunto foi cobrado em concurso?**

(UFG/Saneago/Advogado/2018) Uma lei municipal concedeu isenção do Imposto Predial e Territorial Urbano (IPTU) a proprietários de imóveis urbanos, de determinado bairro, que sofreram danos estruturais provocados por furacão que assolou a localidade. Tomando conhecimento do benefício, um proprietário de um imóvel, localizado em bairro próximo, ingressa com ação buscando se beneficiar da referida isenção. Segundo as normas expressas no Código Tributário Nacional, o pedido será:

(A) indeferido, em razão da interpretação literal da isenção.

(B) acatado, com fulcro no princípio da isonomia tributária.

(C) concedido, pois a isenção impõe a interpretação extensiva.

(D) denegado, em razão da interpretação admitida no caso de extinção do crédito.

Resposta: Alternativa "A".

1.2. Interpretação benigna

As leis tributárias que definem infrações e cominam sanções submetem-se ao disciplinamento geral das regras de aplicação, interpretação e integração de normas previstas no CTN, observando a particularidade prevista no art. 112, no que diz respeito à **interpretação benigna**:

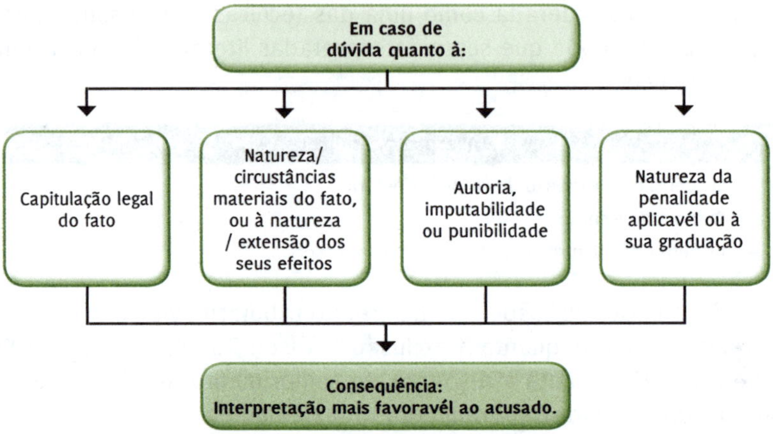

Ressalte-se que tal regra é uma exceção às regras gerais e, inexistindo dúvidas sobre a situação concreta em análise, não deve ser aplicada.

1.3. Utilização de institutos, conceitos, formas e princípios gerais do direito privado

Segundo o art. 109 do CTN, os princípios gerais de direito privado utilizam-se para pesquisa da definição, do conteúdo e do alcance de seus institutos, conceitos e formas, mas não para definição dos respectivos efeitos tributários:

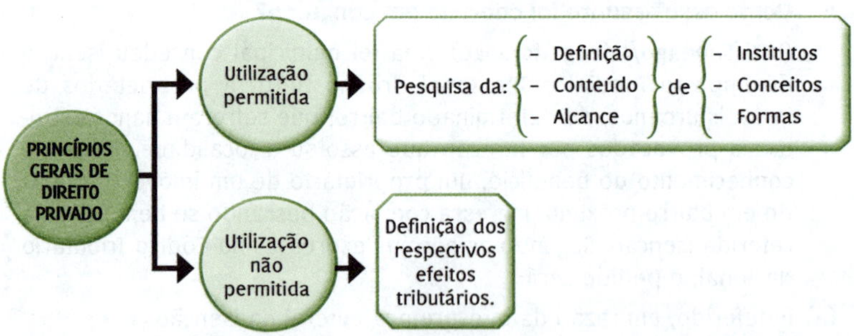

Ou seja, o Código admite que os conceitos de direito privado sejam moldados de acordo com a utilização que deles se faz no direito tributário, desde que respeitada a ressalva prevista no art. 109.

Exemplo: o IPVA incide sobre a propriedade de veículos **automotores**. Não pode uma lei tributária, desvirtuando o uso comum que se faz da definição de veículo automotor (aquele cujo movimento resulta de mecanismo próprio, sem intervenção de força exterior), tentar equiparar a estes, para fins tributários, veículos que não possuem essa característica, como carroças, bicicletas etc.

Caso a legislação tributária vise alargar a definição de conceitos jurídicos ou de formas de direito privado utilizados no texto constitucional, expressa ou implicitamente, e repetidos, com base no princípio constitucional da simetria, nas Cartas dos demais entes federativos - constituições estaduais e leis orgânicas municipais - **com o objetivo de definir ou limitar competências tributárias,** ferirá frontalmente a norma geral prevista no CTN, art. 110:

> **Art. 110.** A lei tributária não pode alterar a definição, o conteúdo e o alcance de institutos, conceitos e formas de direito privado, utilizados, expressa ou implicitamente, pela Constituição Federal, pelas Constituições dos Estados, ou pelas Leis Orgânicas do Distrito Federal ou dos Municípios, para definir ou limitar competências tributárias.

E, ao fazê-lo, por ferir a delimitação constitucional de competência tributária, incidiria em inconstitucionalidade.

Trata-se de regra que visa preservar o princípio federativo, tanto assim que, na controvérsia judicial, as partes não poderão socorrer-se do **recurso especial** ao Superior Tribunal de Justiça para dirimir qualquer conflito que verse sobre o art. 110 do CTN, conforme jurisprudência pacífica dessa Corte. A competência, no caso, é do STF, e que deve ser instada adequadamente por **recurso extraordinário**.

> ▸ **Como esse assunto foi cobrado em concurso?**
>
> **(Cespe/Sefaz/DF/Auditor/2020)** Como o conceito de doação constante do direito civil decorre de legislação infraconstitucional ordinária da União, não oponível aos demais entes federados, o intérprete da legislação que necessitar utilizar tal conceito para fins tributários no âmbito do Distrito Federal deve buscá-lo exclusivamente na legislação tributária distrital, ainda que esta veicule definição mais ampla que a do direito privado.
>
> *Resposta: Errada.*

2. INTEGRAÇÃO

Diferentemente da LINDB, que prevê, em caso de omissão da lei, a decisão judicial **integrada,** de maneira bastante ampla, pelo uso da analogia, dos costumes e dos princípios gerais de direito, sem hierarquizar a tarefa do preenchimento das lacunas do direito pelo juiz em face dos casos concretos *sub judice*, o CTN foi bastante específico em hierarquizar os métodos de integração, chegando ao ponto de indicar ramo (direito público) e sub-ramo do direito (direito tributário), dos quais podem ser extraídos princípios aplicáveis à tarefa de integração da norma jurídico-tributária, sem, contudo, mencionar os **princípios gerais do direito**, dos quais todos os outros se originam.

Na ausência de disposição expressa, a autoridade competente para aplicar a legislação tributária utilizará, sucessivamente, na ordem indicada (CTN, art. 108):

Ordem de integração da legislação tributária
1º Analogia;
2º Princípios gerais de direito tributário;
3º Princípios gerais de direito público;
4º Equidade.

2.1. Analogia

É tarefa impossível para qualquer legislador tornar a norma jurídica apta a regular todas as situações fáticas que possam acontecer no mundo, pelo simples fato de a multiplicidade de nuances e de complexidades tornar tal objetivo inatingível.

Daí o sistema jurídico prever esquemas técnicos para suprir suas próprias lacunas. A analogia, sem sombra de dúvida, é o meio supletivo mais antigo. Baseia-se no brocardo romano ***ubi eadem ratio, eadem jus*** (onde reside a mesma razão, reside o mesmo direito).

Diante de uma situação fática não prevista expressamente na norma jurídica, deve-se, primeiramente, constatar que se trata de um caso de **lacuna do direito** e, posteriormente, procurar a solução pertinente numa situação o mais semelhante possível à analisada, com o objetivo de suprir tal lacuna, isto é, **integrar** o direito.

Um expressivo exemplo jurisprudencial de utilização da analogia em matéria tributária é o da aplicação da correção monetária à repetição de indébito.

▸ **Qual o entendimento do STF sobre esse ponto:**

- Ação de restituição do indébito de natureza tributária julgada procedente. É devida, no caso, a correção da moeda com que o fisco vai devolver o quanto que recebeu indevidamente. Havendo regra concessiva da correção monetária para o caso em que o fisco devolve ao contribuinte a quantia que este depositou para garantir as instâncias administrativa e judicial (Lei 4.357/64, art. 7, § 3º), justo é que tal norma seja invocada, por analogia (CTN, art. 108, I), para o fim de se conceder a correção monetária quando o fisco devolve o indébito de natureza tributária. (RE 81412. DJ 7.3.1980)

A tarefa de integração da legislação tributária, no entanto, não é totalmente livre para o aplicador do direito e encontra limite imposto pelo próprio texto do CTN (art. 108, § 1º), que veda o emprego da analogia quando esta resultar na exigência de tributo não previsto em lei. É o que se denomina vedação à **analogia extensiva**.

2.2. Princípios gerais de direito tributário

Como é vasto o tratamento da tributação previsto na Constituição Federal, vários destes princípios encontram guarida explícita no texto da Carta Magna:

Princípios constitucionais tributários expressos
- Capacidade contributiva; - Legalidade; - Isonomia; - Irretroatividade; - Anterioridade; - Anterioridade nonagesimal; - Não confisco; - Não limitação ao tráfego de pessoas e bens; - Transparência; - Uniformidade geográfica; - Não discriminação em razão da procedência ou do destino; - Princípios constitucionais específicos para certos impostos.

Outros princípios ou estão constitucionalmente implícitos ou estão esparsos e não escritos no ordenamento, mas são tidos, pelos estudiosos, igualmente, como pilares do direito tributário:

Outros princípios relevantes
- Tipicidade tributária; - *Non olet*; - Proporcionalidade; - Federalismo; - Simetria; - Discriminação das competências tributárias; - Responsabilidade fiscal; - Não surpresa.

2.3. Princípios gerais de direito público

São princípios advindos de outros ramos do direito (constitucional, administrativo, penal, processual etc.) afetos ao direito público, o que demonstra o apego do CTN à antiga dicotomia público-privado, hoje considerada superada pelos modernos doutrinadores.

Exemplos de princípios gerais de direito público
- Publicidade;
- Moralidade;
- Indisponibilidade do interesse público;
- Segurança jurídica;
- Devido processo legal;
- Contraditório;
- Ampla defesa;
- Apreciação de lesão ou ameaça a direito pelo Poder Judiciário.

2.4. Equidade

Embora definida pela doutrina tradicional como "suavização do direito" aplicado ao caso concreto, disto, em essência, não se trata; melhor entendê-la como adaptação da norma ao caso concreto (tal qual a ideia de Aristóteles, ao compará-la com a régua usada pelos artífices da Ilha de Lesbos, feita de chumbo, material maleável, que, diferentemente das réguas de madeira usadas na época, ajustava-se às irregularidades da superfície de qualquer objeto, elevando a precisão da medida. "A régua adapta-se à forma da pedra e não é rígida, exatamente como o decreto se adapta aos fatos", dizia o filósofo).

O emprego da equidade, tal qual o da analogia, também encontra limite expresso no art. 108, § 2º, do CTN: "o emprego da equidade não poderá resultar na dispensa do pagamento de tributo devido".

Essa limitação provavelmente visou afastar a principal significação com que o vocábulo equidade é utilizado no direito, qual seja: exatamente o de abrandar os rigores da lei, de suavizar a aplicação da norma.

Como a equidade é instrumento de realização concreta de justiça, o legislador previne situações em que a aplicação da norma e a consequente cobrança do tributo, mesmo criando uma situação de injustiça tributária (ex.: cobrar IPTU sobre o único imóvel de um desempregado), possa ser afastada pela própria autoridade administrativa que, no caso, estaria criando, de fato, uma regra de não incidência sem previsão legal.

Esse preceito é desdobramento do princípio da reserva legal, conjugado com o princípio da indisponibilidade do interesse público; se a definição do fato gerador está sob reserva de lei, o aplicador da lei não pode dispensar, vale dizer, **dispor do tributo**, ainda que sob invocação da equidade.

Como esse assunto foi cobrado em concurso?

(**Cespe/TJ/PR/Juiz/2017**) Por meio de decreto de vigor e eficácia imediatos, o prefeito do município de Cascavel/PR, comovido por inundação ocorrida em seu território, isentou do pagamento de IPTU por dois anos os proprietários dos imóveis mais afetados, tendo justificado a medida com base na equidade. Acerca dessa situação hipotética, assinale a opção correta:

(A) o princípio da legalidade no direito tributário aplica-se apenas para obstar a majoração de tributos, razão por que a opção pela isenção em apreço mediante decreto foi correta.

(B) na situação considerada, a equidade não poderia ter fundamentado a dispensa do pagamento de tributo devido.

(C) a isenção em apreço caracteriza uma hipótese de extinção do crédito tributário que deveria, necessariamente, ter sido concedida por lei.

(D) a isenção, na hipótese considerada, para ser válida, deveria observar o princípio da anterioridade.

Resposta: Alternativa "B".

Capítulo

VIII

Obrigação Tributária

1. DEFINIÇÃO E NATUREZA JURÍDICA

1.1. Conceitos gerais

No direito privado, pode-se definir relação jurídica como um vínculo entre pessoas, em razão do qual uma parte pode pretender algo a que outra está obrigada. Obrigação esta de fundo econômico, de valor que possa ser apreciado em dinheiro.

No direito privado, como se vê, **obrigação** e **crédito** são, ambos, aspectos de uma mesma relação. No direito tributário, não. O CTN aparta obrigação e crédito como momentos distintos da relação jurídico-tributária: aquela é a primeira a surgir, com a ocorrência do fato gerador tal qual descrito na lei; este, posteriormente, com o lançamento, que torna a obrigação exigível, transformando-a em crédito tributário.

Obrigação	
Direito privado = crédito	**Direito tributário ≠ crédito**
O crédito nasce juntamente com a obrigação (confundem-se).	Nasce primeiro a obrigação, com o fato gerador, depois o crédito, com o lançamento.

Como envolve pessoas (sujeito ativo e sujeito passivo), diz-se que a relação jurídica é sempre **pessoal**, o que afasta a tese - ainda que por alguns defendida - de relação jurídica **real**, que abrange pessoa e coisa. Sustentam alguns estudiosos, por exemplo, que a tributação imobiliária (IPTU, ITR etc.) é real, não levando em conta a figura do sujeito passivo, incidindo diretamente no imóvel. Entretanto, não é a **coisa** que se tributa, mas a relação de propriedade, ou seja, a figura do **proprietário**.

As obrigações podem originar-se de diversas fontes: (a) legais; (b) contratuais - oriundas de atos de vontade; e (c) decorrentes de atos ilícitos.

A obrigação tributária é de natureza pública, calcada no princípio da legalidade tributária, que impõe seja esta originária somente da lei - ***obligatio ex lege*** - portanto.

1.2. Natureza jurídica "ex lege"

Dizer que uma obrigação é *ex lege*, isto é, que deriva da lei, não a diferencia juridicamente de outras modalidades obrigacionais, pois, mesmo aquelas decorrentes de atos de vontade assentam-se indiretamente nas leis - nas normas do Código Civil, por exemplo. Mas, obrigações há que, além da previsão legal, dependem da manifestação de vontade da pessoa que a ela se vincula. As obrigações *ex lege* nascem independentemente da vontade ou até do conhecimento daqueles que a esta relação submetem-se.

Quem recebe uma herança, por exemplo, pode vir a ser considerado contribuinte do imposto de transmissão "causa mortis" sem sequer saber da existência desse tributo e, caso tenha ciência desta subsunção, mesmo assim não poderá furtar-se a ser sujeito passivo da relação, baseando-se em sua vontade própria. É que o fato gerador da obrigação tributária não leva em conta a manifestação de vontade para que se complete: esta é abstraída daquele. Exatamente por essa razão, a capacidade civil das pessoas naturais ou a regular situação das pessoas jurídicas são fatores indiferentes para que a lei perfaça a sujeição tributária passiva (CTN, art. 126).

Todavia, há obrigações tributárias que derivam da prática de atos contrários ao direito. Nesse caso, que diz respeito a **penalidades**, o ilícito é elemento essencial na formação da obrigação. Exemplos clássicos:

a) No CTN, art. 208: "A certidão negativa expedida com dolo ou fraude, que contenha erro contra a Fazenda Pública, responsabiliza pessoalmente o funcionário que a expedir, pelo crédito tributário e juros de mora acrescidos";

b) Na Constituição, art. 182, § 4º: "É facultado ao Poder Público municipal, mediante lei específica para área incluída no plano diretor, exigir, nos termos da lei federal, do proprietário do solo urbano não edificado, subutilizado ou não utilizado, que promova seu adequado aproveitamento, sob pena, sucessivamente, de: [...] II – imposto sobre a propriedade predial e territorial urbana progressivo no tempo".

O art. 113 do CTN classifica as obrigações tributárias em duas categorias:

Tipo	Origem	Objeto
Principal	Lei	Pagamento de tributo ou penalidade pecuniária (obrigação de dar)
Acessória	Legislação	Prestações positivas ou negativas no interesse da arrecadação ou da fiscalização dos tributos (obrigação de fazer, não fazer, tolerar)

▸ **Como esse assunto foi cobrado em concurso?**

(Cespe/MPE/RR/Promotor/2017) A respeito da obrigação tributária, assinale a opção correta conforme o que dispõe o CTN.

(A) a obrigação principal e sua obrigação acessória devem decorrer de um mesmo fato gerador.

(B) obrigação principal pode ter por objeto o pagamento de penalidade tributária.

(C) a obrigação principal é considerada obrigação tributária, ao passo que as obrigações acessórias são consideradas obrigações de natureza não tributária.

(D) obrigação acessória não se converte em obrigação principal.

Resposta: Alternativa "B".

2. OBRIGAÇÃO PRINCIPAL

A atividade do Estado é financiada diretamente pela arrecadação de tributos, dentre outras fontes de recursos. Assim, a relação jurídica tributária por excelência é aquela que vincula o Estado-credor ao cidadão-devedor, fazendo com que este transfira àquele, obrigatoriamente, patrimônio, convertido, quase sempre em espécie, para que o Poder Público realize seus fins.

O CTN, contudo, alarga essa definição para alcançar, também, na relação jurídica tributária dita principal, que se refere à obrigação de dar, não só o pagamento de tributos, mas também o pagamento de penalidades.

Assim, não é o **carrear tributos** que atribui o status de **principal** a esse tipo de obrigação, mas sim o **carrear patrimônio** para o Estado, seja ele tributo ou penalidade pecuniária. O conteúdo da obrigação tributária principal **é sempre patrimonial**, seu objeto é o pagamento de tributo ou de penalidade pecuniária. Nisso diferencia-se da obrigação acessória, cujo conteúdo, visto adiante, é **de fazer**, não **de dar**.

Sua fonte mediata é a lei, mas suas fontes imediatas – concretas – são os fatos geradores das respectivas obrigações ou a ocorrência de infrações.

Note-se, também, que, ao asseverar que a "a obrigação principal surge com a ocorrência do fato gerador", o CTN, em seu art. 113, § 1º, consagra que o lançamento tributário tem caráter declaratório da obrigação e constitutivo do crédito.

3. OBRIGAÇÃO ACESSÓRIA

É **obrigação tributária de cunho não patrimonial** e que, por tal razão, recebe muitas críticas da doutrina, como a de Paulo de Barros Carvalho, para quem a expressão "obrigação acessória" é incorreta exatamente por não conter nenhum conteúdo patrimonial, já que envolve, isto sim, **deveres** administrativos instrumentais ou formais no interesse da fiscalização. Critica, também, o termo "acessória", já que a obrigação pode existir independentemente da obrigação principal.

Tais críticas, entretanto, parecem não ser razoáveis. A primeira, porque advém de uma concepção privatística do direito, por meio da qual o crédito confunde-se com a obrigação, não se concebendo obrigação sem crédito. Assim, não teria sentido falar de obrigação sem fundo econômico. Entretanto, é da raiz do direito tributário brasileiro conceber obrigações para com o Estado-fiscal, mesmo sem base econômica. Chamá-las de obrigação, em vez de dever, em nada modifica sua essência.

A segunda, porque "acessória" nada tem a ver com o chavão jurídico de que "o acessório segue o principal". O termo é usado no sentido de **instrumental**, **formal**, que confere à Administração Tributária meios para dotar de eficácia seus controles arrecadatórios e fiscais, pois até mesmo o próprio Código vislumbra situações em que há obrigações acessórias totalmente desvinculadas da existência de obrigações principais, como no caso das imunidades e das isenções totais.

> ▸ **Qual o entendimento do STJ sobre esse ponto:**
>
> ◙ O ente federado competente pode autuar o contribuinte pelo descumprimento de obrigação acessória consistente na exigência de nota fiscal para deslocamento de bens do ativo imobilizado e de bens de uso e consumo entre estabelecimentos da mesma instituição financeira, operação que, em tese, não caracteriza hipótese de incidência do ICMS (Súm. 166/STJ). A obrigação acessória é autônoma e pode ser instituída pelo ente legiferante no interesse da arrecadação ou da fiscalização tributária nos termos do § 2º do art. 113 do CTN, ainda que a obrigação principal não exista, obedecendo-se aos princípios da razoabilidade e da proporcionalidade. (REsp 1116792, recurso repetitivo)

3.1. Mitigação do princípio da reserva legal

Diferentemente da obrigação principal, que deriva da lei, o CTN permite que a obrigação acessória tenha como fonte a **legislação tributária**, que, tal como definida no art. 96, compreende as leis, os tratados e as convenções internacionais, os decretos e as normas complementares que versem, no todo ou em parte, sobre tributos e relações jurídicas a eles pertinentes. Ou seja: não se aplica às obrigações tributárias acessórias o princípio da reserva legal. O que não quer dizer que a multa pelo seu eventual descumprimento possa ser aplicada sem previsão legal.

À primeira vista pode parecer que a regra do CTN é inconstitucional, se enfrentada com o art. 5º, II, da Carta Magna: "ninguém será obrigado a fazer ou deixar de fazer alguma coisa senão em virtude de lei". Essa contradição, entretanto, é apenas aparente, pois não se admitem princípios constitucionais absolutos, caso contrário, seriam inúteis todas as prescrições normativas infralegais, de tal sorte que poderiam ser atirados na cesta de lixo todos os regulamentos, portarias e tantos outros atos normativos, sem que isto qualquer falta fizesse ao ordenamento jurídico.

▸ **Como esse assunto foi cobrado em concurso?**

(FCC/CL/DF/Consultor/2018) O Código Tributário Nacional, em seu art. 113, distingue, com muita clareza e objetividade, as obrigações tributárias principais das obrigações tributárias acessórias. Com base neste mesmo Código:

(A) a obrigação tributária principal surge com a ocorrência do fato gerador da obrigação principal, o qual deve estar previsto em lei, enquanto que a obrigação tributária acessória decorre da legislação tributária e, por conseguinte, pode estar prevista, por exemplo, em decreto regulamentador.

(B) a escrituração de livro fiscal relativo a operação de saída de mercadoria, sem incidência do ICMS, por expressa previsão da Constituição Federal, constitui obrigação principal, pois esta escrituração é a atividade principal nas operações albergadas por imunidade tributária do ICMS, sendo, todas as demais, acessórias.

(C) quando um contribuinte do ICMS deixa de emitir um documento fiscal que a legislação do tributo o obriga a emitir, esse contribuinte terá descumprido uma obrigação tributária acessória e, em razão disso, terá de cumprir outra obrigação tributária acessória, cujo objeto é o pagamento de penalidade pecuniária prevista em lei.

(D) a emissão de documento fiscal relativo a operação de saída de mercadoria, sem incidência do ICMS, por expressa previsão da Constituição Federal, constitui obrigação principal, pois esta emissão é a atividade principal nas operações albergadas por imunidade tributária do ICMS, sendo, todas as demais, acessórias.

(E) o pagamento de tributo é obrigação tributária principal, porque esse pagamento decorre de atividade lícita realizada pelo contribuinte, enquanto o pagamento de penalidade pecuniária é obrigação tributária acessória, em razão de sua natureza infracional e da imprevisibilidade desse tipo de arrecadação.

Resposta: Alternativa "A".

3.2. Natureza jurídica da obrigação acessória

Obrigação acessória é obrigação de fazer ***lato sensu***, abrange também o **não fazer** e o **tolerar** as atividades desenvolvidas pelo Poder Público no interesse da Administração Tributária.

As obrigações acessórias mais conhecidas são as de emissão de notas fiscais, inscrição em cadastros de contribuintes, prestação de declarações fiscais (Declaração de Débitos e Créditos Tributários Federais - DCTF, Guia de Recolhimento do FGTS e Informações à Previdência - GFIP, Declaração de isento do IR, por exemplo), tolerância a atividades de fiscalização, prestação de informações requeridas pelo fisco, manutenção de escrita contábil etc.

De acordo com os arts. 175, parágrafo único, e 194, parágrafo único, ambos do CTN, mesmo os casos de anistia, isenção e imunidade não dispensam o cumprimento das obrigações acessórias nem afastam o alcance da legislação correspondente. O que revela seu **caráter autônomo**, pois mesmo não existindo obrigação principal a ser adimplida, pode haver obrigação acessória a ser cumprida. O exemplo clássico é o dos isentos de impostos sobre circulação de mercadorias, que, mesmo assim, veem-se obrigados a emitir notas fiscais das operações correspondentes e a manter a escrituração fiscal em dia.

3.3. "Conversão" em obrigação principal

Segundo o CTN (art. 113, § 3º), "a obrigação acessória, pelo simples fato da sua inobservância, converte-se em obrigação principal relativamente à penalidade pecuniária".

Na verdade, não se trata de uma "conversão", que, como escrito, deveria ser automática. O que ocorre é o **fato gerador da penalidade**, que concede ao fisco o direito de lançar um crédito tributário contra o infrator: a multa. Isso só ocorrerá caso haja a verificação posterior da ocorrência do fato, sendo proposta a penalidade cabível, como exige o art. 142, parte final, do CTN.

O tributo, como é sabido, não se confunde com a penalidade, a sanção do ato ilícito. Ao estabelecer **conversão em obrigação principal**, não quis o CTN misturar esses institutos; quis apenas assegurar ao fisco o mesmo regime jurídico para a cobrança de ambos, que se tornam, indistintamente, **crédito tributário**.

> ▸ **Como esse assunto foi cobrado em concurso?**
>
> **(IMA/PGM/Penalva/Procurador/2017)** Acerca da obrigação tributária, é correto afirmar que:
>
> (A) é constitucional a adoção, no cálculo do valor de taxa, de um ou mais elementos da base de cálculo própria de determinado imposto, desde que haja integral identidade entre uma base e outra.

(B) a obrigação acessória, pelo simples fato da sua inobservância, converte-se em obrigação principal relativamente à penalidade pecuniária.

(C) as taxas poderão ter base de cálculo própria de impostos, nos casos previstos em lei.

(D) a obrigação principal decorre da legislação tributária e tem por objeto as prestações, positivas ou negativas, nela previstas no interesse da arrecadação ou da fiscalização dos tributos.

Resposta: Alternativa "B".

4. FATO GERADOR

A utilização do termo "fato gerador" foi, e ainda é, um dos maiores motivos de celeuma doutrinária em matéria de tributação no Brasil. É que vários outros termos são usados com a mesma acepção, ou na tentativa de contornar deficiências técnicas do termo original, ou, ainda, na esperança de descrever, com mais perfeição, o fenômeno do nascimento da obrigação tributária: "fato imponível", "fato tributário", "fato tributável", "pressuposto legal do tributo", hipótese de incidência" etc.

A despeito dessa pluralidade de termos, tradicionalmente os estudiosos da área apegam-se apenas à distinção entre **fato gerador** e **hipótese de incidência**: esta, a previsão abstrata, na lei, da situação que impõe a incidência da norma tributária, fazendo nascer a obrigação respectiva; aquele, a ocorrência, no mundo dos fatos, da hipótese prevista na lei.

Por classificar as obrigações tributárias de maneira dual, o CTN (arts. 114 e 115) também prevê, para cada espécie, uma definição apropriada do fato gerador correspondente:

Obrigação	Fato gerador
Principal	Situação definida em lei como necessária e suficiente à sua ocorrência.
Acessória	Qualquer situação que, na forma da legislação aplicável, impõe a prática ou a abstenção de ato que não configure obrigação principal.

4.1. Momento da ocorrência do fato gerador

Segundo o art. 116 do CTN, salvo disposição de lei em contrário, considera-se ocorrido o fato gerador e existentes os seus efeitos de acordo com o quadro abaixo:

Situação	Momento da ocorrência do fato gerador
De fato	Desde o momento em que se verifiquem as circunstâncias materiais necessárias à produção dos efeitos que normalmente lhe são próprios.
De direito	Desde o momento em que esteja definitivamente constituída, nos termos do direito aplicável.

A norma do CTN, ao ressalvar "disposição de lei em contrário", mostra-se **supletiva**, já que admite, tanto nas situações de fato quanto nas de direito, que a lei ordinária possa antecipar ou postergar o marco temporal do acontecimento. É o que acontece, por exemplo, nos casos de substituição tributária "para frente" e "para trás" (vide capítulo *Responsabilidade tributária*).

Exemplo de uma **situação de fato** que constitui fato gerador de tributo é a **saída** de mercadorias do estabelecimento, para o ICMS, caso em que se mostra irrelevante, para a incidência desse imposto, saber se ocorreu, ou não, alguma situação jurídica que pudesse amparar a pretensão fiscal, como a compra e venda. A mera saída da mercadoria é fato que suporta a tributação.

Exemplos de **situações de direito** podem ser encontrados na tributação relativa aos impostos sobre a propriedade imobiliária urbana ou rural - IPTU e ITR. Nesses casos, o fisco deve perquirir sobre o tipo de vínculo jurídico que submete o imóvel ao plexo de direitos do contribuinte, verificando se há situação que permita a tributação, qual seja: a propriedade, a posse "ad usucapionem" ou o domínio útil, todas situações jurídicas definidas como fato gerador desses tributos nos arts. 29 e 32 do CTN, respectivamente. Se o vínculo for de outra natureza, como a mera detenção ou a locação do imóvel, não dará ensejo a que o fisco cobre do detentor ou do locatário o tributo devido, pois não se encaixa na situação jurídica descrita pela lei.

Outra classificação importante, que, apesar de criticada, é bastante referenciada pela doutrina tradicional, é a que aparta os fatos geradores em **simples** e **complexos** (Ataliba, 2000):

a) **Fato gerador simples** é aquele que se conforma pela conceituação de um fato ou acontecimento uno e singelo. A implicação temporal está em que, ocorrido o fato (acontecido empiricamente), verifica-se o fato imponível (nasce, portanto, uma obrigação tributária). A eclosão do efeito jurídico magno e principal da hipótese de incidência se dá a cada ocorrência concreta do fato previsto.

Exemplo: ocorrência de um fato único e isolado, como a aquisição de um bem imóvel, para efeito da incidência do ITBI.

b) **Fato gerador complexo** é o que se configura pela conjunção de diversos acontecimentos ou fatos, pela compreensão de uma situação integrada por variados elementos reunidos numa só figura, a hipótese de incidência. Nesse caso, o fato imponível só se dará com a completa realização de todos os elementos de fato. Reputa-se ocorrido o fato imponível só no momento em que o último dos fatos requeridos pela hipótese de incidência verificar-se, integrando a figura, isto é: subsumindo-se inteiramente à hipótese de incidência.

Exemplo: ocorrência de um conjunto de fatos, como a aquisição da disponibilidade econômica ou jurídica para efeito da tributação do Imposto de Renda, que deve ser analisada durante um determinado período de tempo, geralmente um ano, ao final do qual se verifica, ou não, a ocorrência do fato gerador do tributo.

Outra classificação bastante semelhante à aludida é a que separa **fatos geradores instantâneos** de **fatos geradores continuados**, baseada no maior ou menor lapso temporal em que se configuram as situações tributáveis. Os continuados, também denominados **periódicos**, são aqueles cuja ocorrência alonga-se no tempo, tal como os complexos. Os instantâneos, em pequeno espaço de tempo.

Essas classificações, apesar de meramente doutrinárias, têm utilidade no que diz respeito ao direito intertemporal, que deve ser aplicado aos tributos ditos **complexivos**, como o IR, pois se deve considerar, para efeito da incidência tributária, tudo o que ocorreu ao longo do período legalmente considerado para aferição da quantia devida, tudo o que ocorreu no ano-base, e não só aquilo que dispõe a lei tributária na data da declaração, da aferição final, do imposto a ser pago.

4.2. Norma geral antielisão

A LC nº 104/2001 introduziu no ordenamento brasileiro a chamada **norma geral antielisão**, incluindo, no art. 116 do CTN, a seguinte regra:

> **Parágrafo único.** A autoridade administrativa poderá desconsiderar atos ou negócios jurídicos praticados com a finalidade de dissimular a ocorrência do fato gerador do tributo ou a natureza dos elementos constitutivos da obrigação tributária, observados os procedimentos a serem estabelecidos em lei ordinária.

Para compreender o sentido dessa inovação legislativa, faz-se necessário esclarecer a terminologia doutrinária utilizada para explicar os fenômenos da **elisão**, da **evasão** e da **elusão** no direito tributário.

a) **Evasão**: é uma conduta ilícita, tipificada em leis penais tributárias, consistente na ocultação total da ocorrência do fato gerador aos olhos das autoridades fiscais, ou, ainda que o contribuinte não o oculte, haja dissimulação de suas reais características, para que a situação pareça não tributável ou tributável aquém da graduação correta. É comumente denominada "burla", "simulação", "embuste" ou "fraude fiscal".

A Lei nº 8.137/1990, que tipifica os crimes contra a ordem tributária, traz, em suas normas, diversas condutas evasivas à tributação. Segundo seu texto (art. 1º): "omitir informação, ou prestar declaração falsa às autoridades fazendárias; fraudar a fiscalização tributária, inserindo elementos inexatos, ou omitindo operação de qualquer natureza, em documento ou livro exigido pela lei fiscal; falsificar ou alterar nota fiscal, fatura, duplicata, nota de venda, ou qualquer outro documento relativo à operação tributável; elaborar, distribuir, fornecer, emitir ou utilizar documento que saiba ou deva saber falso ou inexato; negar ou deixar de fornecer, quando obrigatório, nota fiscal ou documento equivalente, relativa a venda de mercadoria ou prestação de serviço, efetivamente realizada, ou fornecê-la em desacordo com a legislação".

A característica principal da evasão não é impedir a ocorrência do fato gerador, mas sim mascará-lo. No jargão técnico-jurídico, a evasão sempre é ilícita.

b) **Elisão**: elidir significa suprimir, eliminar a incidência do imposto por meio do planejamento tributário. É uma conduta lícita, pois se trata de opção do sujeito passivo sobre a forma pela qual este será tributado, dentre aquelas previstas na legislação específica. Visa reduzir a carga tributária incidente sobre atividades e mercadorias, sem resvalar em antijuridicidade. Sua característica principal é ocorrer antes do fato gerador.

Exemplo clássico é o do exportador de bebidas que, caso comercialize seu produto em garrafas, pagará uma alíquota de imposto mais alta do que se comercializar o produto em barris. Optando por esta última alternativa, exportar bebidas em barris, submeter-se-á a uma tributação menos gravosa, elidindo a tributação, fazendo "economia de impostos".

Como se vê, ainda que não se coadune com os objetivos arrecadatórios genéricos de qualquer lei tributária, a elisão é lícita e amparada pelo princípio da legalidade e da tipicidade cerrada dos tributos.

c) **Elusão**: este termo foi criado recentemente pela doutrina para designar os negócios jurídicos a que se refere o parágrafo único do art. 116 do CTN, os quais não são nem simulados (evasão) nem elisivos, propriamente falando.

A maioria dos doutrinadores entende que o disposto na norma é inaplicável aos casos de elisão, surtindo efeitos somente nos casos de evasão de tributos. E, assim, pouco inovou, pois o CTN já possibilitava, ainda que genericamente, no seu art. 149, VII, a revisão dos lançamentos tributários caso o fisco comprove que o sujeito passivo, ou terceiro em benefício daquele, agiu com dolo, fraude ou simulação. Logo, a norma geral antielisiva é, na verdade, antievasiva, e aperfeiçoa de modo expresso o poder que a Administração Tributária tem de desconsiderar negócios fictícios ou dissimulados, realizados no intuito de burlar a tributação.

Por fim, o parágrafo único do art. 116 do CTN não é autoaplicável, dependendo de procedimentos a serem previstos em lei ordinária, que até o presente momento não foi proposta.

▸ **Como esse assunto foi cobrado em concurso?**

(Cesgranrio/Liquigás/Advogado/2018) Quando o Código Tributário Nacional estabelece que a autoridade administrativa poderá desconsiderar atos ou negócios jurídicos praticados com a finalidade de dissimular a ocorrência do fato gerador do tributo ou a natureza dos elementos constitutivos da obrigação tributária, observados os procedimentos a serem estabelecidos em lei ordinária, trata-se da instituição do denominado procedimento:

(A) corretivo.

(B) positivo.

(C) antielisivo.

(D) invasivo.

(E) preventivo.

Resposta: Alternativa "C".

4.3. Negócios jurídicos condicionais

Segundo o art. 117 do CTN, salvo disposição de lei em contrário, os negócios jurídicos condicionais reputam-se perfeitos e acabados de acordo com o quadro abaixo:

Condição	Momento de perfeição do negócio jurídico
Suspensiva	Desde o seu implemento.
Resolutória	Desde a prática do ato ou da celebração do negócio.

No Código Civil brasileiro (art. 121), encontramos a definição jurídica de **condição**, cláusula "que, derivando exclusivamente da vontade das partes, subordina o efeito do negócio jurídico a **evento futuro e incerto**". A condição pode ser de dois tipos: suspensiva ou resolutiva, esta última também denominada resolutória.

Condição suspensiva é aquela que suspende os efeitos do negócio ou ato jurídico até que ocorra um evento futuro e incerto, previsto para conformá-los (CC, art. 125: "Subordinando-se a eficácia do negócio jurídico à condição suspensiva, enquanto esta se não verificar, não se terá adquirido o direito, a que ele visa").

Exemplo: compromisso de transferir um imóvel para terceiro, caso este realize benfeitorias nas cercanias do local.

Condição resolutória é aquela que fulmina os efeitos do negócio ou ato jurídico quando ocorre o evento condicionante previsto (CC, art. 127: "Se for resolutiva a condição, enquanto esta se não realizar, vigorará o negócio jurídico, podendo exercer-se desde a conclusão deste o direito por ele estabelecido"; e art. 128: "Sobrevindo a condição resolutiva, extingue-se, para todos os efeitos, o direito a que ela se opõe").

Exemplo: compromisso de prorrogar automaticamente a locação de um imóvel enquanto o locatário explorar determinada atividade econômica.

4.4. Princípio do "non olet"

Para efeitos fiscais, os atos ilícitos, os atos ditos imorais, assim como os atos juridicamente ineficazes, desde que configurem fatos geradores, são todos tributados:

> **Art. 118.** A definição legal do fato gerador é interpretada abstraindo-se:
>
> I - da validade jurídica dos atos efetivamente praticados pelos contribuintes, responsáveis, ou terceiros, bem como da natureza do seu objeto ou dos seus efeitos;
>
> II - dos efeitos dos fatos efetivamente ocorridos.

Assim, pessoas que auferem renda do tráfico ilícito de entorpecentes ou da exploração do lenocínio devem pagar imposto de renda; aquelas que comercializam produtos piratas devem recolher o ICMS; as que comercializam loteamentos clandestinos ou irregulares, o IPTU e o ITBI; os médicos e contabilistas não habilitados devem pagar o ISS etc.

O mesmo se pode dizer em relação aos atos inválidos, aqueles tidos por nulos pelo art. 166 do Código Civil (atos: celebrados por pessoa absolutamente incapaz; cujo objeto for ilícito, impossível ou indeterminável; cujo motivo determinante, comum a ambas as partes, for ilícito; que não revestem a forma prescrita em lei; que preteriram alguma solenidade que a lei considere essencial para a sua validade; que tenham por objetivo fraudar lei imperativa; e os que a lei taxativamente declarar nulo, ou proibir sua prática, sem cominar sanção)

Mesmo nesses casos em que o direito privado impõe a não produção de efeitos civis, os efeitos fiscais são válidos e suficientes para caracterizar a incidência de tributos.

Assim, quando um absolutamente incapaz compra ou vende uma mercadoria, incide o ICMS; se presta um serviço tributável, incide o ISS; se adquire um imóvel, incide o ITBI. A validade do ato, sua característica subjetiva, é descartada pela norma tributária, que só se interessa pelo efeito econômico, pelo fato em si ocorrido, pela característica objetiva do fato gerador.

É o denominado princípio do "non olet", segundo o qual a interpretação do fato gerador, nesses casos, é objetiva, sendo irrelevantes as condições subjetivas que o circundam, assim como os efeitos jurídicos provenientes dessas condições.

Uma das justificativas para a tributação do ilícito é o princípio da isonomia, segundo o qual não se pode conferir tratamento fiscal privilegiado para quem o pratica, em detrimento do tratamento gravoso igualmente imposto a todos.

▸ **Como esse assunto foi cobrado em concurso?**

(FMP/PGE/AC/Procurador/2017) A tributação dos atos ilícitos é tema sempre tormentoso. No atual estágio da doutrina e jurisprudência, é correto afirmar que

(A) não se pode tributar atos ilícitos sob pena de conferir uma pretensa legalidade para as operações.

(B) deve-se proceder caso a caso, avaliando os prós e contras da tributação sobre a atividade ilícita, pois o Estado não pode perder de vista que os recursos a ingressar no Tesouro são imprescindíveis.

(C) dependendo de qual for a atividade ilícita, a solução pode ser uma ou outra. Nos casos de mera contravenção penal, é plenamente aceitável a tributação. Já no tráfico de drogas, por exemplo, não é aceita.

(D) se com a atividade ilícita há uma outra, lícita, pode-se proceder a autuação fiscal na parte lícita, como sonegação fiscal.

(E) a atividade ilícita deve ser tributada e assim o permitem a Constituição Federal e o CTN.

Resposta: Alternativa "E".

Em suma, para a incidência da norma tributária, é irrelevante que o negócio jurídico seja válido e eficaz: é suficiente que o negócio simplesmente exista.

4.5. Presunções, indícios e ficções

José Eduardo Soares de Melo (2003), ao explanar sobre a existência do fato gerador da obrigação tributária quando ocorridos os aspectos previstos na norma de incidência, rechaça lançamentos tributários baseados em singelas presunções, ficções e indícios, institutos que qualifica:

a) **Presunção:** resultado de um processo lógico, mediante o qual, do fato conhecido, cuja existência é certa, infere-se o fato desconhecido ou duvidoso, cuja existência é provável. A presunção legal (***juris et de jure***) procura estabelecer uma verdade jurídica, ao passo que a presunção relativa (***juris tantum***) constitui uma mera conjectura.

b) **Indício:** circunstância conhecida, meio, dado ou elemento que, tendo relação com o fato, constitui caminho para a apuração da verdade. Esses elementos devem ser graves (verossímeis), precisos (determinados), definidos, e concordantes (relação de interdependência entre os indícios e os fatos a provar). Insere-se, nessa categoria, a declaração unilateral de alguém, que informa ter adquirido mercadorias sem nota fiscal.

c) **Ficção jurídica:** instrumentalização (criação legal) de uma situação inverídica (falsa) de forma a impor uma certeza jurídica, consagrando uma realidade, ainda que não guarde consonância com a natureza das coisas, ou mesmo que altere títulos ou categorias do direito, como se dá com o preceito legal que equipara à exportação a remessa de bens à Zona Franca de Manaus, modificando o conceito natural de exportação (saída para o estrangeiro).

No que tange às presunções, entretanto, sua utilização é empregada amplamente no arbitramento da base de cálculo, nos casos disciplinados pelo art. 148 do CTN:

> **Art. 148.** Quando o cálculo do tributo tenha por base, ou tome em consideração, o valor ou o preço de bens, direitos, serviços ou atos jurídicos, a autoridade lançadora, mediante processo regular, arbitrará aquele valor

ou preço, sempre que sejam omissos ou não mereçam fé as declarações ou os esclarecimentos prestados, ou os documentos expedidos pelo sujeito passivo ou pelo terceiro legalmente obrigado, ressalvada, em caso de contestação, avaliação contraditória, administrativa ou judicial.

Isso também ocorre na substituição tributária "para frente", permitida pelo próprio texto constitucional (art. 150, § 7º):

> **Art. 105, § 7º** A lei poderá atribuir a sujeito passivo de obrigação tributária a condição de responsável pelo pagamento de impostos ou contribuição, cujo fato gerador deva ocorrer posteriormente, assegurada a imediata e preferencial restituição da quantia paga, caso não se realize o fato gerador presumido.

Se o emprego dessas técnicas de composição da norma de incidência não afrontar princípios constitucionais, é tido como válido e, normalmente, utilizado para reprimir a sonegação (pautas de valores) e facilitar a fiscalização tributária.

5. TIPOLOGIA DA SUJEIÇÃO

O CTN define os polos da relação jurídico-tributária, delineando, de um lado, a figura do credor, sujeito ativo dessa relação; e, do outro, o devedor, sujeito passivo.

5.1. Sujeito ativo

5.1.1. Conceitos gerais

O sujeito ativo da obrigação é a **pessoa jurídica de direito público, titular da competência para exigir o seu cumprimento** (CTN, art. 119), que não deve ser confundido com o ente competente para instituir o próprio tributo (CTN, art. 6º), ente este que pode, até mesmo, editar lei nomeando outra entidade para compor a relação tributária, na condição de titular do direito subjetivo, ou seja, transferindo a capacidade tributária ativa.

Essa transferência de titularidade, porém, só pode ser para pessoa jurídica de direito público interno, descritas no art. 41 do Código Civil:

Pessoas jurídicas de direito público interno
- União.
- Estados, Distrito Federal e Territórios.
- Municípios.
- Autarquias, incluindo as associações públicas.
- Demais entidades de caráter público criadas por lei.

Essa restrição do texto legal impede, por exemplo, que a fiscalização de tributos seja "terceirizada" para empresas particulares. Um exemplo de sujeito ativo distinto do ente tributante é o do INSS, sujeito ativo de certas contribuições, cujo ente tributante é a própria União.

Há discussões a respeito da incompatibilidade da restrição encartada no art. 119 do CTN com a permissão constitucional de destinar contribuições a entes privados, como sindicatos (contribuição sindical) e contribuições ao "Sistema S" – em referência ao Sesc, Sesi, Senac, Senai. Estudiosos há que rejeitam a incompatibilidade sob o argumento de que não se confunde a condição de sujeito ativo com a de destinatário do produto da arrecadação; outros, opinam pela invalidade do art. 119, visto que a tipologia da sujeição ativa regrada no CTN restringe-se à trilogia imposto-taxa-contribuição de melhoria, não abarcando por completo as inovadoras figuras tributárias parafiscais.

De qualquer modo, cabe ao sujeito ativo a iniciativa de administrar o tributo, desenvolvendo todas as atividades necessárias a tal mister, como lançar, fiscalizar, arrecadar e cobrar, administrativa ou judicialmente, as exações. Quanto à cobrança, vale salientar que o sistema tributário não permite pluralidade de credores de uma mesma obrigação tributária, ou seja: inexiste solidariedade ativa tributária – a solidariedade passiva, contudo, é prevista, como detalhado adiante.

5.1.2. *Desmembramento territorial do ente tributante*

Dos entes políticos, apenas os Estados e os Municípios podem desmembrar-se, vedado, porém, o secessionismo da União, pois esta é indissolúvel (CF, art. 1º, *caput*), assim como o desmembramento do Distrito Federal em Municípios (CF, art. 32, *caput*).

Salvo disposição de lei em contrário, a pessoa jurídica de direito público que se constituir pelo desmembramento territorial de outra **sub-roga-se nos direitos desta**, cuja legislação tributária será aplicada até que entre em vigor a sua própria (CTN, art. 120).

A sub-rogação de direitos envolve tanto a competência como a capacidade tributária ativa e abrange créditos vencidos e vincendos.

O Código é omisso quanto à **fusão de municípios ou de estados**, a despeito de a CF, art. 18, §§ 3º e 4º, permitir que os Estados possam incorporar-se entre si, subdividir-se ou desmembrar-se para se anexarem a outros, ou formarem novos estados ou territórios federais, mediante aprovação da população diretamente interessada, mediante plebiscito, e do Congresso Nacional, por lei complementar. Da mesma forma, a criação, a incorporação, a fusão e o desmembramento de municípios, por lei estadual, dentro de período determinado por lei complementar federal, com consulta prévia, mediante plebiscito, às populações dos municípios envolvidos, após divulgação dos estudos de viabilidade municipal, apresentados e publicados na forma da lei.

Omissão que não impede, conforme a doutrina majoritária, a aplicação analógica da regra referente ao desmembramento territorial.

5.2. Sujeito passivo

No direito tributário, haja vista a dualidade de obrigações que disciplina (as patrimoniais, ditas principais; e as não patrimoniais, ditas acessórias), a tipologia da sujeição passiva tributária também decorre da natureza da obrigação a que se refere:

Sujeito passivo	
Da obrigação principal	**Da obrigação acessória**
Pessoa obrigada ao pagamento de tributo ou penalidade pecuniária.	Pessoa obrigada às prestações que constituam o seu objeto.

Pode-se dizer, em sentido amplo, que a obrigação do devedor, sujeito passivo, é adimplir a obrigação patrimonial, isto é, pagá-la (obrigação de dar) ou adimplir pelo **fazer**, **não fazer** ou **tolerar** (obrigação de fazer *lato sensu*) aquilo que foi imposto pelas normas fiscais no interesse da Administração Tributária, quando sujeito passivo de obrigação acessória.

5.2.1. Sujeito passivo da obrigação principal

A estrutura do CTN - art. 121, parágrafo único - que define a sujeição passiva referente à obrigação tributária também é dual:

Sujeito passivo da obrigação principal	
Contribuinte (sujeição passiva direta)	**Responsável (sujeição passiva indireta)**
Quando tenha relação pessoal e direta com a situação que constitua o respectivo fato gerador.	Quando, sem revestir a condição de contribuinte, sua obrigação decorra de disposição expressa de lei.

O **contribuinte** é o aspecto subjetivo do fato gerador, aquele que, em princípio, praticou a ação descrita como núcleo do fato gerador, aquele a quem pode ser imputada a autoria do fato imponível. É quem compra, aufere renda, exporta mercadoria, enfim, quem realiza concretamente o fato tributável. É o devedor do tributo, também denominado sujeito passivo direto ou originário, e, na maioria dos casos, é também o responsável direto pelo cumprimento da exação, o que só não ocorre quando a lei transfere este ônus para um terceiro, dito responsável tributário.

O sujeito passivo **responsável tributário** pode ser um sucessor ou um terceiro vinculado ao fato gerador, respondendo solidária, subsidiária ou substitutivamente pela exação. Como se trata de figura jurídica de suma importância para a regulação tributária, o CTN reserva-lhe texto específico e abrangente (arts. 128 a 138), que será adiante discutido (vide capítulo *Responsabilidade tributária*).

> ▸ **Como esse assunto foi cobrado em concurso?**
>
> **(Itame/Fisco/Edéia/Auditor/2020)** Firmados na obrigação tributária, o sujeito passivo da obrigação principal é:
>
> (A) a pessoa obrigada ao pagamento de tributo ou penalidade pecuniária, ou seja, o contribuinte, quando tenha relação pessoal e direta com a situação que constitua o respectivo fato gerador;
>
> (B) a pessoa jurídica de direito público, titular da competência para exigir o seu cumprimento;
>
> (C) a pessoa obrigada às prestações que constituam o seu objeto;
>
> (D) as pessoas que tenham interesse comum na situação que constitua o fato gerador da obrigação assessoria.
>
> *Resposta: Alternativa "A".*

5.2.2. Não oposição de convenções particulares contra o fisco

> **CTN. Art. 123.** Salvo disposições de lei em contrário, as convenções particulares, relativas à responsabilidade pelo pagamento de tributos, não podem ser opostas à Fazenda Pública, para modificar a definição legal do sujeito passivo das obrigações tributárias correspondentes.

Não é vedado que alguém contrate com outrem a responsabilidade particular por determinado tributo (ex.: é plenamente válido que, num contrato de aluguel, o pagamento do IPTU seja atribuído ao locatário, a despeito de a lei tributária indicar como contribuinte o proprietário-locador).

O que é vedado é que essa obrigação seja **oposta aos interesses fazendários**. No exemplo dado, o proprietário não pode, caso o locatário não pague o imposto, alegar que a responsabilidade não é sua, já que o contrato assim dispõe, e requerer que o fisco cobre do locatário a exação. Ou seja: o pacto só vale entre as partes, não produzindo efeitos jurídicos que permitam deslocar a sujeição passiva tributária. No caso, o proprietário deve adimplir a obrigação com o fisco e cobrar do locatário, nas vias privadas próprias, o adimplemento do contrato, com o ressarcimento de seu "prejuízo".

Outra consequência dessa norma é a de impedir que o contratante litigue, administrativa ou judicialmente, contra a pretensão fiscal, pleiteando direito alheio, do próprio contribuinte.

> ▸ **Qual o entendimento do STJ sobre esse ponto:**
>
> ▪ O locatário não possui legitimidade ativa para discutir a relação jurídico-tributária de IPTU e de taxas referentes ao imóvel alugado nem para repetir indébito desses tributos. (Súmula 614)

Por fim, ressalta-se que a norma do CTN, art. 123, é supletiva - "**salvo disposição de lei em contrário**" - e, por isso, não impede que, por conveniência e interesse da Administração Tributária, lei ordinária seja promulgada aceitando que determinadas convenções particulares transmudem a sujeição passiva e sejam acatadas pelo fisco.

6. SOLIDARIEDADE

Há solidariedade quando, na mesma obrigação, concorre mais de um credor, ou mais de um devedor, cada um com direito ou obrigado, respectivamente, à dívida toda (CC, art. 264).

A solidariedade é um fenômeno observado nas relações jurídicas que comportam, em seus polos, uma pluralidade de sujeitos ativos ou passivos e uma só obrigação. Diz-se **solidariedade ativa** quando mais de um credor pode exigir a prestação integral, como se fosse único credor; e **passiva** quando, havendo vários devedores, cada um responde pela dívida inteira, como se fosse único devedor.

Pode-se caracterizar as obrigações solidárias como aquelas em que há: (a) pluralidade de devedores e/ou credores; (b) unicidade da obrigação; e (c) corresponsabilidade dos interessados.

O Código Civil regula, na seara privada, os efeitos da solidariedade passiva, definindo-a como "o direito de o credor exigir e receber de um ou de alguns dos devedores, parcial ou totalmente, a dívida comum" (arts. 275 a 285); e, também, os efeitos da solidariedade ativa (arts. 267 a 274), quando cada um dos credores solidários tem direito a exigir do devedor o cumprimento da prestação por inteiro.

No direito tributário, diferentemente, não há espaço para a solidariedade ativa entre entes tributantes, existindo somente a previsão da solidariedade passiva entre os contribuintes ou responsáveis (CTN, art. 124):

Pessoas solidariamente obrigadas
- As que tenham interesse comum na situação que constitua o fato gerador da obrigação principal; - As expressamente designadas por lei.

a) Solidariedade por **interesse comum**: como a disciplina existente no Código é de caráter geral, a lei ordinária não necessita repetir o teor da norma, apontando os devedores solidários que tenham interesse comum na obrigação. Nesse caso, haverá solidariedade mesmo que a lei específica não a preveja.

A doutrina enxerga, nesse primeiro inciso normativo, apenas a **solidariedade entre contribuintes**, cujo interesse comum tem origem na sua vinculação direta com o fato gerador do tributo. Isso se verifica, corriqueiramente, nos casos de condomínio ou composse nas relações tributárias originadas da incidência de impostos sobre o patrimônio. Exemplo: no ITR devido por uma fazenda com vários proprietários, presume-se a solidariedade entre eles, competindo ao fisco o poder para cobrar a dívida inteira de um ou de todos os proprietários, indistintamente.

É só nesse caso, registre-se, que a solidariedade poderá ser presumida: quando alcance mais de uma pessoa como sujeito passivo direto, contribuinte da obrigação tributária. Nos demais casos, assim como na responsabilidade, a **solidariedade não se presume**, resulta expressamente da lei - o que, aliás, é regra geral encartada no Código Civil, art. 265.

b) **Solidariedade de direito**: é aquela expressamente designada por lei, que, para conferir maiores garantias ao crédito tributário, pode determinar a solidariedade mesmo entre pessoas que não tenham interesse comum na situação que configura o fato gerador. Entretanto, essa determinação não pode ser arbitrária, alcançando pessoa que não tenha participado ou concorrido, mesmo que indiretamente, para a realização do fato previsto na hipótese de incidência, pois a tentativa legal de repassar a carga tributária a terceiro que seja completamente alheio à situação fática revela-se em desacordo com os princípios constitucionais tributários.

6.1. Benefício de ordem

A solidariedade tributária **não comporta benefício de ordem**. Assim, a escolha, pelo credor, de quem será cobrada a dívida, tida por **una** e **integral**, é discricionária, podendo efetuar-se da maneira mais cômoda ao fisco: sobre um, alguns ou todos, ao seu alvedrio.

Havendo, por exemplo, dois devedores solidários, um rico, outro pobre, mesmo que o fisco execute a cobrança sobre o pobre, não poderá este alegar situação de menos valia de seu patrimônio, se comparado ao do outro devedor, para se eximir da pretensão creditória, requerendo ao fisco que cobre primeiro do mais rico: não poderá intentar que a Fazenda Pública siga uma **ordem** na cobrança, seja ela qual for (primeiro o de maior patrimônio, primeiro o sócio com maior porcentagem no capital social da empresa etc.).

6.2. Efeitos da solidariedade

Salvo disposição de lei em contrário, são os seguintes os efeitos da solidariedade (CTN, art. 125):

Efeitos da solidariedade
- O pagamento efetuado por um dos obrigados aproveita aos demais;
- A isenção ou remissão de crédito exonera todos os obrigados, salvo se outorgada pessoalmente a um deles, subsistindo, nesse caso, a solidariedade quanto aos demais pelo saldo;
- A interrupção da prescrição, em favor ou contra um dos obrigados, favorece ou prejudica aos demais.

Pode-se depreender efeitos objetivos e subjetivos da sujeição. Os objetivos referem-se ao trato da dívida em si, que, se paga, perdoada ou isenta, alcança todos os devedores, indistintamente. Já os efeitos subjetivos referem-se aos benefícios fiscais que podem ser concedidos em caráter pessoal, exonerando, no caso, apenas o devedor solidário alcançado pela norma graciosa. Exemplo: no caso do IPTU, havendo condomínio indiviso sobre um imóvel com vários proprietários, sendo um deles idoso, caso haja uma lei isentiva de caráter pessoal que conceda isenção total exatamente para pessoas idosas, os outros coproprietários não serão alcançados pela norma, subsistindo solidariedade, pelo saldo devido.

Quanto à interrupção da prescrição, diferentemente do estatuto civil, em que a interrupção operada contra codevedor não prejudica aos demais coobrigados (CC, art. 204), a interrupção do prazo prescricional da pretensão tributária, em favor ou contra um dos obrigados, favorece ou prejudica aos demais devedores solidários.

Como se trata de mais uma norma supletiva, que ressalva a "disposição de lei em contrário", outros poderão ser os efeitos da solidariedade veiculados em lei ordinária específica a determinado tributo. Caso lei ordinária venha atribuir efeitos genéricos ao instituto da solidariedade tributária, estará usurpando a competência atribuída às leis complementares no art. 146, III, da Constituição: "Cabe à lei complementar estabelecer normas gerais em matéria de legislação tributária".

7. CAPACIDADE PASSIVA

A capacidade tributária é definida pela doutrina como a aptidão para ser sujeito ativo ou passivo da obrigação exacional. Uma pessoa será considerada devedora de um tributo com a simples ocorrência do respectivo fato gerador, atendidos todos os aspectos da norma tributária, não se levando em consideração, para tanto, a legitimidade do negócio jurídico subjacente, como já examinado no item sobre a tributação das atividades ilícitas. A sujeição passiva tributária (contribuinte/solidário/responsável) não se condiciona à regularidade formal de seus integrantes nem depende da capacidade civil das pessoas naturais.

O Código delineia a capacidade tributária passiva de maneira extremamente objetiva, atrelando-a à realização concreta do fato gerador, independentemente do status jurídico observado no polo passivo da relação tributária no momento da incidência da norma:

Capacidade tributária passiva independe:
- Da capacidade civil das pessoas naturais;
- De achar-se a pessoa natural sujeita a medidas que importem privação ou limitação do exercício de atividades civis, comerciais ou profissionais, ou da administração direta de seus bens ou negócios;
- De estar a pessoa jurídica regularmente constituída, bastando que configure uma unidade econômica ou profissional.

a) O Código Civil regra a aptidão para ser titular de direitos e deveres jurídicos, a capacidade civil, apartando os capazes dos incapazes e dos relativamente capazes, instituindo mecanismos como a representação e a assistência para **suprir a vontade** daqueles que não podem, por si só, expressar-se validamente.

Ao asseverar a independência quanto à capacidade civil das pessoas físicas, o Código optou pelo caráter econômico da capacidade tributária passiva exatamente porque ela **independe da vontade** daqueles que realizam o fato gerador. É, portanto, ***ex lege***, originando-se diretamente da lei, motivo pelo qual os incapazes que auferem renda são tributados pelo imposto de renda; os incapazes que circulam mercadorias são tributados pelo ICMS; os incapazes proprietários de imóveis são contribuintes de IPTU, ITR etc.

b) Do mesmo modo, as pessoas privadas de suas atividades civis, comerciais, profissionais, ou da administração direta de seus bens ou negócios, mesmo assim se sujeitam ao vínculo obrigacional tributário.

O médico cujo registro profissional foi cassado pelo conselho de classe, e que mesmo assim exerce clandestinamente a profissão, é contribuinte do IR e do ISS. O preso que mantém propriedades não deixa ser contribuinte dos impostos sobre patrimônio por estar em privação de liberdade. Os pródigos interditados continuam submetidos à tributação sobre seus atos e negócios etc.

c) A mesma regra aplica-se às pessoas jurídicas: às sociedades não personificadas – aquelas cujos atos constitutivos existem, mas que ainda não foram inscritos nos registros competentes (CC, art. 986) –; às sociedades irregulares – que funcionam transgredindo ou não preenchendo formalidades legais –; e às sociedades de fato – formadas por simples acordo entre pessoas, sem registro de contrato ou firma. Todas são passíveis de exação tributária.

▸ Como esse assunto foi cobrado em concurso?

(Funrio/ALE/RR/Assessor/2018) Diante da grave crise financeira e dos custos de se regularizar uma atividade empresarial, um casal decide ingressar no comércio de revenda de sapatos de forma irregular como forma de gerar uma renda extra para família. Considerando essa situação, é possível afirmar que, de acordo com o Código Tributário Nacional:

(A) a empresa em questão não poderá ser considerada contribuinte dos tributos incidentes sobre a revenda de mercadorias por não possuir CNPJ.

(B) se os sócios estiverem regularmente inscritos no CPF e desenvolverem atividade lícita, poderá ser reconhecida a capacidade tributária da empresa em questão.

(C) a empresa em questão somente estará sujeita à incidência fiscal se, no prazo de 30 dias após a notificação do Fisco, deixar de proceder às medidas necessárias para a regularização de sua empresa.

(D) basta que tal negócio configure uma unidade econômica, mesmo sem estar regularmente constituída, para que fique configurada a sua capacidade tributária passiva.

Resposta: Alternativa "D".

8. DOMICÍLIO TRIBUTÁRIO

A definição de domicílio é de extrema importância prática para a administração dos tributos, pois se trata do local onde as comunicações e as auditorias fiscais são realizadas e onde, normalmente, são arquivados os livros fiscais e a escrita contábil.

Antigamente, a definição de domicílio era de muita importância, visto que também era considerado local de pagamento dos tributos, já que as estruturas fazendárias contavam com os "coletores" de impostos. Hoje, com o progresso da telemática, cabe ao contribuinte, regra geral, dirigir-se aos bancos credenciados para o pagamento dos tributos.

Quanto à própria definição da legislação aplicável, o domicílio revela-se fator que **atrai a territorialidade da lei tributária**, principalmente no que diz respeito a empresas com filiais espalhadas por vários entes tributantes e a certos impostos, como o ISS, que levam em consideração, na tipicidade da sua incidência, o local onde o serviço foi prestado, para vários efeitos, até mesmo o de responsabilização por substituição tributária.

A regra geral do domicílio tributário é a de **eleição** pelo sujeito passivo, seja contribuinte ou responsável. Somente na falta da eleição é que o art. 127 do CTN considera como domicílio:

Domicílio tributário, na falta de eleição
- Das pessoas naturais: a residência habitual, ou, se incerta ou desconhecida, o centro habitual de sua atividade; - Das pessoas jurídicas de direito privado: o lugar da sede, ou, em relação aos atos ou fatos que derem origem à obrigação, o de cada estabelecimento; - Das pessoas jurídicas de direito público: qualquer de suas repartições no território da entidade tributante.
Na impossibilidade de aplicação dessas regras ou Na recusa do domicílio eleito pelo fisco
- Considera-se domicílio tributário o lugar da situação dos bens ou da ocorrência dos fatos geradores das obrigações respectivas.

Caso a situação fática impeça a definição do domicílio pelas regras presentes no Código, o fisco deve considerar como domicílio tributário o lugar da situação dos bens ou da ocorrência dos fatos geradores das obrigações respectivas.

Por fim, pode a autoridade administrativa **recusar o domicílio eleito**, quando este impossibilite ou dificulte a arrecadação ou a fiscalização do tributo, considerando domicílio tributário o lugar da situação dos bens ou da ocorrência dos fatos geradores das obrigações respectivas (CTN, art. 127, § 2º). A recusa, como qualquer ato administrativo, deve ser fundamentada.

▸ **Como esse assunto foi cobrado em concurso?**

(FCC/Sefaz/GO/Auditor/2018) Relativamente ao domicílio tributário do sujeito passivo, o CTN:

(A) estabelece que o domicílio da pessoa jurídica de direito privado, em relação aos atos ou fatos que derem origem à obrigação, é o lugar de cada estabelecimento seu, desde que outro não seja por ela eleito.

(B) permite, como regra, que o contribuinte o escolha livremente, vedada essa possibilidade ao responsável.

(C) estabelece que é aquele previsto na lei que instituir cada tributo, ou, no caso de ser permitida sua eleição pelo contribuinte, é vedada sua alteração dentro de um mesmo exercício.

(D) dispõe que, na falta de eleição, o domicílio tributário das pessoas naturais será o local de residência do parente mais próximo do sujeito passivo.

(E) estabelece que o domicílio da pessoa natural é a sua residência habitual, ficando facultado à autoridade administrativa elegê-lo apenas nos casos em que essa residência habitual for incerta ou desconhecida.

Resposta: Alternativa "A".

Capítulo

IX

Responsabilidade Tributária

1. DEFINIÇÃO

A relação tributária envolve, de um lado, a Fazenda Pública e, de outro, o sujeito passivo que, para o CTN (art. 121, parágrafo único), pode ser o contribuinte ou o responsável:

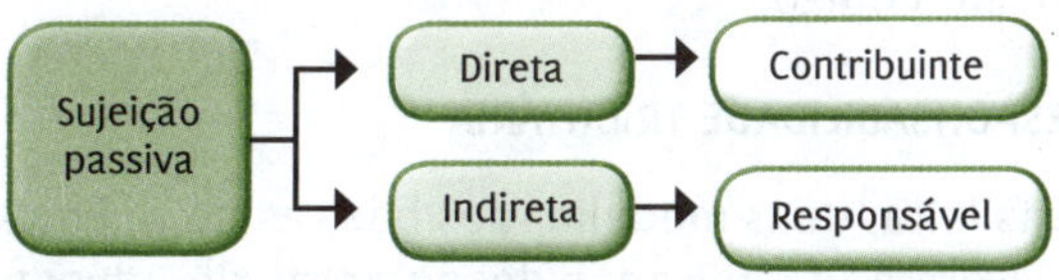

A opção legal pela modificação subjetiva no polo passivo da obrigação decorre de questões de fato ou de direito imperativas para a preservação do interesse do fisco ou de simples razões de conveniência que possibilitem racionalizar e simplificar a fiscalização e o controle da arrecadação tributária. Exemplo, no primeiro caso, é a responsabilidade por sucessão, quando o devedor originário deixa de existir, sendo sucedido por outro, que também assume seu ônus tributário; no segundo caso, as atuais substituições tributárias, bastante utilizadas para centralizar a arrecadação e o controle fazendários sobre um número menor de sujeitos passivos, que "substituem" inúmeros outros contribuintes originários.

Pré-requisitos para atribuição da responsabilidade
- É obrigatória sua veiculação em lei;
- Só pode ser atribuída a terceiro vinculado ao fato gerador da obrigação;
- Deve ser prevista expressamente;
- Pode excluir a responsabilidade do contribuinte ou atribuir-lhe caráter supletivo;
- Não pode o tipo legal criado conflitar com aqueles previstos no CTN.

1º) Como a atribuição da responsabilidade cria vínculo obrigacional entre o responsável e o fisco, somente lei formal pode permiti-la, o que, além de previsto no CTN (arts. 121, II, e 128), é regra constitucional (CF, art. 5º, II): "ninguém será obrigado a fazer ou deixar de fazer alguma coisa senão em virtude de lei".

2º) Há limite ao conteúdo normativo da própria lei que veicula a responsabilidade tributária, vedando o deslocamento arbitrário da sujeição passiva para pessoas totalmente estranhas ao fato gerador. Um liame mínimo de vinculação entre o fato tributário e o responsável deve ser observado.

3º) A previsão legal de responsabilidade tributária deve ser expressa e clara, evitando ambiguidades. Como cria obrigações para o destinatário da norma, deve revestir-se dos cuidados exigidos pela tipicidade tributária cerrada.

4º) Segundo o art. 128 do CTN, a lei, ao atribuir responsabilidade, pode excluir a do contribuinte ou atribuir-lhe caráter supletivo pelo cumprimento total ou parcial da obrigação originária.

5º) Não é tão ampla a liberdade conferida à legislação tributária para criar figuras de responsável tributário, já que as normas infracomplementares não podem inovar para anular as normas gerais previstas no CTN, ou com elas conflitar. Preservam-se, assim, os "tipos-padrão" de responsabilidade previstos no Código.

2. TIPOLOGIA DA RESPONSABILIDADE TRIBUTÁRIA

Na doutrina brasileira, duas modalidades básicas de definição do sujeito passivo responsável já eram identificadas desde antes do advento do CTN (Amaro, 2001):

a) A **substituição**, em que a lei desde logo põe o "terceiro" no lugar da pessoa que naturalmente seria tida por contribuinte, ou seja, a obrigação tributária já nasce com o seu polo passivo ocupado por um substituto legal tributário;

b) A **transferência**, em que a obrigação de um devedor (que pode ser um contribuinte ou um responsável) é deslocada para outra pessoa, em razão de algum evento. Por exemplo, incorporada a empresa "A", a obrigação tributária de que era sujeito passivo (na condição de contribuinte ou de responsável) é transferida para a incorporadora (que passa a figurar como responsável). Pode ocorrer, portanto, que a obrigação tributária de um sujeito passivo que já possua a condição de responsável se transfira para outra pessoa, que também se dirá responsável.

Ambas dizem respeito ao momento em que alguém, que não o contribuinte, ingressa no polo passivo da obrigação, ocupando a posição de devedor.

Essa tipologia, unida à sistemática presente no CTN – que prevê três subespécies de responsabilidade –, pode ser resumida da seguinte forma:

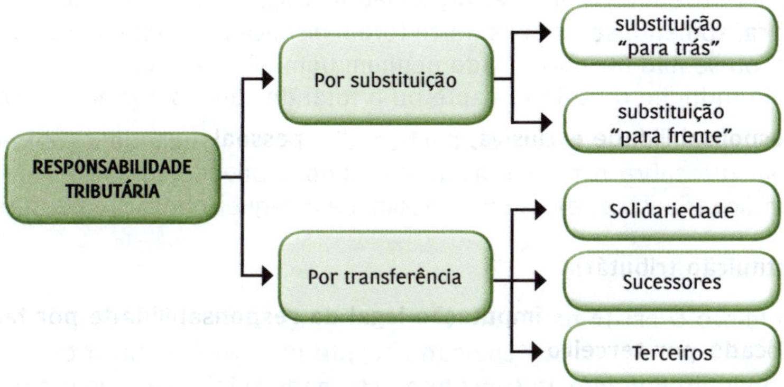

▸ **Como esse assunto foi cobrado em concurso?**

(Iades/ALE/GO/Procurador/2019) No que se refere à responsabilidade tributária, assinale a alternativa correta.

(A) A responsabilidade tributária importa na responsabilidade do espólio pelas obrigações tributárias já ocorridas e as futuras do de cujus até a data de abertura da sucessão.

(B) Não haverá sucessão de responsabilidade tributária na aquisição de unidade produtiva, realizada em processo de falência, seja quem for o adquirente.

(C) A substituição tributária caracteriza hipótese de sujeição passiva indireta, definida em lei, na qual a responsabilidade tributária é atribuída a um terceiro que não praticou o fato tributável.

(D) O inadimplemento da obrigação tributária pela sociedade empresária gera, por si só, a responsabilidade do sócio-gerente.

(E) A denúncia espontânea caracteriza-se como mecanismo indutor de cumprimento da legislação tributária e, por essa razão, pode ser apresentada a qualquer momento, a fim de excluir a responsabilidade pessoal do agente que cometeu infração da legislação tributária.

Resposta: Alternativa "C".

2.1. Gradação da responsabilidade tributária

Pode-se, noutro giro, catalogar os tipos de responsabilidade tributária pela gradação – intensidade – com que é imposta ao sujeito passivo indireto. Fala-se em responsabilidades: solidária, subsidiária e exclusiva.

- **Responsabilidade solidária** quando mantém o devedor originário e o responsável num mesmo patamar de exigibilidade do *quantum debeatur* perante o fisco, que pode, assim, eleger, a seu juízo, de quem cobrar a dívida.

- **Responsabilidade subsidiária**, também denominada **supletiva**, quando competir ao credor seguir uma ordem na exigência da dívida, cobrando-a, primeiro e integralmente, do devedor originário, isto é, do contribuinte, para, somente se os bens deste forem insuficientes para solver o montante, ou se não for encontrado nenhum bem, virar-se contra o responsável, cobrando-lhe o saldo restante ou o total devido, conforme o caso.
- **Responsabilidade exclusiva**, também dita **pessoal**, quando a cobrança recai somente sobre o responsável, afastando o devedor originário da relação jurídico-tributária, eximindo-o, assim, de qualquer obrigação perante o fisco.

2.2. Substituição tributária

Substituição consiste na **imputação legal da responsabilidade por fato gerador praticado por terceiro** - chamado sujeito passivo originário ou substituído - vinculado indiretamente ao substituto - chamado sujeito passivo indireto -, que arca com o ônus tributário de maneira própria, eis que a dívida é sua, estando obrigado a pagá-la.

É uma estratégia de tributação moderna, voltada para a sociedade de consumo, para a sociedade de massas, em que os fatos geradores tributários ocorrem pulverizados numa velocidade tal, e em número tão elevado, que somente a concentração de seu controle em um menor número de obrigados possibilita ao Estado arrecadar seus haveres.

2.2.1. *Substituição tributária "para frente"*

É quando a lei impõe ao substituto - geralmente produtor industrial de bebidas, cigarros, combustíveis, energia elétrica, veículos e remédios - a responsabilidade pelo recolhimento de obrigações oriundas de fatos geradores futuros, cujos acontecimentos, presume-se, acontecerão no decorrer da cadeia de circulação do produto. Alguns estudiosos também a chamam de **substituição progressiva** - o que não é recomendável, por misturar conceitos tipológicos, como o de progressividade e o de regressividade tributária, ao fenômeno da responsabilização.

Trata-se de uma **antecipação de recolhimento** que, por se referir a fatos geradores futuros, é denominada de antecipação sobre **fatos geradores presumidos**. Esse tipo de tributação foi permitido no ordenamento brasileiro pela LC nº 44/1983, introduzido no ICM pelo Convênio nº 66/1988, e sofreu sérias críticas a respeito de sua constitucionalidade, que foi mantida em decisões do STF. Finalmente, por meio da EC nº 03/1993, foi inserido na Carta Magna:

> Art. 150, § 7º A lei poderá atribuir a sujeito passivo de obrigação tributária a condição de responsável pelo pagamento de imposto ou contribuição, cujo fato gerador deva ocorrer posteriormente, assegurada a imediata e preferencial restituição da quantia paga, caso não se realize o fato gerador presumido.

Como exemplo desse tipo de substituição tributária, pode ser citado o do mercado de combustíveis: segundo o Anuário Estatístico 2007 da Agência Nacional do Petróleo - ANP, o varejo brasileiro de combustíveis caracteriza-se por ser um mercado altamente fragmentado, composto de 536 distribuidoras e mais de 34.000 postos de revenda de combustíveis.

Nesse panorama, a opção de tributação feita pelas diversas Fazendas Públicas dá-se entre fiscalizar e controlar todas as operações ocorridas na cadeia produção-distribuição-venda-revenda, a um altíssimo custo e com pouco eficácia; ou concentrar o número de fiscalizados e controlados, com a utilização da sistemática da substituição tributária, a custo menor e com maior probabilidade de combater a sonegação e a inadimplência no setor.

Frente a números tão gigantescos, e à parcela significativa de recursos que advêm da cobrança de tributos sobre combustíveis, por óbvio preferem os fiscos optar pela substituição tributária, elegendo as distribuidoras – ou até as próprias refinarias, que são bem poucas –, como substitutas das operações posteriores.

Na tabela-exemplo, abaixo, a refinaria faz as vezes de substituto tributário, recolhendo de uma só vez todos os tributos que, presume-se, incidirão nas plurifases subsequentes da cadeia de produção-consumo:

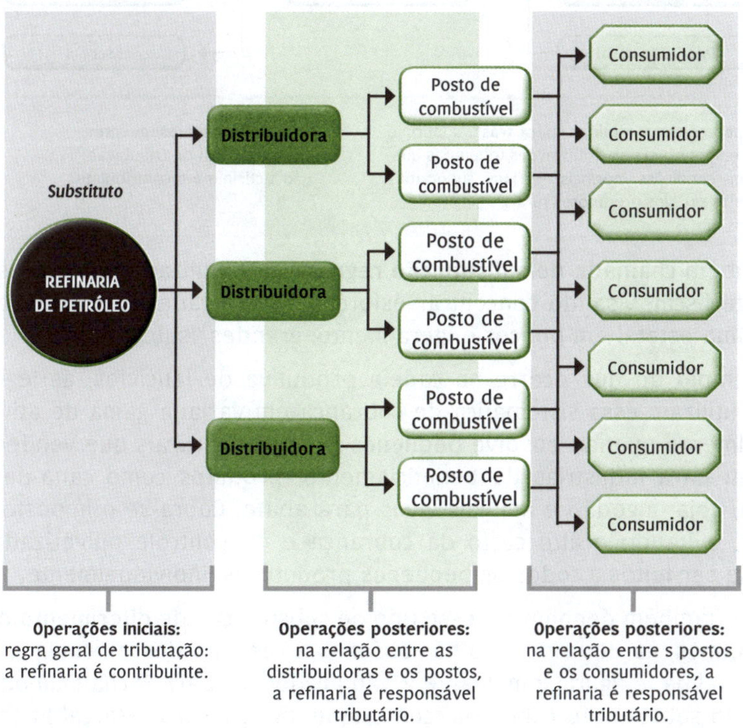

Regra geral, na substituição "para frente", o valor do tributo é calculado de acordo com **pautas fiscais** estabelecidas em lei, que nada mais são do que **presunções legais** que estimam a base de cálculo do tributo – o valor da mercadoria ou produto.

2.2.2. *Substituição tributária "para trás"*

A substituição tributária "para trás" ocorre quando o substituto, que é um contribuinte de direito (comerciante ou industrial) adquire mercadoria de outro contribuinte, em geral, produtores de pequeno porte ou comerciantes individuais, responsabilizando-se pelo pagamento do tributo substituído e pelo cumprimento das obrigações tributárias. Tal como o diferimento, **implica o adiamento do recolhimento do tributo**.

Exemplo dessa substituição ocorre na aquisição, pela indústria de laticínio, do leite "in natura", em que o industrial, melhor organizado empresarialmente, torna-se substituto do produtor rural, que não tem possibilidade de emitir notas fiscais e manter escrituração contábil, como demonstra a seguinte figura:

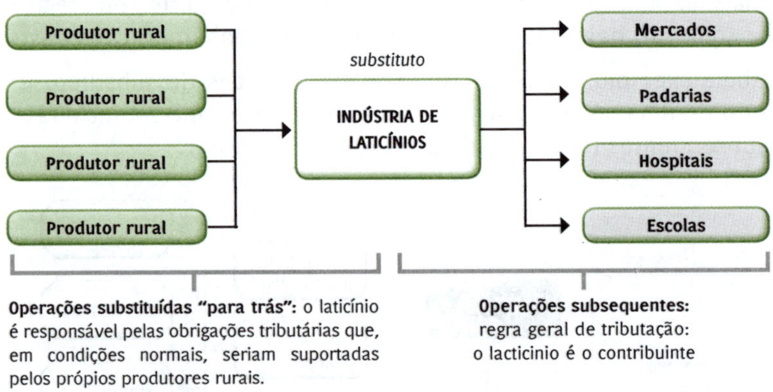

É também chamada de **substituição regressiva**. É utilizada por razões de comodidade fiscal, visando concentrar esforços de arrecadação e de fiscalização da máquina estatal em poucos e, geralmente, grandes "substitutos".

A exemplo do que ocorre na cadeia produtiva de laticínios, as legislações de ICMS utilizam essa sistemática de cobrança em variada gama de atividades, principalmente quando envolve pequenos produtores rurais que vendem, para usinas ou para indústrias de beneficiamento, produtos como cana-de-açúcar, mamona, soja, algodão e animais vivos para abate. Cobra-se o imposto do adquirente, evitando o alto custo da cobrança e do controle pulverizados, que teriam de ser feitos a todos os pequenos produtores, individualmente.

Muitos também denominam esse tipo de substituição de **diferimento do recolhimento**, mas, na doutrina, não há consenso a respeito desse *nomen juris*. Para Geraldo Ataliba, é figura semelhante à não incidência; para Sacha Calmon, é uma espécie de substituição tributária, com o que não concorda Marçal Justen Filho, para quem a figura do diferimento não se confunde com a da substituição, pois aquele subsume o pagamento do tributo à ocorrência de um evento futuro e incerto, que é a nova operação relativa à circulação da mesma mercadoria, sendo a substituição, apenas a modificação jurídica do sujeito passivo.

O STF, por sua vez, já exarou decisão por meio da qual entende que o diferimento possui feições de substituição tributária, porquanto libera da respectiva obrigação o contribuinte originário, exigindo-a do substituto (RE 111427).

> **Como esse assunto foi cobrado em concurso?**
>
> (Cespe/Sefaz/RS/Auditor/2019) Determinada lei estadual transferiu para momento posterior o pagamento de tributo referente à saída de mercadoria de produção própria entre um produtor e uma cooperativa. Nessa situação hipotética, verifica-se hipótese de responsabilidade por
>
> (A) transferência progressiva.
> (B) transferência de terceiros.
> (C) substituição regressiva.
> (D) transferência regressiva.
> (E) substituição progressiva.
>
> *Resposta: Alternativa "C".*

3. RESPONSABILIDADE TRIBUTÁRIA NO CTN

3.1. Responsabilidade por sucessão

> Art. 129. O disposto nesta Seção aplica-se por igual aos créditos tributários definitivamente constituídos ou em curso de constituição à data dos atos nela referidos, e aos constituídos posteriormente aos mesmos atos, desde que relativos a obrigações tributárias surgidas até a referida data.

A responsabilidade é fenômeno que diz respeito à obrigação tributária, pois o crédito constitui-se em momento posterior ao daquela, daí advertir o Código quanto aos créditos constituídos **antes** ou **após** a data sucessória, desde que se refiram a fatos geradores ocorridos até aquele momento, que marca a assunção do ônus tributário do antigo devedor pelo sucessor.

No que respeita à cobrança dos créditos, a responsabilidade é motivo para redirecioná-la, seja administrativamente, seja em execução fiscal, porque, na maioria dos casos, o sucessor ingressa na relação jurídico-tributária com o lançamento já definitivamente constituído em nome do sucedido.

> **Qual o entendimento do STF sobre esse ponto:**
>
> - A imunidade tributária recíproca (CF, art. 150, VI, a) não afasta a responsabilidade tributária por sucessão, na hipótese em que o sujeito passivo era contribuinte regular do tributo devido. (RE 599176, repercussão geral)

- **Qual o entendimento do STJ sobre esse ponto:**
- A responsabilidade tributária da sucessora abrange, além dos tributos devidos pela sucedida, as multas moratórias ou punitivas que, por representarem dívida de valor, acompanham o passivo do patrimônio adquirido, desde o fato gerador ocorra até a data da sucessão. Isso porque a responsabilidade abrange, nos termos do art. 129 do CTN, os créditos definitivamente constituídos, em curso de constituição ou constituídos posteriormente aos mesmos atos, desde que relativos a obrigações tributárias surgidas até a referida data. (REsp 923012, recurso repetitivo)

3.1.1. Adquirente de bem imóvel

A aquisição da propriedade imóvel pode revestir-se de duas naturezas distintas (Gonçalves, 2003):

a) **Originária**, quando não há transmissão de um sujeito para outro, como ocorre na **acessão natural**, na **usucapião** e, também, na **arrematação em hasta pública**, casos em que a propriedade é incorporada ao patrimônio livre de qualquer limitação, vício ou ônus que sobre ela pesavam;

b) **Derivada**, quando resulta de uma relação negocial entre o anterior proprietário e o adquirente, havendo, pois, uma transmissão do domínio em razão da manifestação de vontade, caso em que a transmissão é feita com os mesmos atributos e eventuais limitações, vícios e ônus que recaíam sobre a propriedade.

Normatizando a responsabilidade tributária no caso de transferência, *lato sensu*, de bens imóveis, aduz o CTN:

> **Art. 130.** Os créditos tributários relativos a impostos cujo fato gerador seja a propriedade, o domínio útil ou a posse de bens imóveis, e bem assim os relativos a taxas pela prestação de serviços referentes a tais bens, ou a contribuições de melhoria, sub-rogam-se na pessoa dos respectivos adquirentes, salvo quando conste do título a prova de sua quitação.
>
> **Parágrafo único.** No caso de arrematação em hasta pública, a sub-rogação ocorre sobre o respectivo preço.

Ou seja, em caso de aquisição de imóveis, os créditos tributários deles oriundos:

Regra geral	Exceções
sub-rogam-se na pessoa dos adquirentes	**não se sub-rogam**
- IPTU, - ITR; - taxas imobiliárias; - contribuição de melhoria.	- Se constar do título a prova da quitação; - Se arrematados em hasta pública.

O Código utiliza o termo **adquirente** em sentido amplo, referindo-se àqueles que incorporam imóvel em seu patrimônio por variados meios, compra e venda, doação etc., que exprimem uma **relação jurídica** entre o adquirente e o antigo proprietário, possuidor ou titular do domínio útil, tratando, portanto, de aquisições derivadas.

Mas, nos casos de **aquisição originária**, que é aquela em que não existe nenhuma relação jurídica entre o novo titular do direito e o anterior, não se deve falar em transmissão de ônus tributário incidente sobre os imóveis. Quanto a esses casos, o Código só regulou o relativo à aquisição em hasta pública, não mencionando o caso de acessão natural (que é de ocorrência raríssima no mundo dos fatos), nem de usucapião, bastante corriqueiro. Apesar dessa omissão, a jurisprudência é pacífica em defender a não sub-rogação de dívidas tributárias imobiliárias de imóveis usucapidos.

Na arrematação em **hasta pública**, que é o leilão do imóvel, realizado pelo Poder Público para saldar dívidas em execução judicial (cível, trabalhista, previdenciária etc.), a sub-rogação ocorre sobre o respectivo preço. E, mesmo que este seja insuficiente para cobrir o débito tributário, o arrematante não se responsabiliza pelo saldo, que deve ser cobrado do antigo proprietário. Exemplo: se um imóvel é leiloado para cobrir dívidas trabalhistas de R$ 70.000,00, e arrematado por R$ 100.000,00, caso haja dívida de IPTU no valor de R$ 50.000,00, o saldo – R$ 20.000,00 – será ônus do antigo proprietário.

Portanto, o arrematante em hasta pública não é responsável tributário e recebe o imóvel livre e desembaraçado de qualquer ônus.

A prova da quitação dos tributos – geralmente a certidão negativa de débitos – demonstra a extinção das obrigações tributárias até então. Entretanto, como tal declaração fazendária pode conter omissões relativas a créditos que não sejam de seu conhecimento no momento da expedição da CND, o fisco mantém a possibilidade de cobrá-los, mas só poderá fazê-lo em relação ao antigo proprietário, em virtude de o adquirente eximir-se dessa responsabilidade.

3.1.2. Adquirente ou remitente de bem móvel

De acordo com art. 131, I, do CTN, o adquirente (ou remitente) é pessoalmente responsável pelos tributos relativos aos bens adquiridos ou remidos.

A norma é direcionada aos adquirentes e remitentes de **bens móveis**, pois, tratando-se de bens imóveis, como já visto, a disciplina é a do art. 130. Aqui, diferentemente, não há exceções à responsabilização do sucessor:

Responsabilidade tributária dos sucessores		
Aquisição de bens	**Norma aplicável**	**Exceções**
Imóveis	CTN, art. 130	– Certidão negativa; – Arrematação em hasta pública.
Móveis	CTN, art. 131	Não são previstas.

Em termos genéricos, o cumprimento da obrigação pecuniária pelo devedor no curso do processo executivo denomina-se remição da execução. É instituto previsto no art. 826 do CPC/15: "Antes de adjudicados ou alienados os bens, o executado pode, a todo tempo, remir a execução, pagando ou consignando a importância atualizada da dívida, acrescida de juros, custas e honorários advocatícios."

3.1.3. Sucessão "causa mortis"

> **Art. 131.** São pessoalmente responsáveis: [...] II – O sucessor a qualquer título e o cônjuge meeiro, pelos tributos devidos pelo de cujus até a data da partilha ou adjudicação, limitada esta responsabilidade ao montante do quinhão do legado ou da meação; III – O espólio, pelos tributos devidos pelo "de cujus" até a data da abertura da sucessão.

As hipóteses previstas nos incisos II e III do art. 131 do CTN, por se referirem a tributos devidos pelo *de cujus* ou pelo seu espólio, são casos de **sucessão *causa mortis***, pois a assunção do patrimônio, assim como do ônus tributário, advém do falecimento, pois é nesse momento que se considera **aberta a sucessão**, cujo efeito é a transmissão imediata da herança aos herdeiros legítimos e testamentários (CC, art. 1.784).

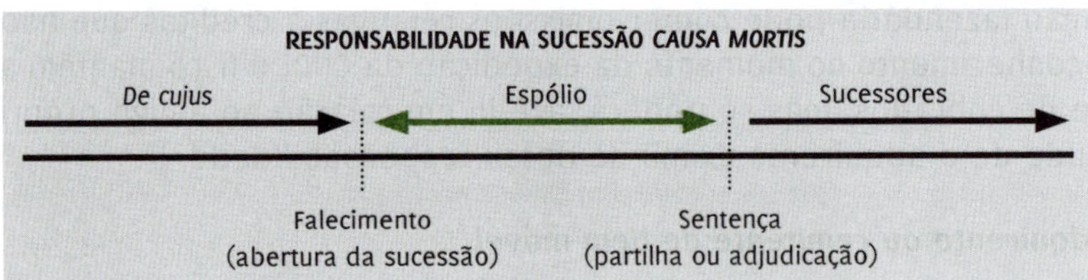

À universalidade de bens e direitos deixados pelo falecido dá-se o nome de **espólio**, ente despersonificado, tido legalmente por um todo unitário e indivisível até a data da partilha, regulado pelas normas relativas ao condomínio (CC, art. 1.791, parágrafo único).

Não ser o espólio dotado de personalidade jurídica não acarreta qualquer empecilho para que seja tido como responsável tributário, pois, de acordo com o art. 126 do CTN, a capacidade tributária passiva – que engloba tanto a figura do contribuinte quanto a do responsável – independe: (a) da capacidade civil das pessoas naturais; (b) de achar-se a pessoa natural sujeita a medidas que importem privação ou limitação do exercício de atividades civis, comerciais ou profissionais, ou da administração direta de seus bens ou negócios; (c) de estar a pessoa jurídica regularmente constituída, bastando que configure uma unidade econômica ou profissional, que é, exatamente, o caso do espólio.

O CTN (art. 131, III), assim, elege o espólio como responsável pelas dívidas tributárias cujos fatos geradores tenham ocorrido até a data do falecimento do *de cujus*. Já na fase do inventário – intervalo entre o falecimento e a partilha –, a sujeição passiva do espólio passa a ter natureza híbrida, dupla, pois este é tido como **responsável** pelas dívidas deixadas pelo morto e como **contribuinte** de suas próprias dívidas, que são aquelas cujos fatos geradores ocorram após a abertura da sucessão, isto é, após o falecimento do *de cujus*. Exemplo: como os bens deixados permanecem objeto de tributação, fatos geradores continuam incidindo sobre as propriedades imóveis (IPTU, taxas), automóveis (IPVA), rendimentos de numerários (IR, IOF, CPMF) etc. Os créditos tributários originados desses "novos" fatos geradores constituirão dívida própria do espólio, como contribuinte, já que não mais podem ser vinculados diretamente ao *de cujus*, nem aos seus sucessores, haja vista que os bens ainda não foram individualizados e partilhados.

▸ **Como esse assunto foi cobrado em concurso?**

(FMP/PGE/AC/Procurador/2017) Segundo o CTN, no que tange à responsabilidade tributária, é correto afirmar que

(A) o adquirente, em leilão judicial, de estabelecimento comercial ou fundo de comércio em processo de falência, é pessoalmente responsável por tributos devidos até a data da aquisição.

(B) o cônjuge e o sucessor a qualquer título ficam responsáveis pelos tributos devidos pelo "de cujus" até a data da partilha ou adjudicação, limitada a responsabilidade ao montante da herança.

(C) o alienante de bem imóvel é responsável pelo IPTU, no caso de ter assumido em escritura pública a obrigação por tributo relativo a fato gerador acontecido antes da transmissão, quando não houver prova de quitação de tributos.

(D) o arrematante de bem imóvel, no caso de arrematação em hasta pública, é responsável pelos tributos devidos por fatos geradores anteriores à arrematação.

(E) Nenhuma das alternativas acima está correta.

Resposta: Alternativa "B".

Na sucessão *causa mortis*, há limitação da responsabilidade, porque os encargos tributários assumidos pelos sucessores não podem ultrapassar o montante reservado a cada um, o chamado **quinhão hereditário**. Assim, a herança pode transferir dívidas, mas não pode transferir **só dívidas**, isto é, se os bens e direitos deixados tiverem valor inferior aos débitos, estes não serão assumidos pelos sucessores, pois, no dizer do art. 1.792 do Código Civil: "O herdeiro não responde por encargos superiores às forças da herança; incumbe-lhe, porém, a prova do excesso, salvo se houver inventário que a escuse, demonstrando o valor dos bens herdados". A dívida tributária, nesse caso, deverá ser tida por extinta, pela impossibilidade de cumprimento da obrigação, que, a despeito da ocorrência corriqueira, não é contemplada no CTN (vide capítulo Extinção do crédito tributário).

Apesar de o inciso III restringir a responsabilidade apenas aos tributos, a jurisprudência entende vincular-lhe também as multas moratórias. Para o STJ, nesse caso, a expressão **créditos tributários** inclui as multas moratórias (1ª T. REsp 295222. DJ 10.9.2001).

Doutrina minoritária entende que (diferentemente da possibilidade vislumbrada no CTN, art. 130, em que a prova de quitação dos débitos - CND - elide a responsabilidade do adquirente de imóvel por créditos tributários constituídos posteriormente à aquisição, mas não impede a Fazenda Pública de cobrá-los do proprietário anterior) o fato de a CND respectiva constar do processo de inventário exclui totalmente a responsabilidade dos herdeiros, legatários e do cônjuge meeiro, a teor do disposto no art. 192 do Código: "Nenhuma sentença de julgamento de partilha ou adjudicação será proferida sem prova da quitação de todos os tributos relativos aos bens do espólio, ou às suas rendas".

O entendimento em contrário é visto como ilógico, pois: (a) ou os débitos seriam cobrados do contribuinte originário, que não mais existe; ou (b) seriam cobrados dos sucessores, violando a segurança jurídica da sentença de partilha ou de adjudicação.

Assim, para essa vertente, a responsabilidade dos sucessores pelos tributos devidos até a data da partilha ou adjudicação deve referir-se àquelas dívidas expressamente consignadas na sentença, constituídas ou em constituição, mas nunca àquelas ainda "não descobertas pelo fisco".

Para a doutrina dominante, porém - escorada no alcance do disposto no art. 129, parte final, do CTN: "O disposto nesta Seção aplica-se por igual aos créditos tributários definitivamente constituídos ou em curso de constituição à data dos atos nela referidos, **e aos constituídos posteriormente aos mesmos atos, desde que relativos a obrigações tributárias surgidas até a referida data**" -, não há limitação temporal à atividade do fisco, cabendo a cobrança da dívida tributária descoberta após a partilha de modo proporcional ao quinhão que cada sucessor recebeu, conforme preconiza o art. 1.997 do Código Civil - repare-se que, nesse caso, por falta de disciplinamento no CTN, o fisco não pode ter tal dívida por solidária, escolhendo de quem irá cobrá-la, pois tal opção só é plausível se expressa em lei.

3.1.4. Sucessão empresarial

3.1.4.1. Conceitos gerais

O art. 131 do CTN trata da extinção da pessoa física - falecimento - e da atribuição de responsabilidade tributária deste fato derivada. Já o art. 132 traz preceito semelhante, direcionado para as pessoas jurídicas, cuja responsabilização tributária recai sobre seus "sucessores", em caso de fusão, transformação, incorporação e cisão (esta última modalidade não é referenciada pelo Código, mas amplamente aceita pela doutrina).

A sucessão empresarial, diferentemente da sucessão "causa mortis", não deriva de um fato ou ato que fulmine personalidade jurídica, mas sim de operações que vertam patrimônio da empresa sucedida, total ou parcialmente, para outras pessoas jurídicas.

Sucessão	Norma aplicável	Motivo
Pessoal.	CTN, art. 131.	Extinção da pessoa física.
Empresarial.	CTN, art. 132.	Versão do patrimônio da pessoa jurídica.
Empresarial.	CTN, art. 132, parágrafo único.	Extinção da pessoa jurídica (prosseguimento da exploração).

- **Qual o entendimento do STJ sobre esse ponto:**
- Na hipótese de sucessão empresarial, a responsabilidade da sucessora abrange não apenas os tributos devidos pela sucedida, mas também as multas moratórias ou punitivas referentes a fatos geradores ocorridos até a data da sucessão. (Súmula 554)

Segundo o CTN, a pessoa jurídica de direito privado que resultar de fusão, transformação ou incorporação de outra ou em outra é responsável pelos tributos devidos até à data do ato pelas pessoas jurídicas de direito privado fusionadas, transformadas ou incorporadas. A definição desses institutos é feita nas leis civis, conforme o quadro abaixo:

Tipos de versão de patrimônio empresarial	
Fusão	determina a extinção das sociedades que se unem, para formar sociedade nova, que a elas sucederá nos direitos e obrigações. (CC, art. 1.119)
Transformação	independe de dissolução ou liquidação da sociedade, e obedecerá aos preceitos reguladores da constituição e inscrição próprios do tipo em que vai converter-se. (CC, art. 1.113)

Tipos de versão de patrimônio empresarial	
Incorporação	quando uma ou várias sociedades são absorvidas por outra, que lhes sucede em todos os direitos e obrigações, devendo todas aprová-la, na forma estabelecida para os respectivos tipos. (CC, art. 1.116)
Cisão	o Código Civil, apesar de referir-se ao instituto nos arts. 1.122 e 2.033, não o define, o que é feito pelo art. 227 da Lei das S.A. (Lei nº 6.404/76): a operação pela qual a companhia transfere parcelas do seu patrimônio para uma ou mais sociedades, constituídas para esse fim ou já existentes, extinguindo-se a companhia cindida, se houver versão de todo o seu patrimônio, ou dividindo-se o seu capital, se parcial a versão.

A omissão do Código Tributário quanto ao instituto da cisão deve-se ao fato de que, à época de sua edição, no ano de 1966, o Decreto-lei nº 2.627/1940, que regulava as sociedades por ações, não a previa em seu texto. Inovação que foi trazida ao direito empresarial brasileiro somente em 1976, com a Lei das S.A. (Lei nº 6.404). As várias modificações posteriores ao CTN, entretanto, não sanaram essa omissão.

3.1.4.2. Sucessão empresarial em caso de extinção

O parágrafo único do art. 132 estende a aplicação da responsabilidade por sucessão aos casos de **extinção** da pessoa jurídica de direito privado, quando a exploração da respectiva atividade seja continuada por qualquer **sócio remanescente**, ou seu espólio, sob a mesma ou outra razão social, ou sob firma individual.

Aqui não importa a forma assumida pela entidade que continua a exploração. Para a responsabilização tributária é suficiente que, **de fato**, a mesma atividade continue sendo desenvolvida por alguém que tenha sido sócio do empreendimento extinto, ou pelo espólio deste ex-sócio. Aliás, a qualidade de sócio é essencial para configurar a sucessão tributária.

É caso de aferição da capacidade contributiva independentemente de estar a pessoa jurídica regularmente constituída, bastando que configure uma unidade econômica ou profissional (CTN, art. 126, III).

3.1.5. Sucessão de fundo de comércio ou de estabelecimento

O CTN regula os casos de responsabilidade tributária quando há aquisição de fundo de comércio ou estabelecimento comercial, industrial ou profissional, na hipótese de o adquirente continuar a respectiva exploração, sob a mesma ou outra razão social ou sob firma ou nome individual, vinculando tal responsabilidade ao comportamento do alienante após a alienação.

Não existe conceito legal que defina o **fundo de comércio**, mas a doutrina diz que: "é representado pelo ponto, prestígio, clientela, nome comercial, marcas de fábrica etc.".

Já o **estabelecimento comercial** é definido no CC, art. 1.142, como sendo "todo complexo de bens organizado, para exercício da empresa, por empresário, ou por sociedade empresária".

O estabelecimento não se confunde com a empresa. Esta é todo um complexo de valores, materiais, imateriais e humanos, conceituada juridicamente como atividade econômica organizada. Aquele, o instrumento de que se vale o titular da empresa – o empresário – para a consecução da finalidade produtiva, sendo, portanto, um dos elementos da empresa.

Apesar da distinção entre estabelecimento e fundo de comércio (o primeiro como unidade física; o segundo como universalidade de bens materiais e imateriais da empresa), os doutrinadores entendem que ambos os institutos estão presentes na norma tributária somente para que a discussão a respeito de suas características particulares não impossibilite a incidência da responsabilidade tributária. Assim, para o CTN, é irrelevante a distinção entre fundo de comércio e estabelecimento comercial, em sede de responsabilidade.

Relevante mostra-se, isto sim, se o alienante cessou ou continuou a desenvolver atividade empresarial após a alienação, o que condicionará a natureza da responsabilidade do adquirente.

Segundo o art. 133 do CTN:

Responsabilidade do adquirente na aquisição de fundo de comércio ou estabelecimento comercial	
Integral	**Subsidiária**
Se o alienante cessa a exploração.	Se o alienante prossegue na exploração ou inicia, em até 6 meses, nova atividade no mesmo ou em outro ramo de comércio.

Os dois casos são pré-requisitos da responsabilização pelos tributos, relativos ao fundo ou estabelecimento adquirido, devidos até à data da alienação, com a condição de que o adquirente **continue a explorar o empreendimento**. Importa observar se o novo empreendimento é de **atividade diversa** daquela desenvolvida pelo alienante, pois, nesse caso, não há que se falar em responsabilidade tributária.

A responsabilidade do adquirente também se restringe aos tributos devidos pelo fundo de comércio ou estabelecimento adquirido, pois é normal que uma mesma pessoa jurídica possua vários estabelecimentos e aliene somente um ou alguns deles.

▸ **Como esse assunto foi cobrado em concurso?**

(FGV/ALE/RO/Consultor/2018) A empresa Modas ABC Ltda. adquire o fundo de comércio da empresa Roupas DEF Ltda. (ambas atuantes no ramo de comércio varejista de vestuário). A partir de então, Modas ABC Ltda. passa a explorar a atividade do fundo de comércio adquirido. Quatro meses após a alienação de seu fundo de comércio, a empresa Roupas DEF Ltda., que não foi extinta, reinicia suas atividades em outro ramo de atuação. Em relação aos débitos tributários anteriores à alienação do fundo de comércio, assinale a afirmativa correta:

(A) Modas ABC Ltda. responde integralmente pelas dívidas tributárias pretéritas de Roupas DEF Ltda.

(B) Modas ABC Ltda. responde subsidiariamente com Roupas DEF Ltda. pelas dívidas tributárias pretéritas desta última.

(C) Roupas DEF Ltda. responde integralmente por suas dívidas tributárias pretéritas.

(D) Roupas DEF Ltda. responde subsidiariamente com Modas ABC Ltda. por suas dívidas tributárias pretéritas.

(E) Modas ABC Ltda. e Roupas DEF Ltda. respondem solidariamente pelas dívidas tributárias pretéritas desta última, não comportando benefício de ordem.

Resposta: Alternativa "B".

3.1.5.1. Responsabilidade integral

A responsabilidade será **integral** se o alienante cessar a exploração do comércio, indústria ou atividade.

A doutrina divide-se quanto à natureza da responsabilidade integral aduzida no Código, se seria exclusiva ou se solidária. Para Luciano Amaro (2001), é exclusiva, pois afasta totalmente a obrigação do alienante; para Hugo de Brito Machado (2006), "quem diz integralmente não está dizendo exclusivamente", é, portanto, solidária, permitindo ao fisco afastar o benefício de ordem e cobrar daquele que achar mais conveniente.

3.1.5.2. Responsabilidade subsidiária

A responsabilidade será **subsidiária** com a do alienante se este prosseguir na exploração ou iniciar, dentro de seis meses a contar da data da alienação, nova atividade no mesmo ou em outro ramo de comércio, indústria ou profissão.

Assim, a desqualificação da responsabilidade integral do adquirente ocorre sempre que o alienante retomar, dentro de seis meses após a alienação, qualquer tipo de atividade econômica, o que demonstra sua manutenção ou retomada de capacidade de pagamento, de adimplir créditos, e, com mais razão, os tributários, atraindo para si a cobrança e conferindo ao adquirente o benefício de ordem perante o interesse da Fazenda Pública.

► **Como esse assunto foi cobrado em concurso?**

(UEL/PGM/Londrina/Procurador/2019) Assinale a alternativa que corresponde, corretamente, à responsabilidade tributária, em se tratando da sucessão empresarial pela aquisição do estabelecimento prestador de serviço.

(A) o adquirente de um estabelecimento prestador de serviço, envolvendo apenas o fundo de comércio, será o responsável tributário pelo IPTU (Imposto Predial e Territorial Urbano) incidente sobre o imóvel e pelo ISS (Imposto Sobre Serviço de Qualquer Natureza), de forma integral, considerando que o alienante cessou imediatamente suas atividades.

(B) o adquirente de um estabelecimento prestador de serviço, envolvendo apenas o fundo de comércio, será o responsável tributário pelo IPTU (Imposto Predial e Territorial Urbano) incidente sobre o imóvel e pelo ISS (Imposto Sobre Serviço de Qualquer Natureza), de forma subsidiária, considerando que o alienante continuou com suas atividades em outro local.

(C) o adquirente de um estabelecimento prestador de serviço, envolvendo apenas o fundo de comércio, será o responsável tributário pelo ISS (Imposto Sobre Serviço de Qualquer Natureza) sobre o período anterior à aquisição, de forma integral, mesmo considerando que o alienante tenha continuado com suas atividades em outro local.

(D) o adquirente de um estabelecimento prestador de serviço, envolvendo apenas o fundo de comércio, será o responsável tributário pelo ISS (Imposto Sobre Serviço de Qualquer Natureza) sobre o período anterior à aquisição, de forma subsidiária, considerando que o alienante tenha continuado com suas atividades em outro local.

(E) o adquirente não poderá ser responsabilizado por quaisquer tributos, considerando que foi firmado um contrato de compra e venda do estabelecimento no qual ficou expressamente estabelecido que sua responsabilidade tributária ocorreria somente sobre fatos a partir de sua aquisição.

Resposta: Alternativa "D".

3.1.5.3. Inovações trazidas pela LC nº 118/2005

A Lei Complementar nº 118, promulgada em 2005, conjuntamente com a Nova Lei de Recuperação e Falências – Lei nº 11.101, inseriu neste art. 133 do CTN novo regramento, no que respeita à responsabilidade tributária em caso de aquisição de empreendimentos sujeitos a processo de falência ou de recuperação judicial:

> § 1º O disposto no *caput* deste artigo não se aplica na hipótese de alienação judicial:
>
> I - Em processo de falência;
>
> II - De filial ou unidade produtiva isolada, em processo de recuperação judicial.
>
> § 2º Não se aplica o disposto no § 1º deste artigo quando o adquirente for:
>
> I - Sócio da sociedade falida ou em recuperação judicial, ou sociedade controlada pelo devedor falido ou em recuperação judicial;
>
> II - Parente, em linha reta ou colateral até o 4º (quarto) grau, consanguíneo ou afim, do devedor falido ou em recuperação judicial ou de qualquer de seus sócios; ou
>
> III - Identificado como agente do falido ou do devedor em recuperação judicial com o objetivo de fraudar a sucessão tributária.
>
> § 3º Em processo da falência, o produto da alienação judicial de empresa, filial ou unidade produtiva isolada permanecerá em conta de depósito à disposição do juízo de falência pelo prazo de 1 (um) ano, contado da data de alienação, somente podendo ser utilizado para o pagamento de créditos extraconcursais ou de créditos que preferem ao tributário.

Pode-se apartar as inovações sob três enfoques distintos: o primeiro, que afasta a responsabilidade tributária na aquisição de empreendimentos sujeitos à falência ou à recuperação judicial (§ 1º, I e II); o segundo, que resguarda os interesses fazendários contra fraudes, burlas ou abusos na utilização dos institutos da falência ou da recuperação judicial, com intuito de contornar as exigências fiscais; e o terceiro, com escopo meramente processual.

Tais normas vieram prestigiar a continuidade negocial da empresa, mesmo que sob outra direção, em detrimento do recebimento de créditos tributários que, saliente-se, inviabilizava, no regramento anterior, a transferência de empreendimentos, pois, normalmente, uma empresa em estado falimentar ou pré-falimentar acumula vultosos débitos não honrados que, última instância, se não perdoados em parte ou reescalonados para pagamento em condições bastante vantajosas para o devedor, são impossíveis de serem quitados.

O desinteresse pela aquisição de bens de massa falida, antes das inovações legislativas, era quase absoluto, tais os montantes de encargos tributários e trabalhistas que o adquirente "herdava" na aquisição, o que praticamente inviabilizava a recuperação ou a retomada de qualquer empreendimento falido ou concordatário, que, na maioria das vezes, era simplesmente abandonado, assim como seus bens remanescentes.

Agora, o novo § 1º do art. 133 afasta, explicitamente, a responsabilidade tributária por sucessão, na hipótese de aquisição em processo de falência ou de aquisição de filial ou unidade produtiva isolada, em processo de recuperação judicial.

Para evitar abusos e utilização da falência e da recuperação judicial de forma fraudulenta, como meio de livrar os empreendimentos dos encargos tributários sobre eles incidentes, o § 2º desse artigo permite ao Poder Público anular os efeitos do negócio aparente, preservando os interesses fiscais. Para tanto, proíbe a exceção prevista no § 1º, na hipótese de aquisição feita por pessoas muito próximas ao alienante, e que com ele possam estar em possível conluio.

3.2. Responsabilidade de terceiros

Diferentemente da responsabilidade por sucessão, a **responsabilidade de terceiros** fundamenta-se no abuso de confiança e na falta de zelo pelo patrimônio de outrem. Ótica sob a qual muito se aproxima da responsabilidade por infrações. Subdivide-se, no texto do CTN, em responsabilidade **subsidiária** (art. 134) e em responsabilidade **exclusiva**, dita **pessoal** (art. 135).

3.2.1. Responsabilidade subsidiária

Segundo o art. 134 do CTN, nos casos de impossibilidade de exigência do cumprimento da obrigação principal pelo contribuinte, respondem solidariamente com este nos atos em que intervierem ou pelas omissões de que forem responsáveis:

Responsabilidade subsidiária	
(1º) Contribuinte	**(2º) Responsável**
- Filhos menores;	- Pais;
- Tutelados ou curatelados;	- Tutores e curadores;
- Terceiros;	- Administradores de bens;
- Espólio;	- Inventariante;
- Massa;	- Síndico e comissário;
- Tributos oriundos dos atos notariais;	- Notários;
- Liquidação de sociedade de pessoas.	- Sócios.

A despeito de o texto falar em responsabilidade **solidária**, verdadeiramente quis dizer **subsidiária**, pois estabeleceu uma ordem a ser seguida para a cobrança das obrigações: primeiro, do contribuinte originário para, somente se for impossível esta, intentar-se a cobrança do responsável.

A responsabilidade, portanto, opera-se por **transferência** – após a ocorrência do fato gerador e dependente da insolvência do contribuinte originário –, o que impõe à Fazenda Pública o ônus de, caso queira cobrar os créditos dos responsáveis, demonstrar a impossibilidade da cobrança dirigida ao contribuinte, seja porque seu patrimônio é insuficiente para saldar os haveres, seja porque não existe.

Mas a mera insolvência não permite a transferência do encargo aos responsáveis, pois a norma impõe outra condição, qual seja: que tenha havido omissão ou intervenção dos próprios responsáveis nos atos resultantes da obrigação.

Por fim, o parágrafo único do art. 134 restringe a responsabilidade pelas penalidades àquelas que tenham caráter exclusivamente moratório.

> **Como esse assunto foi cobrado em concurso?**
>
> **(FMP/PGE/AC/Procurador/2017)** O art. 134, VII, do CTN menciona que são solidariamente responsáveis com o contribuinte em caso de impossibilidade de exigência os sócios, no caso de liquidação de sociedades de pessoas. Sobre isso, assinale a alternativa correta.
>
> (A) As sociedades limitadas são sociedades de pessoas e, portanto, os sócios deste tipo societário são solidariamente responsáveis em caso de liquidação.
>
> (B) Os sócios serão responsáveis apenas em caso de falência e, mesmo assim, apenas os sócios-gerentes.
>
> (C) Esta responsabilidade de todos os sócios somente ocorre em caso de falência fraudulenta e de forma automática.
>
> (D) O CTN está a referir apenas os sócios de sociedades de pessoas cujo tipo societário não seja o de responsabilidade limitada.
>
> (E) A responsabilidade limitada é instituto de direito comercial que não se aplica ao Fisco.
>
> *Resposta: Alternativa "D".*

3.2.2. Responsabilidade pessoal

Diz o art. 135 do CTN que são pessoalmente responsáveis pelos créditos correspondentes a obrigações tributárias resultantes de atos praticados com excesso de poder ou infração de lei, contrato social ou estatutos:

Responsabilidade pessoal
- As pessoas referidas no artigo 134, contra aquelas por quem respondem;
- Mandatários, prepostos e empregados;
- Diretores, gerentes ou representantes de pessoas jurídicas de direito privado.

A responsabilidade aqui é **exclusiva**, isto é, impede qualquer pretensão fiscal tendente a exigir do contribuinte originário o valor da dívida. O responsável deve adimplir *in totum* os créditos havidos de situações oriundas de atos por ele praticados.

Como é exclusiva do responsável, não se deve preocupar mais com a figura do contribuinte, que é exonerado da relação tributária, daí se falar em **substituição tributária,** expressamente prevista no Código Tributário.

As principais diferenças entre as regras insertas nos artigos 134 e 135 do CTN podem ser assim resumidas:

Responsabilidade subsidiária	Responsabilidade pessoal
- Mantém o devedor originário vinculado à satisfação da obrigação.	- Exonera o devedor originário do ônus tributário.
- Pressupõe a insolvência do devedor originário.	- Independe da situação do devedor originário.
- Depende de ação ou omissão do responsável que onere patrimônio alheio sobre o qual lhe incumbe um dever de zelo.	- Depende de ação dolosa do responsável que configure excesso de poder ou infração de lei, contrato ou estatuto.
- É caso de transferência de responsabilidade.	- É caso de substituição tributária.
- Prevista no art. 134 do CTN.	- Prevista no art. 135 do CTN.

Abaixo, algumas observações sobre os casos mais importantes de responsabilidade pessoal.

3.2.2.1. Responsabilidade pessoal das pessoas referidas no art. 134 do CTN

O art. 134 do CTN arrola os casos de **responsabilidade subsidiária**, conforme o quadro descrito no item 3.2.1 *retro*.

A responsabilidade **solidária** – em verdade, subsidiária – prevista em seu texto transmuda-se em responsabilidade **pessoal** – exclusiva – quando as pessoas nele referidas, quebrando deveres de lealdade para com os contribuintes originários que representam, praticam atos abusivos, ilegais ou sem autorização, prejudicando interesses pelos quais deveriam zelar.

> **Como esse assunto foi cobrado em concurso?**
>
> **(Cespe/TCE/MG/Analista/2018)** O Tribunal de Contas do Estado verificou que determinado estado da Federação deixou de recolher imposto sobre doação a filhos menores, embora a legislação considere o donatário como contribuinte. Nessa situação hipotética, os pais:
>
> (A) terão responsabilidade pessoal.
> (B) terão responsabilidade por substituição.
> (C) terão responsabilidade solidária.
> (D) não serão responsáveis tributários.
> (E) terão responsabilidade subsidiária.
>
> *Resposta: Alternativa "C".*

3.2.2.2. Responsabilidade pessoal dos mandatários, prepostos e empregados

Segundo o art. 653 do Código Civil, mandatário é quem recebe mandato de outrem com poderes para, em nome deste, praticar atos ou administrar interesses, por meio de instrumento apropriado, que é a procuração.

O preposto é a pessoa nomeada pelo gerente ou proprietário de um empreendimento para administrá-lo, sob relação de emprego, representando, no exercício de suas funções, seus preponentes (CC, arts. 1.169 a 1.171).

Já o empregado é aquele que presta serviço pessoal e não eventual a um empregador, sob subordinação e mediante remuneração.

Todos são pessoas que comumente agem subordinadas a ordens superiores ou mandato, cujas características específicas de vinculação não têm maiores repercussões para a definição de sua responsabilidade, visto que esta, objetivamente, iguala-os para o fim a que se propõe: a transferência do ônus patrimonial tributário em virtude do cometimento de abusos no desempenho de suas funções.

3.2.3. Responsabilidade pessoal dos sócios

A regra do art. 135, identicamente, equipara diretores, gerentes e representantes de sociedades, com intuito de responsabilizá-los pelos créditos tributários originados de abusos e ilegalidades cometidos contra a pessoa jurídica a que estão vinculados.

Há inúmeros julgados sobre o alcance da regra desse artigo, em casos de atividades de **sócios-gerentes,** que também são extensíveis às pessoas acima mencionadas.

No caso do sócio-gerente, há que se perquirir sobre seus **poderes de gerência** quando este pratica atos com excesso de poder ou infração de lei, contrato social ou estatutos, isto porque a simples condição societária não implica responsabilidade. É sabido, na prática, por exemplo, que os participantes minoritários raramente ocupam posição de administração, direção ou gerência nas empresas de que participam, o que impossibilita atribuir-lhes responsabilidade tributária nos moldes preconizados nessa norma.

Como o artigo menciona obrigações decorrentes de atos praticados com **infração à lei**, tornou-se, tempos atrás, prática jurisprudencial dominante aceitar que execuções fiscais originariamente ajuizadas contra o patrimônio de empresas fossem redirecionadas para alcançar o patrimônio de seus sócios-gerentes, quando os créditos em cobrança eram oriundos do mero inadimplemento de obrigações tributárias, sob o entendimento de que "não pagar tributo era infração à lei", o que permitia a aplicação do disposto no art. 135 do CTN.

Esta jurisprudência foi superada. Hoje, encontra-se pacificado que **a responsabilidade do sócio não é objetiva,** assim como a mera inadimplência não constitui suporte válido para atrair os efeitos da responsabilidade pessoal.

Diferentemente do mero inadimplemento, a **dissolução irregular da empresa** acarreta a responsabilidade pessoal dos sócios-gerentes pelas dívidas da sociedade, permitindo que seus bens sejam executados para quitar débitos fiscais. Responsabilidade que não se limita à proporção da participação no capital societário.

Saliente-se que esta é a forma mais utilizada pelo Fisco para alcançar patrimônio que solva dívidas tributárias, até porque é impossível encerrar uma sociedade sem a quitação dos tributos, o que faz com que, na maioria dos casos, os empreendimentos sejam simples, e irregularmente, abandonados. Neste caso, ocorre a **desconsideração da personalidade jurídica da empresa**, que permite alcançar, diretamente, os bens dos sócios-gerentes, diretores ou administradores, tal como descrito no artigo 50 do Código Civil.

Efeitos processuais mais corriqueiros do art. 135 do CTN
- Desconsideração da personalidade jurídica da empresa;
- Redirecionamento da execução fiscal contra sócios e dirigentes;
- Admissão da dissolução irregular da sociedade como pressuposto do redirecionamento;
- Inversão do ônus da prova em caso de dissolução irregular da sociedade;
- Não admissão do redirecionamento por mero inadimplemento de obrigação tributária.

A jurisprudência trata do tema, comumente denominado de "redirecionamento de execução fiscal".

Qual o entendimento do STF sobre esse ponto:

- A simples condição de sócio não é suficiente para responsabilização tributária. O art. 135, III, do CTN responsabiliza apenas aqueles que estejam na direção, gerência ou representação da pessoa jurídica e tão-somente quando pratiquem atos com excesso de poder ou infração à lei, contrato social ou estatutos. Apenas o sócio com poderes de gestão ou representação da sociedade é que pode ser responsabilizado, o que resguarda a pessoalidade entre o ilícito (má gestão ou representação) e a consequência de ter de responder pelo tributo devido pela sociedade. Lei que não se limita a repetir ou detalhar a regra de responsabilidade constante do art. 135, III, do CTN, tampouco cuida de uma nova hipótese específica e distinta, e, assim, trata a mesma situação genérica regulada pelo CTN, mas de modo diverso, incorre em inconstitucionalidade por violação ao art. 146, III, da CF. (RE 562276, repercussão geral)

▸ **Qual o entendimento do STJ sobre esse ponto:**

- A meação só responde pelo ato ilícito quando o credor, na execução fiscal, provar que o enriquecimento dele resultante aproveitou ao casal. (Súmula 251)
- O inadimplemento da obrigação tributária pela sociedade não gera, por si só, a responsabilidade solidária do sócio-gerente. (Súmula 430)
- Presume-se dissolvida irregularmente a empresa que deixar de funcionar no seu domicílio fiscal, sem comunicação aos órgãos competentes, legitimando o redirecionamento da execução fiscal para o sócio-gerente. (Súmula 435)
- Se a execução foi ajuizada apenas contra a pessoa jurídica, mas o nome do sócio consta da CDA, cabe a ele provar que não houve a prática de atos com excesso de poderes ou com infração de lei, contrato social ou estatutos. (REsp 1104900, recurso repetitivo)

3.3. Responsabilidade por infrações

A doutrina, majoritariamente, critica, com acerto, a inclusão da "Responsabilidade por infrações" no capítulo do CTN destinado à responsabilidade tributária, uma vez que esta, por dizer respeito à sujeição passiva indireta, nada tem a ver com **infrações tributárias**, pois seus regimes jurídicos são extremamente distintos.

Por questões de didática, o tema foi inserido no capítulo *Infrações e Delitos Tributários*, adiante.

Capítulo

X

Lançamento Tributário

SUMÁRIO • 1. Definição e natureza jurídica: 1.1. Competência privativa; 1.2. Procedimento administrativo; 1.3. Verificação da ocorrência do fato gerador; 1.4. Determinação da matéria tributável; 1.5. Cálculo do montante do tributo devido; 1.6. Identificação do sujeito passivo; 1.7. Aplicação da penalidade cabível; 1.8. Atividade vinculada e obrigatória; 1.9. Expressão monetária do lançamento. – 2. Legislação aplicável: 2.1. Retroatividade benigna; 2.2. Regras procedimentais; 2.3. Impostos lançados por período certo de tempo. – 3. Modificação dos critérios jurídicos de lançamento. – 4. Modalidades de lançamento: 4.1. Lançamento de ofício; 4.1.1. Arbitramento; 4.1.2. Auto de infração; 4.2. Lançamento por declaração; 4.2.1. Conceitos gerais; 4.2.2. Distinção entre lançamentos: por homologação e por declaração; 4.3. Lançamento por homologação; 4.4. Crédito constituído sem lançamento. – 5. Hipóteses de alteração do lançamento.

1. DEFINIÇÃO E NATUREZA JURÍDICA

Pela extensa definição do CTN:

> **Art. 142.** Compete privativamente à autoridade administrativa constituir o crédito tributário pelo lançamento, assim entendido o procedimento administrativo tendente a verificar a ocorrência do fato gerador da obrigação correspondente, determinar a matéria tributável, calcular o montante do tributo devido, identificar o sujeito passivo e, sendo caso, propor a aplicação da penalidade cabível.
>
> Parágrafo único. A atividade administrativa de lançamento é vinculada e obrigatória, sob pena de responsabilidade funcional.

Logo, são identificadas várias características do lançamento, que, por metodologia, serão analisadas separadamente.

1.1. Competência privativa

O crédito tributário só se constitui com a intervenção da Administração Tributária? Isto é: só há possibilidade de cobrança pelo fisco se um servidor público constituir formalmente o crédito?

De fato, não. Na maioria das relações jurídicas tributárias, é o próprio sujeito passivo que faz o acertamento, sem prévia participação, anuência ou sequer conhecimento dos agentes fazendários. É o que ocorre maciçamente nos tributos ditos homologados: IPI, ICMS, ISS etc.

Mas, apesar dessa **realidade**, a doutrina dominante assevera que o CTN firma a necessidade de um lançamento ulterior, privativo do Poder Público, quando se dá a homologação, seja expressa, com intervenção efetiva do agente administrativo, seja tácita - ou ficta -, quando a lei condiciona sua eficácia ao simples decurso do prazo, considerando homologado, isto é, realizado o lançamento, nos termos do art. 150 do CTN.

1.2. Procedimento administrativo

Há interminável discussão doutrinária sobre ser o lançamento **ato** ou **procedimento** administrativo, cujas correntes principais podem ser resumidas no apego à própria confusão terminológica do Código Tributário que, em algumas normas, trata o instituto como **procedimento** - arts. 142 e 144, §§ 1º e 2º - e, noutras, como **ato** - art. 150 e art. 144, *caput*.

Tal discussão também é fomentada pelo caráter plurissignificativo que a palavra possui, mesmo no âmbito restrito do direito tributário. A despeito disto, o legislador preferiu defini-lo no art. 142 do CTN como **procedimento** administrativo, cuja função é constituir o crédito tributário.

Devido à grande tergiversação dos estudiosos sobre sua natureza jurídica, cabe apresentar a definição doutrinária de duas grandes correntes de pensamento sobre o assunto. Para Paulo de Barros Carvalho (1999):

> Lançamento é ato jurídico administrativo e não procedimento, como expressamente consigna o art. 142 do Código Tributário Nacional. Consiste, muitas vezes, no resultado de um procedimento, mas com ele não se confunde. O procedimento não é da essência do lançamento, que pode consubstanciar ato isolado, independente de qualquer outro.

No que concordam, em maior ou menor grau, Aliomar Baleeiro, José Eduardo Soares de Melo, Amílcar de Araújo Falcão, Geraldo Ataliba, Alberto Xavier e Luciano Amaro *et al.*

Opostos a essa concepção, exemplificativamente, Alfredo Augusto Becker, Ruy Barbosa Nogueira e Hugo de Brito Machado. Para este último (Machado, 2005):

> O lançamento tributário é na verdade um procedimento, no sentido de atividade que, por afetar direitos dos administrados, há de ser desenvolvida com obediência a certas formalidades legalmente impostas. Assim, por exemplo, há de ser sempre assegurado o direito de defesa ao contribuinte, [...]. Mesmo quando não exista a inconformação do contribuinte com a exigência do tributo, [...] há de ser o contribuinte dela notificado, e a ele assegurado um prazo para defender-se. Assim, além dos atos ditos preparatórios, haverá sempre mais de um ato a compor o procedimento [...].

A primeira corrente, contudo, goza do prestígio da maioria dos doutrinadores brasileiros.

1.3. Verificação da ocorrência do fato gerador

A primeira função do agente administrativo é verificar se há perfeita adequação do fato em análise com o paradigma legal, isto é, estabelecer uma correspondência rigorosa entre a ocorrência concreta, localizada no tempo e no espaço, e a descrição hipotética legal. Chama-se isso **subsunção**, que é a identidade entre o fato gerador, concreto, e a hipótese de incidência, normativa, para ter como ocorrido o nascimento da obrigação tributária, que enseja, posteriormente, o ato de lançamento.

1.4. Determinação da matéria tributável

É atitude reflexa e posterior à identificação do fato gerador que, uma vez ocorrido, ainda assim pode não ser suporte fático da tributação, já que exonerações legais podem, porventura, afastar do caso concreto a pretensão fiscal. É o que se dá com as isenções, por exemplo. Determinar a matéria tributável, assim, é delimitar as fronteiras exatas da incidência tributária no caso concreto.

1.5. Cálculo do montante do tributo devido

O objeto do lançamento é a liquidação – acertamento – da obrigação tributária, tornando-a líquida e exigível, o que não reclama, sempre, o "cálculo" do montante devido, uma vez que tributos fixos, como as taxas, prescindem da matemática para serem explicitados, bastando ao fisco apontar o valor previsto em lei.

Nos demais casos, quando é necessária a determinação da base de cálculo e da alíquota aplicável, torna-se premente o cálculo matemático do montante do tributo.

1.6. Identificação do sujeito passivo

É requisito fundamental para completar a relação jurídica, que só se aperfeiçoa com seus polos – credor / devedor – definidos. Consiste na indicação do nome da pessoa natural ou jurídica que deve arcar com o ônus tributário, a título de contribuinte ou responsável. Obviamente, dados como domicílio, cadastro fiscal e outros que possam ser explicitados para resguardar a cobrança da pretensão podem ser aglutinados na identificação.

1.7. Aplicação da penalidade cabível

O crédito tributário constituído pelo lançamento diz respeito à **obrigação principal**, que envolve tanto o tributo quanto a penalidade pecuniária pelo descumprimento da obrigação.

Apesar de o CTN mencionar que a autoridade administrativa deve **propor** a aplicação da penalidade, entende-se que ela deve, efetivamente, **aplicar** a penalidade, pois, a *contrario sensu*, quem deverá impô-la ao administrado, já que até os superiores hierárquicos das autoridades administrativas são, igualmente, autoridades administrativas?

1.8. Atividade vinculada e obrigatória

Atividade vinculada é a que deve respeitar estritamente os pressupostos da legalidade, tanto no que respeita à forma quanto ao conteúdo do ato administrativo. Diz-se, também, obrigatória, pois o dever dos agentes fiscais ante a identificação de fatos geradores tributários é proceder ao lançamento indeclinavelmente, sob pena de se submeterem a sanções penais e administrativas de responsabilização funcional.

Em suma, pode-se definir o lançamento como ato administrativo vinculado, obrigatório e privativo, com presunção de legitimidade relativa - que pode ser rechaçada no contencioso administrativo ou no processo judicial -, cuja função é declarar, qualificar, quantificar e tornar exigível a obrigação tributária, pela constituição do respectivo crédito tributário.

1.9. Expressão monetária do lançamento

Muitas vezes, a base de cálculo do tributo é expressa em **moeda estrangeira**, como é praxe na importação de mercadorias ou serviços do exterior, cujo preço, normalmente, é ditado em moeda de curso internacional, como o dólar e o euro.

Nesses casos, há de ser feita a conversão cambial para que o crédito tributário seja lançado. Para tanto, o CTN dispõe:

> Art. 143. Salvo disposição de lei em contrário, quando o valor tributário esteja expresso em moeda estrangeira, no lançamento far-se-á sua conversão em moeda nacional ao câmbio do dia da ocorrência do fato gerador da obrigação.

Tal regra geral é **supletiva**, permitindo, portanto, que lei ordinária possa livremente dispor em sentido contrário, estabelecendo, por exemplo, que a conversão se dê com a taxa de câmbio do dia do efetivo recolhimento do tributo ou do dia do lançamento. Caso a legislação do ente tributante seja omissa nesse sentido, permanece válida a regra do Código Tributário.

2. LEGISLAÇÃO APLICÁVEL

É no momento exato da ocorrência do fato gerador que se estabelece o vínculo relacional da obrigação tributária entre o sujeito ativo e o sujeito passivo. Diz o art. 144 do CTN que "o lançamento reporta-se à data da ocorrência do fato gerador da obrigação e rege-se pela lei então vigente, ainda que posteriormente modificada ou revogada".

Do que se depreende que é da lei de regência do fato gerador que devem ser extraídas as consequências jurídicas, os efeitos normais da relação tributária, tais como a extensão da responsabilidade, a tipificação tributária, bases de cálculo, alíquotas aplicáveis etc.

Trata-se de desdobramento do princípio da irretroatividade das leis na seara tributária. Portanto, mesmo que, à data do lançamento, a lei vigente à data do fato gerador já esteja revogada, deverá ser respeitada sua ultratividade.

▸ **Qual o entendimento do STF sobre esse ponto:**

- O imposto de transmissão "causa mortis" é calculado sobre o valor dos bens na data da avaliação. (Súmula 113)
- O imposto de transmissão "causa mortis" é devido pela alíquota vigente ao tempo da abertura da sucessão. (Súmula 112)

▸ **Qual o entendimento do STJ sobre esse ponto:**

- O IR incidente sobre os benefícios pagos acumuladamente deve ser calculado de acordo com as tabelas e alíquotas vigentes à época em que os valores deveriam ter sido adimplidos, observando a renda auferida mês a mês pelo segurado. Não é legítima a cobrança de IR com parâmetro no montante global pago extemporaneamente. (REsp 1118429, recurso repetitivo)

2.1. Retroatividade benigna

No que se refere às penalidades, prevalece o critério estipulado no art. 106 do CTN, aplicando-se a lei retroativamente quando seu conteúdo for mais favorável ao infrator. Tratando-se de ato não definitivamente julgado, quando: (a) deixe de defini-lo como infração; (b) deixe de tratá-lo como contrário a qualquer exigência de ação ou omissão, desde que não tenha sido fraudulento e não tenha implicado falta de pagamento de tributo; e (c) comine penalidade menos severa que a prevista na lei vigente ao tempo da sua prática.

2.2. Regras procedimentais

Semelhantemente ao Código de Processo Civil, cujas normas são tidas por "adjetivas", as normas procedimentais são, regra geral, de execução imediata, aplicando-se aos processos pendentes. O CTN, no § 1º do art. 144 - que, neste ponto, saliente-se, trata o lançamento como **procedimento**, não como ato - diz que o lançamento será regido pela legislação inovadora, superveniente à data do fato gerador, no tocante às seguintes hipóteses:

Aplicação da legislação superveniente ao fato gerador
- Instituição de novos critérios de apuração ou processos de fiscalização; - Ampliação dos poderes de investigação das autoridades administrativas; - Outorga de maiores garantias ou privilégios ao crédito tributário, vedada a atribuição superveniente de responsabilidade tributária a terceiros.

A aplicação imediata dessas regras formais em nada altera o aspecto material do fato gerador: montante, sujeição passiva etc. Um exemplo encontra-se no art. 5º da LC nº 105/2001, que introduziu a possibilidade de transferência de informações bancárias para os órgãos de fiscalização, ampliando os poderes administrativos de investigação:

> **Art. 5º** O Poder Executivo disciplinará, inclusive quanto à periodicidade e aos limites de valor, os critérios segundo os quais as instituições financeiras informarão à administração tributária da União as operações financeiras efetuadas pelos usuários de seus serviços.

> ▸ **Qual o entendimento do STJ sobre esse ponto:**
>
> ◙ A quebra do sigilo bancário sem prévia autorização judicial, para fins de constituição de crédito tributário não extinto, é autorizada pela Lei 8.021/90 e pela LC 105/01, normas procedimentais, cuja aplicação é imediata, à luz do disposto no art. 144, § 1º, do CTN. (REsp 1134665, recurso repetitivo)

2.3. Impostos lançados por período certo de tempo

O § 2º do art. 144 do CTN traz a seguinte ressalva: "o disposto neste artigo não se aplica aos impostos lançados por períodos certos de tempo, desde que a respectiva lei fixe expressamente a data em que o fato gerador se considera ocorrido".

Tal dispositivo soa inofensivo, pois as leis que regem tais impostos - ITR, IPTU, IPVA - devem, obrigatoriamente, estipular o momento em que se considera ocorrido o fato gerador, sob pena de insegurança jurídica e embaralhamento das normas aplicáveis ao fato.

Há que se diferenciar, neste ponto, os impostos sobre o patrimônio estático, acima identificados, do imposto sobre a renda. É que todos são lançados por período certo de tempo, mas este último é **complexivo**; os demais, não. Assim, ao incidir sobre o patrimônio, basta a lei verificar, na data de ocorrência (ficta) do fato gerador, se o sujeito passivo do imposto é o "proprietário" do bem tributado, para que a exação se complete.

Exemplo: o fato gerador do IPTU, na maioria das leis, é aferido no primeiro dia do ano; assim, quem tiver a propriedade, o domínio útil, ou a posse "ad usucapionem" nesse dia será considerado contribuinte do imposto. Diferentemente do que possa parecer, seu fato gerador não diz respeito à situação jurídica observada "durante um ano inteiro", mas sim observada na data do exato momento em que se considera ocorrido o fato gerador.

Diferente é o caso do imposto de renda, ao qual a doutrina majoritária entende ser inaplicável o disposto na ressalva encartada no § 2º do art. 144 do CTN, pois, sendo imposto complexivo - cujo ciclo de formação se completa dentro de um determinado período de tempo, dentro do qual se levanta a base imponível, geralmente o fluxo de renda anual -, a lei de regência deve observar todos os fatos efetivamente ocorridos naquele espaço de tempo.

Nesse caso, com o advento da Constituição Federal de 1988, a conjugação dos princípios da anterioridade e da irretroatividade obstaculiza qualquer aplicação de lei nova editada antes do encerramento do ano-base do IR. Assim, restou superada a Súm. 584/STF: "Ao imposto de renda calculado sobre os rendimentos do ano-base, aplica-se a lei vigente no exercício financeiro em que deve ser apresentada a declaração".

Portanto, lei nova, majoradora do imposto de renda, publicada antes do encerramento do ano-base, somente será eficaz no ano seguinte, quando o fato gerador do ano anterior já estiver inteiramente sedimentado.

3. MODIFICAÇÃO DOS CRITÉRIOS JURÍDICOS DE LANÇAMENTO

Apesar de digressões históricas da doutrina alertarem que modificação de critério jurídico não se confundia com erro de direito, o STJ, em julgamento de recurso repetitivo, afirmou tratar mesmo o art. 146, de erro de direito, equivalendo as situações.

Assim, hoje se entende que o erro de fato (CTN, art. 149, VIII), enseja a revisão do lançamento; a modificação de critérios jurídicos, não. A Súmula 227 do extinto TFR, que ainda continua balizando a jurisprudência atual, expressava esta vedação ("A mudança de critério jurídico adotado pelo fisco não autoriza a revisão de lançamento").

O erro de fato dá por ocorrido o que não ocorreu. O erro de direito decorre da escolha equivocada de um módulo normativo inservível ou não mais aplicável à regência da questão que está sendo juridicamente considerada. Os critérios jurídicos (art. 146, do CTN) reiteradamente aplicados pela Administração na feitura de lançamentos têm conteúdo de precedente obrigatório. Significa que podem ser alterados em razão de decisão judicial ou administrativa, mas a aplicação dos novos critérios somente pode dar-se em relação aos fatos geradores posteriores à alteração.

▸ **Qual o entendimento do STJ sobre esse ponto:**

- A revisão do lançamento tributário por erro de fato (CTN, art. 149, VIII) reclama o desconhecimento de sua existência ou a impossibilidade de sua comprovação à época da constituição do crédito tributário. Ao revés, nas hipóteses de erro de direito (equívoco na valoração jurídica dos fatos), o ato administrativo de lançamento tributário revela-se imodificável, máxime em virtude do princípio da proteção à confiança, encartado no art. 146, do CTN. Nesse segmento, a Súmula 227/TFR. (REsp 1130545, recurso repetitivo)

▸ **Como esse assunto foi cobrado em concurso?**

(Vunesp/CGM/Cananéia/Controlador/2020) O lançamento regularmente notificado ao sujeito passivo só pode ser alterado em virtude de

(A) impugnação do sujeito passivo, recurso de ofício ou iniciativa de ofício da autoridade administrativa, observadas as hipóteses legais.

(B) decisão judicial, provisória ou definitiva, relativa a fato gerador ocorrido anteriormente à modificação do critério jurídico adotado pela autoridade administrativa.

(C) aplicação, de ofício, de modificação de critério jurídico adotado pela autoridade administrativa no exercício do lançamento e em relação a um mesmo sujeito ativo, quanto a fato gerador ocorrido anteriormente à publicação da modificação.

(D) homologação pelo Poder Judiciário de decisão administrativa definitiva proferida por órgão colegiado integrante da Fazenda Pública, em relação a um mesmo sujeito passivo.

(E) decisão administrativa fundamentada e irrecorrível, proferida pelo Chefe do Poder Executivo, em relação a fato gerador ocorrido anteriormente à impugnação do sujeito ativo.

Resposta: Alternativa "A".

4. MODALIDADES DE LANÇAMENTO

O CTN prevê expressamente três modalidades de lançamento tributário: de ofício, por declaração e por homologação.

Tipos de lançamento previstos no CTN	
Modalidade	**Norma**
Por declaração	Art. 147
De ofício	Art. 149
Por homologação	Art. 150

A tipologia adotada pelo Código inspira-se no índice de colaboração do sujeito passivo para a celebração do lançamento. No de ofício, a participação do administrado é inexistente, uma vez que todas as providências preparatórias são feitas pela Administração Tributária. No lançamento por declaração, colaboram ambas as partes. No lançamento por homologação, o trabalho é quase todo cometido ao devedor da exação, limitando-se o fisco a aceitar ou retificar, ao final, os atos praticados. Vê-se que tais definições, mais uma vez, aproximam o lançamento mais da figura de **procedimento** que de **ato administrativo**.

▶ **Como esse assunto foi cobrado em questões discursivas de concurso?**

(Cespe/PGM/Boa_Vista/Procurador/2019) Considerando as disposições legais do Código Tributário Nacional (CTN), redija um texto acerca de lançamento tributário, atendendo ao que se pede a seguir: (i) Defina lançamento tributário. (ii) Identifique e classifique as quatro modalidades de lançamento tributário existentes no CTN, indicando as modalidades principais e as subsidiárias (ou supletivas). (iii) Explique cada uma das modalidades de lançamento, indicando as atribuições do fisco e do contribuinte em cada uma delas.

4.1. Lançamento de ofício

O lançamento de ofício, também denominado lançamento direto, é aquele realizado pelas autoridades administrativas sem a colaboração do sujeito passivo. Os dados necessários para tipificar a conduta tributável e os devedores do crédito tributário ou se encontram já nos cadastros da Administração ou seus agentes os buscam por impulso oficial.

Os exemplos mais conhecidos são o IPVA e o IPTU. Em ambos, os entes políticos - Estado e Municípios, respectivamente - mantêm cadastros tributários referentes aos veículos e aos imóveis objeto da imposição, com todos os dados necessários à perfeição da exação e da relação tributária: ano e marca do veículo, potência, combustível, proprietário, domicílio; data da construção do imóvel, metragem, qualidade de construção, localização, contribuinte etc., que possibilitam calcular a base de cálculo e a alíquota aplicáveis aos fatos geradores.

As hipóteses de lançamento de ofício são **previstas de maneira taxativa** no art. 149 do CTN e, reflexamente, são válidas, também, para a revisão do próprio lançamento das duas outras modalidades - homologação e declaração -, a cargo, total ou parcial, do sujeito passivo, mas cujas imperfeições são de correção obrigatória pelo fisco. Pode-se dizer, em resumo, que as revisões, pela autoridade administrativa, de erros em lançamentos anteriormente procedidos, de qualquer modalidade, constituem lançamentos de ofício.

Lançamento e revisão *ex officio*
- Por determinação de lei; - Declaração fora do prazo ou da forma exigida; - Recusa, não atendimento ou atendimento insatisfatório a pedido de esclarecimento de declaração pela autoridade administrativa; - Falsidade, erro ou omissão em elemento de declaração obrigatória; - Omissão ou inexatidão na homologação do lançamento; - Ação ou omissão do sujeito passivo, ou de terceiro legalmente obrigado, que importe aplicação de penalidade pecuniária; - Dolo, fraude ou simulação do sujeito passivo, ou de terceiro em seu benefício; - Fato não conhecido ou não provado no lançamento anterior; - Fraude, omissão ou falta funcional da autoridade que efetuou lançamento anterior.
Prazo para rever o lançamento
Enquanto não extinto o direito da Fazenda Pública.

O **prazo para rever** o lançamento é o mesmo que a autoridade tem para lançar o tributo.

▸ **Como esse assunto foi cobrado em concurso?**

(Vunesp/Sefin/Campinas/Auditor/2019) Auditor fiscal municipal lança auto de infração contra empresa prestadora de serviços com base em arbitramento da base de cálculo do imposto a partir de créditos recebidos em conta corrente bancária pela empresa, em razão da não apresentação, por esta, da escrituração contábil quando solicitada. No prazo da impugnação prevista no devido processo administrativo fiscal, a empresa junta a escrituração contábil e fiscal que fora solicitada, escusando-se pela intempestividade na entrega dos documentos, causada por negligência de seus contadores terceirizados. Em análise dos documentos, o auditor responsável pelo julgamento da impugnação, observa que o imposto efetivamente devido é cerca de 30% menor do que o lançado a partir do procedimento de arbitramento utilizado no auto de infração objeto do recurso. Com base na situação descrita e na legislação nacional, é correto afirmar que:

(A) a reabertura do auto de infração anterior para a modificação do valor apurado apenas seria possível caso a diferença apurada fosse favorável ao Fisco, uma vez que o contribuinte deu causa ao lançamento por arbitramento.

(B) houve preclusão do direito do sujeito passivo de juntar a documentação solicitada anteriormente, consolidando-se o lançamento anterior quanto ao que dependa da apuração contábil da receita decorrente da prestação de serviços.

(C) a reanálise da base tributável apenas será possível em caso de desconstituição do auto de infração original, por meio de ação anulatória proposta no prazo máximo de 2 (dois) anos.

(D) se trata de caso de revisão de ofício do lançamento por parte da autoridade administrativa, em face da apreciação posterior de fatos não provados por ocasião do lançamento anterior.

(E) é possível a revisão de ofício do lançamento por parte da autoridade administrativa no caso, exclusivamente em razão de ter sido causada a intempestividade por negligência de terceiros, aos quais poderá ser aplicada multa por embaraço à fiscalização.

Resposta: Alternativa "D".

Dois institutos do direito tributário também são configuradores de lançamentos de ofício: o arbitramento e o auto de infração, como abaixo explicado.

4.1.1. Arbitramento

O arbitramento é um procedimento de que pode se valer a autoridade administrativa para imputar uma base de cálculo ao tributo sob fiscalização, na hipótese de ocorrência de situações que impossibilitem a aferição dos dados necessários para completar os lançamentos tributários. O CTN autoriza sua utilização quando incorreções, omissões ou manipulações artificiosas possam impedir o reconhecimento da verdade real:

> **Art. 148.** Quando o cálculo do tributo tenha por base, ou tome em consideração, o valor ou o preço de bens, direitos, serviços ou atos jurídicos, a autoridade lançadora, mediante processo regular, arbitrará aquele valor ou preço, sempre que sejam omissos ou não mereçam fé as declarações ou os esclarecimentos prestados, ou os documentos expedidos pelo sujeito passivo ou pelo terceiro legalmente obrigado, ressalvada, em caso de contestação, avaliação contraditória, administrativa ou judicial.

A técnica do lançamento por arbitramento é substitutiva do modo ordinário de atuação da autoridade administrativa, mas não configura nenhuma sanção contra o sujeito passivo: sua natureza, registre-se, não é de caráter punitivo. Sendo mais um modo de lançamento, os critérios de arbitramento devem ser tipificados em lei em sentido formal, competindo ao exator de tributos segui-los à risca, evitando arbitrariedades e presunções descabidas. Geralmente, os critérios consistem em aplicar preços e valores correntes de mercado observados para estabelecimentos semelhantes e do mesmo segmento econômico do sujeito passivo.

A doutrina reveste o arbitramento de verdadeiro procedimento – o CTN fala em "processo regular" –, cuja fundamentação deve esmerar-se na razoabilidade, visto se tratar de uma medida excepcional, devendo, também, possibilitar ao sujeito passivo contraditório e ampla defesa.

Exemplos da necessidade de arbitramento:

a) Quando o sujeito passivo perde sua escrita e documentação fiscal, o que pode ocorrer por variados motivos: furto, incêndio, enchente, extravio etc., tornando-se impossível, para o fisco, o levantamento da base de cálculo, uma vez que os elementos necessários ao lançamento não mais existem, o que dá razão à autoridade administrativa proceder ao arbitramento;

b) Quando o sujeito passivo tenta burlar a fiscalização mediante artifícios para subfaturar mercadorias e serviços, ocultar fatos geradores, impossibilitando aos agentes fiscais a descoberta dos valores reais praticados nas transações tributáveis. Neste último caso, além do arbitramento, normalmente há ocorrência de crime contra a ordem tributária.

4.1.2. *Auto de infração*

Por auto de infração costuma-se denominar:

a) O ato de aplicação de penalidades, pelo descumprimento de obrigações tributárias ou deveres instrumentais;

b) O ato de aplicação de penalidades agregado a outro, de exigência de tributo devido e não recolhido em prazo regular.

Vem acompanhado, na primeira ou na segunda situação, da intimação do sujeito passivo, para que recolha, dentro de certo prazo, o valor que a Administração entende devido.

Quando a peça denominada auto de infração contiver, concomitantemente, exigência de tributos e aplicação de penalidades, num único documento, tratar-se-á de um expediente complexo, no bojo do qual duas realidades jurídico-administrativas coexistem. Na parte que exigir o tributo, será ato de lançamento; na que impuser penalidade, ato de aplicação de multa.

4.2. Lançamento por declaração

4.2.1. *Conceitos gerais*

Também denominado **lançamento misto**, pois nele há participação tanto do sujeito passivo quanto do sujeito ativo. Antigamente, o IR e o ITR operavam-se por essa modalidade; hoje, está em franco desuso.

É importante esclarecer que as atuais "declarações" de imposto de renda (IR), de serviços (ISS), de débitos e créditos de tributos federais (DCTF) nada têm a ver com lançamento por declaração, mas sim com tributos homologados.

Alguns autores exemplificam o ITBI como imposto submetido a essa modalidade de lançamento, mas, em verdade, trata-se, também, de mais um tributo sujeito a homologação, pois o contribuinte, na maior parte dos Municípios, preenche a guia e recolhe o imposto antes de qualquer medida fiscalizadora, dados que ficam sujeitos a ulterior homologação do fisco.

Sua definição, a teor do art. 147 do CTN, é de lançamento "efetuado com base na declaração do sujeito passivo ou de terceiro, quando um ou outro, na forma da legislação tributária, presta à autoridade administrativa informações sobre matéria de fato, indispensáveis à sua efetivação".

O Código também regula o tratamento que deve ser dado aos erros encontrados na declaração:

Retificação de erros da declaração	
Pelo declarante	**Pela autoridade administrativa**
Para reduzir ou excluir tributo, só é admitida se comprovado o erro em que se funda, e antes da notificação do lançamento.	De ofício, obrigatoriamente.

O § 1º do art. 147, ao dispor que "a retificação da declaração por iniciativa do próprio declarante, quando vise a reduzir ou a excluir tributo, só é admissível mediante comprovação do erro em que se funde, e antes de notificado o lançamento", dá a falsa impressão de que a notificação, nesse caso, convola em definitivo o lançamento, com efeito de preclusão absoluta para o sujeito passivo.

Entretanto, como o processo tributário submete-se ao princípio da verdade real, qualquer erro pode ser reclamado dentro do prazo prescricional para a repetição do respectivo indébito. O que o Código quis dizer, em verdade, é que, após a notificação regular do lançamento, descabe a retificação, exigindo do irresignado sujeito passivo que este demande o contencioso administrativo formalmente, pela via da **reclamação** ou da **revisão** do lançamento, por petição.

Já o § 2º desse mesmo dispositivo impõe que a autoridade administrativa corrija obrigatoriamente as declarações erradas. Erros que, obviamente, possam ser identificados de plano, sem a necessidade de elementos não presentes nos autos. Caso sejam erros que importem indébito, caberá a restituição de ofício do valor recolhido em excesso, uma vez que o lançamento ainda não foi finalizado.

4.2.2. Distinção entre lançamentos: por homologação e por declaração

A distinção essencial entre lançamento por declaração e lançamento por homologação está em que, no primeiro, a lei impõe ao contribuinte o dever de prestar informações à Administração Tributária quanto ao fato gerador do tributo, mas a exigibilidade deste fica a depender de uma providência da autoridade administrativa. Prestadas as informações, isto é, feita a declaração, o contribuinte fica a aguardar o lançamento que a autoridade fará com base nelas. Não tem o dever de pagar antes de ser notificado do lançamento. Já no segundo, o contribuinte é obrigado a apurar o valor do tributo e antecipar o pagamento respectivo. Pode ser, ou não, obrigado a levar à Administração Tributária informações quanto aos fatos com os quais trabalhou nessa apuração. Isso não importa. Tanto a lei pode atribuir ao contribuinte o dever de levar informações à Administração Tributária, como atualmente ocorre em relação à maioria dos impostos, como pode simplesmente deixar a cargo da autoridade administrativa a busca de tais elementos perante o contribuinte.

4.3. Lançamento por homologação

O lançamento por homologação, que ocorre quanto aos tributos cuja legislação atribua ao sujeito passivo o dever de antecipar o pagamento sem prévio exame da autoridade administrativa, opera-se pelo ato em que a referida autoridade, tomando conhecimento da atividade assim exercida pelo obrigado, expressamente a homologa (CTN, art. 150). É a modalidade mais observada no

País. Todas as esferas tributantes adotam essa sistemática para: IPI, IR, Cofins, PIS, ITR, ICMS, ISS etc.

É também denominado **autolançamento**, já que o sujeito passivo arca com toda a incumbência procedimental de verificar a ocorrência do fato gerador, calcular e recolher o montante devido, restando ao sujeito ativo apenas a conferência dos dados e a homologação posterior do lançamento, que pode até nem acontecer, caso em que o CTN usa a ficção jurídica do "lançamento tácito", ou "lançamento por decurso de prazo para a homologação", conforme o Código:

> **Art. 150, § 4º** Se a lei não fixar prazo a homologação, será ele de cinco anos, a contar da ocorrência do fato gerador; expirado esse prazo sem que a Fazenda Pública se tenha pronunciado, considera-se homologado o lançamento e definitivamente extinto o crédito, salvo se comprovada a ocorrência de dolo, fraude ou simulação.

Sobre esse dispositivo legal, duas observações se impõem:

- Primeiro, a lei ordinária que rege o tributo pode estabelecer outro prazo para que o fisco homologue o pagamento antecipado. Prazo este que a doutrina entende não poder exceder os cinco anos previstos na regra geral, já que, por se tratar de garantia aos direitos do sujeito passivo, seria vedado à legislação ordinária exorbitar os parâmetros da lei complementar. Caso não seja estipulado prazo distinto, fica valendo o quinquênio-limite expresso no CTN.

- Segundo, na ocorrência de dolo, fraude ou simulação, afasta-se o marco inicial da contagem do prazo quinquenal e aplica-se a regra geral do art. 173, I, do CTN, tendo como marco substitutivo "o do primeiro dia do exercício seguinte àquele em que o lançamento poderia ter sido efetuado".

O § 1º do art. 150 do CTN repete desnecessariamente a regra encartada no capítulo referente à extinção do crédito tributário - art. 156, VII -, ao dispor que "o pagamento antecipado pelo obrigado [...] extingue o crédito, sob condição resolutória da ulterior homologação ao lançamento".

Nos §§ 2º e 3º do art. 150, o Código Tributário, contrapondo mais uma vez a ideia de crédito à de obrigação, aduz que o pagamento que visa extinguir total ou parcialmente o crédito não influi na obrigação tributária correspondente, mas é considerado na apuração do saldo porventura subsistente. No que conflita com outro artigo do CTN, o art. 113, § 1º, parte final, que proclama que a obrigação tributária "extingue-se juntamente com o crédito dela decorrente".

O que o legislador embaralhou-se para dizer foi que o pagamento parcial não tem o condão de fulminar a obrigação em sua totalidade e que, nesse caso, a homologação é recusada e a diferença devida é lançada de ofício, deduzindo a parte já carreada aos cofres públicos, incidindo a penalidade a ser porventura aplicada somente sobre o saldo restante.

▸ **Como esse assunto foi cobrado em concurso?**

(Cespe/Sefaz/DF/Auditor/2020) O lançamento tributário deve ser feito por homologação se o sujeito passivo da obrigação tributária antecipar o pagamento do tributo sem prévio exame da autoridade administrativa.

Resposta: Certa.

4.4. Crédito constituído sem lançamento

O lançamento por homologação, também denominado de autolançamento, insere-se no fenômeno da "administração de massas", é um salutar instrumento de praticabilidade que traz simplificação e racionalização para a atividade administrativa, atribuindo ao sujeito passivo a tarefa de ele mesmo calcular e levar ao conhecimento do fisco o montante do tributo devido.

É praxe do fisco, para esse mister, utilizar de sistemas de informação eletrônica como as Declarações de Débitos e Créditos de Tributos Federais (DCTF), as Declarações de Serviços de ISS (DS), as Guias de informação e apuração do ICMS (GIA) etc., cujas informações, fornecidas pelos contribuintes mesmo, não são mais tidas como medidas preparatórias de lançamento, mas sim equiparadas ao próprio lançamento, constituindo, portanto, créditos tributários em favor das fazendas públicas.

Parte da doutrina, contudo, discorda dessa sistemática, alertando que caberia à autoridade fiscal, dispondo da informação declarada pelo contribuinte, notificá-lo para pagar o valor correspondente, acrescido da multa de mora, tão logo escoado o prazo legalmente estabelecido para o pagamento do tributo, homologando assim a apuração. Caso contrário, inexistiria homologação do lançamento e, por conseguinte, não haveria que se falar em crédito tributário constituído.

A jurisprudência, porém, não deu azo a essa corrente de estudos, tendo em vista que se mostra mais lógico entender que, nas modernas declarações eletrônicas de tributos, o declarante tem conhecimento inequívoco do que deve ao fisco, uma vez que indica, ele próprio, a ocorrência do fato gerador e o montante devido, assim como é cientificado de que a transmissão da declaração opera efeitos de confissão de débito.

▸ **Como esse assunto foi cobrado em questões discursivas de concurso?**

(FGV/OAB/XXII_Exame/2017) A ausência de prévio lançamento por meio de processo administrativo regularmente instaurado inviabiliza a execução do crédito?

> **Qual o entendimento do STJ sobre esse ponto:**
>
> A entrega de declaração pelo contribuinte reconhecendo débito fiscal constitui o crédito tributário, dispensada qualquer outra providência por parte do fisco. (Súmula 436)

5. HIPÓTESES DE ALTERAÇÃO DO LANÇAMENTO

Prevê o CTN, no art. 145, que o lançamento regularmente notificado ao sujeito passivo só pode ser alterado em virtude de: a) impugnação do sujeito passivo; b) recurso de ofício; c) iniciativa de ofício da autoridade administrativa, nos casos previstos no artigo 149.

Hipóteses de alteração do lançamento
- Impugnação do sujeito passivo;
- Recurso de ofício;
- Iniciativa *ex officio*, nos casos previstos no artigo 149 do CTN.

As hipóteses são **taxativas** e visam proteger a relação jurídica que, fora desses casos, é tida por ato jurídico perfeito, atraindo para si proteções de cunho constitucional que a tornam imutável aos anseios da Administração e do administrado.

A primeira, **impugnação do sujeito passivo**, diz respeito aos casos em que o sujeito irresigna-se contra a pretensão fazendária, impetrando impugnação perante o órgão do contencioso administrativo responsável pelo processo administrativo-tributário no âmbito de cada ente tributante, dando início a uma lide fiscal. Esse proceder é amparado constitucionalmente, já que a ampla defesa, o contraditório e a possibilidade de recurso são de observância obrigatória, tanto no processo judicial como no administrativo (CF, art. 5º, LV).

O termo **"impugnação"** é utilizado no texto da norma em sentido amplo, pois a legislação faz referência a diversos institutos assemelhados: reclamações, recursos, revisões etc., que devem ser interpretados com a mesma e larga acepção.

A segunda, **recurso de ofício**, consiste na possibilidade, conferida aos entes tributantes nas respectivas leis ordinárias que regulam seus contenciosos, de recorrer das decisões administrativas que não lhes sejam favoráveis. Normalmente, é obrigatório ao fisco recorrer quando sua pretensão inicial for fulminada ou diminuída por algum julgado administrativo. Hoje, algumas administrações mais modernas impõem a obrigatoriedade de recurso de ofício apenas a exações cujos montantes sejam expressivos, por questões de economia processual.

O recurso de ofício, por sua característica de obrigatoriedade, não tem sido mais chamado de recurso - pois a nota característica deste é a voluntariedade, o poder "abrir da pretensão" - mas sim de remessa necessária a uma instância de decisão superior, que reexamina, obrigatoriamente, o ato administrativo.

A terceira, **iniciativa de ofício**, engloba todos os motivos que obrigam a Administração Tributária a corrigir os lançamentos eivados de erros ou omissões, sejam de quaisquer modalidades, encartados no art. 149.

Hipóteses de lançamento e revisão *ex officio*
- Por determinação de lei;
- Declaração fora do prazo ou da forma exigida;
- Recusa, não atendimento ou atendimento insatisfatório a pedido de esclarecimento de declaração pela autoridade administrativa;
- Falsidade, erro ou omissão em elemento de declaração obrigatória;
- Omissão ou inexatidão na homologação do lançamento;
- Ação ou omissão do sujeito passivo, ou de terceiro legalmente obrigado, que importe aplicação de penalidade pecuniária;
- Dolo, fraude ou simulação do sujeito passivo, ou de terceiro em seu benefício;
- Fato não conhecido ou não provado no lançamento anterior;
- Fraude, omissão ou falta funcional da autoridade que efetuou lançamento anterior.

▸ **Qual o entendimento do STJ sobre esse ponto:**

◙ A confissão da dívida não inibe o questionamento judicial da obrigação tributária, no que se refere aos seus aspectos jurídicos. Quanto aos aspectos fáticos sobre os quais incide a norma tributária, a regra é que não se pode rever judicialmente a confissão de dívida efetuada com o escopo de obter parcelamento de débitos tributários. No entanto, como na situação presente, a matéria de fato constante de confissão de dívida pode ser invalidada quando ocorre defeito causador de nulidade do ato jurídico (v.g. erro, dolo, simulação e fraude). (REsp 1133027, recurso repetitivo)

Sempre lembrando que o prazo para rever o lançamento perdura enquanto não extinto o direito da Fazenda Pública, ou seja: é decadencial.

▸ **Como esse assunto foi cobrado em concurso?**

(FCC/PGE/TO/Procurador/2018) O Código Tributário Nacional, em seu art. 145, estabelece, de modo indireto, a definitividade do lançamento regularmente notificado ao sujeito passivo. O referido dispositivo estabelece, expressamente, que o lançamento regularmente notificado ao sujeito passivo só pode ser alterado em virtude de: I - impugnação do sujeito passivo; II - recurso de ofício; III - iniciativa de ofício da autoridade administrativa, nos casos previstos no artigo 149. De acordo com o artigo 149 do CTN, a revisão do lançamento só pode ser iniciada:

(A) quando o processo administrativo tributário tiver corrido à revelia das autoridades fazendárias.

(B) enquanto não transcorrido o prazo decadencial.

(C) enquanto não transcorrido o prazo prescricional.

(D) quando se comprove que a autoridade fiscal, ou terceiro em benefício daquela, agiu com dolo, fraude ou simulação.

(E) quando se comprove omissão ou inexatidão, por parte da pessoa legalmente obrigada, no exercício da atividade de auto aplicação de penalidade pecuniária - lançamento de penalidade por homologação.

Resposta: Alternativa "B".

Capítulo

XI

Crédito Tributário

SUMÁRIO • 1. Definição. – 2. Natureza jurídica: as teorias monista e dualista. – 3. Autonomia. – 4. Constituição definitiva: 4.1. Lançamento regularmente notificado; 4.2. Julgamento definitivo das objeções que impedem a exigibilidade do crédito administrativo. – 5. Exigibilidade.

1. DEFINIÇÃO

O CTN não chega a definir o que é crédito tributário, limitando-se a dispor que ele "decorre da obrigação principal e tem a mesma natureza desta" (art. 139).

É na doutrina que se encontra, ainda que de maneira não unívoca, esta definição.

"É o vínculo jurídico, de natureza obrigacional, por força do qual o Estado, sujeito ativo, pode exigir do particular, o contribuinte ou responsável, sujeito passivo, o pagamento do tributo ou da penalidade pecuniária – objeto da relação obrigacional" (Machado, 2006).

"Constitui-se através de um procedimento administrativo, em regra, mas não absolutamente, exclusivo dos agentes da Fazenda Pública, denominado lançamento". (Fanucchi, 1976)

"Representa o direito que o Poder Público tem de perceber valores das pessoas particulares, em face da realização do respectivo fato gerador, concretizado com a ocorrência real de todos os aspectos previstos na lei. (Melo, 2003)

2. NATUREZA JURÍDICA: AS TEORIAS MONISTA E DUALISTA

Para a **teoria monista**, a obrigação e o crédito tributário nascem no mesmo momento e fazem parte de uma mesma realidade jurídica ("é um desatino imaginar uma obrigação sem crédito" Carvalho. 1999).

Já para a **teoria dualista**, a obrigação antecede a constituição do crédito, que ocorre em momento ulterior. O CTN foi concebido sob esta teoria, como se percebe no título que trata do crédito tributário, que traz explicitamente o "Capítulo II – Constituição de Crédito Tributário", dividido em "lançamento" e "modalidades de lançamento".

Portanto, para o Código, o lançamento regularmente notificado constitui o crédito tributário, distinto da obrigação tributária que o originou.

3. AUTONOMIA

O CTN estabelece a autonomia do crédito tributário em relação à respectiva obrigação tributária:

> **Art. 140.** As circunstâncias que modificam o crédito tributário, sua extensão ou seus efeitos, ou as garantias ou os privilégios a ele atribuídos, ou que excluem sua exigibilidade não afetam a obrigação tributária que lhe deu origem.

Assim, uma vez constituído, o crédito tributário passa a ter vida própria, distinta da obrigação tributária. Pode-se dizer que o crédito tributário não se confunde com a obrigação tributária, apesar de terem a mesma natureza.

O fisco não dispõe de meios - ações - para cobrar obrigações tributárias principais, mas, sim, de ações de execução para haver créditos tributários, que são líquidos, certos e exigíveis.

Caso o lançamento, eivado de irregularidade, seja fulminado, considerado nulo, ou venha a sofrer qualquer modificação, mesmo assim subsistirá a obrigação tributária. Por outro lado, caso venha a ser extinta a própria obrigação, necessariamente extinto será o crédito dela decorrente.

4. CONSTITUIÇÃO DEFINITIVA

Por que é importante saber qual o exato momento da constituição definitiva do crédito tributário?

Primeiro, para identificar quando o crédito torna-se exigível; segundo, para identificar o início do prazo prescricional.

A **constituição definitiva do crédito tributário** é assunto tormentoso na doutrina, que se subdivide em duas vertentes, uma, defendendo a constituição definitiva na data da notificação regular ao sujeito passivo do lançamento efetuado; outra, ao final desse mesmo prazo, ou, ainda, caso o contribuinte impugne o lançamento, ao final do contencioso administrativo. Argumentos abaixo.

4.1. Lançamento regularmente notificado

A primeira corrente pode ser representada por Ruy Barbosa Nogueira (1989), para quem se considera o crédito tributário formalmente constituído na data do ato administrativo de sua notificação ao sujeito passivo. Nesta data é constituído formal e validamente, como ato administrativo definitivo. O fato de ser excepcionalmente revisível (art. 149) não lhe retira o caráter de ato administrativo formal e definitivo.

Tal posição afasta a aceitação da existência de um **lançamento provisório**, anterior a um denominado **lançamento definitivo**, e é acompanhada, dentre outros, por Luciano Amaro e Paulo de Barros Carvalho.

Na jurisprudência, súmula do extinto Tribunal Federal de Recursos assumia esta posição ("Súmula 153. Constituído no quinquênio, através de auto de infração ou notificação de lançamento, o crédito tributário, não há falar em decadência, fluindo, a partir daí, em princípio, o prazo prescricional, que, todavia, fica suspenso, até que sejam decididos os recursos administrativos").

Os Correios, empresa pública federal titular do monopólio de serviços postais, intentou várias ações contra municípios alegando quebra do privilégio da União no que concerne à entrega de carnês de cobrança de IPTU e taxas municipais, o que levou o STJ a decidir, em recurso repetitivo (REsp 1141300): "a notificação, porque integra o procedimento de constituição do crédito tributário, é ato próprio dos entes federativos no exercício da competência tributária, que a podem delegar ao serviço público postal".

4.2. Julgamento definitivo das objeções que impedem a exigibilidade do crédito administrativo

Já para a segunda corrente, defendida por Sacha Calmon Navarro Coêlho (2007), "a data da constituição definitiva do crédito tributário, devemos entendê-la como sendo aquela em que o lançamento tornou-se definitivo, insusceptível de modificação pelos órgãos incumbidos de fazê-lo". Ou seja, ao final do contencioso administrativo (ou judicial, com suspensão da exigibilidade), com a intimação do sujeito passivo a respeito da decisão irrecorrível. Seguem esta posição Hugo de Brito Machado, José Eduardo Soares de Melo, Leandro Paulsen e outros.

A jurisprudência neste sentido também é vasta, assumindo a tese diretamente, ou, indiretamente (ao exigir, como condição de procedibilidade das denúncias por crimes contra a ordem tributária, a constituição definitiva do crédito tributário pelo fim do contencioso administrativo).

Em representação gráfica, pode-se resumir:

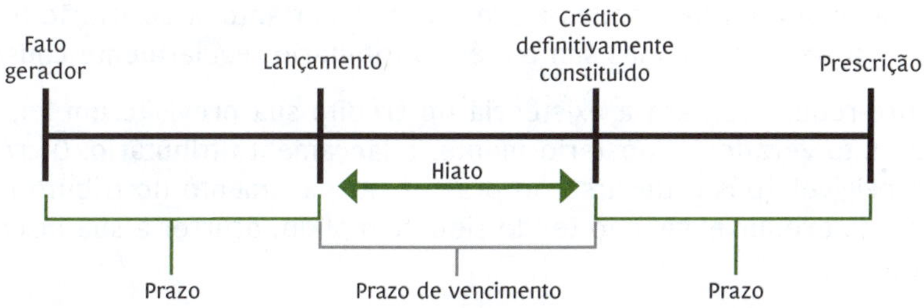

Do que se depreende que a constituição definitiva do crédito depende do comportamento do sujeito passivo em face do lançamento, da seguinte forma:

a) Se decorre o prazo de vencimento ***in albis***, advêm a constituição definitiva e suas consequências legais: exigibilidade imediata e o começo do prazo prescricional;

b) Se quita, extingue o crédito tributário;

c) Se litiga, impugnando administrativamente ou judicialmente (neste último caso, suspendendo a exigibilidade do crédito com o depósito do montante integral, medidas liminares ou tutela antecipada), a constituição definitiva do crédito fica a depender da decisão final do litígio:

c.1) Ocorrendo, caso a decisão final seja favorável ao fisco;

c.2) Não ocorrendo, caso o lançamento seja anulado (extinção do "crédito").

5. EXIGIBILIDADE

Ocorrido o fato gerador, nasce a obrigação tributária, o vínculo jurídico que liga o fisco ao contribuinte, sujeitando este último a ter contra si um lançamento tributário.

Com a obrigação tributária, impossível ainda, para o fisco, exigir seu adimplemento, o que só se torna viável após a efetivação do lançamento tributário, que constitui um crédito tributário, este sim, exigível. Portanto, a obrigação tributária não é, por si só, exigível, mas sim o crédito tributário regularmente constituído.

São pré-requisitos para a existência do crédito sua previsão em lei, a ocorrência do fato gerador e, posteriormente, o lançamento tributário. O crédito só se torna exigível após o decurso do prazo para pagamento do tributo lançado. E só se torna exequível se, não tendo sido adimplido, ocorrer a sua inscrição na dívida ativa.

Portanto, para o crédito tributário, podem ser identificadas três situações, fases (Brito, 2003), que alguns juristas chamam de momentos de eficácia:

Momentos de eficácia do crédito tributário		
1º	Existência	Lei + fato gerador + lançamento
2º	Exigibilidade	Existência + decurso *in albis* do prazo de pagamento
3º	Exequibilidade	Exigibilidade + inscrição em dívida ativa

Entretanto, quando se tratar de **tributo não lançado**, as disposições do CTN a respeito da suspensão do crédito tributário, dispostas no art. 151, devem ser interpretadas como **impedimento à exigibilidade** do crédito tributário a ser constituído. Algumas causas de suspensão do crédito, como a moratória, por exemplo, podem anteceder o próprio lançamento, impedindo que a formalização deste confira ao crédito exigibilidade.

Capítulo

XII

Suspensão do Crédito Tributário

1. MODALIDADES

1.1. Conceitos gerais

Apesar de definida na lei como "suspensão do crédito tributário", trata-se de **suspensão da exigibilidade** do crédito tributário que, a rigor, somente surge com o decurso do prazo legal para adimplir o tributo. Esgotado tal prazo, o crédito torna-se exigível. Entretanto, a suspensão da exigibilidade, como já visto alhures, pode ocorrer até mesmo antes da própria constituição do crédito tributário, antes do lançamento. Portanto, as causas de suspensão da exigibilidade não pressupõem, necessariamente, créditos tributários constituídos.

Daí se poder destrinchar a suspensão da exigibilidade em dois tipos: **suspensão "prévia"** e **suspensão "posterior"**. A primeira, por anterior ao lançamento, constitui verdadeiro **impedimento à exigibilidade**, já que, a rigor, não se pode suspender algo que ainda sequer existe; a segunda, a suspensão propriamente dita, ocorre após a constituição do crédito, quando este já é existente e exigível.

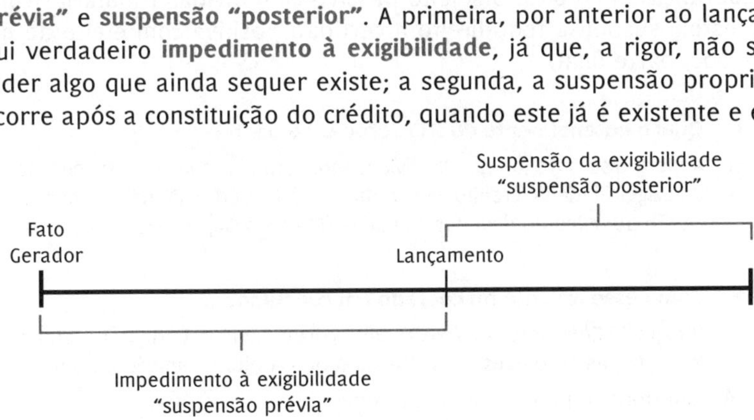

Quando ocorre a suspensão prévia, não há impedimento ao fisco para proceder ao lançamento de tributos, formalizando o crédito; ocorre, porém, que o crédito constituído por este lançamento já "nasce suspenso". Em verdade,

impede-se sua exigibilidade antes mesmo de sua constituição ou de findo o seu prazo de vencimento.

O art. 151 do CTN define as modalidades de suspensão da exigibilidade do crédito tributário, que podem ser agrupadas didaticamente pela iniciativa da medida: de ofício ou por interesse do sujeito passivo:

Iniciativa do sujeito ativo
- Moratória. - Parcelamento.
Iniciativa do sujeito passivo
- Depósito do seu montante integral. - Reclamações e recursos no processo tributário administrativo. - Concessão de liminar em mandado de segurança. - Concessão de liminar ou de tutela antecipada em ações judiciais.

O parcelamento e a concessão de medida liminar ou de tutela antecipada em outras espécies de ação judicial são duas causas de suspensão inovadoras, trazidas ao CTN pela LC nº 104/2001.

As modalidades previstas no CTN têm a finalidade precípua de proteger o status jurídico do sujeito passivo perante o fisco, seja lhe possibilitando melhores condições para adimplir suas obrigações (moratória e parcelamento), seja lhe disponibilizando meios para acautelar situações de litígio em face do próprio fisco (depósito, liminares, reclamações etc.).

A consequência prática da suspensão é o impedimento, ainda que temporário, da cobrança do crédito. O sujeito passivo com dívidas tributárias cuja exigibilidade esteja suspensa tem direito a certidão positiva com efeito de negativa (CTN, art. 206, parte final).

- **Qual o entendimento do STJ sobre esse ponto:**

◙ A mera discussão judicial da dívida, sem garantia idônea ou suspensão da exigibilidade do crédito, nos termos do art. 151 do CTN, não obsta a inclusão do nome do devedor no Cadin. (REsp 1137497, recurso repetitivo)

- **Como esse assunto foi cobrado em concurso?**

(Cespe/DPE/PE/Defensor/2018) De acordo com o Código Tributário Nacional, as hipóteses de suspensão do crédito tributário incluem a:

(A) moratória, o parcelamento e a remissão.

(B) prescrição, a decadência e o parcelamento.

(C) remissão, o parcelamento e o depósito do montante integral do crédito.

(D) concessão de liminar em favor do sujeito passivo, a compensação e a transação.

(E) moratória, o depósito do montante integral do crédito e a concessão de liminar em favor do sujeito passivo.

Resposta: Alternativa "E"

1.2. Cumprimento de obrigações acessórias

A suspensão da exigibilidade **não dispensa** o cumprimento das obrigações assessórios dependentes da obrigação principal cujo crédito seja suspenso, ou dela consequentes (CTN, art. 151, p. u.).

Assim, os sujeitos passivos que conseguem a suspensão da exigibilidade de certas obrigações principais permanecem submetidos ao cumprimento das respectivas obrigações acessórias.

▸ **Como esse assunto foi cobrado em concurso?**

(Ieses/TJ/AM/Cartórios/Provimento/2018) Sobre o crédito tributário, assinale a alternativa incorreta com relação ao previsto no Código Tributário Nacional:

(A) a suspensão do crédito tributário dispensa o cumprimento das obrigações assessórias dependentes da obrigação principal cujo crédito seja suspenso.

(B) a anistia é modalidade de exclusão do crédito tributário.

(C) são modalidades de extinção do crédito tributário o pagamento, a decadência, a conversão do depósito em renda e a compensação.

(D) a moratória é modalidade de suspensão da exigibilidade do crédito tributário.

Resposta: Alternativa "A"

2. MORATÓRIA

2.1. Definição

Apesar de enumerar vários casos de suspensão, o CTN só se debruça em minúcias com a moratória, já que o capítulo que versa sobre os casos de suspensão da exigibilidade é dividido em duas seções: uma sobre as disposições gerais e outra dedicada apenas à moratória propriamente dita. Apesar dessa atenção especial, o CTN não define o instituto, termo de uso comum (Houaiss, 2001): "moratória – dilação do prazo de quitação de uma dívida, concedida pelo credor ao devedor para que este possa cumprir a obrigação além do dia do vencimento".

Moratória tributária é a **dilação do prazo de vencimento do tributo**, que pode ocorrer antes ou durante o prazo originalmente fixado para o adimplemento do crédito ou, se já vencido este, com concessão de novo prazo. Pode ser concedida em caráter geral ou individual e, diferentemente das demais modalidades – com exceção do parcelamento –, não pressupõe litígio entre fisco e sujeito passivo. Trata-se mais de uma tolerância daquele para com este, frente a situações especiais reguladas por lei.

Na prática, é concedida em situações que atingem a capacidade de pagamento de certos segmentos econômicos: quebra de safras agrícolas, crises cambiais, crises econômicas, calamidades etc., e impede que o sujeito ativo proceda à cobrança do crédito durante o prazo dilatório adicional concedido ao sujeito passivo para adimplir suas obrigações tributárias, o prazo de moratória.

2.2. Reserva de lei

Segundo o CTN, art. 97, somente a lei pode estabelecer as hipóteses de exclusão, suspensão e extinção de créditos tributários, ou de dispensa ou redução de penalidades.

Assim, a moratória sempre depende de lei: diretamente, quando concedida em caráter geral; indiretamente – por autorização da lei –, quando concedida em caráter individual.

2.3. Classificação

O CTN, art. 152, assim classifica o instituto:

Caráter	Concessão
Geral	– Por pessoa jurídica de direito público competente para instituir o tributo a que se refira; – Pela União, quanto a tributos de competência dos Estados, DF e Municípios, quando simultaneamente concedida quanto aos tributos de competência federal e às obrigações de direito privado.
Individual	Por despacho da autoridade administrativa, desde que autorizada por lei nas condições previstas para a concessão em caráter geral.

2.3.1. Moratória em caráter geral

A moratória em caráter geral é concedida em razão de aspectos objetivos descritos pela lei instituidora; a de caráter individual é subjetiva, levando em consideração aspectos particulares a serem analisados por cada sujeito passivo que a requeira. Exemplificando: moratória de "n" meses para todos os sujeitos passivos de determinada região (geral); moratória de "n" meses para os sujeitos passivos de uma determinada região que perderam suas casas em virtude de uma inundação (individual: o requerente deverá provar tal situação perante o fisco, que, na verdade, **não concede a medida, apenas reconhece um efeito previamente disposto na lei** para aquele caso). Melhor seria uma distinção entre **condicional** e **incondicional**.

Apesar de os princípios federativos da Constituição Federal terem exterminado as antigas **isenções heterônomas** – que permitiam à União isentar sujeitos passivos de outros entes federativos –, permaneceu no CTN, art. 152, I, "b", esta "moratória heterônoma" (Sabbag, 2006), aceita pela doutrina, mas nunca observada na prática, que permite à União conceder a medida para tributos de outros entes federativos, se, simultaneamente, conceder para os de sua competência e para as obrigações de direito privado.

A medida pode ser restrita a determinada região ou a uma determinada classe ou categoria de sujeitos passivos (CTN, art. 152, parágrafo único).

2.3.2. Moratória em caráter individual

A moratória pode ser concedida **em caráter individual**, também dita **solene**, por depender de ato da autoridade administrativa. Apesar da previsão legal, necessita de um despacho oficial para seu reconhecimento (CTN, art. 152, II). Nesse caso, normalmente a lei exige o preenchimento de formulários de requerimento, acompanhados de provas do implemento dos requisitos previstos para usufruir o benefício.

A concessão da moratória em caráter individual, assim como a concessão de isenção em caráter individual (CTN, art. 179), não gera direito adquirido e pode ser anulada caso se verifique que o beneficiado não satisfez ou deixou de satisfazer as condições ou não cumpriu ou deixou de cumprir os requisitos para a concessão do favor, cobrando-se o crédito acrescido de juros de mora, com imposição da penalidade cabível, nos casos de dolo ou simulação, ou, sem imposição de penalidade, nos demais casos (CTN, art. 155).

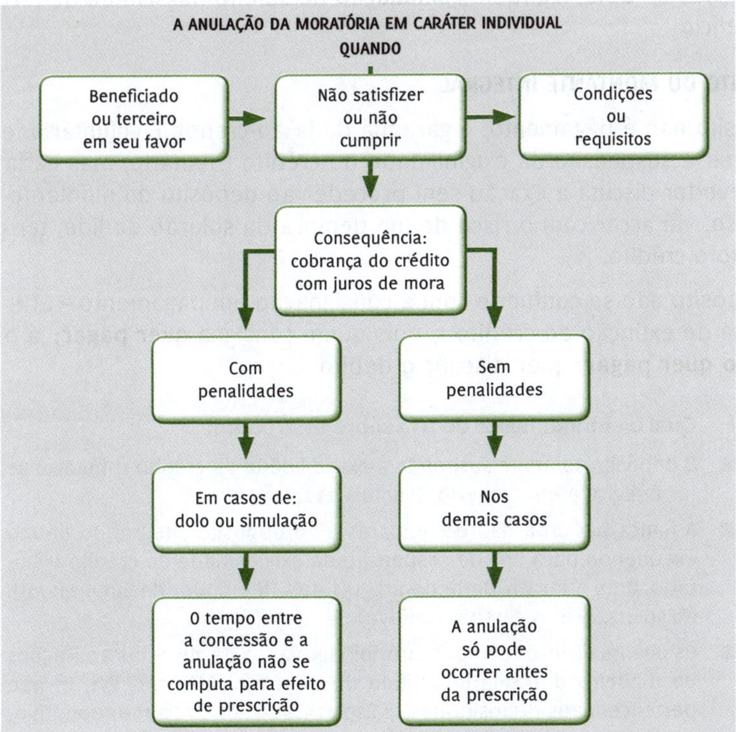

2.4. Requisitos

O Código exige a observação de alguns requisitos mínimos na lei concessiva do benefício de moratória (CTN, art. 153):

Requisitos mínimos da lei de moratória
- O prazo de duração da medida;
- As condições para concessão em caráter individual;
- Os tributos a que se aplica;
- O número de prestações e seu vencimento;
- As garantias fornecidas pelo beneficiado em caráter individual.

2.5. Créditos abrangidos

Se a lei não dispuser diferentemente, só os créditos definitivamente constituídos ou com lançamento iniciado por notificação regular, à data da lei ou do despacho concessor, são atingidos pela medida (CTN, art. 154).

2.6. Vedação à concessão do benefício

O parágrafo único do art. 154 do CTN proíbe o aproveitamento da moratória nas situações de **dolo**, **fraude** ou **simulação** do sujeito passivo ou de terceiro em seu benefício.

3. DEPÓSITO DO MONTANTE INTEGRAL

Depósito não é pagamento; é garantia dada ao credor. É voluntário, e seu fim é conseguir a suspensão da exigibilidade do crédito tributário, mas nada impede que o devedor discuta a exação sem proceder ao depósito do montante integral. Neste caso, vai arcar com o risco de, na demora da solução da lide, ter contra si executado o crédito.

O depósito não se confunde com a consignação em pagamento - CTN, art. 156, VIII: causa de extinção do crédito -, pois quem consigna **quer pagar;** já o depositante **não quer pagar**, quer discutir o débito.

- **Qual o entendimento do STJ sobre esse ponto:**
- O depósito somente suspende a exigibilidade do crédito tributário se for integral e em dinheiro. (Súmula 112)
- A fiança bancária não é equiparável ao depósito integral do débito exequendo para fins de suspensão da exigibilidade do crédito tributário, ante a taxatividade do art. 151 do CTN e o teor da Súm. 112/STJ. (REsp 1156668, recurso repetitivo)
- Os eventuais juros compensatórios derivados de supostas aplicações do dinheiro depositado a título de depósito (CTN, art. 151, II) não pertencem aos depositantes. (REsp 1251513, 2011, recurso repetitivo)

3.1. Depósito judicial

O depósito, em relação ao momento do lançamento tributário, pode ser:

Características do depósito judicial Em relação ao momento do lançamento tributário	
Prévio	**Posterior**
Impede a exigibilidade do crédito tributário a ser constituído.	Suspende a exigibilidade do crédito tributário já constituído.

E é feito nos autos da ação principal, não necessitando de ação cautelar para tanto.

Tal providência é necessária para conseguir o efeito de suspender o crédito, pois o mero ingresso de uma ação judicial não é suficiente para tal intento, a não ser, claro, se houver pedido liminar ou de tutela antecipada nesse sentido, nos moldes dos incisos IV e V do art. 151 do CTN.

Se o sujeito passivo intentar, tão-somente, uma ação judicial em que se discuta o crédito dele cobrado, corre o risco de, mesmo assim, ver prosseguir, contra ele, uma ação de execução fiscal, já que o CPC/15, art. 784, § 1º, ressalva que "a propositura de qualquer ação relativa ao débito constante do título executivo não inibe o credor de promover-lhe a execução".

Por se tratar de matéria afeta diretamente ao direito processual, cuja competência legislativa é privativa da União (CF, art. 22, I), são leis ordinárias federais que determinam em quais instituições financeiras devem ser efetuados os **depósitos judiciais**.

No caso federal, os depósitos judiciais e extrajudiciais, em dinheiro, de valores referentes a tributos e contribuições, incluindo seus acessórios, administrados pela Secretaria da Receita Federal do Ministério da Fazenda, serão efetuados na Caixa Econômica Federal (Lei nº 9.703/1998, art. 1º).

Os depósitos judiciais em dinheiro referentes a tributos e seus acessórios, de competência dos Estados e do Distrito Federal, inclusive os inscritos em dívida ativa, serão efetuados em instituição financeira oficial da União ou do Estado, mediante a utilização de instrumento que identifique sua natureza tributária (art. 1º da Lei 11.429/2006)

E, em relação aos Municípios, os depósitos judiciais, em dinheiro, referentes a tributos e seus acessórios, incluindo os inscritos em dívida ativa, serão efetuados em instituição financeira oficial da União ou do Estado a que pertença o Município, mediante a utilização de instrumento que identifique sua natureza tributária (Lei nº 10.819/2003, art. 1º).

Ao final da ação judicial, restam duas possibilidades:

1º) Se vencedor o fisco, converte-se o depósito em renda;

2º) Se vencedor o sujeito passivo, levanta-se o depósito.

Caso a ação judicial seja extinta sem apreciação de mérito – sentença terminativa –, o depósito é convertido em renda, pois as causas de extinção do processo sem julgamento de mérito são invariavelmente imputáveis ao autor da ação, nunca ao réu.

3.2. Depósito recursal

Depósito recursal é o nome que se dava ao depósito exigível – constituição de garantia – no curso do processo administrativo, para que o sujeito passivo pudesse recorrer de decisão que lhe fora desfavorável.

À luz do CTN, art. 151, III, as reclamações e os recursos, nos termos das leis reguladoras do processo tributário administrativo, já suspendem o crédito tributário. Entretanto, é posição de alguns doutrinadores que, no processo administrativo tributário, não há exigência do duplo grau de jurisdição, ou seja, a instância recursal não é obrigatória.

Baseados nisto, vários fiscos condicionavam o acesso à segunda instância – o duplo grau – ao depósito recursal, antigamente denominado "garantia da instância".

A exigência de depósito recursal era um dos assuntos mais combatidos pelos doutrinadores nacionais, sob o argumento de que obstaculizava a ampla defesa e o acesso à justiça, ofendendo dispositivos constitucionais (CF, art. 5º, LIV e LV). A jurisprudência firmou esse posicionamento sumularmente.

▸ **Qual o entendimento do STF sobre esse ponto:**

- É inconstitucional a exigência de depósito ou arrolamento prévios de dinheiro ou bens para admissibilidade de recurso administrativo. (Súmula Vinculante 21)
- É inconstitucional a exigência de depósito prévio como requisito de admissibilidade de ação judicial na qual se pretenda discutir a exigibilidade de crédito tributário. (Súmula Vinculante 28)

▸ **Qual o entendimento do STJ sobre esse ponto:**

- É ilegítima a exigência de depósito prévio para admissibilidade de recurso administrativo. (Súmula 373)

4. RECLAMAÇÕES E RECURSOS NO PROCESSO ADMINISTRATIVO TRIBUTÁRIO

Reza o art. 5º, LV, da Constituição Federal, que "aos litigantes, em processo judicial ou administrativo, e aos acusados em geral são assegurados o contraditório e ampla defesa, com os meios e recursos a ela inerentes", portanto, cabe a cada ente político que institui tributos criar seu contencioso administrativo tributário e regular o seu respectivo processo, resguardando ao sujeito passivo meios e recursos que promovam seu amplo acesso à justiça tributária.

Uma vez efetuado o lançamento, cabe defesa contra a exigência do fisco, que verse sobre qualquer elemento que se entenda impugnável. O processo administrativo, por sua informalidade e relativa celeridade, apresenta algumas características interessantes, pois não exige despesas com custas ou com representação por advogados, o que atrai muitos sujeitos passivos.

A maior comodidade, entretanto, é a suspensão da exigibilidade do crédito que, ressalte-se, só é alcançada nos casos e nos prazos definidos nas leis que regulam tais processos e procedimentos. Leis estas que não podem, de forma alguma, negar efeito suspensivo às reclamações e aos recursos administrativos tempestiva e corretamente impetrados.

A suspensão da exigibilidade não é um efeito imediato das ações judiciais, conforme quadro abaixo:

Suspensão da exigibilidade	
Tipo de processo/litígio	
Administrativo (recursos e reclamações)	**Judicial**
Suspende a exigibilidade do crédito tributário.	Só suspende a exigibilidade do crédito tributário se acompanhado de medida liminar requerendo tal fim, acatada pelo juízo.

Os encargos incidentes sobre o crédito constituído (multas, juros e atualização) não deixam de correr durante o andamento do processo. Caso deixassem, prestar-se-ia o processo administrativo a postergar eficaz e gratuitamente o recolhimento dos tributos.

As reclamações e recursos aptos a promover a suspensão de exigibilidade são aqueles que discutem o próprio lançamento tributário, ou seja, a exigibilidade do crédito tributário. Não tem esse efeito as impugnações a temas estranhos como, por exemplo, reclamação administrativa que questiona a legalidade de ato de exclusão de parcelamento (STJ, REsp 1372368).

Enquanto não exarado provimento final no processo administrativo, o sujeito passivo tem direito a certidão positiva com efeito de negativa (CTN, art. 206, parte final). Vários tipos de procedimento podem ser considerados **reclamações administrativas**, um **pedido de compensação**, por exemplo, suspende a exigibilidade do crédito em cobrança na qual o sujeito passivo entende deva ser tal crédito compensado com outros, já pagos indevidamente, impedindo o fisco de ajuizar a cobrança respectiva.

Por fim, é bom lembrar que o acesso ao Poder Judiciário independe do esgotamento das vias administrativas.

5. PARCELAMENTO

Quando o parcelamento não era previsto como causa de suspensão, era "prática" de alguns fiscos concedê-lo excluindo encargos incidentes sobre os tributos vencidos, o que não era aceito pela Justiça, pois, para os tribunais, o parcelamento funcionava como simples dilação do prazo de vencimento, por solicitação do sujeito passivo, tolerado pelo fisco, e que não poderia deixar de acarretar juros e multas sobre o crédito, nem de suspender sua exigibilidade.

A doutrina dominante, por sua vez, acolhia o parcelamento como uma modalidade de moratória, da qual pouco se diferenciava, possuindo a mesma natureza desta. Coube à LC nº 104/2001 inserir um novo artigo no CTN para vencer as divergências:

> Art. 155-A. O parcelamento será concedido na forma e condição estabelecidas em lei específica.
>
> § 1º Salvo disposição de lei em contrário, o parcelamento do crédito tributário não exclui a incidência de juros e multas.
>
> § 2º Aplicam-se, subsidiariamente, ao parcelamento as disposições desta Lei, relativas à moratória.

O novo texto visou, também, diminuir o alcance da denúncia espontânea - art. 138 do CTN, que exclui a responsabilidade por infrações - assegurando que o parcelamento só exclui juros e multas se a lei assim dispuser, impedindo que o interessado escape da multa toda vez que obtenha parcelamento de crédito vencido. Agora, a concessão do parcelamento é vinculada ao regramento legal.

Os casos mais divulgados desta modalidade de suspensão são os Programas de Recuperação Fiscal - Refis, do governo federal.

O art. 155-A foi, posteriormente, acrescido de dois novos parágrafos pela LC nº 118/2005:

> § 3º Lei específica disporá sobre as condições de parcelamento dos créditos tributários do devedor em recuperação judicial.
>
> § 4º A inexistência de lei específica a que se refere o § 3º deste artigo importa na aplicação das leis gerais de parcelamento do ente de Federação ao devedor em recuperação judicial, não podendo, neste caso, ser o prazo de parcelamento inferior ao concedido pela lei federal específica.

Trata-se de um esforço para renovar a legislação brasileira, no que diz respeito ao reflexo que as normas tributárias causam no direito empresarial. Veio no bojo das inovações empreendidas pela Lei nº 11.101/2005, a nova Lei de Recuperação e Falências.

Segundo o CTN, art. 198, § 3º, não constitui quebra de sigilo tributário a divulgação de informações relativas a parcelamento e moratória.

▸ **Qual o entendimento do STJ sobre esse ponto:**

◙ Conforme o disposto no art. 151, VI, do CTN, o parcelamento fiscal, concedido na forma e condições estabelecidas em lei específica, é causa suspensiva de exigibilidade do crédito tributário, condicionando os efeitos dessa suspensão à homologação expressa ou tácita do pedido formulado. (REsp 957509, recurso repetitivo)

6. CONCESSÃO DE MEDIDA LIMINAR OU DE TUTELA ANTECIPADA

O texto original do CTN só fazia alusão à medida liminar concedida em mandado de segurança (art. 151, IV). A LC nº 104/2001, visando acabar com dúvidas sobre a possibilidade de as liminares concedidas em outros tipos de ações judiciais cabíveis em matéria tributária, que não o mandado de segurança, suspenderem, também, a exigibilidade do crédito tributário, acrescentou a este artigo do Código mais uma hipótese de suspensão de exigibilidade, "a concessão de medida liminar ou de tutela antecipada, em outras espécies de ação judicial" (inciso V).

Assim, trouxe, também, o instituto da "tutela antecipada" para o processo judicial tributário (o CPC/15 intitula de "tutela de urgência").

Diferenças	
Mandado de segurança	**Tutela antecipada**
- Ação constitucional, de natureza civil, de garantia de direito fundamental, prevista no art. 5º, LXIX da CF:	- CPC/15: "Art. 300. A tutela de urgência será concedida quando houver elementos que evidenciem a probabilidade do direito e o perigo de dano ou o risco ao resultado útil do processo.
"Conceder-se-á mandado de segurança para proteger direito líquido e certo, não amparado por "habeas-corpus" ou "habeas-data", quando o responsável pela ilegalidade ou abuso de poder for autoridade pública ou agente de pessoa jurídica no exercício de atribuições do Poder Público".	§ 1º Para a concessão da tutela de urgência, o juiz pode, conforme o caso, exigir caução real ou fidejussória idônea para ressarcir os danos que a outra parte possa vir a sofrer, podendo a caução ser dispensada se a parte economicamente hipossuficiente não puder oferecê-la. § 2º A tutela de urgência pode ser concedida liminarmente ou após justificação prévia. § 3º A tutela de urgência de natureza antecipada não será concedida quando houver perigo de irreversibilidade dos efeitos da decisão".

Antes da inovação legislativa, a doutrina e parte da jurisprudência já defendiam essa possibilidade, com base na previsão de controle dos atos administrativos pelo Poder Judiciário. No entanto, a jurisprudência, preservando a taxatividade do rol previsto no art. 151 do CTN, não aceitava o efeito suspensivo dessas liminares sobre a exigibilidade do crédito tributário.

Apesar de, aparentemente, ter "chovido no molhado" - pois a jurisdição brasileira é una, e o poder geral de cautela do juiz é amplo e resguardado constitucionalmente, de forma que as decisões judiciais, a despeito de algumas leis restritivas, têm, sim, o poder de suspender efeitos de atos que possam causar prejuízos ao demandante - a inovação reforçou a segurança jurídica e, também, incluiu no CTN disposição a respeito da **tutela antecipada** que, quando da feitura do Código, em 1966, ainda não existia na legislação processual brasileira.

Deve-se ter muita atenção com o seguinte aspecto das liminares: elas impedem que o crédito seja cobrado, mas não que seja constituído.

▸ **Como esse assunto foi cobrado em concurso?**

(Fadesp/Cosanpa/Advogado/2017) Sobre a suspensão do crédito tributário, pode-se afirmar que:

(A) as hipóteses previstas no Código Tributário Nacional são exemplificativas, podendo a legislação tributária municipal e estadual criar novas hipóteses.

(B) a possibilidade de suspensão do crédito tributário, em caso de concessão de liminar, só é permitida em mandado de segurança em razão da natureza especial de seu processamento.

(C) a suspensão do crédito tributário não impede sua constituição.

(D) a ocorrência de suspensão do crédito tributário tem efeito impeditivo da contagem do prazo prescricional para o ajuizamento da ação fiscal, mas não suspende a contagem se ele já tiver tido início.

Resposta: Alternativa "C".

Curiosidade: o Projeto de Lei Complementar nº 77/1999, que incluiu este inciso, objetivou introduzir, também, outro parágrafo ao art. 151 do CTN, para fulminar a eficácia das liminares após um ano de concessão, exceto na hipótese de depósito do montante integral em litígio, mas não foi aprovado. Foi uma tentativa do Poder Executivo, autor da proposta, de enfrentar o escândalo que, à época, o País acompanhava, chamado de "indústria das liminares": vários juízes, abusando da medida, concediam liminares que perduravam, algumas, por mais de uma década.

É importante lembrar, contudo, que a lei, não admite que a exigência de tributos seja objeto de um tipo específico de ação judicial: **a ação civil pública**.

▸ **Qual o entendimento do STF sobre esse ponto:**

◙ O Termo de Acordo de Regime Especial - TARE não diz respeito apenas a interesses individuais, mas alcança interesses metaindividuais, pois o ajuste pode, em tese, ser lesivo ao patrimônio público. O Parquet tem legitimidade para propor ação civil pública com o objetivo de anular TARE, em face da legitimação "ad causam" que o texto constitucional lhe confere para defender o erário. Não se aplica à hipótese o parágrafo único do artigo 1º da Lei 7.347/85. (RE 576155, repercussão geral)

▸ **Como esse assunto foi cobrado em concurso?**

(Cespe/DPU/Defensor/2017) Acerca da suspensão e da extinção do crédito tributário, julgue o item a seguir à luz do CTN: é possível a suspensão da exigibilidade do crédito tributário em decorrência da concessão de medida liminar em mandado de segurança.

Resposta: Certa.

Capítulo

XIII

Extinção do Crédito Tributário

1. MODALIDADES DE EXTINÇÃO

O CTN, art. 156, define as modalidades extintivas do crédito tributário, que, para efeitos didáticos, podem ser subdividas em:

Modalidades extintivas do crédito tributário		
Diretas (independem de lei)	**Indiretas (dependem de lei)**	**Processuais**
- Pagamento. - Homologação do pagamento antecipado. - Decadência. - Prescrição.	- Compensação. - Transação. - Remissão. - Dação em pagamento em bens imóveis.	- Conversão de depósito em renda. - Consignação em pagamento. - Decisão administrativa irreformável. - Decisão judicial passada em julgado.

Apesar de o CTN (art. 97, VI) limitar à lei o estabelecimento das hipóteses de extinção de créditos tributários, a doutrina vislumbra outras formas de extinção, não previstas no código, estudadas mais adiante a título exemplificativo.

Modalidades diretas são aquelas que não dependem de lei autorizativa para ocorrer: pagamento, prescrição, decadência e homologação do pagamento antecipado. A previsão dessas modalidades no CTN é suficiente para regular sua existência. Assim, mesmo que a legislação do ente tributante não as contenha em seus textos, caso ocorram tal como descritas no Código Tributário Nacional, extinto estará o crédito respectivo.

Nas **modalidades indiretas**, o CTN concede aos entes políticos liberdade para implementar políticas tributárias que prevejam a compensação, a transação, a remissão e a dação em pagamento em bens imóveis como modalidades de extinção do crédito tributário, desde que a previsão desses institutos seja feita por meio de lei autorizativa. Pode-se sintetizar que as modalidades indiretas dependem, para sua previsão, da vontade legislativa do ente tributante.

As **modalidades de caráter processual** são aquelas que pressupõem um litígio, pois só ocorrem no bojo de um processo administrativo ou judicial: a conversão de depósito em renda, a consignação em pagamento, a decisão administrativa irreformável e a decisão judicial passada em julgado.

- **Como esse assunto foi cobrado em concurso?**

(Consulplan/TJ/MG/Cartórios/Remoção/2018) São hipóteses de extinção do crédito tributário, exceto:

(A) compensação e remissão.

(B) conversão do depósito em renda e transação.

(C) decisão administrativa irreformável e pagamento.

(D) pagamento seguido de homologação no caso dos tributos sujeitos a lançamento por declaração e dação em pagamento de bens móveis.

Resposta: Alternativa "D".

2. PAGAMENTO

O pagamento é descrito no CTN como o adimplemento de obrigação **pecuniária**, em moeda nacional ou valor que nela se possa exprimir (como a estampilha, o selo etc.). Esta acepção da palavra pagamento é tida por **restrita** na teoria das obrigações, em contraste com a acepção **ampla**, que indica adimplemento de qualquer tipo de obrigação, não só a pecuniária. Com a inclusão da modalidade "dação em pagamento em bens imóveis", feita pela LC nº 101/2001, a acepção estrita originalmente empregada pelo Código perdeu o sentido.

No direito privado, o pagamento da **cláusula penal** substitui a obrigação descumprida (CC, art. 410). No direito tributário, não: no caso de cometimento de infrações, o valor destas soma-se ao do tributo, não sendo possível que o pagamento deste seja substituído pelo daquelas (CTN, art. 157).

O pagamento de um crédito não presume nem o pagamento de parcelas que o antecedem nem o de outros créditos referentes ao mesmo ou a outros tributos (CTN, art. 158).

2.1. Local e tempo

O crédito tributário deve ser adimplido na repartição competente do domicílio do credor, mas, a legislação pode dispor de maneira diferente.

O tempo do pagamento é livremente fixado pela **legislação** - não necessariamente por **lei** - mas, caso esta seja omissa, o vencimento deve ser efetuado trinta dias após a data da notificação do lançamento (CTN, art. 160).

2.2. Desconto

A legislação pode permitir desconto para os adimplementos antecipados (CTN, art. 160, parágrafo único).

2.3. Mora

A mora é automática e, diferentemente do direito privado, prescinde de interpelação do devedor. O pagamento em atraso acarreta (CTN, art. 161):

Consequências da mora
- Juros de mora. - Penalidades. - Medidas de garantia previstas em lei.

Os juros moratórios serão de 1% a.m. (juros simples), se a lei não fixar outro percentual. Para os tributos federais, por exemplo, os juros são calculados pela taxa Selic.

A **multa moratória** nada mais é que um tipo de penalidade pecuniária e pode ser cobrada concomitantemente com os juros de mora, pois têm fundamentos diferentes: estes visam evitar a deterioração do crédito pelo decurso do tempo; aquela, sancionar o recolhimento em atraso.

Caso o sujeito passivo tenha protocolado **consulta** tempestiva e eficaz, não será considerado em mora, não se lhe aplicando as penalidades acima descritas.

> **Qual o entendimento do STJ sobre esse ponto:**
>
> A Taxa Selic é legítima como índice de correção monetária e de juros de mora, na atualização dos débitos tributários pagos em atraso, diante da existência de lei estadual que determina a adoção dos mesmos critérios adotados na correção dos débitos fiscais federais. Raciocínio diverso importaria tratamento anti-isonômico, porquanto a Fazenda restaria obrigada a reembolsar os contribuintes por esta taxa Selic, ao passo que, no desembolso, os cidadãos exonerar-se-iam desse critério, gerando desequilíbrio nas receitas fazendárias. (REsp 879844, recurso repetitivo)

2.4. Meios de pagamento

É vedado tanto o pagamento ***in natura***, quanto o pagamento ***in labore***. Só pode ser efetuado por meio de (CTN, art. 162).

Meios de pagamento admitidos
- Moeda corrente;
- Cheque resgatado pelo sacado;
- Vale postal;
- E, nos casos previstos em lei:
• Estampilha;
• Papel selado;
• Processo mecânico.

A referência ao cheque **resgatado** - com fundos - evita que o sujeito passivo force o fisco a "trocar" um crédito tributário por um crédito cambial de natureza privada, representado por este título de crédito.

Há quem considere a aquisição de estampilha ou selo como o momento de extinção do crédito, mas o correto é o momento de sua destruição - uso, como aduz o CTN (art. 162, § 3º). A destruição, perda ou o mau uso das estampilhas ou selos não acarretam direito de restituição (CTN, art. 162, § 4º).

2.5. Imputação de pagamento

Quando o sujeito passivo deve a um mesmo sujeito ativo mais de um débito vencido, referente a um ou mais tipos tributários, o fisco pode determinar a imputação do crédito, na ordem estabelecida pelas seguintes regras (CTN, art. 163):

Ordem na imputação de pagamento	
1º	1º - Débitos por obrigação própria. 2º - Débitos decorrentes de responsabilidade tributária.

Ordem na imputação de pagamento	
2º	1º – Contribuições de melhoria. 2º – Taxas. 3º – Impostos.
3º	– Na ordem crescente dos prazos de prescrição.
4º	– Na ordem decrescente dos montantes.

A princípio, significa dizer que a **escolha** do débito a ser quitado cabe ao fisco. No entanto, trata-se de uma regra em desuso porque, hoje em dia, a maioria dos recolhimentos é feita eletronicamente em rede bancária, sem nenhuma intervenção das autoridades tributárias. O recebimento direto na repartição fiscal é até evitado pelo fisco, para elidir corrupção e problemas de segurança.

Apesar disso, Sacha Calmon Navarro Coêlho dá um exemplo didático (2000) como advertência:

> Certo contribuinte declarou o IR/92, mas não o pagou. Em 1993, declarou e pagou. A Receita transportou o pagamento para 1992 e cobrou "*ex officio*" o imposto correspondente àquele ano, com os acréscimos e penalidades devidos, fazendo apenas o abatimento do valor posto no DARF/93. Em seguida, lançou o imposto de 1993, este também com os consectários de praxe, sem sequer ouvir o contribuinte (o devido processo legal), o qual perdeu totalmente o controle da situação.

Daí a doutrina entender que, como as instituições recebedoras não fazem a imputação, é vedado ao fisco fazê-la posteriormente ao pagamento, sob pena de ofender o devido processo legal e, também, de esvaziar o instituto da consignação em pagamento.

Quanto aos **débitos consolidados**, montantes vencidos e parcelados para pagamento em determinado prazo, como os do Programa de Recuperação Fiscal – Refis, estes não podem ser objeto de imputação pelo fisco com créditos que o sujeito passivo tenha contra a Fazenda Pública (STJ, REsp 448758), ficando a critério do devedor querer compensá-los com outro ônus tributário.

▸ **Como esse assunto foi cobrado em concurso?**

(Vunesp/Câmara/Serrana/Controlador/2019) Determinada empresa, no ano de 2017, deixou de pagar ao Município onde está domiciliada o imposto sobre a Propriedade Predial e Territorial Urbana (IPTU) e a taxa de coleta de lixo. Os débitos encontram-se vencidos, tendo o Município notificado a empresa a recolher os valores devidos no prazo de 30 (trinta) dias, sob pena de inscrição em dívida ativa. A empresa possui algum dinheiro disponível para pagar o Município, mas em montante insuficiente para quitá-los. Realizado o recolhimento dos valores e sendo eles insuficientes para quitar ambos os débitos, a autoridade administrativa competente para receber o pagamento determinará a imputação

(A) na ordem decrescente dos prazos prescricionais.

(B) na ordem crescente dos vencimentos.

(C) primeiramente aos juros e ao principal do imposto.

(D) na ordem crescente dos montantes.

(E) primeiramente, à taxa e, posteriormente, ao imposto.

Resposta: Alternativa "E".

3. HOMOLOGAÇÃO DO PAGAMENTO ANTECIPADO

Define o CTN:

> **Art. 150.** O lançamento por homologação, que ocorre quanto aos tributos cuja legislação atribua ao sujeito passivo o dever de antecipar o pagamento sem prévio exame da autoridade administrativa, opera-se pelo ato em que a referida autoridade, tomando conhecimento da atividade assim exercida pelo obrigado, expressamente a homologa.

Na sistemática do lançamento por homologação, o pagamento é feito antes do próprio lançamento, **antecipado**, portanto. Daí, a **extinção** não se operar no momento do pagamento, mas no da homologação - entendida como a participação da autoridade administrativa, expressa ou ficta:

a) **homologação expressa**: quando o fisco, tomando conhecimento da atividade, expressamente a homologa no prazo de cinco anos contados da ocorrência do fato gerador.

b) **homologação ficta**: quando o fisco não se pronuncia neste prazo, considerando-se tacitamente homologado o lançamento e definitivamente extinto o crédito, salvo se comprovada a ocorrência de dolo, fraude ou simulação.

Ressalte-se que, quando não houver pagamento de nenhum valor, não há que se falar em homologação tácita, pois só se homologa, obviamente, aquilo que foi pago, ainda que parcialmente.

A principal importância de identificar o momento exato da extinção é para a determinação do prazo para requerer administrativamente a repetição do indébito (CTN, art. 168, I), que começa a fluir da data de **extinção** do crédito tributário, não da data do pagamento.

4. PRAZOS EXTINTIVOS DO CRÉDITO TRIBUTÁRIO

4.1. Conceitos gerais

No direito tributário brasileiro, o simples decurso de prazo pode fulminar a obrigação tributária e o crédito respectivo, caso já esteja constituído. É o que se dá com os institutos da prescrição e da decadência.

A CF prevê que as normas gerais tributárias sobre esses dois institutos devem ser estabelecidas por lei complementar (art. 146, III, b). Hoje, tais normas estão veiculadas no CTN, que as tem por dois *prazos extintivos de direitos*: a decadência – prazo em que deve ser constituído o crédito tributário, ou seja, o prazo para lançá-lo; e a prescrição – prazo em que se deve cobrar o crédito constituído, administrativamente ou por meio de uma ação de execução fiscal.

Falar sobre os aspectos jurídicos desses dois institutos é tarefa profundamente teórica, que muitos tributaristas creem não produzir resultados úteis. Entretanto, a melhor maneira de aprendê-los é apartá-los dos conceitos homônimos de prescrição e decadência do direito civil. Isso porque nem o CTN nem o antigo Código Civil de 1916 tiveram esmero científico em discernir esses prazos. O que não ocorre só no Brasil, pois a maioria dos países não faz distinção desses institutos no direito civil e no direito tributário (Santos Júnior, 2001), mas ocorre que, diferentemente daqui, quase todos adotam a unicidade de prazo extintivo tributário.

Ambos – prescrição e decadência – decorrem da **segurança jurídica** e da pacificação social. Ao Estado não interessa a perpetuação de direitos abandonados ou não exercidos pelos seus titulares, daí o ordenamento prever prazos para que os direitos, via de regra, sejam exercitados, garantindo-os. O não exercício, pelos titulares desses direitos, faz com que se percam, pelo seu próprio perecimento (decadência), ou pela impossibilidade de sua exigibilidade (prescrição).

4.2. Prescrição e decadência no direito privado

O Código Civil de 2002 tornou mais lógica e coerente a disciplina dos prazos extintivos, dando-lhe cientificidade. A definição dos institutos adotou o critério proposto por Agnelo Amorim Filho, já que a antiga fórmula, segundo a qual a decadência extinguiria o direito, enquanto a prescrição extinguiria o direito à ação, não sustentava a complexidade do fenômeno jurídico.

Na teoria processual moderna, a ação, **direito adjetivo**, independe do direito material objeto de litígio. Em outras palavras: mesmo que não haja o direito, pode existir a ação. A ação é apenas um **direito ao processo**, que pode não passar de um mero **direito de demandar**. Sua existência e seu exercício independem da existência do direito subjetivo alegado pelo autor. Assim, falar que a prescrição extingue o direito à ação tornou-se uma impropriedade.

A prescrição, agora, é definida como **causa extintiva da pretensão de direito material** pelo seu não exercício no prazo estipulado pela lei, ou seja, extingue-se a **exigibilidade** do direito, não o direito de ação, que permanece incólume. Pode-se pleitear um direito prescrito, pode-se demandar, mas a ação carecerá de fundamento e não prosperará.

À **perda do direito à ação** não se dá o nome de prescrição, mas sim de **perempção**, que é de natureza processual, prevista no CPC/15, art. 486, § 3º, como impossibilidade, para o autor contumaz – aquele que motiva, por três vezes consecutivas, a extinção do processo por não promover os atos e diligências que lhe competir, abandonando a causa por mais de trinta dias - de intentar nova ação contra o réu, com o mesmo objeto, ficando-lhe ressalvada, entretanto, a possibilidade de alegar em defesa o seu direito. Portanto, mesmo na contumácia, não se extingue o direito material nem a pretensão, que podem ser opostos a terceiros, ainda, em caso de defesa.

Já a **preclusão** é a perda do exercício de uma faculdade processual não efetivada no momento próprio. Impede que se renovem questões já decididas dentro de uma mesma ação.

Por fim, a **decadência** é causa extintiva do próprio direito, pelo seu não exercício no prazo estipulado em lei, contrato ou testamento.

Em resumo, há prazos extintivos de:

Prazos extintivos	
Caráter material (direito substantivo)	**Caráter processual** (direito adjetivo)
Prescrição (extinção da pretensão / exigibilidade)	**Perempção** (perda do direito de ação)
Decadência (extinção do direito)	**Preclusão** (perda de uma faculdade processual)

Reflexamente, a natureza dos institutos determina que, no tocante à proteção processual, quando a pretensão a ser deduzida em juízo for de natureza **condenatória** - incluídas as tutelas inibitórias, ressarcitórias e reintegratórias, bem como as **de execução** dessas mesmas pretensões -, o prazo será prescricional.

Já o não exercício de pretensão ajuizada mediante ação **constitutiva**, positiva ou negativa, por ter natureza de direito potestativo, submete-se a prazos decadenciais. Entretanto, há várias exceções, sem prazo de exercício previsto em lei e, consequentemente, de caráter perpétuo, como, por exemplo, a negatória de paternidade - CC, art. 1601.

Por fim, as ações **declaratórias** não se submetem a prazos extintivos: são perpétuas.

Pretensão	
Prazo prescricional.	Ação condenatória.
Prazo decadencial.	Ação constitutiva.
Sem prazo (imprescritível).	Ação declaratória.

As antigas distinções, na seara privada, entre prescrição e decadência perderam totalmente o sentido. Hoje, as diferenças entre tais institutos no direito civil podem ser resumidas conforme a tabela abaixo.

<table>
<tr><th colspan="2">Diferenças entre prescrição e decadência no Código Civil</th></tr>
<tr><th>Prescrição</th><th>Decadência</th></tr>
<tr><td>- Causa extintiva da pretensão (exigibilidade) de um direito material pelo seu não exercício no prazo estipulado pela lei.</td><td>- Causa extintiva de um direito potestativo não exercido dentro do prazo estabelecido para tanto.</td></tr>
<tr><th colspan="2">Modalidades</th></tr>
<tr><td>- Exclusivamente legal.</td><td>- Legal, convencional e testamentária.</td></tr>
<tr><th colspan="2">Renúncia</th></tr>
<tr><td>- Válida somente se não prejudicar terceiros e for prévia (prescrição em curso).</td><td>- Decadência legal: é nula.
- Decadência convencional: é válida.</td></tr>
<tr><th colspan="2">Conhecimento de ofício pelo juiz</th></tr>
<tr><td>- Em qualquer caso.</td><td>- Decadência legal: obrigatório.
- Decadência convencional: vedado.</td></tr>
<tr><th colspan="2">Alegação em juízo</th></tr>
<tr><td>- Válida em qualquer grau de jurisdição pela parte a quem aproveita
(exceções: recurso extraordinário e recurso especial, que exigem pré-questionamento das matérias levadas ao STF e ao STJ).</td><td>- Decadência convencional: válida em qualquer grau de jurisdição pela parte a quem aproveita.
- Decadência legal: é matéria de ordem pública e deve ser conhecida de ofício pelo juiz.</td></tr>
<tr><th colspan="2">Previsão dos prazos</th></tr>
<tr><td>- Apenas os taxativamente previstos no arts. 205 e 206.
- Prazo geral: 10 anos.</td><td>- Todos os demais encontrados na Parte Geral e na Parte Especial do Código.</td></tr>
<tr><th colspan="2">Início dos prazos</th></tr>
<tr><td>- Momento da violação do direito.</td><td>- Todos os demais encontrados na Parte Geral e na Parte Especial do Código.</td></tr>
<tr><th colspan="2">Impedimento, suspensão e interrupção dos prazos</th></tr>
<tr><td>- Previstos no Código Civil.</td><td>- Os casos previstos no Código Civil para a prescrição só se aplicam à decadência se houver disposição legal autorizativa.</td></tr>
<tr><th colspan="2">Alteração dos prazos por acordo das partes</th></tr>
<tr><td>- Não é válido.</td><td>- Decadência convencional: é válido.
- Decadência legal: não é válido.</td></tr>
</table>

4.3. Prescrição e decadência no CTN

No CTN, entretanto, os conceitos oriundos do direito civil têm pouca valia: a disciplina da decadência e da prescrição tributárias carece de rigor científico. Os institutos foram utilizados sem a conotação de que se revestiam no direito civil e, por conta de terem sido adotados rótulos - nomes - já sedimentados na seara privada, causaram embaralhamento e digressões jurídicas, que pouco ou quase nada acrescentaram ao direito tributário.

O que o CTN quer dizer, em poucas letras, é que há dois prazos extintivos em seu texto: **decadência**, que delimita a possibilidade de **lançar** o tributo; **prescrição** - que delimita, ante a inadimplência do sujeito passivo, a possibilidade de **cobrar** o crédito constituído. Teria feito melhor o legislador se tivesse optado por simples regras descritivas como: "o prazo extintivo para lançar é de...", ou "o prazo extintivo para cobrar o crédito é de...", sem importar institutos alienígenas ao direito tributário para tal fim.

Os contornos jurídicos desses dois importantes institutos extintivos de obrigações tributárias serão explicitados adiante, conforme a disciplina do Código Tributário.

5. DECADÊNCIA

5.1. Conceito

Com a ocorrência do fato gerador da obrigação tributária, surge, para o fisco, um direito potestativo - poder-dever - de constituir o crédito mediante lançamento (CTN, art. 142, parágrafo único). Por razões de segurança jurídica, e para não eternizar as relações jurídicas, o ordenamento impõe que tal direito seja constituído em um prazo extintivo, **decadencial**, sob pena de perda do próprio direito de crédito.

Não raro, o fisco efetua lançamento de tributos já decaídos, o que não convalida a dívida. Nesses casos, mesmo que o sujeito passivo venha a reconhecer o débito mediante parcelamento, que geralmente é precedido de um termo de confissão, existe direito à restituição do que vier a ser pago,

> **Como esse assunto foi cobrado em concurso?**
>
> **(Quadrix/CREA/TO/Advogado/2019)** Suponha-se que o contribuinte, uma vez notificado da existência do débito tributário decaído, tenha feito a confissão da dívida e o parcelamento. Nesse caso, de acordo com a jurisprudência do Superior Tribunal de Justiça (STJ), por ser a decadência forma de extinção do crédito tributário, não poderá ser reavivado o direito pela confissão de dívida e pelo parcelamento.
>
> *Resposta: Certa.*

5.2. Contagem do prazo decadencial

O prazo decadencial é de cinco anos, mas seu termo inicial varia de acordo com as situações fáticas descritas no CTN, contado na forma da tabela abaixo.

Regra geral
- Do primeiro dia do exercício seguinte àquele em que o lançamento poderia ter sido efetuado (art. 173, I).
Regras especiais (exceções)
- Da data da notificação de início da constituição do crédito tributário, de qualquer medida preparatória indispensável ao lançamento, se anterior à regra geral (art. 173, parágrafo único); - Da data em que se tornar definitiva a decisão anulatória, por vício formal, do lançamento anteriormente efetuado (art. 173, II); - Da data do fato gerador, para os tributos sujeitos a homologação (art. 150, § 4º).

5.2.1. Primeiro dia do exercício seguinte àquele em que o lançamento poderia ter sido efetuado

É a regra geral (CTN, art. 173, I). Excluídas as outras situações, ela é aplicada ao caso concreto.

Ocorrido um fato gerador em qualquer período do ano de 2019, por exemplo, o prazo decadencial inicia-se em 1º.1.2020 e vai até 31.12.2024. Do que se depreende que o prazo para o fisco lançar um tributo é variável, podendo ultrapassar os cinco anos.

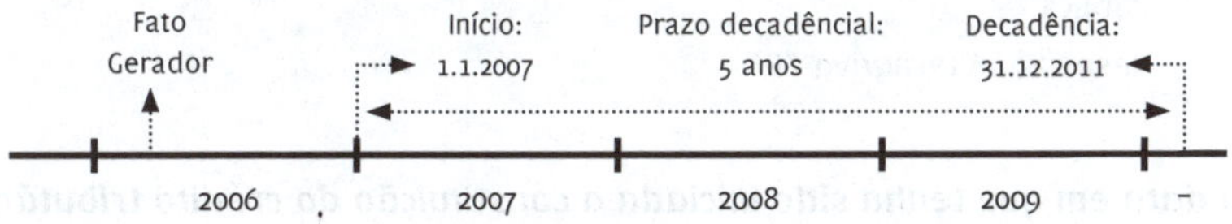

> ▸ **Qual o entendimento do STJ sobre esse ponto:**
>
> ◙ Quando não houver declaração do débito, o prazo decadencial quinquenal para o Fisco constituir o crédito tributário conta-se exclusivamente na forma do art. 173, I, do CTN, nos casos em que a legislação atribui ao sujeito passivo o dever de antecipar o pagamento sem prévio exame da autoridade administrativa. (Súmula 555)
>
> ◙ Não é possível a constituição de crédito tributário com base em documento de confissão de dívida tributária apresentado, para fins de parcelamento, após o prazo decadencial previsto no art. 173, I, do CTN. (REsp 1355947, recurso repetitivo)

> ▸ **Como esse assunto foi cobrado em concurso?**
>
> **(UFPR/COREN/PR/Advogado/2018)** Sobre fato gerador e elementos da obrigação tributária, assinale a alternativa correta:
>
> (A) no âmbito do direito tributário, não se admite a tributação sobre a renda obtida com a prática de atividades ilícitas, uma vez que a definição legal do fato gerador é interpretada sem qualquer abstração quanto à validade dos atos praticados pelos sujeitos passivos,

natureza ou efeitos do seu objeto, ou, ainda, dos efeitos dos fatos ocorridos.

(B) a capacidade tributária passiva consiste na aptidão que uma pessoa física ou jurídica tem para figurar como devedora numa relação jurídica tributária. Quanto às pessoas naturais, e à luz do sistema tributário vigente, tal capacidade depende da presença de capacidade para a prática dos atos da vida civil.

(C) no direito tributário, a denúncia espontânea de uma infração afasta a responsabilidade do dever de pagamento da multa e dos juros de mora incidentes sobre o valor do tributo não recolhido no prazo do seu vencimento.

(D) a decadência é causa de extinção do crédito tributário, que se opera pelo decurso do prazo que a Fazenda Pública possui para a prática do lançamento. Nos tributos sujeitos a lançamento de ofício, o prazo decadencial tem início somente a partir do primeiro dia do exercício seguinte àquele em que o lançamento poderia ter sido efetuado.

(E) a compensação é causa de extinção do crédito tributário que não depende de lei para a sua estipulação; depende, sim, da existência de créditos tributários, de um lado, e, de outro, de créditos líquidos e certos, vencidos ou vincendos, do sujeito passivo contra a Fazenda Pública.

Resposta: Alternativa "D".

5.2.2. Da data em que tenha sido iniciada a constituição do crédito tributário pela notificação, ao sujeito passivo, de qualquer medida preparatória indispensável ao lançamento

Diz respeito a atos administrativos do fisco que informam ao sujeito passivo que uma **ação fiscal** foi iniciada, visando apurar a ocorrência de fatos geradores e efetivar os lançamentos dos créditos tributários porventura devidos.

Exemplos desses avisos preparatórios são os chamados **termos de início de ação fiscal**, por meio dos quais os agentes do fisco requisitam documentos contábeis e fiscais para auditá-los. No dizer do art. 138 do CTN, é o "início de qualquer procedimento administrativo ou medida de fiscalização".

É uma regra antecipatória do início do marco decadencial, baseada, logicamente, no conhecimento do fisco a respeito da ocorrência de fatos geradores.

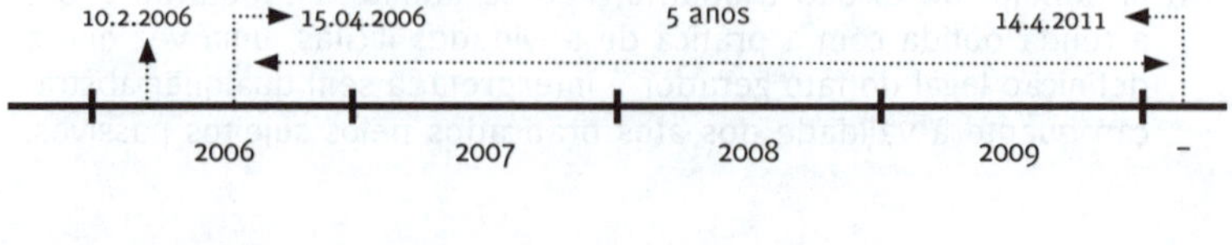

Por fim, cabe ressaltar que as DCTFs (Declaração de Débitos e Créditos de Tributos Federais), as DSs (Declarações de Serviços de ISS), as GIAs (Guias de informação e apuração do ICMS) etc. não são medidas preparatórias de lançamentos; são o próprio lançamento e constituem, portanto, créditos tributários, não sendo cabível falar de decadência nesses casos.

> **Como esse assunto foi cobrado em questões discursivas de concurso?**
>
> **(Consulplan/TJ/MG/Cartórios/Remoção/2017)** Indique a regra geral e a correspondente previsão legislativa para a contagem do prazo decadencial em Direito Tributário. Suponha-se que o fato gerador de um tributo tenha ocorrido em maio de determinado ano e que a notificação preparatória do lançamento tributário tenha sido feita ao sujeito passivo em março do ano seguinte. Qual o termo inicial para a contagem do prazo decadencial? Explique.

5.2.3. Da data em que se tornar definitiva a decisão que houver anulado, por vício formal, o lançamento anteriormente efetuado

Nesse caso, o lançamento já foi efetuado, só que, por ter sido anulado por vício formal, abre-se, novamente, mais um período de cinco anos para que o crédito seja constituído por meio de um **lançamento substitutivo**. Daí a doutrina, estupefata, identificar, aqui, um caso de interrupção e de suspensão da decadência. Nenhum mal há nisso. No direito privado, com o Código Civil de 2002, tal possibilidade já é realidade; no direito tributário, não há amarras que impeçam o legislador de criar casos legais de suspensão ou interrupção da decadência.

A decisão anulatória tanto pode ser administrativa quanto judicial. O vício formal é aquele que não questiona a existência do crédito – sua validade material –, mas sim o modo como foi constituído, se o fisco respeitou o devido processo legal tributário para sua consecução.

Exemplos de vícios formais:

a) competência da autoridade lançadora;

b) preterição do direito de defesa;

c) qualquer desrespeito às formalidades exigidas para a inscrição na dívida ativa (LEF, art. 2º, § 5º), a saber: falta do nome do devedor, do domicílio, do valor, do termo inicial e da forma de calcular os encargos legais, da origem e do fundamento legal etc.

5.2.4. Da data do fato gerador, para os tributos sujeitos a homologação

> **CTN, art. 150, § 4º** Se a lei não fixar prazo para homologação, será ele de cinco anos, a contar da ocorrência do fato gerador; expirado esse prazo sem que a Fazenda Pública se tenha pronunciado, considera-se

> homologado o lançamento e definitivamente extinto o crédito, salvo se comprovada a ocorrência de dolo, fraude ou simulação.

O art. 150, § 4º, é uma **regra especial** à contagem do prazo decadencial expressa no art. 173, I, pois é mais benéfica ao sujeito passivo, trazendo o início do prazo para a data do fato gerador da obrigação, tornando-o, portanto, **mais curto que o da regra geral**.

Assim, nos tributos sujeitos a homologação posterior do pagamento antecipado, o prazo decadencial inicia-se na data do fato gerador, exceto quando o sujeito passivo: (a) não demonstra a intenção de pagar nada ao fisco; ou (b) pior, tenciona eximir-se, ilegalmente, da tributação.

Essas exceções ocorrem quando:

a) o sujeito passivo não antecipou nenhum valor a título de recolhimento antecipado. Nesse caso, não há que se falar em homologação, pois não se homologa o que não se recolheu;
b) o sujeito passivo age com dolo, simulação ou fraude para não pagar ou para diminuir o valor devido.

Nesses casos, a regra benéfica prevista no art. 150, § 4º, não é aplicada: volta-se à regra geral do art. 173, I, e a decadência é contada a partir "do primeiro dia do exercício seguinte àquele em que o lançamento poderia ter sido efetuado". O prazo torna-se mais longo.

5.2.5. Prazos decadenciais para os tributos sujeitos a homologação do lançamento

Contagem do prazo de decadência para os tributos homologados
Havendo antecipação total ou parcial do valor do tributo devido
- Regra mais benéfica (CTN, art. 150, § 4º); - Decadência contada a partir do fato gerador da obrigação.
Não havendo antecipação de nenhuma quantia a título de recolhimento ou na existência de dolo, fraude ou simulação
- Regra geral (CTN, art. 173, I) - Decadência contada a partir do primeiro dia do exercício seguinte àquele em que o lançamento poderia ter sido efetuado.

Interessante notar que o pagamento parcial, por mais ínfima que seja a quantia recolhida, faz com que o início do prazo decadencial seja contado da maneira mais benéfica ao sujeito passivo. Assim, se o recolhimento a ser efetuado é da casa de milhões de reais, recolhido um centavo que seja do montante, tem o fisco prazo decadencial "normal" para lançar de ofício a diferença.

6. PRESCRIÇÃO

6.1. Conceito

Em razão do vencimento do prazo de cumprimento de uma exação fiscal, ao sujeito passivo abrem-se, após a notificação do lançamento, as seguintes possibilidades – e consequências respectivas:

1ª possibilidade: adimplida a obrigação, extingue-se o crédito tributário respectivo.

2ª possibilidade: caso se torne inadimplente, o sujeito passivo viola o direito de cobrança do fisco, causando-lhe uma lesão – inadimplência –, possibilitando que a cobrança do crédito seja "forçada", isto é, feita na via judicial. O início da inadimplência marca, também, o início do prazo prescricional, que corre contra o fisco (CTN, art. 174).

3ª possibilidade: suspender a exigibilidade do crédito por meio de qualquer das modalidades de suspensão previstas no art. 151 do CTN: depósito do seu montante integral, impugnações administrativas, liminar em mandado de segurança, liminar ou tutela antecipada em outras espécies de ação judicial, parcelamento e moratória.

Possibilidades		Consequências
1ª	Adimplir	Extinção do crédito
2ª	Não adimplir	Início do prazo prescricional
3ª	Suspender a exigibilidade	Suspensão / impedimento do início do prazo prescricional

6.2. Início do prazo de prescrição

O início do prazo prescricional, portanto, é o primeiro passo para saber **até quando** o fisco poderá cobrar aquele crédito. O prazo prescricional só se inicia com a violação do direito do fisco, que marca o início da exigibilidade do crédito tributário: no primeiro dia seguinte ao vencimento do prazo dado ao sujeito passivo para adimplir o crédito tributário definitivamente constituído. Normalmente, depois de efetuado um lançamento, as leis tributárias concedem um prazo para que o notificado efetive o pagamento ou impetre impugnação. Durante esse prazo, e durante o prazo em que estiver pendente a impugnação ou qualquer causa de suspensão de exigibilidade, não corre a prescrição, pois o crédito ainda não é exigível.

Mas, como se vê no texto do CTN, necessário, também, identificar quando o crédito tributário é considerado **definitivamente constituído**, pois, só a partir daí, poder-se-á identificar o momento exato de sua exigibilidade.

Como já visto, parte dos doutrinadores não aceita que a constituição definitiva do crédito fique na pendência do julgamento definitivo das objeções que impedem a exigibilidade do crédito tributário; outra parte aceita. A jurisprudência, entretanto, fica com esses últimos.

Portanto, tem-se que:

▸ **Qual o entendimento do STJ sobre esse ponto:**

- A notificação do auto de infração faz cessar a contagem da decadência para a constituição do crédito tributário; exaurida a instância administrativa com o decurso do prazo para a impugnação ou com a notificação de seu julgamento definitivo e esgotado o prazo concedido pela Administração para o pagamento voluntário, inicia-se o prazo prescricional para a cobrança judicial. (Súmula 622)
- O advento da LC 118/2005 e suas consequências sobre a prescrição, do ponto de vista prático, implica dever ser contada da seguinte forma: relativamente aos pagamentos efetuados a partir da sua vigência (que ocorreu em 9.6.2005), o prazo para a repetição do indébito é de 5 anos a contar da data do pagamento; e, relativamente aos pagamentos anteriores, a prescrição obedece ao regime previsto no sistema anterior, limitada, porém, ao prazo máximo de cinco anos a contar da vigência da lei nova. Ademais, o princípio da irretroatividade implica a incidência da LC 118/2005 aos pagamentos indevidos realizados após a sua vigência, e não às ações propostas após a referida lei, visto que essa norma concerne à extinção da obrigação e não ao aspecto processual da ação. (REsp 960239, recurso repetitivo)

6.3. Interrupção do prazo prescricional

Existem quatro casos de interrupção do prazo prescricional previstos no art. 174 do CTN:

a) despacho do juiz que ordenar a citação em execução fiscal;

b) protesto judicial;

c) qualquer ato judicial que constitua em mora o devedor;

d) qualquer ato inequívoco, ainda que extrajudicial, que importe em reconhecimento do débito pelo devedor.

6.3.1. Despacho do juiz que ordenar a citação em execução fiscal

Administrativamente, o sujeito passivo é **notificado** do lançamento; já na esfera judicial é ele **citado** para adimplir o crédito. Mas o mero ajuizamento da cobrança não tem o condão de interromper o prazo prescricional. O juiz deve despachar o pleito.

O "despacho que ordenar a citação em execução fiscal" foi incluído pela Lei Complementar nº 118/2005, mas texto idêntico já constava na LEF, art. 8º, § 2º, desde sua edição, em 1980. Ocorre que, com o advento da nova Constituição, em 1988, passou-se a exigir lei complementar para regular normas gerais em matéria de prescrição tributária (CF, 146, III, b), o que levou a jurisprudência a repelir a aplicação do art. 8, § 2º, da LEF em matéria tributária, cingindo-a ao art. 174 do CTN e derrogando a aplicabilidade do texto da LEF à interrupção do prazo prescricional **tributário** – intacto, porém, para suspender a prescrição em execução fiscal de créditos **não tributários**, pois a execução fiscal é ação para cobrança forçada de créditos inscritos em dívida ativa, tributários e não tributários.

De modo semelhante, o art. 240, § 1º do CPC/15 prevê que "a interrupção da prescrição, operada pelo despacho que ordena a citação, ainda que proferido por juízo incompetente, retroagirá à data de propositura da ação".

No caso de redirecionamento de execução fiscal (CTN, art. 135), a citação válida da pessoa jurídica interrompe a prescrição em relação ao sócio responsável pelo débito fiscal (STJ, REsp 751906).

> ▸ **Qual o entendimento do STJ sobre esse ponto:**
>
> ◙ A citação válida, ainda que por edital, tem o condão de interromper o fluxo do prazo prescricional. (REsp 999901, recurso repetitivo)

6.3.2. Protesto judicial

Segundo o art. 726 do CPC/15, "quem tiver interesse em manifestar formalmente sua vontade a outrem sobre assunto juridicamente relevante poderá notificar pessoas participantes da mesma relação jurídica para dar-lhes ciência de seu propósito". Regra essa que se aplica ao protesto judicial (§ 2º do mesmo artigo).

Trata-se de medida cautelar indicativa de que o credor não está inerte na proteção do seu direito. Não é o chamado **protesto cartorário**, que só se aplica aos títulos de natureza cambial.

6.3.3. Qualquer ato judicial que constitua em mora o devedor

Diz respeito às medidas processuais próprias para a garantia da posição do credor e da exigibilidade do crédito. Engloba intimações, interpelações e notificações judiciais (arts. 726 a 729 do CPC/15). A rigor, este inciso engloba os dois incisos anteriores.

6.3.4. Qualquer ato inequívoco, ainda que extrajudicial, que importe reconhecimento do débito pelo devedor

Trata-se de **confissão** de dívida, ato de iniciativa do devedor, independentemente de qualquer providência de cobrança. Exemplos: cartas, petições, declarações, solicitações de parcelamento, pedidos de compensação, defesas parciais etc. Convém observar que o reconhecimento deve ser "espontâneo", a jurisprudência não admite que o fisco "substitua" a vontade do devedor.

> **Qual o entendimento do STJ sobre esse ponto:**
>
> O parcelamento de ofício da dívida tributária não configura causa interruptiva da contagem da prescrição, uma vez que o contribuinte não anuiu. (REsp 1658517, recurso repetitivo)

Na jurisprudência, o assunto foi objeto de súmula pelo extinto Tribunal Federal de Recursos ("Súmula 248. O prazo da prescrição interrompido pela confissão e parcelamento da dívida fiscal recomeça a fluir no dia em que o devedor deixa de cumprir o acordo celebrado").

O protocolo de pedido administrativo de compensação de débito por parte do contribuinte devedor configura ato inequívoco extrajudicial de reconhecimento do seu débito que pretende compensar, ensejando a interrupção da prescrição da ação para a cobrança do crédito tributário (STJ, REsp 1047176).

6.4. Suspensão do prazo prescricional

O único caso de suspensão do prazo prescricional previsto expressamente no CTN é o referente à anulação da moratória, em casos de dolo ou simulação do beneficiado (art. 155, parágrafo único), mas, apesar da omissão do Código, a doutrina e a jurisprudência reconhecem vários outros casos em que o prazo prescricional, identicamente, não corre:

"Suspensão" da prescrição
- Hipóteses de suspensão da exigibilidade do crédito tributário;
- Anulação, por motivo de dolo ou simulação, de moratória, parcelamento, remissão, isenção e anistia concedidos em caráter individual.

> **Como esse assunto foi cobrado em questões discursivas de concurso?**
>
> **(Consulplan/TJ/MG/Cartórios/Ingresso/2017)** Haveria hipótese(s) de suspensão do prazo prescricional no Código Tributário Nacional? Justifique.

Na suspensão, o prazo não flui temporariamente, retomando seu curso assim que cessa a causa suspensiva, sem desconsiderar o prazo já decorrido:

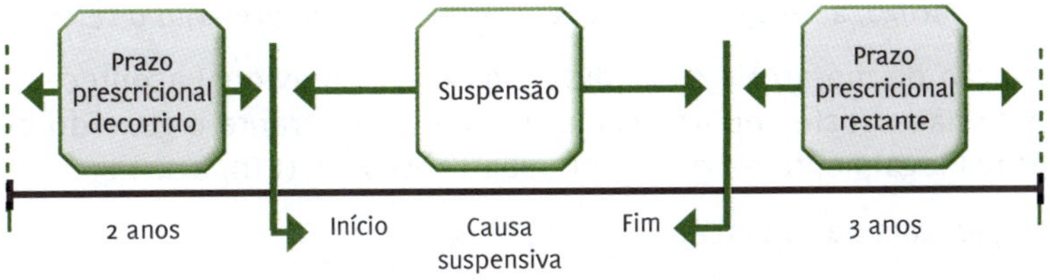

6.4.1. *Hipóteses de suspensão da exigibilidade do crédito tributário*

Caracterizam os prazos extintivos a inércia do credor e o fluxo do tempo; este último, inevitável; a inércia, porém, é condicionada por fatores como a lei. Nos casos de suspensão da exigibilidade previstos no art. 151 do CTN, o credor não pode agir, isto é, cobrar a dívida, porque a lei o impede. Daí, não há que se falar em inércia - desinteresse por receber a dívida - essencial à configuração da prescrição. Lógico, portanto, o entendimento jurisprudencial e doutrinário de que o prazo prescricional não flui nesses casos.

Hipóteses de suspensão da exigibilidade do crédito tributário
- Moratória;
- Parcelamento;
- Depósito do seu montante integral;
- Reclamações e recursos no processo tributário administrativo;
- Medida liminar em mandado de segurança;
- Medida liminar ou tutela antecipada, em outras espécies de ação judicial.

Em caso de inadimplemento de alguma condição de eficácia exigida para os casos de suspensão, o prazo prescricional volta a correr, assim como no caso de cassação de medidas liminares, de tutelas antecipadas, de finalização de processos administrativos etc., o prazo volta a correr da notificação/intimação do sujeito passivo.

6.4.2. *Anulação, por motivo de dolo ou simulação, de moratória, parcelamento, remissão, isenção e anistia concedidos em caráter individual*

> **Art. 155.** A concessão da moratória em caráter individual não gera direito adquirido e será revogada de ofício, sempre que se apure que o beneficiado não satisfazia ou deixou de satisfazer as condições ou não cumprira ou deixou de cumprir os requisitos para a concessão do favor, cobrando-se o crédito acrescido de juros de mora:
>
> I - Com imposição da penalidade cabível, nos casos de dolo ou simulação do beneficiado, ou de terceiro em benefício daquele;
>
> II - Sem imposição de penalidade, nos demais casos.

> **Parágrafo único.** No caso do inciso I deste artigo, o tempo decorrido entre a concessão da moratória e sua revogação não se computa para efeito da prescrição do direito à cobrança do crédito; no caso do inciso II deste artigo, a revogação só pode ocorrer antes de prescrito o referido direito.

A anulação da moratória concedida em caráter individual acontece quando o beneficiado não satisfez ou não cumpriu, antes ou durante o gozo do benefício, os requisitos legalmente exigidos para sua concessão (CTN, art. 155).

Consequências da anulação:

1ª) Cobrança do crédito tributário, acrescido de juros de mora mais penalidades cabíveis, em caso de dolo ou simulação. Nos demais casos - sem a ocorrência de dolo ou simulação -, sem a imposição de penalidades.

2ª) Suspensão do prazo prescricional, como penalidade para aquele que intentou, dolosamente, a nulidade.

Interessante que, neste ponto, o CTN afastou-se de um princípio geral do direito segundo o qual os atos nulos, em regra, não surtem efeitos jurídicos. O legislador assim dispôs lastreado em outro princípio jurídico: o de quem ninguém pode lucrar com a própria torpeza.

Por disposições expressas no CTN, o disposto quanto à anulação da moratória aplica-se também ao parcelamento, à remissão, à isenção e à anistia.

Aplicação das regras de anulação da moratória a:	
Parcelamento	Art. 155-A. O parcelamento será concedido na forma e condição estabelecidas em lei específica. [...] § 2º Aplicam-se, subsidiariamente, ao parcelamento as disposições desta Lei, relativas à moratória.
Remissão	Art. 172. A lei pode autorizar a autoridade administrativa a conceder, por despacho fundamentado, remissão total ou parcial do crédito tributário, atendendo: [...] Parágrafo único. O despacho referido neste artigo não gera direito adquirido, aplicando-se, quando cabível, o disposto no artigo 155.
Isenção	Art. 179. A isenção, quando não concedida em caráter geral, [...] § 2º O despacho referido neste artigo não gera direito adquirido, aplicando-se, quando cabível, o disposto no artigo 155.
Anistia	Art. 182. A anistia, quando não concedida em caráter geral, [...] Parágrafo único. O despacho referido neste artigo não gera direito adquirido, aplicando-se, quando cabível, o disposto no artigo 155.

▸ **Como esse assunto foi cobrado em concurso?**

(Vunesp/Sefin/Campinas/Auditor/2019) Visando reduzir os efeitos da crise econômica, o Município Z institui por meio de lei com vigência de 5 (cinco) anos, moratória de impostos municipais para as empresas sediadas em seu território que comprovem, durante o período de vigência da lei, não ter realizado demissões sem justa causa de trabalhadores. A empresa B, por meio de seus contadores, obteve despacho favorável à adesão à moratória e há 3 (três) anos vem suspendendo o pagamento dos respectivos impostos municipais. Em auditoria de rotina, a administração tributária percebe que os contadores terceirizados da empresa B fraudaram os documentos que comprovariam a inexistência de demissões, sem consentimento da administração da empresa B. Diante dessa situação, é correto afirmar que

(A) o despacho que concedeu a moratória criou direito adquirido para a empresa B, devendo a empresa de contabilidade arcar ao final da vigência da lei com eventuais prejuízos causados à municipalidade.

(B) o despacho que concedeu a moratória criou direito adquirido para a empresa B, devendo a empresa de contabilidade arcar imediatamente com eventuais prejuízos causados à municipalidade.

(C) a concessão de moratória deverá ser revogada de ofício, cobrando-se a empresa B pelo crédito tributário suspenso com juros de mora, mas sem imposição de penalidade.

(D) os impostos dos últimos três anos deverão ser cobrados apenas da empresa de contabilidade, com juros e multa, mantendo-se para o futuro a moratória concedida.

(E) a concessão de moratória deverá ser revogada de ofício, cobrando-se a empresa B pelo crédito tributário suspenso com juros de mora e imposição de penalidade.

Resposta: Alternativa "E".

6.5. Casos de suspensão do prazo prescricional inaplicáveis em matéria tributária

As causas interruptivas ou suspensivas de prazos prescricionais previstas em leis ordinárias não podem ser aplicadas em matéria de tributos. Segundo a Constituição, cabe somente à lei complementar estabelecer normas gerais em matéria de legislação tributária, especialmente sobre crédito, prescrição e decadência tributários (art. 146, III, "b").

A única exceção a essa previsão constitucional, fruto de construção da jurisprudência, é aquela decorrente da suspensão do curso da execução fiscal, por um ano, quando não localizado o devedor ou encontrados bens que possam lastrear a cobrança forçada (LEF, art. 40, *caput* e § 2º).

Portanto, também são situações legais de suspensão do prazo prescricional inaplicáveis em matéria tributária: aquelas reguladas no Código Civil, a inscrição do crédito tributário em dívida ativa e a decretação da falência ou o deferimento do processamento da recuperação judicial.

6.5.1. *A inscrição do crédito tributário em dívida ativa*

De acordo com a Lei de Execução Fiscal, a inscrição em dívida ativa tem o condão de "suspender" a prescrição:

> **Art. 2º, § 3º** A inscrição, que se constitui no ato de controle administrativo da legalidade, será feita pelo órgão competente para apurar a liquidez e certeza do crédito e suspenderá a prescrição, para todos os efeitos de direito, por 180 (cento e oitenta) dias ou até a distribuição da execução fiscal, se esta ocorrer antes de findo aquele prazo.

A dívida ativa compreende créditos **tributários** e **não tributários** da Fazenda Pública, que, por sua natureza, são disciplinados por regimes jurídicos distintos, o que leva certos dispositivos de leis ordinárias, como é o caso da LEF, a não se aplicarem no concernente a normas gerais sobre tributos, que são regidos por lei complementar.

A suspensão, aqui prevista, do prazo prescricional aplica-se apenas a **créditos não tributários** em execução fiscal, pois a CF exige que a regência do prazo prescricional dos tributos seja estipulada por lei complementar. Aplicável, portanto, o disposto no art. 174 do CTN. Saliente-se que esse parágrafo não é inconstitucional, mas sim inaplicável a certos tipos de crédito fiscal.

Os créditos compreendidos na dívida ativa que não tenham natureza tributária nem prazos prescricionais regulados em lei especial submetem-se à disciplina geral do art. 205, c/c art. 2.028, ambos do Código Civil (regra geral, dez anos, se a lei não fixar prazo menor).

> ▸ **Como esse assunto foi cobrado em questões discursivas de concurso?**
>
> **(Cespe/PGM/Campo_Grande/Procurador/2019)** A inscrição de créditos de natureza tributária em dívida ativa provoca a suspensão do prazo prescricional de crédito tributário?

6.5.2. *A suspensão do prazo prescricional na nova Lei de Falências*

A nova Lei de Falências – Lei nº 11.101/2005 – prevê que:

> **Art. 6º** A decretação da falência ou o deferimento do processamento da recuperação judicial suspende o curso da prescrição e de todas as ações e execuções em face do devedor, inclusive aquelas dos credores particulares do sócio solidário. [...]
>
> **§ 7º** As execuções de natureza fiscal não são suspensas pelo deferimento da recuperação judicial, ressalvada a concessão de parcelamento nos termos do Código Tributário Nacional e da legislação ordinária específica.

O princípio da universalidade do juízo falimentar, segundo o qual a força atrativa da falência faz correr a este processo todos os credores, não é válido em matéria fiscal, regulada pelo CTN. O texto da lei, como se vê, só faz reforçar tal exceção.

6.6. Prescrição intercorrente

Dá-se o nome de **prescrição intercorrente** à fluência do prazo prescricional ocorrida no decurso do processo, seja administrativo, seja judicial.

6.6.1. Prescrição intercorrente no processo administrativo

A jurisprudência não admite prescrição intercorrente no processo administrativo, pois, pendente este de resultado final, suspensa estará a exigibilidade do crédito.

A parte da doutrina que advoga a tese da constituição definitiva do crédito tributário pela simples notificação regular do lançamento ao sujeito passivo, entretanto, aduz que, se a solução da lide administrativa ultrapassar os cinco anos, prescrito estará o direito de o fisco cobrar, pois o contrário seria admitir a eternização do contencioso administrativo.

Pensamento razoável, mas, em face da sua não aceitação pela doutrina e pela jurisprudência dominantes, melhor seria que a legislação impusesse prazos máximos para o deslinde do processo administrativo tributário – hoje, inexistentes –, apesar de recente previsão constitucional, acrescentada pela EC nº 45/2004, que visa assegurar uma duração razoável do processo e os meios que garantam a celeridade de sua tramitação (CF, art. 5º, LXXVIII).

6.6.2. Prescrição intercorrente no processo executivo fiscal

A jurisprudência do STJ já admitia a ocorrência da prescrição intercorrente no prazo de cinco anos após o decurso da suspensão de um ano, previsto no art. 40, § 2º, da LEF (chamado "cinco + um"). Entretanto, escorando-se inadvertidamente no direito privado, não admitia que o juiz pudesse decretá-la de ofício: só à parte interessada era dado alegar a prescrição em juízo.

Quando não se encontravam bens do devedor que pudessem ser penhorados para adimplir a dívida tributária, arquivava-se a execução fiscal até que fossem encontrados bens executáveis (LEF, art. 40). Na maioria das vezes, este arquivamento dava-se *ad aeternum*.

Esse procedimento, aliado à impossibilidade de o juiz pôr fim ao processo por iniciativa própria, fez com que as varas judiciais responsáveis pela cobrança da dívida ativa fossem entupidas de execuções sem solução até bem pouco tempo. (De acordo com o estudo "Diagnóstico do Poder Judiciário", realizado pelo Ministério da Justiça em 2004, 43% dos processos ajuizados na primeira instância da Justiça Federal são execuções fiscais).

A Lei nº 11.051/2004 sanou esses problemas, acrescentando ao texto da LEF este parágrafo:

> **Art. 40, § 4º** Se da decisão que ordenar o arquivamento tiver decorrido o prazo prescricional, o juiz, depois de ouvida a Fazenda Pública, poderá, de ofício, reconhecer a prescrição intercorrente e decretá-la de imediato.

7. COMPENSAÇÃO

7.1. Conceitos gerais

> **Art. 170.** A lei pode, nas condições e sob as garantias que estipular, ou cuja estipulação em cada caso atribuir à autoridade administrativa, autorizar a compensação de créditos tributários com créditos líquidos e certos, vencidos ou vincendos, do sujeito passivo contra a Fazenda pública.
>
> **Parágrafo único.** Sendo vincendo o crédito do sujeito passivo, a lei determinará, para os efeitos deste artigo, a apuração do seu montante, não podendo, porém, cominar redução maior que a correspondente ao juro de 1% (um por cento) ao mês pelo tempo a decorrer entre a data da compensação e a do vencimento.

A definição de compensação vem do direito privado: de acordo com o Código Civil (arts. 368 e 369), se duas pessoas forem, ao mesmo tempo, credor e devedor uma da outra, as dívidas **líquidas** (aquelas determinadas quanto ao seu objeto, independentemente de prestação de contas) e **vencidas** entre elas extinguem-se, até onde se compensarem. É o chamado **encontro de contas**.

O CTN não se atém ao estipulado no CC: o crédito tributário compensável pode ser **vencido** ou **vincendo** (a vencer). O crédito tributário deve ser líquido e certo, vencido ou vincendo, e não estar sendo discutido judicialmente, a ser compensando com crédito de qualquer natureza que o sujeito passivo tenha em relação ao fisco.

O direito à compensação não é autoaplicável, depende de lei autorizativa que defina os casos em que o instituto será aplicado. Não havendo permissivo legal, o tributo recolhido em excesso dever ser objeto de pedido de restituição (CTN, art. 165).

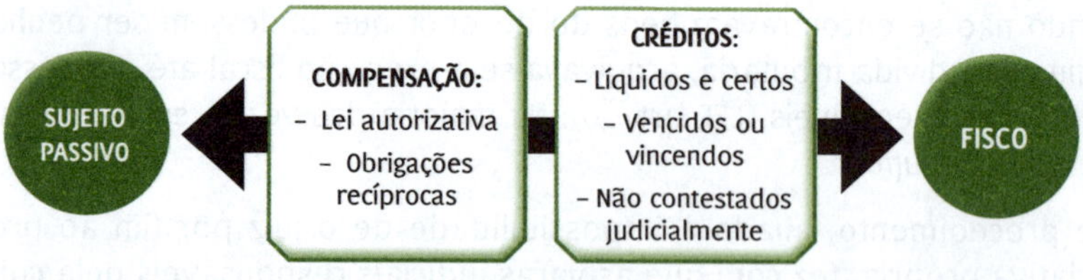

Hugo de Brito Machado (2006) dá exemplos, nada louváveis, segundo o autor, de "compensações" realizadas pelo fisco:

> Exemplo disso tem-se nos casos em que a Fazenda Pública tem deduzido do valor do imposto de renda a ser restituído ao contribuinte que apresentou

declaração de rendimento fora do prazo legal. A Fazenda lança multa de mora pelo atraso na entrega da declaração de rendimento – que é indevida em face do art. 138 do CTN – e deduz, desde logo, o valor correspondente da quantia que tem o dever de restituir.

As hipóteses de compensação devem ser previstas na lei autorizativa, que pode restringi-las a determinados tributos. Os casos mais corriqueiros são os de compensação com créditos tributários recolhidos a maior (indébitos), com créditos oriundos de precatórios judiciais (CF, art. 100) ou com títulos da dívida pública. Saliente-se, também, que a compensação pode ocorrer com créditos não tributários de titularidade do sujeito passivo contra a Fazenda Pública.

▸ **Qual o entendimento do STJ sobre esse ponto:**

- A regra de imputação de pagamentos estabelecida no art. 354 do Código Civil não se aplica às hipóteses de compensação tributária. (Súmula 464)
- No que se refere a mandado de segurança sobre compensação tributária, a extensão do âmbito probatório está intimamente relacionada com os limites da pretensão nele deduzida. Tratando-se de impetração que se limita, com base na Súmula 213/STJ, a ver reconhecido o direito de compensar, mas sem fazer juízo específico sobre os elementos concretos da própria compensação, a prova exigida é a da "condição de credora tributária". Todavia, será indispensável prova pré-constituída específica quando, à declaração de compensabilidade, a impetração agrega: (A) pedido de juízo sobre os elementos da própria compensação (v.g.: reconhecimento do indébito tributário que serve de base para a operação de compensação, acréscimos de juros e correção monetária sobre ele incidente, inexistência de prescrição do direito de compensar), ou (B) pedido de outra medida executiva que tem como pressuposto a efetiva realização da compensação (v.g.: expedição de certidão negativa, suspensão da exigibilidade dos créditos tributários contra os quais se opera a compensação). Nesse caso, o reconhecimento da liquidez e certeza do direito afirmado depende necessariamente da comprovação dos elementos concretos da operação realizada ou que o impetrante pretende realizar. (REsp 1111164, recurso repetitivo)
- A lei que regula a compensação tributária é a vigente à data do encontro de contas entre os recíprocos débito e crédito da Fazenda e do contribuinte. (REsp 1164452, recurso repetitivo)
- Tratando-se de compensação tributária, deve ser considerado o regime jurídico vigente à época do ajuizamento da demanda, não podendo ser a causa julgada à luz do direito superveniente. (REsp 1137738, recurso repetitivo)

Se houver dúvida quanto à exigibilidade do tributo cujo valor se pretende compensar, ou quanto ao próprio direito de compensar, pode-se usar de ação declaratória da inexistência da relação jurídica tributária que ensejou o pagamento indevido e, também, da existência da relação jurídica contribuinte-fisco da qual decorra o direito de compensação independentemente de manifestação prévia da Fazenda Pública.

O que se pleiteia ao Poder Judiciário não é a efetivação da compensação, mas o direito de fazê-la, e, para isso, pode-se manejar o mandado de segurança.

Entretanto, a utilização do remédio constitucional para convalidar procedimentos compensatórios realizados pelo próprio contribuinte desborda dos objetivos maiores do *mandamus*, além do que, para tanto, enseja dilação probatória, evidenciando não se tratar de direito líquido e certo que propicie amparo por essa via processual.

Efetuada a compensação, inexiste para o contribuinte direito líquido e certo relativamente ao pedido de convalidação do *quantum* anteriormente compensado, pois o Poder Judiciário não pode imiscuir-se ou limitar o poder da Autoridade Fazendária de fiscalizar a existência de créditos a compensar, assim como examinar o acerto do procedimento adotado nos termos da legislação vigente.

▸ **Qual o entendimento do STJ sobre esse ponto:**

- O mandado de segurança constitui ação adequada para a declaração do direito à compensação tributária. (Súmula 213)
- É incabível o mandado de segurança para convalidar a compensação tributária realizada pelo contribuinte. (Súmula 460)

7.2. Regimes constitucionais específicos de compensação

7.2.1. *Impostos não cumulativos*

Segundo a CF, o IPI (art. 153, § 3º, II) e o ICMS (art. 155, § 2º, I) são impostos não cumulativos, compensando-se o que for devido em cada operação com o montante cobrado nas anteriores da cadeia plurifásica de incidência desses tributos.

Apesar de falar de "compensação", disso não se trata, pois a não cumulatividade é, em verdade, forma de apuração do *quantum debeatur*.

7.2.2. *Precatórios judiciais*

A EC nº 62/2009, que reestruturou a sistemática dos precatórios, acrescentou ao texto constitucional dois parágrafos que possibilitam a compensação dos valores a receber a este título, com débitos de origem tributária:

> **CF. Art. 100, § 9º** No momento da expedição dos precatórios, independentemente de regulamentação, deles deverá ser abatido, a título de compensação, valor correspondente aos débitos líquidos e certos, inscritos ou não em dívida ativa e constituídos contra o credor original pela Fazenda Pública devedora, incluídas parcelas vincendas de parcelamentos, ressalvados aqueles cuja execução esteja suspensa em virtude de contestação administrativa ou judicial. [...]

§ 10. Antes da expedição dos precatórios, o Tribunal solicitará à Fazenda Pública devedora, para resposta em até 30 (trinta) dias, sob pena de perda do direito de abatimento, informação sobre os débitos que preencham as condições estabelecidas no § 9º, para os fins nele previstos.

▸ **Qual o entendimento do STJ sobre esse ponto:**

- O contribuinte pode optar por receber, por meio de precatório ou por compensação, o indébito tributário certificado por sentença declaratória transitada em julgado. (Súmula 461)

7.2.3. Vedação à compensação

A jurisprudência entendia pela impossibilidade de autorização da compensação por meio de liminar judicial.

O novo art. 170-A do CTN foi além. Agora, há de se aguardar que a decisão judicial passe em julgado para autorização da compensação, pois veda "a compensação mediante o aproveitamento de tributo, objeto de contestação judicial pelo sujeito passivo, antes do trânsito em julgado da respectiva decisão judicial".

O que se visou impedir foi a aceitação forçada do fisco, *initio litis*, à compensação de créditos cuja **repetição** está sendo contestada judicialmente. Por quê? Porque era corriqueira a situação em que o sujeito passivo conseguia uma liminar para tanto, compensando débitos líquidos e certos cobrados pelo fisco com créditos em discussão. Como a ação judicial é morosa, e a liminar normalmente perdura além do prazo prescricional, caso o fisco vença o litígio, não poderá mais cobrar o crédito preteritamente extinto pela compensação, perdendo-o.

Importante notar, também, que a Lei de Execuções Fiscais – ao tratar dos **embargos** – defesa que o executado pode opor à pretensão executiva da Fazenda Pública – veda explicitamente a admissão da compensação (art. 16, § 3º).

▸ **Qual o entendimento do STJ sobre esse ponto:**

- A compensação de créditos tributários não pode ser deferida em ação cautelar ou por medida liminar cautelar ou antecipatória. (Súmula 212)
- "É vedada a compensação mediante o aproveitamento de tributo, objeto de contestação judicial pelo sujeito passivo, antes do trânsito em julgado da respectiva decisão judicial" (CTN, art. 170-A), vedação que se aplica inclusive às hipóteses de reconhecida inconstitucionalidade do tributo indevidamente recolhido. (REsp 1167039, recurso repetitivo)

▸ **Como esse assunto foi cobrado em concurso?**

(Vunesp/Ipresb/Controlador/2017) Com relação à extinção e à exclusão do crédito tributário, assinale a alternativa correta.

(A) A anistia poderá abranger as infrações cometidas anteriormente e após a vigência da lei que a concede, além de atos qualificados em lei como crimes ou contravenções e os que, mesmo sem essa qualificação, sejam praticados com dolo, fraude ou simulação pelo sujeito passivo ou por terceiro em benefício daquele.

(B) A isenção tributária poderá estar prevista em contrato que, independentemente de autorização legal, especifique as condições e os requisitos exigidos para a sua concessão, os tributos a que se aplica e, sendo o caso, o prazo de sua duração.

(C) É vedada a compensação mediante o aproveitamento de tributo, objeto de contestação judicial pelo sujeito passivo, antes do trânsito em julgado da respectiva decisão judicial.

(D) Decreto pode autorizar a autoridade administrativa a conceder, por despacho fundamentado, remissão total ou parcial do crédito tributário, atendendo à situação econômica do sujeito passivo.

(E) O direito de a Fazenda Pública constituir o crédito tributário extingue-se após 4 (quatro) anos, contados do primeiro dia do exercício seguinte àquele em que o lançamento poderia ter sido efetuado.

Resposta: Alternativa "C".

8. TRANSAÇÃO

Segundo o Código Civil (arts. 840 e 841), transação é a **prevenção** ou a **terminação** de um litígio mediante concessões mútuas de direitos patrimoniais. Significa **abrir mão** de um direito para evitar um conflito.

O CTN, por não se ater ao escrito no CC, prevê, tão-somente, a transação **terminativa**, que **termine** o litígio, não admitindo a transação **preventiva**:

> **Art. 171.** A lei pode facultar, nas condições que estabeleça, aos sujeitos ativo e passivo da obrigação tributária celebrar transação que, mediante concessões mútuas, importe em determinação de litígio e consequente extinção de crédito tributário.

Obs.: em vez de "determinação", leia-se "terminação", pois se trata de um mero erro de português do Código.

▸ **Como esse assunto foi cobrado em concurso?**

(Cespe/PGE/SE/Procurador/2017) Uma lei estadual indicou autoridade competente para estabelecer condições que possibilitassem ao contribuinte e à fazenda pública estadual negociar o encerramento de litígios judiciais e administrativos acerca de determinada questão tributária. A referida norma estabeleceu que as partes deveriam fazer determinadas concessões mútuas com o objetivo de alcançar a extinção do crédito tributário. A negociação objeto da situação hipotética apresentada é um exemplo de

(A) compensação.

(B) anistia.

(C) moratória.

(D) remissão.

(E) transação.

Resposta: Alternativa "E".

Apesar de o parágrafo único deste artigo 171 dizer que cabe à lei indicar a autoridade **competente para autorizar** a transação, esta não é discricionária, devendo ser conduzida nos estritos limites da lei autorizativa. Exatamente por não poder ser efetivada por meio de atos discricionários, que atritam com o postulado da vinculabilidade da tributação, autores há que não admitem a validade desta modalidade de extinção do crédito tributário na seara do direito público.

A transação sempre leva à extinção total do crédito, mesmo quando o valor a ser recolhido não satisfaça integralmente a obrigação. Na prática, as leis de transação oferecem vantagens em forma de **abatimentos** sobre os valores cobrados pelo fisco ao sujeito passivo que reconheça a pretensão fiscal e desista do prosseguimento de ações judiciais que a discutem.

Em resumo:

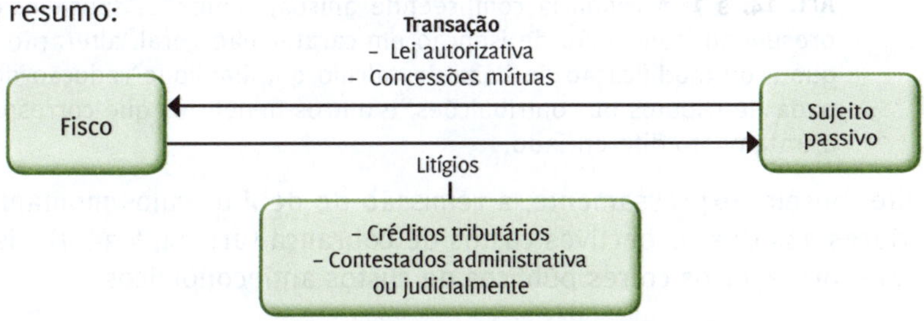

9. REMISSÃO

É o **perdão da dívida**. Na linguagem técnica: a liberação graciosa de uma dívida pelo credor. No direito privado, o remitido (perdoado) não é obrigado a aceitar a remissão. No direito público, contudo, pelo seu caráter vinculativo e isonômico, não se afigura possível tal negativa: a remissão é obrigatória para aqueles a quem a lei a concede.

▸ **Qual o entendimento do STJ sobre esse ponto:**

◙ Não pode o magistrado, de ofício, pronunciar a remissão, analisando isoladamente o valor cobrado em uma execução fiscal, sem ques tionar

> a Fazenda sobre a existência de outros débitos que somados impediriam o contribuinte de gozar do benefício. (REsp 1208935, recurso repetitivo)

9.1. Limitações à remissão

Há limitações expressas à remissão, no texto constitucional e na Lei de Responsabilidade Fiscal:

a) **Limitação constitucional:** qualquer remissão relativa a impostos, taxas ou contribuições só poderá ser concedida por lei específica, que regule exclusivamente a matéria ou o correspondente tributo ou contribuição (CF, art. 150, § 6º).

O dispositivo constitucional objetiva evitar que normas graciosas "peguem carona" em projetos de lei que nada dizem respeito à tributação. Tais "caronas" são motivadas por estratégias políticas que estudam os caminhos mais fáceis para a aprovação de matérias de interesse de grupos de pressão, governamentais ou privados.

b) **Limitação da Lei de Responsabilidade Fiscal:** A LC nº 101/2000, que disciplina a concessão ou a ampliação de incentivo ou benefício de natureza tributária dos quais decorram renúncia de receita (art. 14). Impõe ao ente tributante uma série de medidas restritivas de caráter orçamentário e financeiro para concessão de tais benefícios:

> **Art. 14, § 1º** A renúncia compreende anistia, remissão, subsídio, crédito presumido, concessão de isenção em caráter não geral, alteração de alíquota ou modificação de base de cálculo que implique redução discriminada de tributos ou contribuições, e outros benefícios que correspondam a tratamento diferenciado.

Permite, porém, expressamente, a remissão de débitos cujos montantes sejam inferiores aos dos respectivos custos de cobrança (art. 14, § 3º, II), visando, obviamente, proteger os cofres públicos de custos antieconômicos.

9.2. Hipóteses de cabimento

Vencidas as limitações constitucional e complementar, a lei pode autorizar a remissão total ou parcial do crédito tributário, nas situações elencadas pelo art. 172 do CTN, conforme explicado na tabela abaixo.

Hipóteses de remissão
- Situação econômica do sujeito passivo;
- Ignorância /erro escusáveis quanto à matéria de fato;
- Diminuta importância do crédito tributário;
- Equidade relativa às características pessoais / materiais do caso;
- Condições peculiares das regiões do território da entidade tributante.

> **Como esse assunto foi cobrado em concurso?**
>
> **(Cespe/DPF/Perito/2018)** Remissão concedida por ente público titular de obrigação tributária a pessoa física ou jurídica provoca a suspensão temporária do crédito tributário.
>
> *Resposta: Errada.*

9.3. Anulação da remissão concedida

A concessão da remissão, assim como a da moratória, não gera direito adquirido e pode ser anulada, caso se verifique que o remitido não satisfez ou deixou de satisfazer as condições ou não cumpriu ou deixou de cumprir os requisitos para a concessão do favor, cobrando-se o crédito acrescido de juros de mora, com imposição da penalidade cabível, nos casos de dolo ou simulação do beneficiado, ou de terceiro em seu benefício, ou sem imposição de penalidade, nos demais casos (CTN, art. 172, parágrafo único, c/c art. 155):

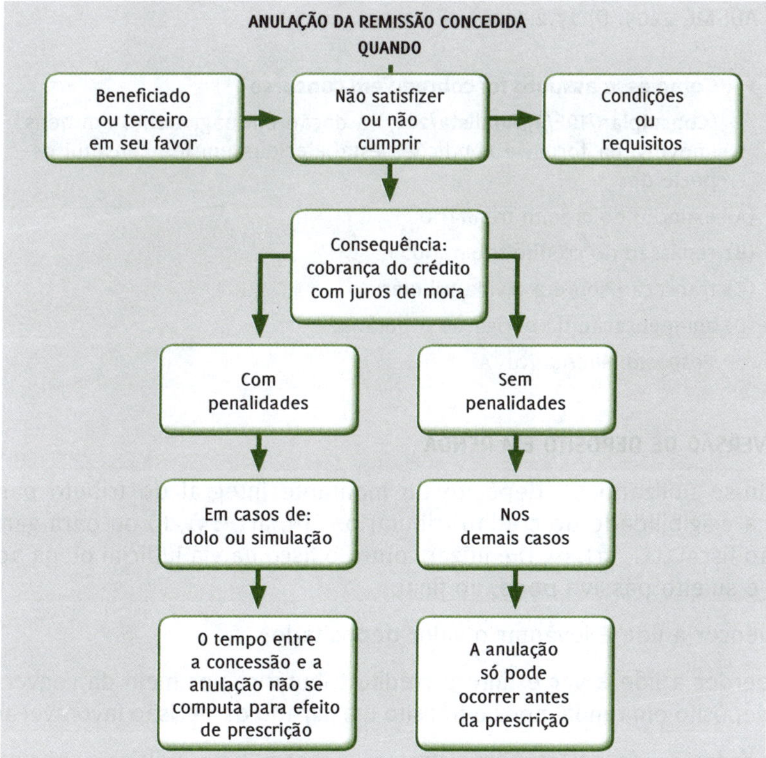

10. DAÇÃO EM PAGAMENTO EM BENS IMÓVEIS

Trata-se de hipótese que também depende de autorização legal.

A questão da inclusão desta modalidade, circunscrevendo sua aceitação somente a bens imóveis, traz à tona a discussão sobre o caráter taxativo ou exemplificativo do rol constante do art. 156 do CTN – que define as modalidades de extinção do crédito tributário. Juristas de renome como Aliomar Baleeiro e Luciano Amaro opinam pela abertura do rol. Para eles, quem pode o mais, que é perdoar a própria dívida (art. 156, IV) pode o menos, que é regular outros modos de extinção do crédito. Algumas leis municipais, por exemplo, antes da formalização dessa modalidade no texto do CTN, operada pela LC nº 104/2001, previam a **dação de serviços** como causa extintiva de crédito tributário.

O STF, instado a julgar o assunto antes da modificação trazida pela LC nº 104, chegou a suspender a eficácia de uma lei que previa a dação em pagamento como forma extintiva do crédito tributário. Posteriormente, já após a modificação do CTN, mudou sua orientação, deixando entender que o rol não seria taxativo (cf. ADI-MC 2405. DJ 17.2.2006).

> **Como esse assunto foi cobrado em concurso?**
>
> **(Consulplan/TRE/RJ/Analista/2017)** A dação em pagamento em bens imóveis, na forma e condições estabelecidas em lei, constitui espécie de:
>
> (A) extinção do crédito tributário.
>
> (B) remissão do crédito tributário.
>
> (C) transação sobre a dívida tributária.
>
> (D) compensação da obrigação tributária.
>
> *Resposta: Alternativa "A".*

11. CONVERSÃO DE DEPÓSITO EM RENDA

Tendo-se utilizado do depósito do montante integral do tributo para suspender a exigibilidade do crédito tributário (CTN, art. 151, II) ou para garantir a execução fiscal (LEF, art. 9º, I) e litigar contra o fisco na via judicial ou na administrativa; o sujeito passivo pode, ao final:

a) vencer a lide e levantar o valor depositado;

b) perder a lide e ver extinto o crédito tributário, por meio da conversão do depósito em renda, após o trânsito em julgado da decisão favorável ao fisco;

c) perder a lide na via administrativa e recorrer ao judiciário, por meio de ação própria, caso em que, na maioria das vezes, o depósito é transferido para ficar à disposição da Justiça, de acordo com as normas de organização judiciária:

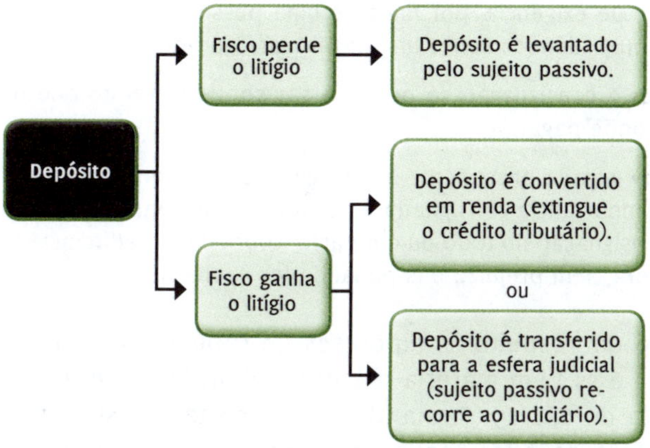

Por não haver disposição legal específica sobre o procedimento que se deve adotar para a conversão do depósito em renda, utiliza-se, por analogia, a determinação de ofício do juiz, conforme o art. 32, II, § 2º, da Lei de Execução Fiscal: "após o trânsito em julgado da decisão, o depósito, monetariamente atualizado, será devolvido ao depositante ou entregue à Fazenda Pública, mediante ordem do juízo competente".

▸ **Como esse assunto foi cobrado em concurso?**

(Vunesp/CM/Mogi_das_Cruzes/Procurador/2017) De conformidade com o Código Tributário Nacional, extingue o crédito tributário:

(A) a concessão de medida liminar em mandado de segurança.

(B) as reclamações e os recursos, nos termos das leis reguladoras do processo tributário administrativo.

(C) a moratória.

(D) a conversão de depósito em renda.

(E) a isenção.

Resposta: Alternativa "D".

12. CONSIGNAÇÃO EM PAGAMENTO

A consignação judicial é um tipo de depósito efetuado por quem **quer pagar o tributo:**

> **Art. 164.** A importância de crédito tributário pode ser consignada judicialmente pelo sujeito passivo, nos casos:
>
> I - De recusa de recebimento, ou subordinação deste ao pagamento de outro tributo ou de penalidade, ou ao cumprimento de obrigação acessória;
>
> II - De subordinação do recebimento ao cumprimento de exigências administrativas sem fundamento legal;

> III - De exigência, por mais de uma pessoa jurídica de direito público, de tributo idêntico sobre um mesmo fato gerador.
>
> § 1º A consignação só pode versar sobre o crédito que o consignante se propõe pagar.
>
> § 2º Julgada procedente a consignação, o pagamento se reputa efetuado e a importância consignada é convertida em renda; julgada improcedente a consignação no todo ou em parte, cobra-se o crédito acrescido de juros de mora, sem prejuízo das penalidades cabíveis.

O dispositivo diz respeito às hipóteses de cabimento de ação consignatória (CPC/15, art. 539 e ss.) em matéria tributária. Convém observar, contudo, que a regra do art. 541 do CPC/15 ("tratando-se de prestações sucessivas, consignada uma delas, pode o devedor continuar a depositar, no mesmo processo e sem mais formalidades, as que se forem vencendo, desde que o faça em até 5 (cinco) dias contados da data do respectivo vencimento") não é aplicável aos depósitos judiciais referentes a créditos tributários. Portanto, são exigíveis multa e juros de mora caso o depósito não seja realizado dentro do prazo de vencimento do tributo (STJ, AgRg no REsp 1365761).

A ação se inicia pelo depósito da quantia referente ao crédito que se quer pagar. Portanto, a rigor, **durante** a ação, o crédito fica **suspenso**. A extinção só se dá quando, ao final, a ação consignatória é julgada procedente.

Na prática, as situações previstas nos incisos I e II são raras, já que o recebimento de tributos, hoje em dia, efetiva-se na rede bancária, sem a participação direta do fisco. Mas, ainda assim, vislumbra-se a possibilidade, por exemplo, de um contribuinte do IPTU ver rechaçada a sua pretensão de pagar este tributo separadamente de uma taxa municipal qualquer, já que, na maioria dos Municípios brasileiros, os carnês para pagamento desse imposto englobam, também, taxas municipais das mais variadas espécies. Impossibilitado de apartar os pagamentos da maneira que mais lhe convier, cabe ao prejudicado intentar a consignatória.

Já a situação prevista no inciso III é recorrente, principalmente no que diz respeito ao ISS entre Municípios que se dizem competentes para exigir o tributo, por conta de discussões sobre a determinação do local da prestação do serviço e da ocorrência do fato gerador - se no local do estabelecimento do prestador ou se no local efetivo da prestação do serviço.

Por fim, apesar de o Código, no inciso III, aduzir "exigência de tributo idêntico por mais de uma pessoa jurídica de direito público" - dois Municípios limítrofes lançarem IPTU para um mesmo imóvel, por exemplo -, não é rara a situação de entes federativos distintos pretenderem cobrar impostos diferentes sobre o mesmo fato gerador:

a) IPI vs. ISS: recauchutagem de pneus;

b) ICMS vs. ISS: serviços de valor adicionado em telefonia, provedores de internet;

c) IPTU vs. ITR: dissenso quanto à localização do imóvel, se na área rural ou urbana, e quanto à sua destinação, se rural ou não.

Não se concebe conflito de competências em matéria tributária. Nesses casos, a antinomia da norma é apenas **aparente**; entretanto, em face de duas pretensões – uma delas inconstitucional – não é o sujeito passivo que resolve o conflito, mas sim o Poder Judiciário.

Ao dizer que "a consignação só pode versar sobre o crédito que o consignante se propõe pagar" (CTN, art. 164, § 1º), o Código veda o uso da ação consignatória como via processual para a discussão do montante devido, que, no caso, seria o depósito do montante integral.

13. DECISÃO ADMINISTRATIVA IRREFORMÁVEL

A definição de decisão administrativa "irreformável" é dada pelo próprio CTN (art. 156, IX): "assim entendida a definitiva na órbita administrativa, que não mais possa ser objeto de ação anulatória".

É aquela proferida no contencioso administrativo – em impugnação ou recurso, por órgãos singulares ou colegiados –, favorável à pretensão do sujeito passivo, porquanto fulmina total ou parcialmente o crédito tributário. É definitiva, **irreformável**, e desconstitutiva do lançamento, já que dela não cabe mais recurso na seara administrativa.

A decisão poderá negar a existência da relação jurídica ou, noutro rumo, confirmá-la, mas anulando o lançamento proferido, por vício de formalidade, determinando, se não decorrido o prazo decadencial, que outro o substitua.

Caso tenha havido algum depósito inicial – relativo ao montante integral em discussão ou recursal –, o valor objeto da impugnação será **levantado** pelo sujeito passivo.

No final do inciso IX do mencionado artigo, ao precisar a definitividade como impossibilidade de ser objeto de **ação anulatória**, o Código, para alguns, abre possibilidade para que a Administração recorra judicialmente de seus próprios atos, o que é severamente criticado pela doutrina.

14. DECISÃO JUDICIAL PASSADA EM JULGADO

É aquela proferida favoravelmente ao sujeito passivo pelos órgãos jurisdicionais, não mais sujeita a recurso e, por isso mesmo, imutável e indiscutível pelas partes – sujeito ativo, sujeito passivo. Foi referida no Código por tecnicismo, já que, à luz da Constituição (art. 5º, XXXVI), nem mesmo a lei pode prejudicar a coisa julgada.

Diz respeito somente àquelas decisões que produzem **coisa julgada material**, isto é, que extinguem o processo com julgamento do mérito, segundo o art. 487 do CPC/15, pois existem as denominadas sentenças terminativas (art. 485), que produzem apenas **coisa julgada formal**, possibilitando aos seus autores intentar novamente a mesma ação, sanadas as formalidades anteriores que impossibilitaram a apreciação judicial.

Semelhantemente à decisão administrativa, a judicial pode declarar inexistente a relação jurídica ou, noutro rumo, confirmá-la, mas anulando o lançamento proferido, por vício de formalidade. Neste último caso, se não decorrido o prazo decadencial, caberá ao fisco proceder ao lançamento substituto.

Se a decisão for favorável ao fisco, não se extingue o crédito tributário, pois, se suspensa anteriormente a exigibilidade pelo depósito do montante integral, será a subsequente conversão do depósito em renda a causa da extinção; se não suspensa a exigibilidade, cabe ao fisco prosseguir na ação de cobrança administrativa ou judicial, eventualmente em curso, para haver seus valores.

Merece atenção e comentários o conteúdo da Súmula 239/STF. A interpretação que vem sendo dada ao enunciado restringe sua aplicação às lides que versem sobre o lançamento tributário em si, e não àquelas em que se discute a própria existência da relação jurídica. Apenas no que se refere aos lançamentos, portanto, é que os efeitos da **coisa julgada** são limitados no tempo, restringindo-se ao que foi objeto do litígio. Em contrapartida, quando a demanda ataca não o lançamento, mas o próprio tributo, os efeitos da coisa julgada projetam-se para os períodos subsequentes.

> ▸ **Qual o entendimento do STF sobre esse ponto:**
>
> ◙ Decisão que declara indevida a cobrança do imposto em determinado exercício não faz coisa julgada em relação aos posteriores. (Súmula 239)

15. MODALIDADES DE EXTINÇÃO NÃO PREVISTAS NO CTN

Apesar de a jurisprudência do STF ditar o respeito à **taxatividade** do rol de modalidades de extinção do crédito tributário previsto no art. 156 do CTN, parte da doutrina discute se outras situações ensejariam, igualmente, o fim do crédito. Institutos jurídicos como a confusão, a novação, e até a verificação fática da impossibilidade de cumprimento da obrigação, são objeto de análise por parte dos estudiosos.

15.1. Confusão

O Código Civil define confusão como a relação jurídica em que, na mesma pessoa, confunde-se o status de credor e devedor. Ocorrência que extingue a obrigação outrora existente (CC, art. 381).

Um caso não corriqueiro, mas possível, de confusão tributária é o da **herança jacente**, situação em que, falecendo alguém sem deixar testamento nem herdeiro legítimo, declara-se a vacância da herança e, decorridos cinco anos da abertura da sucessão, os bens passam ao domínio do Município ou do Distrito Federal, se localizados nas respectivas circunscrições, ou se incorporam ao domínio da União, caso se situem em território federal (CC, arts. 1.1819 e 1.822).

Nesse exemplo, o ente tributante passa a ser, também, sujeito passivo da obrigação, que, logicamente, extingue-se.

15.2. Impossibilidade de cumprimento da obrigação

Um exemplo clássico da extinção do crédito tributário pela impossibilidade de cumprimento da obrigação é o do devedor que falece sem deixar bens. Nenhum crédito pode ser cobrado aos seus herdeiros, que, no caso, não respondem por encargos superiores às forças da herança (CC, art. 1.792): se nenhum bem foi deixado, nada há que responda pelo crédito.

Corriqueiro, mas não previsto pelo CTN, o caso de remanescer um crédito, relação jurídica credor-devedor, sem sujeito passivo. Situação que deságua na extinção do crédito pela **prescrição**. O decurso do prazo, mesmo para execuções fiscais ajuizadas, é que finaliza relações como essa, extinguindo o crédito.

Segundo a Lei de Execução Fiscal (art. 40), o juiz, sucessivamente:

1º) suspende o curso da execução enquanto não localizados bens sobre os quais possa recair a penhora – hipótese em que não corre o prazo de prescrição;

2º) arquiva os autos após o prazo máximo de um ano;

3º) ouve a Fazenda Pública, podendo, de ofício, reconhecer e decretar a **prescrição intercorrente**, desde que decorrido o prazo prescricional após o arquivamento.

15.3. Novação

Segundo o Código Civil, art. 360, dá-se a novação quando:

a) o devedor contrai com o credor nova dívida para extinguir e substituir a anterior;

b) novo devedor sucede ao antigo, ficando este quite com o credor;

c) em virtude de obrigação nova, outro credor é substituído ao antigo, ficando o devedor quite com este.

Por sua característica essencial de disposição de direitos, este instituto parece não encontrar lugar na seara tributária, que é plenamente vinculada a textos legais.

Capítulo

XIV

Repetição do Indébito

1. DEFINIÇÃO E NATUREZA JURÍDICA

A doutrina costuma adotar o termo jurídico "repetir" para indicar a **restituição**, a **devolução** de algo, que é uma das acepções da palavra encontrada nos dicionários.

O CTN menciona **restituição do pagamento indevido**, que é a devolução dos valores recolhidos a título de tributo, sem o ser, seja porque ultrapassam o montante devido, seja porque não dizem respeito a nenhuma relação tributária havida entre Estado (sujeito ativo) e contribuinte (sujeito passivo). É comumente denominada **repetição de indébito**, ou seja, devolução do indevido.

Há grande celeuma entre os estudiosos sobre a natureza de tais valores. Doutrina minoritária entende que, por não serem tributos, não se submetem ao regime jurídico destes, até mesmo em relação aos prazos para se pleitear sua devolução; para outros, como Paulo de Barros Carvalho (1999), as quantias exigidas pelo fisco, no exercício de sua função impositiva, ou espontaneamente pagas pelo administrado, na convicção de solver um débito fiscal, têm natureza tributária, tal como definido no art. 3º do CTN.

Para a doutrina e jurisprudência dominantes, contudo, não há grandes controvérsias: a natureza jurídica do indébito regulado pelo CTN é tributária - **indébito tributário** - e deve respeitar as normas gerais constantes nessa Lei.

O instituto deriva de princípio geral de direito que veda o enriquecimento sem causa, até mesmo do próprio Estado, que, caso observasse outros princípios constitucionais, como o da moralidade e o da legalidade, transformaria a exceção, que é a **restituição de ofício** dos valores sabidamente indevidos, em regra.

Aquele que tem direito à restituição pode optar, obviamente, por compensar o crédito com outros devidos ao fisco, nos moldes dos arts. 170 e 170-A do CTN - ou, ainda mais raro, transferi-lo a terceiros, ***mortis causa*** ou ***inter vivos*** - já que se trata de direito de crédito, regulado pelo Código Civil no art. 964. A transferência do crédito, entretanto, deve ser prevista e permitida pela lei que regula o tributo.

2. HIPÓTESES DE RESTITUIÇÃO

O art. 165 do CTN indica os casos em que o sujeito passivo tem direito à repetição do indébito.

Hipóteses de restituição		
Cobrança ou pagamento espontâneo de tributo indevido ou maior que o devido.	Erro na: - identificação do sujeito passivo; - determinação da alíquota aplicável; - cálculo do montante do débito; - elaboração / conferência de documento de pagamento.	Decisão condenatória: - reformada; - anulada; - revogada; - rescindida.

Afora esses casos, existe mais uma hipótese, não prevista em lei, mas, atualmente, bastante verificada na prática, a do **tributo declarado inconstitucional pelo STF** (visto adiante).

Para pleitear a restituição, esse mesmo artigo do Código afasta a necessidade de **prévio protesto** - ressalva formal do pagador - e assim o faz para não deixar dúvida sobre o regramento eminentemente de direito público da tributação, pois, no direito privado, "àquele que voluntariamente pagou o indevido incumbe a prova de tê-lo feito por erro" (CC, art. 877). Assim, ainda que o sujeito passivo recolha valores a título de tributo, mesmo sabendo indevidos, tem ele direito à restituição.

Outra ressalva feita pelo art. 165, parte final, é a de que o pagamento efetuado em estampilha, papel selado ou por processo mecânico (CTN, art. 162, II) não pode ser objeto de repetição de indébito. Pode-se dizer que é uma norma caduca, pois, hoje em dia, tais meios não são mais utilizados para recebimento de valores pelo Estado.

- **Qual o entendimento do STJ sobre esse ponto:**
- Em ação de repetição de indébito, os documentos indispensáveis mencionados pelo art. 283 do CPC são aqueles hábeis a comprovar a legitimidade ativa "ad causam" do contribuinte que arcou com o pagamento

indevido da exação. Desnecessária, para fins de reconhecer o direito alegado pelo autor, a juntada de todos os comprovantes de recolhimento do tributo, providência que deverá ser levada a termo, quando da apuração do montante que se pretende restituir, em sede de liquidação do título executivo judicial. (REsp 1111003, recurso repetitivo)

3. RESTITUIÇÃO DE TRIBUTOS INDIRETOS

3.1. Conceitos gerais

CTN. Art. 166. A restituição de tributos que comportem, por sua natureza, transferência do respectivo encargo financeiro somente será feita a quem prove haver assumido o referido encargo, ou, no caso de tê-lo transferido a terceiro, estar por este expressamente autorizado a recebê-la.

Para alguns tributos, como o IPI, o ICMS e o ISS, entre outros, comumente chamados **indiretos**, porque a figura do contribuinte de fato não coincide com a do contribuinte de direito, verifica-se o fenômeno da **repercussão econômica**, que é a transferência do ônus tributário embutido nas mercadorias e nos serviços ao consumidor final.

Nada pior para se prever numa lei. Na moderna doutrina da tributação, a separação de tributos em **diretos** e **indiretos** só tem utilidade histórica, porque o fenômeno da repercussão não é controlável pela lei, mas sim pelo mercado. É uma questão mais econômica que jurídica. Ademais, crer que o imposto de renda das pessoas jurídicas, tributo direto, não seja passível de transferência a consumidores de serviços ou produtos é ideia sem assento na teoria econômica.

Segundo Luciano Amaro, um dos idealizadores dessa norma, Gilberto Ulhôa Canto, lamentou tê-la incluído no CTN, argumentando que a relação de indébito só se instaura entre o *solvens* e o *accipiens*, de modo que o terceiro é a ela estranho e só pode invocar direito contra o *solvens* numa relação de direito privado. Apesar disso, a norma permanece íntegra no ordenamento.

Para o art. 166 do CTN, a restituição de tributos que comportem, por sua natureza, transferência do respectivo encargo financeiro somente será feita a quem prove haver assumido o referido encargo, ou, no caso de tê-lo transferido a terceiro, estar por este expressamente autorizado a recebê-la.

- **Qual o entendimento do STF sobre esse ponto:**
- Cabe a restituição do tributo pago indevidamente, quando reconhecido por decisão, que o contribuinte "de jure" não recuperou do contribuinte "de facto" o "quantum" respectivo. (Súmula 546)

Esta súmula deu roupagem nova a outro enunciado da Corte, antigo e já superado, que não excepcionava a situação probatória acima referida: "Súm. 71 STF: Embora pago indevidamente, não cabe restituição de tributo indireto".

No mais das vezes, quando o contribuinte de direito não consegue provar que não houve a repercussão e, ainda assim, intenta a restituição, com pedido ou ação de repetição de indébito, os órgãos administrativos ou judiciais indeferem o pleito por falta de legitimidade ativa.

Curioso é que o STJ aplica essa regra também para os tributos diretos, aduzindo, em caso de transferência de titularidade de imóvel, que não se transfere tacitamente ao novo proprietário o crédito referente ao pagamento indevido de IPTU, sendo vedada a repetição em favor do novo proprietário que não pagou o tributo e nem suportou, direta ou indiretamente, o ônus financeiro correspondente (REsp 593356. DJ 12.9.2005).

3.2. Critério identificador da repercussão

Como saber quando há transferência do encargo? Não há parâmetros objetivos que possam ser obedecidos, o que levou o STJ a pacificar o entendimento de que os tributos que comportam, por sua natureza, transferência do respectivo encargo financeiro são **somente aqueles em relação aos quais a própria lei estabeleça os parâmetros da dita transferência** (EREsp 168469).

Para a Corte, somente para estes é aplicável a regra do art. 166 do CTN, pois a natureza a que se reporta a norma só pode ser a jurídica, determinada pela lei correspondente e não por circunstâncias econômicas que podem estar, ou não, presentes, sem que se disponha de um critério seguro para saber quando se deu, e quando não se deu, a aludida transferência.

Assim, quando a lei não determina que o pagamento da exação seja feito por terceiro, como é o caso do ICMS e do IPI, a prova da não repercussão é obrigatória e, nos casos em que a lei determina que o terceiro assuma o encargo, necessidade há, de modo absoluto, que este terceiro autorize a repetição de indébito.

Qual o entendimento do STJ sobre esse ponto:

- O art. 166 do CTN tem como cenário natural de aplicação as hipóteses em que o contribuinte de direito demanda a repetição do indébito ou a compensação de tributo cujo valor foi suportado pelo contribuinte de fato. No caso, a pretensão, se acolhida, importaria a restituição, mediante compensação, de um valor suportado pelo contribuinte de fato para abatê-lo de uma obrigação própria da contribuinte de direito. Incide, portanto, o art. 166 do CTN. (REsp 1110550, recurso repetitivo)
- Em regra o contribuinte de fato não tem legitimidade ativa para manejar a repetição de indébito tributário, ou qualquer outro tipo de ação contra o Poder Público, de cunho declaratório, constitutivo, condenatório ou mandamental, objetivando tutela preventiva ou repressiva, que vise a afastar a incidência ou repetir tributo que entenda indevido. (REsp 903394, recurso repetitivo)

- O ISS admite a sua dicotomização como tributo direto ou indireto. A repetição de valores indevidamente recolhidos a título de ISS incidente sobre a locação de bens móveis, hipótese em que o tributo assume natureza indireta, reclama da parte autora a prova da não repercussão, ou, na hipótese de ter a mesma transferido o encargo a terceiro, de estar autorizada por este a recebê-los. (REsp 1131476, recurso repetitivo)
- Diante do que dispõe a legislação que disciplina as concessões de serviço público e da peculiar relação envolvendo o Estado-concedente, a concessionária e o consumidor, esse último tem legitimidade para propor ação declaratória c/c repetição de indébito na qual se busca afastar, no tocante ao fornecimento de energia elétrica, a incidência do ICMS sobre a demanda contratada e não utilizada. (REsp 1299303, recurso repetitivo)

4. RESTITUIÇÃO DOS ACRÉSCIMOS LEGAIS

Segundo o CTN, a restituição do indébito dá ensejo à restituição dos acréscimos legais incidentes sobre a quantia recolhida. Exemplo: se alguém paga R$ 912,00 de IPTU de seu imóvel, sendo R$ 800,00 de imposto, R$ 32,00 de juros de mora (4%) e R$ 80,00 de multa de mora (10%) e, posteriormente, descobre que seu carnê estava errado, e que o valor original do imposto devido era de R$ 600,00, terá direito à devolução de R$ 200,00 do imposto mais a devolução proporcional dos acréscimos: R$ 8,00 de juros e R$ 20,00 de multa, totalizando R$ 228,00.

Os valores recolhidos por conta de infrações de caráter formal, não prejudicadas pela causa da restituição, não são restituíveis.

4.1. Juros sobre o indébito

Confirmado pelo fisco o direito à restituição, a devolução da quantia deveria ser imediata – ou a autorização para compensação com outros débitos do sujeito passivo –, mas, como geralmente há demora estatal para efetivar tais pleitos, o CTN prevê, visando não prejudicar ainda mais o solicitante com o atraso da Fazenda Pública em honrar seus compromissos, que a restituição vence juros não capitalizáveis, a partir do trânsito em julgado da decisão definitiva que a determinar (art. 167, parágrafo único).

A "decisão definitiva" a que se refere o CTN pode ser tanto do âmbito administrativo como do judicial.

A taxa de juros a ser aplicada é definida por cada ente tributante na legislação ordinária (no âmbito federal, a Lei nº 9.250/1995, art. 39, § 4º, utiliza a Selic – Taxa Referencial do Sistema de Liquidação e Custódia).

▸ **Qual o entendimento do STJ sobre esse ponto:**

- A taxa de juros de mora incidente na repetição de indébito de tributos estaduais deve corresponder à utilizada para cobrança do tributo pago em atraso, sendo legítima a incidência da taxa Selic, em ambas as hipóteses, quando prevista na legislação local, vedada sua cumulação com quaisquer outros índices. (Súmula 523)
- Os juros moratórios, na repetição do indébito tributário, são devidos a partir do trânsito em julgado da sentença. (Súmula 188)
- O regime de repetição de indébito previsto no art. 167, p.u., do CTN e na Súm. 188/STJ é aplicável às contribuições previdenciárias, que também têm natureza tributária. (REsp 1086935, recurso repetitivo)

4.2. Atualização monetária do indébito

A atualização monetária do indébito, apesar de não prevista explicitamente no CTN, é de aplicação histórica, sedimentada no princípio da isonomia: como os índices de correção são aplicáveis a todos os títulos de crédito transacionados na economia de um país, nada mais justo que atinja, também, as obrigações estatais.

De longa data, a jurisprudência orienta-se pela obrigatoriedade da atualização dos créditos sujeitos à repetição.

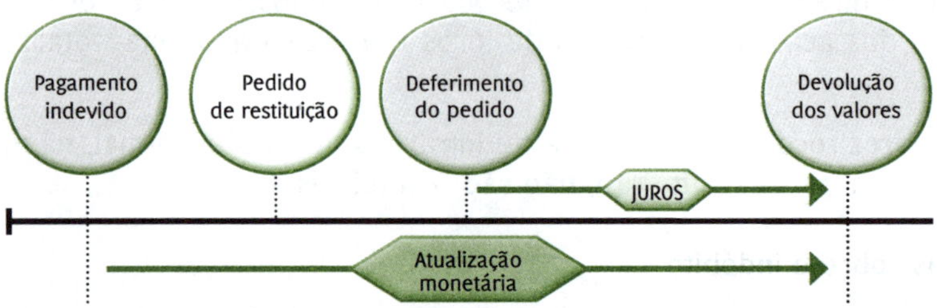

▸ **Qual o entendimento do STJ sobre esse ponto:**

- Na repetição de indébito tributário, a correção monetária incide a partir do pagamento indevido. (Súmula 162)

5. RESTITUIÇÃO NA SUBSTITUIÇÃO TRIBUTÁRIA "PARA FRENTE"

A EC nº 3/1993 incluiu, no texto constitucional, um novo parágrafo, normatizando o que se convencionou chamar de "substituição tributária para frente":

> **CF. Art. 150, § 7º** A lei poderá atribuir a sujeito passivo de obrigação tributária a condição de responsável pelo pagamento de imposto ou contribuição, cujo fato gerador deva ocorrer posteriormente, assegurada a

imediata e preferencial restituição da quantia paga, caso não se realize o fato gerador presumido

O STF, na ADI 1851, entendeu que a restituição neste regime de substituição só é possível quando, efetivamente, o fato gerador posterior não ocorre, ou seja: não admite nem a restituição nem a cobrança suplementar do ICMS, caso a operação ou a prestação subsequente à cobrança do imposto realize-se com valor inferior ou superior ao anteriormente estabelecido.

6. EXTINÇÃO DO DIREITO À RESTITUIÇÃO

6.1. Conceitos gerais

Segundo o art. 168 do CTN, o direito de pleitear a restituição extingue-se com o decurso do **prazo de cinco anos,** contados das datas mostradas na tabela abaixo:

Extinção do direito à restituição após 5 anos, contados:	
Da extinção do crédito tributário	**Da decisão administrativa definitiva ou Da decisão judicial transitada em julgado**
- Cobrança ou pagamento espontâneo de tributo indevido ou maior que o devido. - Erro na: • identificação do sujeito passivo; • determinação da alíquota aplicável; • cálculo do montante do débito; • elaboração / conferência de documento de pagamento.	- Que tenha reformado, anulado, revogado ou rescindido a decisão condenatória.

Tal prazo não é de decadência, mas sim de **prescrição**, que é causa extintiva da exigibilidade de um direito material pelo seu não exercício no prazo estipulado pela lei. No caso, é a perda do direito de obter a restituição, a perda da pretensão. Não é a perda do direito de ação (perempção), pois a ação independe do direito material tutelado.

Esses prazos aplicam-se também às hipóteses de declaração de inconstitucionalidade de tributos pelo STF, de ação rescisória de sentença (CPC/15, art. 966) e de pagamento de débitos já extintos, cujos créditos respectivos só podem ser pleiteados em repetição se dentro dos prazos prescricionais acima previstos.

- **Qual o entendimento do STJ sobre esse ponto:**
- O pedido administrativo de compensação ou de restituição não interrompe o prazo prescricional para a ação de repetição de indébito tributário de que trata o art. 168 do CTN nem o da execução de título judicial contra a Fazenda Pública. (Súmula 625)

- O prazo de prescrição quinquenal para pleitear a repetição tributária, nos tributos sujeitos ao lançamento de ofício, é contado da data em que se considera extinto o crédito tributário, qual seja, a data do efetivo pagamento do tributo, a teor do disposto no art. 168, I, c.c. art. 156, I, do CTN. A declaração de inconstitucionalidade da lei instituidora do tributo em controle concentrado, pelo STF, ou a Resolução do Senado (declaração de inconstitucionalidade em controle difuso) é despicienda para fins de contagem do prazo prescricional tanto em relação aos tributos sujeitos ao lançamento por homologação, quanto em relação aos tributos sujeitos ao lançamento de ofício. (REsp 1110578, recurso repetitivo)
- Para as ações ajuizadas a partir de 9.6.2005, aplica-se o art. 3º da LC 118/05, contando-se o prazo prescricional dos tributos sujeitos a lançamento por homologação em 5 anos a partir do pagamento antecipado de que trata o art. 150, § 1º, do CTN. (REsp 1269570, recurso repetitivo)

6.2. Regra interpretativa da LC 118/2005

De acordo com o art. 168, I do CTN, o direito de pleitear a restituição extingue-se com o decurso do prazo de 5 anos, contados da data da extinção do crédito tributário quando ocorrer (a) cobrança ou pagamento espontâneo de tributo indevido ou maior que o devido em face da legislação tributária aplicável, ou da natureza ou circunstâncias materiais do fato gerador efetivamente ocorrido; (b) erro na identificação do sujeito passivo, na determinação da alíquota aplicável, no cálculo do montante do débito ou na elaboração ou conferência de qualquer documento relativo ao pagamento.

A LC nº 118/2005 trouxe regra interpretativa, direcionada exclusivamente para esse art. 168, I, do CTN:

> **Art. 3º** Para efeito de interpretação do inciso I do art. 168 da Lei no 5.172, de 25 de outubro de 1966 – Código Tributário Nacional, a extinção do crédito tributário ocorre, no caso de tributo sujeito a lançamento por homologação, no momento do pagamento antecipado de que trata o § 1º do art. 150 da referida Lei.
>
> **Art. 4º** Esta Lei entra em vigor 120 (cento e vinte) dias após sua publicação, observado, quanto ao art. 3º, o disposto no art. 106, inciso I, da Lei no 5.172, de 25 de outubro de 1966 – Código Tributário Nacional.

Como se trata de regra expressamente interpretativa, permite o art. 106, I, do CTN, a princípio, sua retroação, atingindo fatos tributários já ocorridos, o que fulminaria várias pretensões judiciais, já que inúmeros demandantes pleitearam repetição de indébito de tributos homologados, assentados na tese dos "cinco mais cinco", então em voga e amplamente sedimentada no STJ, que lhes concedia o largo prazo de dez anos para intentar seus pedidos.

A norma teve o claro intuito de contornar a jurisprudência firmada e, se fosse levada a termo, indubitavelmente, fulminaria direitos dos litigantes, já que alcançaria todas as ações de repetição de indébito em curso nos tribunais.

A jurisprudência afastou essa tentativa de retroação, acatando a regra nova somente para as ações ajuizadas posteriormente ao prazo de cento e vinte dias - ***vacatio legis*** - da publicação da LC nº 118/2005.

A norma, efetivamente, traduz **direito novo**, não sendo meramente interpretativa, assim, sua retroação infringe o princípio da irretroatividade das leis tributárias. Posteriormente, foi declarada a inconstitucionalidade da aplicação retroativa dessa norma.

6.3. Prazo para anular ato administrativo denegatório

Normalmente, quando há valores a serem repetidos, o interessado dirige-se ao órgão fazendário competente e pleiteia a devolução, por meio de um processo administrativo. Caso este pedido seja negado, em decisão definitiva e, ainda assim, entenda caber-lhe razão, só resta ao interessado socorrer-se do Poder Judiciário pela via processual adequada: ação judicial de repetição de indébito, que, a um só tempo, corrija a decisão administrativa e declare o direito à devolução do indébito.

A pretensão anulatória do ato administrativo que negar pedido de restituição prescreve em dois anos, segundo previsão do art. 169, *caput*, do CTN.

Na prática, entretanto, é melhor para o interessado impetrar diretamente ação judicial de repetição de indébito, sem formular pedido administrativo, isto porque:

a) o Poder Judiciário não exige a negativa administrativa como condição para a propositura da ação; e

b) porque evita a incidência da norma rígida albergada nesse artigo.

A exiguidade do prazo, assim como a forma de contagem estipulada no parágrafo único desse dispositivo, é mais um dos privilégios processuais da Fazenda Pública:

> **Art. 169, Parágrafo único.** O prazo de prescrição é interrompido pelo início da ação judicial, recomeçando o seu curso, por metade, a partir da data da intimação validamente feita ao representante judicial da Fazenda Pública interessada.

Privilégio, porque seu reverso, o prazo prescricional que corre *contra* o fisco em caso de cobrança de seus próprios créditos, pode ser interrompido inúmeras vezes, bastando ocorrer uma das hipóteses previstas no art. 174 do CTN; aqui, somente uma única vez. Aliás, com o advento do Código Civil de 2002, a regra geral no direito privado também é admitir-se a interrupção da prescrição somente uma vez, por uma questão de segurança jurídica (CC, art. 202).

Após ser interrompido, o prazo prescricional volta a correr pela metade do prazo original, isto é, por um ano, como no exemplo:

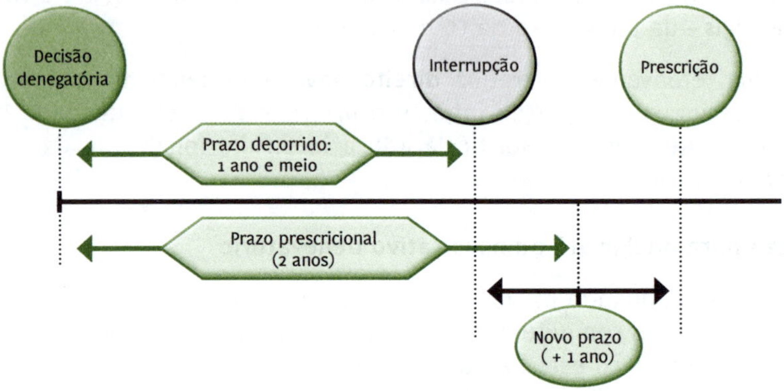

Entretanto, quando a interrupção ocorre antes de completar o primeiro ano, o reinício da contagem, por essa regra, impossibilita o atingimento do prazo mínimo de dois anos, em prejuízo do credor.

Este "furo" na contagem dos prazos fez com que a jurisprudência aplicasse, por analogia, solução prevista para o prazo prescricional previsto no Decreto federal nº 20.910/1932, que regula os casos em que a Fazenda Pública figura como devedora, e cujo texto traz norma idêntica à do CTN, diferindo apenas no prazo, que, nesse caso, é de cinco anos.

- **Qual o entendimento do STF sobre esse ponto:**
- A prescrição em favor da Fazenda Pública recomeça a correr, por dois anos e meio, a partir do ato interruptivo, mas não fica reduzida aquém de cinco anos, embora o titular do direito a interrompa durante a primeira metade do prazo. (Súmula 383)

De acordo com a solução sumulada, o **prazo prescricional mínimo** sempre será de **dois anos**.

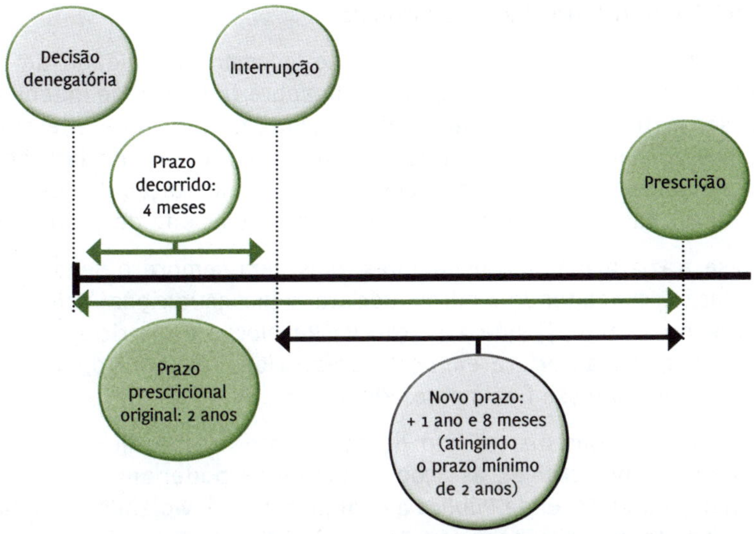

▸ **Como esse assunto foi cobrado em concurso?**

(FCC/PGE/AP/Procurador/2018) A fábrica de cadeiras "JJ e Silva", localizada em Oiapoque/AP, entendendo que pagou o ICMS a maior, ingressou, administrativamente, em tempo hábil, com pedido de restituição do imposto que entendeu ter pagado a maior do que o devido. Depois de alguns meses da protocolização do referido pedido, foi publicada a decisão administrativa, denegando a restituição pleiteada, porque a Administração Tributária estadual entendeu que não houve o alegado pagamento a maior. Em razão disso, e com base nas regras do CTN:

(A) não é possível propor ação anulatória de decisão administrativa que denegue restituição de tributo.

(B) é possível propor ação anulatória de decisão administrativa, mas o prazo prescricional não sofre interrupção, pois se trata de hipótese em que a Fazenda Pública é ré.

(C) é possível propor ação anulatória de decisão administrativa, observado o prazo prescricional de dois anos para essa proposição.

(D) é possível propor ação anulatória de decisão administrativa, observado o prazo prescricional de cinco anos, que é interrompido pelo início da ação judicial, recomeçando o seu curso, por metade, a partir da data da intimação validamente feita ao representante judicial da Fazenda Pública interessada.

(E) é possível propor ação anulatória de decisão administrativa, observado o prazo decadencial de três anos, que é interrompido pelo início da ação judicial, recomeçando o seu curso, por três quartos do prazo, a partir da data da intimação validamente feita ao representante judicial da Fazenda Pública interessada.

Resposta: Alternativa "C".

6.4. Restituição de tributos inconstitucionais

Na ocorrência de declaração, pelo STF, de inconstitucionalidade de tributo, entendia o STJ - Corte competente para decidir sobre repetição de indébito tributário, por ser matéria infraconstitucional, veiculada no CTN - que o termo inicial do prazo prescricional seria a data do trânsito em julgado da declaração de inconstitucionalidade, em controle concentrado, ou da publicação da Resolução do Senado Federal, caso a declaração tivesse ocorrido em sede de controle difuso.

Essa tese trazia alguns inconvenientes, pois nem sempre o Senado Federal edita Resolução suspendendo a norma declarada inconstitucional pelo STF (aliás, nem é obrigado a tanto, já que a edição da Resolução é discricionária), o que levou certos julgados a declararem prazo prescricional em aberto, até que, porventura, a Resolução fosse finalmente editada (ex.: REsp 205387).

Outro problema consistia no fato de que, como a ação direta de inconstitucionalidade é imprescritível, as ações repetitórias poderiam reabrir o prazo prescricional contra a Fazenda Pública a qualquer tempo, violando a estabilidade jurídica e abrindo caminho para que esses direitos patrimoniais se tornassem, também, imprescritíveis.

Esse entendimento não prosperou, tendo a jurisprudência pacificado que a restituição, mesmo nesses casos, deve seguir as regras do CTN, inclusive quanto aos prazos.

Ademais, o CTN não faz qualquer distinção quanto à origem do pagamento indevido, se decorrente de ilegalidade ou de inconstitucionalidade da exigência do tributo. Importa, aqui, relembrar a regra de hermenêutica segundo a qual não cabe ao intérprete distinguir onde a lei não distingue, principalmente em sede de direito tributário, que, assim como o direito penal, socorre-se do princípio da legalidade e da tipicidade cerrada.

Em suma, agora, aplica-se a regra do art. 168 do CTN para todas as hipóteses de restituição: cinco anos, contados do efetivo recolhimento ou da decisão administrativa ou judicial que tenha reformado, anulado, revogado ou rescindido decisão anterior, contrária ao pleito do sujeito passivo.

- **Qual o entendimento do STJ sobre esse ponto:**
- A declaração de inconstitucionalidade da lei instituidora do tributo em controle concentrado, pelo STF, ou a Resolução do Senado (declaração de inconstitucionalidade em controle difuso) é despicienda para fins de contagem do prazo prescricional tanto em relação aos tributos sujeitos ao lançamento por homologação, quanto em relação aos tributos sujeitos ao lançamento de ofício. (REsp 1110578, recurso repetitivo)

7. RESTITUIÇÃO DE DÉBITOS PRESCRITOS

A prescrição tributária atinge o próprio direito material, pois **extingue** o crédito tributário. Daí o pagamento de débito prescrito igualar-se ao pagamento de débito remitido, decaído etc. Quem paga crédito extinto, indébito, deve ser restituído.

Na seara tributária, os efeitos da prescrição sobre o crédito tributário igualam-se aos da decadência, motivo suficiente para, de maneira semelhante, ambos os institutos poderem ser reconhecidos de ofício pelo Poder Judiciário.

A cultura jurídica brasileira, de formação eminentemente privatística, entretanto, utilizava-se dos conceitos de prescrição, tanto no direito privado quanto no direito tributário, com a mesma acepção, seguindo a antiga norma encartada no CPC/73, art. 219, § 5º, que vedava ao juiz o reconhecimento da prescrição em caso de direitos patrimoniais (esse dispositivo foi posteriormente revogado pela Lei 11.280/2006, que conferiu ao juiz poder de pronunciar, de ofício, a prescrição, em qualquer caso).

E ainda mais, exacerbando esta posição, escora-se na velha tese civilista do encargo moral que paira sobre aquele que paga dívida prescrita, vedando-lhe o direito à restituição, o que é inaceitável em direito público, porque neste as relações jurídicas independem da vontade, nascem todas da lei, e, como esta fulmina o crédito tributário pela ocorrência da prescrição, confere, obrigatoriamente, àquele que o pagou, já na situação de extinto, direito certo à restituição.

8. RESTITUIÇÃO DE IRRF

Segundo os arts. 157, I, e 158, I, da CF, pertencem aos estados, ao Distrito Federal e aos municípios "*o produto da arrecadação do imposto da União sobre renda e proventos de qualquer natureza, incidente na fonte, sobre rendimentos pagos, a qualquer título, por eles, suas autarquias e pelas fundações que instituírem e mantiverem*".

Nos casos em que os servidores públicos destes entes federados intentam restituição de imposto de renda retido pela fonte pagadora, a legitimidade passiva da demanda não é da União Federal, mas sim dos próprios entes.

Como são os responsáveis pelos descontos e, também, destinatários finais da verba retida, inexiste qualquer interesse da União nessas causas, pois os valores em litígio não se destinam aos seus cofres, cabendo a ela, tão somente, instituir o tributo.

Em consequência, não remanesce interesse da União a ser discutido, sendo legítima a participação dos respectivos entes federados no polo passivo dessas causas:

> **Qual o entendimento do STJ sobre esse ponto:**
>
> ◙ Os Estados e o Distrito Federal são partes legítimas na ação de restituição de imposto de renda retido na fonte proposta por seus servidores. (Súmula 447)

Capítulo

XV

Exclusão do Crédito Tributário

SUMÁRIO • 1. Definição: 1.1. Cumprimento de obrigações acessórias; 1.2. Limitações às leis instituidoras de benefícios fiscais; 1.2.1. Limitações constitucionais; 1.2.1.1. Princípio da legalidade; 1.2.1.2. Vedação de concessão de isenções heterônomas; 1.2.1.3. Vedação de tratamento diferenciado às empresas públicas e às sociedades de economia mista; 1.2.1.4. Vedação de creditamento para o ICMS; 1.2.1.5. Transparência orçamentária; 1.2.2. Limitação da Lei de Responsabilidade Fiscal. – 2. Isenção: 2.1. Definição e natureza jurídica; 2.2. Isenção e princípios constitucionais tributários; 2.2.1. Isenção e isonomia; 2.2.2. Isenção e uniformidade geográfica; 2.3. Tipologia; 2.3.1. Conceitos doutrinários; 2.3.2. Isenção em caráter individual; 2.3.3. Isenção "por contrato"; 2.4. Caráter não extensivo da isenção; 2.5. Revogabilidade; 2.5.1. Conceitos gerais; 2.5.2. Revogação e princípio da anterioridade; 2.6. Distinção de outros institutos; 2.6.1. Distinção da não incidência; 2.6.2. Distinção da imunidade; 2.6.3. Distinção da "alíquota zero"; 2.6.4. Distinção da "isenção constitucional". – 3. Anistia: 3.1. Definição e natureza jurídica; 3.2. Vedação à concessão; 3.3. Tipologia; 3.3.1. Anistia em caráter geral; 3.3.2. Anistia em caráter limitado.

1. DEFINIÇÃO

O CTN (art. 175) não define **exclusão do crédito tributário**, resumindo-se a prescrever que "excluem o crédito tributário a isenção e a anistia". Excluir é impedir que o crédito se constitua. Ocorre a exclusão, portanto, antes do lançamento da obrigação.

Por essa definição, de **impedir a constituição do crédito**, poder-se-ia, igualmente, caracterizar a decadência que, em verdade, não extingue o crédito tributário, pois, no momento de sua ocorrência, o crédito ainda não se encontra sequer constituído.

> ▸ **Como esse assunto foi cobrado em concurso?**
>
> **(Cespe/TJ/CE/Juiz/2018)** De acordo com o CTN, as hipóteses de exclusão do crédito tributário incluem:
>
> (A) a isenção e a anistia.
>
> (B) o pagamento e a compensação.
>
> (C) a prescrição e a decadência.
>
> (D) a moratória e o parcelamento.
>
> (E) a remissão e o depósito do montante integral.
>
> *Resposta: Alternativa "A".*

1.1. Cumprimento de obrigações acessórias

Para o parágrafo único do art. 175 do CTN, "a exclusão do crédito tributário não dispensa o cumprimento das obrigações acessórias dependentes da obrigação principal cujo crédito seja excluído, ou dela consequente".

Assim, mesmo os sujeitos passivos isentos ou anistiados de certas obrigações principais são obrigados a submeter-se ao cumprimento de obrigações acessórias relativas aos tributos cujos créditos foram excluídos pelas normas benéficas. Por exemplo: um contribuinte de IPI que transacione produtos isentos continua obrigado a emitir as notas fiscais das vendas respectivas, a escriturar o movimento, a submeter-se à fiscalização etc.

1.2. Limitações às leis instituidoras de benefícios fiscais

Ante a grave e renitente crise fiscal que o País sempre enfrentou, o ordenamento jurídico foi, nos últimos anos, aprimorado para evitar perdas de recursos por motivos de graciosidade política dos governantes. Hoje, alguns tipos de benefícios fiscais, dentre os quais podem ser enquadrados aqueles que dizem respeito à exclusão do crédito tributário, para serem veiculados em leis ordinárias, devem respeitar dois tipos de limites normativos, além daqueles previstos no Código Tributário Nacional: os da Constituição Federal (arts. 150, § 6º, e 175, § 2º) e os da Lei de Responsabilidade Fiscal (LC nº 101/2000, art. 14).

1.2.1. Limitações constitucionais

1.2.1.1. Princípio da legalidade

Não basta a existência de lei ordinária comum para isentar ou anistiar. Qualquer isenção ou anistia relativa a impostos, taxas ou contribuições só poderá ser concedida por **lei específica**, que regule exclusivamente a matéria ou o correspondente tributo ou contribuição (CF, art. 150, § 6º).

A redação constitucional visa impedir a má-utilização política dos benefícios fiscais que, historicamente, foram tidos por **moeda de troca** pelos parlamentares na aprovação de projetos de lei das mais variadas matérias. As "normas tributárias de carona" eram prática reiterada no processo legislativo brasileiro: não raro, leis que nada diziam sobre fiscalidade continham dispositivos alienígenas enxertados em seu texto.

Ao exigir lei específica, engloba-se, também, tipos legislativos de mesma hierarquia, pois não faria sentido, por exemplo, instituir empréstimos compulsórios por lei complementar (CF, art. 148) e isentá-los por lei ordinária.

Por fim, o veículo normativo exigido para a concessão de isenção, assim como para o de vários outros benefícios fiscais, é a **lei** em sentido estrito (CTN, art. 97, VI). Exigência esta que não pode ser suprimida por outra lei complementar que intente reformar o Código Tributário, pois deriva, como se vê, diretamente da Constituição Federal.

1.2.1.2. *Vedação de concessão de isenções heterônomas*

É vedado à União instituir isenções de tributos da competência dos Estados, do Distrito Federal ou dos Municípios, as chamadas **isenções heterônomas**, pois estas só podem ser concedidas pelo ente competente para instituir o tributo a que se referem. Constituições anteriores, como a de 1967, conferiam tal poder à União.

Pelo princípio da simetria constitucional, os Estados devem respeitar identicamente tal vedação. Portanto, não podem isentar tributos da competência de seus Municípios.

Por outro lado, é importante observar que esta vedação diz respeito à União como **ente público de direito interno**, não se aplicando ao Estado brasileiro como **pessoa jurídica de direito público internacional**. É que a República Federativa do Brasil, nas suas relações com os Estados estrangeiros, representa todos os entes federativos internos: União, Estados, Distrito Federal e Municípios, podendo estabelecer isenções de tributos destas pessoas políticas no plano internacional.

Sobre esse aspecto, o art. 21, I, da CF foi redigido com má-técnica jurídica. Ao dizer que "compete à União manter relações com Estados estrangeiros e participar de organizações internacionais", deveria ter usado termos corretos, como "compete à União representar o Estado brasileiro nas suas relações [...]", porque as relações internacionais só se dão entre Estados.

Assim, por exemplo, não pode o governo federal baixar leis que isentem situações pertinentes ao poder tributário de outros entes federados, a não ser no bojo de tratados internacionais, acordos de livre comércio etc., firmados pelo Brasil com países estrangeiros.

- **Qual o entendimento do STF sobre esse ponto:**

- À mercadoria importada de país signatário do GATT, ou membro da ALALC, estende-se a isenção do imposto sobre circulação de mercadorias concedida a similar nacional. (Súmula 575)

▸ **Qual o entendimento do STJ sobre esse ponto:**

◙ A mercadoria importada de país signatário do GATT é isenta do ICM, quando contemplado com esse favor o similar nacional. (Súmula 20)

▸ **Como esse assunto foi cobrado em concurso?**

(Vunesp/TJ/RJ/Juiz/2019) O Presidente da República Federativa do Brasil assina tratado internacional de comércio no qual se compromete a isentar os impostos federais, estaduais e municipais incidentes sobre os bens e serviços importados de país estrangeiro. Posteriormente, o referido tratado é ratificado pelo Poder Legislativo federal. Considerando o previsto na Constituição Federal e a jurisprudência do Supremo Tribunal Federal, é correto afirmar que:

(A) não há restrição constitucional à previsão de isenção pela União de tributos da competência de estados e municípios, seja em âmbito de negociação internacional, seja em âmbito apenas nacional.

(B) embora se trate de caso de isenção heterônoma, a ratificação pelo Congresso Nacional do tratado tem por fim convalidar a inconstitucionalidade praticada pelo Presidente da República.

(C) não se aplica a vedação à concessão de isenções heterônomas pela União quando esta atua como representante da República Federativa do Brasil.

(D) para que a isenção relativa aos impostos estaduais tenha eficácia, a Constituição exige prévia aprovação pela maioria dos membros do Conselho de Política Fazendária - CONFAZ.

(E) as isenções relativas aos impostos estaduais e municipais na situação são consideradas isenções heterônomas e são vedadas pela Constituição.

Resposta: Alternativa "C".

1.2.1.3. Vedação de tratamento diferenciado às empresas públicas e às sociedades de economia mista

Nos seus princípios gerais da atividade econômica, a CF veda privilégios fiscais não isonômicos entre empresas exploradoras de atividade econômica, qualquer que seja seu tipo societário, nos seguintes termos: "as empresas públicas e as sociedades de economia mista não poderão gozar de privilégios fiscais não extensivos às do setor privado" (art. 173, § 2º).

A jurisprudência, entretanto, excepciona esta norma, no caso de **prestação de serviço público**.

▸ **Qual o entendimento do STF sobre esse ponto:**

◙ Tanto o preceito inscrito no § 1º quanto o veiculado pelo § 2º do art. 173 da CF apenas alcançam empresas públicas e sociedades de economia mista que explorem atividade econômica em sentido estrito. Não se aplicam àquelas que prestam serviço público, não assujeitadas às obrigações tributárias às quais se sujeitam as empresas privadas. As empresas públicas, sociedades de economia mista e outras entidades estatais que prestem serviço público podem gozar de privilégios fiscais, ainda que não extensivos a empresas privadas prestadoras de serviço público em regime de concessão ou permissão (art. 175 da CF). (ACO 765-QO, voto, Min. Eros Grau, Informativo 390).

1.2.1.4. *Vedação de creditamento para o ICMS*

Regra geral, na cadeia de tributação pelo ICMS, a isenção e a não incidência não geram créditos para compensação nas operações seguintes, assim como também anulam os créditos relativos às operações anteriores. A lei, entretanto, pode determinar de forma diferente, permitindo o creditamento nesses casos (CF, art. 155, § 2º, II).

> **Como esse assunto foi cobrado em concurso?**
>
> **(Cespe/DPU/Defensor/2017)** A respeito das espécies tributárias existentes no sistema tributário brasileiro, julgue o item que se segue: a isenção ou não incidência do ICMS acarretará a anulação do crédito relativo às operações anteriores, salvo se houver determinação legal em contrário.
>
> *Resposta: Certa.*

1.2.1.5. *Transparência orçamentária*

O art. 165, § 6º, da CF impõe que, uma vez implantada política de benefícios fiscais, o projeto de lei orçamentária deve ser acompanhado de demonstrativo regionalizado do efeito, sobre as receitas e despesas, decorrente de isenções, anistias, remissões, subsídios e benefícios de natureza financeira, tributária e creditícia.

1.2.2. Limitação da Lei de Responsabilidade Fiscal

A concessão de anistia e de **isenção em caráter não geral** depende do atendimento, pelo ente tributante, das regras contidas na Lei de Responsabilidade Fiscal.

É que a LRF disciplina a concessão ou a ampliação de incentivo ou benefício de natureza tributária dos quais decorram **renúncia de receita** (art. 14), impondo uma série de medidas restritivas de caráter orçamentário e financeiro a serem observadas.

Benefícios fiscais que importam em renúncia de receita (LRF, art. 14, § 1º)
- anistia;
- remissão;
- subsídio;

Benefícios fiscais que importam em renúncia de receita (LRF, art. 14, § 1º)
- crédito presumido;
- concessão de isenção em caráter não geral;
- alteração de alíquota que implique redução discriminada de tributos;
- modificação de base de cálculo que implique redução discriminada de tributos;
- outros benefícios que correspondam a tratamento diferenciado.

Importante repetir que as isenções que não dependem de procedimento formal individualizado de reconhecimento pela autoridade administrativa, também ditas **de caráter objetivo**, não se sujeitam aos ditames desta lei complementar. Somente as leis ordinárias que veiculam anistia e isenção em **caráter não geral** (caráter subjetivo) devem observar os limites acima delineados.

2. ISENÇÃO

2.1. Definição e natureza jurídica

Na ciência do direito, a natureza jurídica da isenção é objeto de intermináveis digressões. Com mais força, duas correntes destacam-se: a doutrina que a formula como **dispensa legal de um tributo devido**, ou seja, um **favor fiscal**; e a que a vislumbra como **exceção à hipótese legal de incidência do tributo**.

A primeira corrente, apesar da adesão da jurisprudência, peca pela falta de lógica, pois não parece correto **dispensar** algo que sequer chegou a ser constituído: o próprio crédito tributário. Ademais, **dispensa legal de tributo devido** é o conceito de remissão, que é causa de extinção do crédito tributário.

A segunda, mais aceita pelos doutrinadores, trata a isenção como uma regra especial que excetua, isto é, afasta a aplicação das regras gerais definidoras da tributação.

Mas, qual a importância dessas teses? A importância principal diz respeito à aplicação do princípio da anterioridade à revogação de isenções, tida como obrigatória pela segunda corrente (vide item *Revogação e princípio da anterioridade*, adiante).

2.2. Isenção e princípios constitucionais tributários

A isenção, à primeira vista, afronta alguns princípios constitucionais, como o da isonomia e o da uniformidade geográfica dos tributos. Tal afronta é apenas **aparente,** como explicado a seguir, pois os fins constitucionais a que o instituto se destina compatibilizam-na com os pilares do ordenamento.

2.2.1. *Isenção e isonomia*

A isenção põe em confronto dois princípios constitucionais: o da isonomia e o da superação das desigualdades internas. De acordo com a teoria do direito constitucional, quando dois princípios magnos chocam-se, um deixa de ser aplicado, sem, no entanto, ser anulado.

A Constituição Federal estatui como objetivo fundamental da República a redução das desigualdades sociais e regionais (art. 3º, III, parte final), reafirmando-o esparsamente em vários outros dispositivos de seu texto, como os que dizem respeito a **orçamento** (vide art. 167, § 7º: "[...] terão entre suas funções a de reduzir desigualdades inter-regionais [...]"); aos **princípios da ordem econômica** (art. 170, VII: "redução das desigualdades regionais e sociais") e à **repartição de receitas** (art. 161, II: "[...] objetivando promover o equilíbrio socioeconômico entre Estados e entre Municípios") etc.

2.2.2. Isenção e uniformidade geográfica

No âmbito tributário, a superação das desigualdades também excetua, expressamente, sob a forma de permissão de concessão de incentivos fiscais, o princípio da uniformidade geográfica.

No art. 151, I, que veda à União "instituir tributo que não seja uniforme em todo o território nacional ou que implique distinção ou preferência em relação a Estado, ao Distrito Federal ou a Município, em detrimento de outro", existe **ressalva**, em sua parte final, admitindo a "concessão de incentivos fiscais destinados a promover o equilíbrio do desenvolvimento socioeconômico entre as diferentes regiões do país".

O CTN repete a exceção à uniformidade geográfica no parágrafo único do art. 176, permitindo que ela seja restrita a determinada região do território da entidade tributante, em função de condições a ela peculiares.

2.3. Tipologia

2.3.1. Conceitos doutrinários

Quanto à **forma de concessão**, a isenção pode ser:

a) absoluta, dita em caráter geral, concedida diretamente pela lei; ou

b) solene, em caráter individual, quando, apesar da previsão legal, necessite de um despacho da autoridade administrativa para seu reconhecimento (CTN, art. 179).

Quanto à sua **natureza**:

a) Isenção onerosa ou condicionada: como o nome está a indicar, implica ônus ao beneficiado.

Exemplo: isenção de IPTU para quem realizar obra de conservação em imóveis históricos.

b) Isenção gratuita ou incondicionada: não acarreta ônus ao beneficiado.

Exemplo: isenção de IPTU para imóveis com menos de 50 m2.

Observe-se que, no primeiro exemplo, exige-se um encargo para o beneficiário: conservar o imóvel; no segundo, exige-se apenas o implemento de um requisito: que o imóvel seja inferior a determinada metragem.

Quanto à **área de abrangência**:

a) ampla, atingindo todo o território do ente político;

b) restrita a determinadas partes (ex.: a diversos Estados do Nordeste; a microrregiões estaduais, a bairros de Municípios etc.);

c) setorial, quando, apesar de abranger toda a área, destina-se somente a segmentos econômicos específicos (ex.: turismo, artesanato, agricultura familiar etc.).

Quanto aos **tipos tributários alcançados pelo favor**:

a) geral, alcançando todos os tipos de tributos, indistintamente; ou

b) específica a determinadas categorias tributárias.

Quanto aos **elementos**:

a) objetiva, se concedida em função do fato gerador da obrigação tributária (isenção de IPVA para aquisição de ambulâncias, por exemplo);

b) subjetiva, se concedida em função do respectivo sujeito passivo (isenção de IPVA para aquisição de ambulâncias somente para entidades de assistência social);

c) mista, quando composta de elementos objetivos e subjetivos concomitantemente.

Quanto ao **prazo**:

a) predeterminada; ou

b) indeterminada.

Quanto à **possibilidade de revogação**:

a) revogável; ou

b) irrevogável, conforme dispõe o art. 178 do CTN.

2.3.2. *Isenção em caráter individual*

A isenção pode ser concedida **em caráter individual**, quando, apesar da previsão legal, necessite de um despacho da autoridade administrativa para seu reconhecimento (CTN, art. 179). Neste caso, normalmente, a lei exige o preenchimento de formulários de requerimento acompanhados de provas do implemento dos requisitos previstos para usufruir o benefício (ex.: anexar comprovante da condição de aposentado para isenções **pessoais** de IPTU; ou escritura do imóvel, para isenções **reais** deste imposto).

Esta isenção em **caráter individual**, também dita **solene** - por depender de ato da autoridade administrativa -, deve ser renovada antes de findo o prazo original concessivo, caso se trate de tributo lançado por período certo de tempo (CTN, art. 179, § 1º). Assim, não são cabíveis as renovações automáticas de isenção em caráter individual sem o pronunciamento do fisco.

A concessão da isenção em caráter individual, assim como a da moratória, não gera direito adquirido e pode ser anulada caso se verifique que o beneficiado não satisfez ou deixou de satisfazer as condições ou não cumpriu ou deixou de cumprir os requisitos para a concessão do favor, cobrando-se o crédito acrescido de juros de mora, com imposição da penalidade cabível, nos casos de dolo ou simulação do beneficiado, ou de terceiro em seu benefício, ou, sem imposição de penalidade, nos demais casos (CTN, art. 179, § 2º, c/c art. 155):

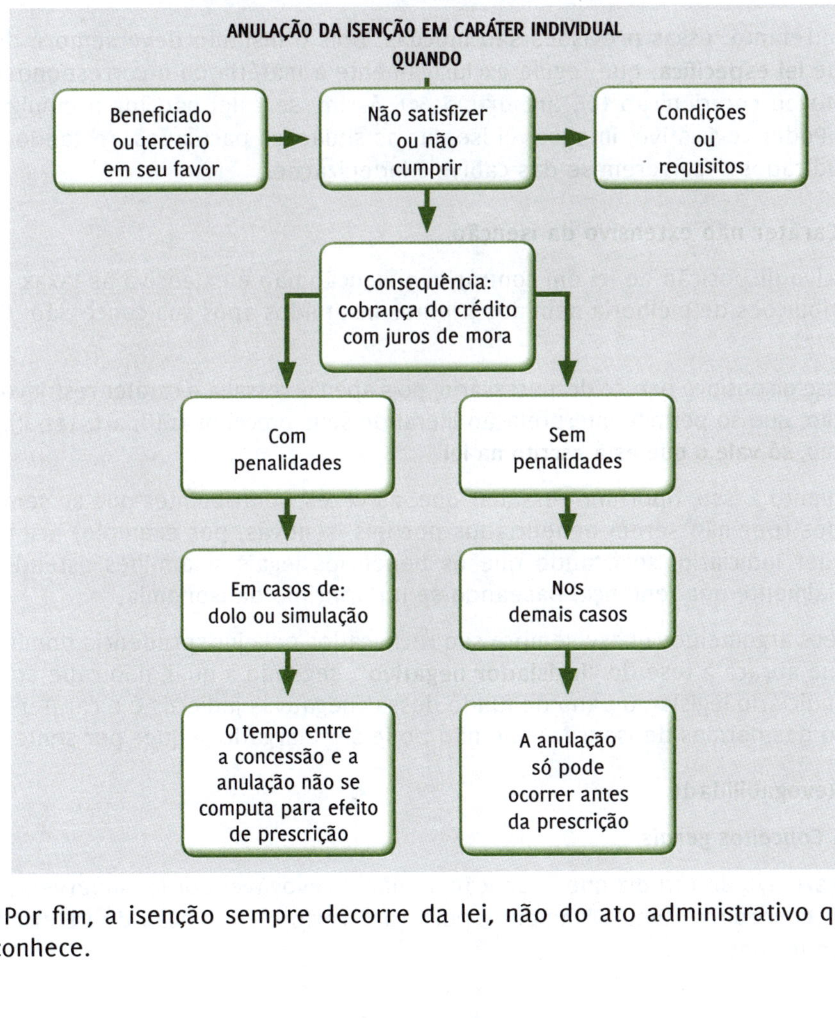

Por fim, a isenção sempre decorre da lei, não do ato administrativo que a reconhece.

> **Qual o entendimento do STJ sobre esse ponto:**
>
> - O juízo do inventário, na modalidade de arrolamento sumário, não detém competência para apreciar pedido de reconhecimento da isenção do ITCMD, à luz do disposto no *caput* do art. 179, do CTN. (REsp 1150356, recurso repetitivo)

2.3.3. *Isenção "por contrato"*

Os arts. 176 e 179 do CTN falam de isenção prevista em contrato. Referem-se a protocolos de intenção, de caráter extrafiscal, firmados pelos **entes políticos** para atrair investimentos e fomentar sua economia. Funciona como um contrato, pois, de um lado, vincula os interessados e, de outro, obriga o Poder Público a providenciar as leis que concedem isenção.

Entretanto, essas previsões são inócuas, pois o instituto deve sempre derivar de **lei específica**, que regule exclusivamente a matéria ou o correspondente tributo ou contribuição (CF, art. 150, § 6º). Assim, se a lei não for promulgada pelo Poder Legislativo, impossível isentar as situações pactuadas, restando aos prejudicados socorrerem-se das cabíveis indenizações.

2.4. Caráter não extensivo da isenção

Salvo disposição de lei em contrário, a isenção não é extensiva às taxas e às contribuições de melhoria nem aos tributos instituídos após sua concessão (CTN, art. 177).

Esse dispositivo parece desnecessário, pois apenas ressalta o caráter restritivo da isenção, que só permite interpretação literal de seus preceitos (CTN, art. 111, II). Na isenção, **só vale o que está escrito na lei.**

Quanto a isso, oportuno ressaltar que, às vezes, contribuintes que se sentem lesados (por não serem beneficiados por leis isentivas, por exemplo) acionam o Poder Judiciário, solicitando que os benefícios legais sejam-lhes estendidos judicialmente por sentença, baseando-se no princípio da isonomia.

Seus argumentos quase sempre são rechaçados pela jurisprudência dominante, que abraça a tese do "**legislador negativo**", segundo a qual, não cabe ao Poder Judiciário legislar. O pano de fundo dessas negativas judiciais é o caráter restritivo das normas de isenção, que não pode ser alargado sequer por sentença.

2.5. Revogabilidade

2.5.1. *Conceitos gerais*

O art. 178 do CTN diz que a isenção só não é revogável por lei superveniente se for concedida, cumulativamente, por prazo certo e em função de determinadas condições:

O Código não impede que uma lei isentiva seja revogada. No processo legislativo ordinário, aliás, nada impede que uma **lei** possa ser revogada. O que o CTN faz é proteger a situação jurídica do beneficiado, dizendo que a **isenção, relação jurídica**, não pode ser revogada em determinadas situações.

A soma de dois requisitos - prazo certo e condições determinadas - gera *direito adquirido* para o beneficiado, não podendo ser suprimido nem por mudanças constitucionais (STF, RE 227592). Mesmo no texto da CF, a preservação deste princípio é implícita, como se depreende do art. 36 do Ato das Disposições Constitucionais Transitórias, que prevê a extinção dos fundos constitucionais anteriores à promulgação da Constituição, excetuados os resultantes de isenções fiscais que passem a integrar patrimônio privado e os que interessem à defesa nacional, se não forem ratificados pelo Congresso Nacional no prazo de dois anos. É o que se denomina **isenção sob condição onerosa**.

> **Qual o entendimento do STF sobre esse ponto:**
>
> - Isenções tributárias concedidas, sob condição onerosa, não podem ser livremente suprimidas. (Súmula 544)

Quando ocorre a revogação de uma lei isentiva, as situações futuras não mais dela se beneficiarão, mas os direitos adquiridos (isenções concedidas por prazo certo **e** em razão de determinadas condições) daqueles que cumpriram os requisitos de concessão serão mantidos.

A isenção irrevogável, portanto, é aquela cuja fruição o CTN garante ao beneficiário mesmo após a revogação da lei que a concedeu. Diz-se que seus efeitos são **ultrativos**.

Isenções irrevogáveis
- Concedidas por prazo certo e condições determinadas. Ex.: "Será concedida isenção parcial de IPTU, por quatro anos, ao contribuinte que realizar obra de conservação em imóvel localizado em zona de preservação rigorosa".
Isenções revogáveis
- Concedidas somente por prazo certo. Ex.: "Aos contribuintes do IPTU, a presente lei concede isenção parcial de 25% - vinte e cinco por cento, pelo prazo de vinte anos". - Concedidas somente para "condições" determinadas. Ex.: "São isentos do IPTU os contribuintes que possuem um único imóvel residencial de área construída não superior a 50m²".
Leis de isenção
- São revogáveis por outra lei a qualquer tempo.

Para o Código, as condições são encargos do sujeito passivo, contraprestacionais, que dão um caráter contratual à isenção, atraindo para o âmbito tributário os princípios privatísticos da boa-fé, da confiança e do *pacta sunt servanda*.

Para alguns doutrinadores, se, de um lado, parece razoável aceitar a revogação de isenções concedidas por mera vontade dispositiva da lei, assentada em **requisitos** ou formalidades não onerosas, benefícios fiscais **gratuitos**, portanto; por outro, é irrazoável suprimir isenção concedida somente por prazo certo.

Baseiam-se, no primeiro caso, em evitar a concessão de isenções eternas; no segundo, em respeitar o princípio da segurança jurídica. Entretanto, quanto a este último, caem em contradição, pois a concessão de isenções somente por prazo certo também pode, desde que esse prazo não seja razoável, isto é, muito longo, eternizar, de fato, uma isenção. Assim, parece acertada a posição do CTN em exigir a concomitância dos dois requisitos: **prazo** e **condição**.

> ▸ **Como esse assunto foi cobrado em concurso?**
>
> **(UFG/CM/Goiânia/Procurador/2018)** O artigo 176 do Código Tributário Nacional estabelece que a isenção, ainda quando prevista em contrato, é sempre decorrente de lei que especifique as condições e os requisitos exigidos para a sua concessão, os tributos a que se aplica e, sendo o caso, o prazo de sua duração. Assim, a isenção:
>
> (A) é uma forma de exclusão do crédito tributário que pode ser concedida às empresas públicas e às sociedades de economia mista, sem tratamento igual às empresas privadas.
>
> (B) pode ser revogada a qualquer tempo, por nova lei, salvo se concedida por prazo certo e em função de determinadas condições.
>
> (C) é extensiva às taxas e contribuições de melhoria, em regra, vez que são tributos de caráter contraprestacional.
>
> (D) tem aplicação geral, visto que uma isenção de caráter individual a certos contribuintes afrontaria o princípio constitucional da isonomia.
>
> *Resposta: Alternativa "B".*

2.5.2. Revogação e princípio da anterioridade

De acordo com o CTN (art. 104, III), os dispositivos de lei referentes a impostos sobre o patrimônio ou sobre a renda (IR, ITR, IGF, IPVA, ITCMD, IPTU e ITBI) que extinguem ou reduzem isenções entram em vigor no primeiro dia do exercício seguinte àquele em que ocorra a sua publicação, salvo se a lei dispuser de maneira mais favorável ao contribuinte.

À época de sua edição, porém, o princípio da anterioridade só era aplicável aos impostos sobre renda e patrimônio. Com a promulgação da atual CF, o princípio da anterioridade é regra, cujas exceções estão previstas explicitamente no texto da Carta, não podendo leis infraconstitucionais estabelecer mais casos.

Hoje, igualmente, o princípio deve ser respeitado por **todos** os tributos que a ele se submetem, não só os referentes a patrimônio e renda.

Antes da atual Constituição, o STF promulgou a Súmula 615, que dizia respeito à Constituição de 1967, aduzindo que o princípio constitucional da anualidade não se aplicava à revogação de isenção do antigo ICM.

Mas, já no atual contexto constitucional, a Corte obrigou a LC nº 102/2000, que dispõe sobre o mesmo ICM (hoje, ICMS), a respeitar o princípio da anterioridade no que diz respeito à redução de benefícios fiscais (ADI-MC 2325).

A questão da aplicação do princípio da anterioridade às revogações de leis isentivas, como se vê, é bastante discutida na doutrina e na jurisprudência.

Os que adotam a teoria da isenção como favor fiscal – **dispensa legal de pagamento devido** – identificam um caráter precário na sua natureza, alegando que, se o tributo já existia e apenas estava sendo dispensado, a lei revogadora não estaria nem **aumentando** nem **instituindo** tributo, apenas restaurando sua exigibilidade, e, assim, não agrediria o princípio da anterioridade – vedação de cobrar tributos em relação a fatos geradores ocorridos antes do início da vigência da lei que os houver **instituído** ou **aumentado**, conforme exige a CF, art. 150, III, "a".

Já para os que entendem a natureza do instituto como **exceção à hipótese de incidência**, qualquer lei revogadora desta tipificação acaba realmente por agravar a situação do sujeito passivo, relativamente aos montantes de tributos a serem recolhidos, devendo, pois, respeito ao princípio da anterioridade.

O alargamento da aplicação do princípio da anterioridade parece ser a fórmula que sedimentará a não surpresa entre as relações fisco-cidadão. Não se mostra razoável a possibilidade de modificação do estatuto tributário a qualquer momento, ainda mais com a recente introdução da anterioridade nonagesimal na Constituição, reforçando a segurança jurídica e a transparência fiscal. Introdução que, sem dúvida, terá influência principiológica significativa na jurisprudência, exigindo do Poder Executivo mais cuidado com o fator **tempo** na tributação.

▸ **Como esse assunto foi cobrado em questões discursivas de concurso?**

(IBGP/PGM/Santa Luzia/Procurador/2018) A revogação de benefício tributário pelo Prefeito Municipal deve respeitar o princípio da anterioridade?

2.6. Distinção de outros institutos

2.6.1. Distinção da não incidência

A não incidência é a não subsunção de certa situação a uma norma tributária, independentemente de lei que a preveja. É definida por exclusão: toda situação fática que não se enquadra na descrição do fato gerador é uma hipótese de não incidência.

A previsão da não incidência no próprio texto legal é uma exceção - por muitos vista como desnecessária - útil para definir e esclarecer situações duvidosas, aumentando a segurança jurídica nas relações tributárias e prevenindo conflitos. Quando ocorre, é chamada de **não incidência legalmente qualificada**. Um exemplo é o art. 36 do CTN, geralmente repetido nas leis municipais que regulam o ITBI:

> **Art. 36.** Ressalvado o disposto no artigo seguinte, o imposto não incide sobre a transmissão dos bens ou direitos referidos no artigo anterior:
>
> I - Quando efetuada para sua incorporação ao patrimônio de pessoa jurídica em pagamento de capital nela subscrito;
>
> II - Quando decorrente da incorporação ou da fusão de uma pessoa jurídica por outra ou com outra.

Já a isenção decorre sempre de lei e não pode ser aplicada por analogia. Toda norma isentiva excepciona outra norma tributária, geral. A isenção, portanto, é **especial** em relação à norma tributária.

2.6.2. *Distinção da imunidade*

A isenção distingue-se da imunidade pela sede jurídica. Toda previsão de imunidade radica na Constituição e, às vezes, é chamada de **isenção constitucional**. O ***nomen juris*** não importa. A seu turno, toda previsão que afaste a tributação, abaixo da Constituição, é isenção.

> ▸ **Como esse assunto foi cobrado em concurso?**
>
> **(Cespe/PGE/SE/Procurador/2017)** A principal distinção entre imunidade tributária e isenção tributária é que
>
> (A) as imunidades estão expressamente previstas na CF e nas leis; e as isenções se referem a fatos não abrangidos pela hipótese de incidência.
>
> (B) as imunidades estão previstas na CF; e as isenções, no texto infraconstitucional.
>
> (C) as isenções estão previstas na CF; e as imunidades, no texto infraconstitucional.
>
> (D) as imunidades se referem ao aspecto subjetivo do contribuinte; e as isenções, ao elemento objetivo do fato gerador.
>
> (E) as isenções se referem ao aspecto subjetivo do contribuinte; e as imunidades, ao elemento objetivo do fato gerador.
>
> *Resposta: Alternativa "B".*

2.6.3. Distinção da "alíquota zero"

A alíquota zero é um estratagema utilizado pelo Poder Executivo para afastar a tributação de certas situações, sem as isentar. É aplicada aos tributos que excetuam o princípio da legalidade quanto à fixação das alíquotas: IPI, II, IE, IOF, ICMS sobre combustíveis e lubrificantes e Cide-combustíveis, pois não se lhes aplicam limites mínimos de taxação, permitindo-se sua alteração a qualquer tempo.

A alíquota zero tem nítido caráter extrafiscal. Visa, por exemplo, regular preços no mercado interno (a alta de preços de produtos fabricados no Brasil pode ser combatida com a redução de impostos que incidem em similares estrangeiros concorrentes) e combater ou até fomentar a inflação.

2.6.4. Distinção da "isenção constitucional"

Em algumas passagens, a Constituição faz referências a **isenções**, (*v.g.* art. 184, § 5º: "São isentas de impostos federais, estaduais e municipais as operações de transferência de imóveis desapropriados para fins de reforma agrária"; art. 195, § 7º: "São isentas de contribuição para a seguridade social as entidades beneficentes de assistência social que atendam às exigências estabelecidas em lei").

Essas e outras "isenções constitucionais" nada mais são do que **imunidades**, pois, quando definidas no corpo da Carta Magna, impedem que as normas tributárias incidam sobre as situações descritas. Assim, em vez de "são isentas..." o correto seria "são imunes...". Nesse ponto, o texto constitucional não apresentou boa técnica legislativa.

3. ANISTIA

3.1. Definição e natureza jurídica

É o perdão das infrações à legislação tributária. Tem natureza penal, pois extingue a punibilidade do sujeito passivo infrator.

Como impede a constituição do crédito tributário, não se confunde com a remissão, que é o perdão do crédito tributário já lançado e constituído. A anistia é o perdão da infração já ocorrida, mas cujo crédito correspondente ainda não foi lançado.

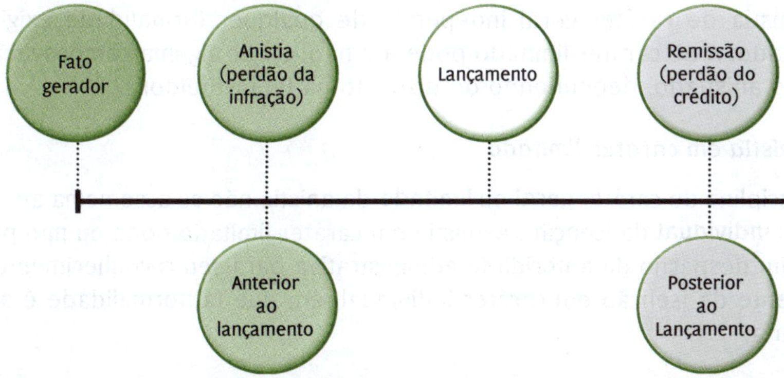

Também não se confunde com a anistia para ilícitos penais, cuja concessão é de competência privativa da União (CF, art. 21, XVII).

3.2. Vedação à concessão

Nem toda infração pode ser perdoada, pois a anistia não abrange algumas situações tipificadas no CTN, art. 180.

Vedação à concessão de anistia
- infrações posteriores à lei concessiva;
- atos qualificados como crimes ou contravenções;
- atos praticados com dolo, fraude ou simulação;
- infrações resultantes de conluio, salvo disposição em contrário.

No tocante ao conluio, há ressalva expressa que permite à lei de anistia perdoar a infração ocorrida.

3.3. Tipologia

O art. 181 do CTN possibilita a concessão de dois tipos de anistia: em caráter geral, ou em caráter limitado a certas hipóteses por ele discriminadas.

Tipos de anistia
- De caráter geral.
- De caráter limitado:
- Às infrações relativas a determinados tributos;
- Às penalidades de até determinado valor, conjugadas ou não com penalidades de outra natureza;
- A determinada região do território, em função de condições peculiares;
- Ao pagamento do tributo no prazo fixado por lei.

3.3.1. Anistia em caráter geral

A anistia de caráter geral independe de qualquer formalidade exigida do beneficiado. A de caráter limitado pode, ou não, exigir alguma comprovação por parte do anistiado, dependendo do disposto na lei instituidora.

3.3.2. Anistia em caráter limitado

A disciplina do caráter **geral** ou **limitado** da anistia não se assemelha ao caráter **geral** ou **individual** da isenção. A anistia em caráter limitado pode ou não prescindir de um despacho da autoridade administrativa para seu reconhecimento, diferentemente da isenção em caráter individual, em que tal formalidade é sempre necessária.

Quando dependente do despacho reconhecedor, sua concessão, assim como a da **moratória** e a da **isenção**, não gera direito adquirido e pode ser anulada caso se verifique que o anistiado não satisfez ou deixou de satisfazer as condições ou não cumpriu ou deixou de cumprir os requisitos para a concessão do favor, cobrando-se o crédito acrescido de juros de mora, com imposição da penalidade cabível, nos casos de dolo ou simulação do beneficiado, ou de terceiro em seu benefício, ou, sem imposição de penalidade, nos demais casos (CTN, art. 182, parágrafo único, c/c art. 155).

Vide o item *Isenção em caráter individual*, cujo quadro demonstrativo dos efeitos da anulação do benefício é identicamente aplicável à anulação da moratória e, também, à da anistia.

Por fim, vale salientar que o favor sempre decorre da lei, não do ato administrativo que o reconhece.

Como esse assunto foi cobrado em concurso?

(FGV/ALE/RJ/Procurador/2017) De acordo com o Código Tributário Nacional, é correto afirmar que:

(A) a garantia integral em Execução Fiscal suspende a exigibilidade do crédito tributário;

(B) o parcelamento do crédito tributário garante a expedição da certidão negativa de débitos fiscais;

(C) o pagamento do tributo não pode ser efetuado em cheque;

(D) a redução de base de cálculo configura isenção parcial;

(E) a anistia pode ser concedida limitadamente.

Resposta: Alternativa "E".

Capítulo

XVI

Garantias e Preferências do Crédito Tributário

SUMÁRIO • 1. Garantias: 1.1. Responsabilidade patrimonial; 1.2. Bens impenhoráveis por determinação legal; 1.3. Presunção relativa de fraude; 1.4. Indisponibilidade de bens e direitos. – 2. Preferências: 2.1. Preferência geral do crédito tributário; 2.2. Preferência em caso de falência; 2.2.1. Créditos extraconcursais; 2.2.2. Multas tributárias; 2.3. Inventário, arrolamento, liquidação de pessoa jurídica; 2.4. Não sujeição a concurso e a habilitação; 2.4.1. Conceitos gerais; 2.4.2. Penhora de bens; 2.5. Concurso de preferências; 2.6. Quitação.

1. GARANTIAS

Garantias são instrumentos legais ou contratuais que asseguram a fruição de direitos. Podem ser de diversos tipos: reais, pessoais, fidejussórias, fiduciárias, individuais, solidárias etc.

As garantias do crédito tributário previstas no CTN não impedem que leis ordinárias dos entes políticos tributantes criem outras em função da natureza ou das características do tributo a que se refiram (CTN, art. 183). Em outras palavras: as garantias discriminadas no CTN não perfazem um rol exaustivo, mas, sim, **exemplificativo**. As **preferências** do crédito, entretanto, por contraporem interesses do fisco de diferentes esferas, só podem ser previstas em lei complementar.

É corriqueira a previsão de garantias em leis ordinárias, a exemplo do Código Tributário do Município do Recife – Lei Municipal nº 15.563/91, que, para parcelamento de montantes superiores a R$ 800.000,00, adotou a seguinte norma: "A concessão do parcelamento exigirá a prestação de garantia, oferecida pelo contribuinte ou por terceiro, **garantia fidejussória**, prestada por instituição financeira, ou **seguro-garantia** suficiente à cobertura do débito".

Outro caso de garantia, bastante conhecido, é o do **arrolamento de bens**, previsto na Lei Federal nº 9.532/99.

A natureza das garantias não interfere nem modifica a natureza da obrigação tributária e a do crédito respectivo (CTN, art. 183, parágrafo único). Isto reafirma a natureza pública do crédito tributário e preserva a Fazenda Pública contra tentativas de desvirtuar a relação jurídica, transformando-a em relação de natureza privada, na qual a supremacia do interesse público cederia vez ao equilíbrio das relações cíveis. Assim, mesmo que um devedor garanta uma dívida tributária com um título cambiário, caso não a honre, será cobrado em via própria, por execução fiscal, não por execução comum.

> **Como esse assunto foi cobrado em concurso?**
>
> (Vunesp/Sefin/Estância_Turística_de_Guaratinguetá/Procurador/2019) As garantias do Crédito Tributário trazidas pelo Código Tributário Nacional definem que
>
> (A) a enumeração das garantias atribuídas ao crédito tributário apresenta um rol exemplificativo, pois não exclui outras que sejam expressamente previstas em lei.
>
> (B) a natureza das garantias atribuídas ao crédito tributário pode alterar a natureza da obrigação tributária a que corresponda.
>
> (C) sem prejuízo dos privilégios especiais sobre determinados bens, responde pelo pagamento do crédito os bens que a lei declare absolutamente impenhoráveis.
>
> (D) se presume fraudulenta a alienação ou oneração de bens por sujeito passivo, por crédito tributário regularmente lançado.
>
> (E) na hipótese de o devedor ainda não citado, não pagar o débito no prazo legal, o juiz poderá determinar a indisponibilidade de seus bens e direitos.
>
> *Resposta: Alternativa "A".*

1.1. Responsabilidade patrimonial

No ordenamento brasileiro, a regra é a de que o patrimônio do devedor responde por créditos de qualquer natureza, sendo, entretanto, vedada a prisão civil por dívida - salvo a do responsável pelo inadimplemento voluntário e inescusável de dívida oriunda de obrigação alimentícia e de depositário infiel - conforme preconiza a CF, art. 5º, LXVII.

A totalidade do patrimônio do devedor, seja qual for a sua origem ou natureza, o espólio e a massa falida respondem pelas dívidas tributárias. Os únicos bens excetuados são os absolutamente impenhoráveis por disposição de lei. A impenhorabilidade que resulta de ato volitivo (testamento ou contrato) não pode ser oposta aos interesses da Fazenda Pública.

A regra é extremamente rígida, pois nem os bens gravados com ônus real, cláusula de inalienabilidade ou cláusula de impenhorabilidade fogem à responsabilidade patrimonial (CTN, art. 184).

À guisa de registro, o art. 30 da Lei de Execução Fiscal estende a responsabilidade patrimonial do devedor também às dívidas não tributárias inscritas em dívida ativa.

1.2. Bens impenhoráveis por determinação legal

O caso clássico de impenhorabilidade legal é a do bem público, mas vários diplomas a preveem esparsamente:

a) O CPC/15, ao regular a execução por quantia certa, declara a impenhorabilidade dos bens listados no art. 833:

Bens impenhoráveis
- os bens inalienáveis e os declarados, por ato voluntário, não sujeitos à execução;
- os móveis, os pertences e as utilidades domésticas que guarnecem a residência do executado, salvo os de elevado valor ou os que ultrapassem as necessidades comuns correspondentes a um médio padrão de vida;
- os vestuários, bem como os pertences de uso pessoal do executado, salvo se de elevado valor;
- os vencimentos, os subsídios, os soldos, os salários, as remunerações, os proventos de aposentadoria, as pensões, os pecúlios e os montepios, bem como as quantias recebidas por liberalidade de terceiro e destinadas ao sustento do devedor e de sua família, os ganhos de trabalhador autônomo e os honorários de profissional liberal, ressalvado o § 2º;
- os livros, as máquinas, as ferramentas, os utensílios, os instrumentos ou outros bens móveis necessários ou úteis ao exercício da profissão do executado;
- o seguro de vida;
- os materiais necessários para obras em andamento, salvo se essas forem penhoradas;
- a pequena propriedade rural, assim definida em lei, desde que trabalhada pela família;
- os recursos públicos recebidos por instituições privadas para aplicação compulsória em educação, saúde ou assistência social;
- a quantia depositada em caderneta de poupança, até o limite de 40 (quarenta) salários-mínimos;
- os recursos públicos do fundo partidário recebidos por partido político, nos termos da lei;
- os créditos oriundos de alienação de unidades imobiliárias, sob regime de incorporação imobiliária, vinculados à execução da obra.

Atente-se que o inciso I, por se referir a impenhorabilidade voluntária, também não é oponível no âmbito tributário.

b) A Lei nº 8.009/1990, que dispõe sobre a impenhorabilidade do bem de família:

> **Art. 1º** O imóvel residencial próprio do casal, ou da entidade familiar, é impenhorável e não responderá por qualquer tipo de dívida civil, comercial, fiscal, previdenciária ou de outra natureza, contraída pelos cônjuges ou pelos pais ou filhos que sejam seus proprietários e nele residam, salvo nas hipóteses previstas nesta lei.
>
> [...]
>
> **Art. 3º** A impenhorabilidade é oponível em qualquer processo de execução civil, fiscal, previdenciária, trabalhista ou de outra natureza, salvo se movido: [...]
>
> IV – Para cobrança de impostos, predial ou territorial, taxas e contribuições devidas em função do imóvel familiar;

c) A Lei de Direitos Autorais - Lei nº 9.610/1998, art. 76 - assegura que é impenhorável a parte do produto dos espetáculos reservada ao autor e aos artistas, por ter nítido caráter de remuneração pelo trabalho.

Cabe lembrar que a impenhorabilidade de bens, matéria afeta ao direito civil, de competência legislativa privativa da União (CF, art. 22, I), pode ser alargada por qualquer lei ordinária que regule o assunto.

1.3. Presunção relativa de fraude

A presunção é uma consequência que a lei faz deduzir de certos atos ou fatos, e que fica estabelecida como verdadeira, às vezes admitindo prova em contrário, quando é chamada de presunção **relativa**; às vezes não admitindo, quando é chamada de presunção **absoluta**.

A partir do momento em que o crédito tributário é regularmente inscrito em dívida ativa, qualquer alienação de bens e rendas por parte do devedor, ou seu começo, será legalmente presumida fraudulenta (CTN, art. 185), independentemente de ter havido, ou não, intenção - *animus* - em fraudar. A presunção aqui é **objetiva**, desconsiderando qualquer elemento **subjetivo** atinente ao devedor.

A presunção, no caso, não é absoluta, ***juris et de jure***, mas relativa, ***juris tantum***, ou seja: admite prova em contrário, pois, caso tenha sido reservado pelo devedor patrimônio suficiente para o **pagamento total da dívida**, ela não se aplica (CTN, art. 185, parágrafo único).

A consequência da presunção de fraude é tornar ineficaz, perante a Fazenda Pública, o ato jurídico que aliena ou onera o patrimônio.

Caso prático: se o montante da dívida inscrita for de R$ 100.000,00, e o patrimônio do devedor, R$ 300.000,00, ele pode transacionar livremente a diferença, R$ 200.000,00, mas, se alienar ou onerar bens que diminuam o montante garantido em um centavo sequer, a transação será ineficaz na íntegra: a venda de um imóvel no valor de R$ 201.000,00, por exemplo, será considerada fraudulenta.

O parágrafo único do art. 185 foi um dos textos alterados pela LC nº 118/2005. A redação anterior era dúbia, pois o momento a partir do qual se presumia a fraude não era claro. O texto falava em "crédito tributário regularmente inscrito como dívida ativa **em fase de execução**". O que levou a doutrina e a jurisprudência a adotarem entendimento tripartite quanto ao marco inicial a partir do qual a presunção seria válida: uma, pelo momento da inscrição; outra, pelo ajuizamento da execução; e a terceira, pelo momento da citação judicial do executado. O texto foi acurado, retirou-se o termo "em fase de execução"; agora, com a mera **inscrição** em dívida ativa, garantido está o crédito contra a alienação ou oneração em desfavor da Fazenda Pública.

O instituto, apesar de assemelhar-se à fraude à execução, com esta não se confunde, como também não se confunde com a fraude contra credores.

Quadro comparativo	
Fraude contra credores	**Fraude à execução**
- Transmissão gratuita de bens / remissão de dívida pelo devedor já insolvente, ou reduzido à insolvência, ainda quando o ignore; - Contratos onerosos, quando a insolvência for notória, ou houver motivo para ser conhecida do outro contratante; - Constituição de garantias / pagamento de dívidas vincendas em favor de credores quirografários;	Alienação ou oneração de bens quando sobre eles pender ação fundada em direito real ou quando, ao tempo da alienação ou oneração, corria contra o devedor demanda capaz de reduzi-lo à insolvência;
CC, arts. 158 a 165;	CPC/15, art. 792, e leis esparsas, como o CTN, art. 185;
Existe defeito no negócio jurídico;	Hipótese de incidente processual;
A alienação fraudulenta é anulada;	A alienação fraudulenta é declarada ineficaz frente ao credor;
Não pressupõe ação em andamento;	Pressupõe ação em andamento;
Sua declaração dá-se pela ação revocatória (pauliana);	Requer simples petição nos autos;
Credor deve provar a má-fé do terceiro adquirente *(consilium fraudis)* ou sua ciência da situação de insolvência.	Má-fé é presumida por lei.

▸ **Como esse assunto foi cobrado em concurso?**

(Vunesp/TJ/SP/Juiz/2017) A alienação ou oneração de bens imóveis presume-se em fraude à execução em relação à Fazenda Pública a partir:

(A) do protesto da Certidão da Dívida Ativa.

(B) da inscrição do débito tributário na Dívida Ativa.

(C) do ajuizamento da ação de execução fiscal.

(D) do despacho que ordenou a citação do executado.

Resposta: Alternativa "B".

1.4. Indisponibilidade de bens e direitos

O crédito tributário não adimplido é obrigatoriamente inscrito em dívida ativa, para ser cobrado judicialmente. Uma vez inscrito, presume-se líquido e certo.

No curso da execução fiscal, se o devedor, regularmente citado (LEF, art. 8º), não pagar nem apresentar bens à penhora no prazo legal, e se não forem encontrados bens penhoráveis, o juiz deve determinar a **indisponibilidade** de seus bens e direitos, preferencialmente por meio eletrônico, aos órgãos e entidades que promovem registros de transferência de bens, especialmente ao registro público de imóveis, e às autoridades supervisoras do mercado bancário e do mercado de capitais (CTN, art. 185-A).

Esse foi o remédio encontrado pela lei para combater o excessivo número de executivos fiscais que não prosperavam por conta de o devedor alienar bens de raiz e por conta da pulverização dos valores em inúmeras aplicações no mercado financeiro, tornando quase impossível a localização de haveres para saldar os créditos tributários porventura devidos.

▸ **Qual o entendimento do STJ sobre esse ponto:**

◙ A decretação da indisponibilidade de bens e direitos, na forma do art. 185-A do CTN, pressupõe o exaurimento das diligências na busca por bens penhoráveis, o qual fica caracterizado quando infrutíferos o pedido de constrição sobre ativos financeiros e a expedição de ofícios aos registros públicos do domicílio do executado, ao Denatran ou Detran. (Súmula 560)

Hoje, com a regulamentação e a informatização maciça do sistema financeiro e do mercado de capitais, e de seu controle pelo Banco Central do Brasil – Bacen e pela Comissão de Valores Mobiliários – CVM, tornou-se mais fácil rastrear e bloquear valores e bens perseguidos em juízo. Quanto ao registro de imóveis, entretanto, por não ter o Brasil um cadastro imobiliário unificado, dificulta-se a localização de bens, ficando a Fazenda Pública dependente de informações esparsas ou porventura declaradas no Imposto de Renda, constantes nos arquivos da Secretaria da Receita Federal.

Como o juiz expede ordens judiciais de indisponibilidade de bens e direitos para vários órgãos, pode ocorrer que recaiam sobre montantes que ultrapassem o valor devido. Nesse caso, assim que tome ciência do **excesso de indisponibilidade**, o juiz deve sustá-lo imediatamente (CTN, art. 185-A, § 1º).

Os órgãos notificados para promover a indisponibilidade devem enviar relação discriminada de bens e direitos cuja indisponibilidade houverem promovido (CTN, art. 185-A, § 2º).

Merece registro que alguns doutrinadores criticam a inserção, no CTN, de matéria relativa à indisponibilidade, alegando tratar-se de matéria de direito processual e que seria melhor enquadrada na Lei de Execução Fiscal.

▸ **Como esse assunto foi cobrado em concurso?**

(Cespe/PGE/SE/Procurador/2017) Um devedor tributário, devidamente citado em execução fiscal, não pagou nem apresentou bens à penhora no prazo legal. Nesse caso, considerando-se as garantias e os privilégios do crédito tributário, a declaração da indisponibilidade dos bens do devedor prevista no CTN dependerá da demonstração do esgotamento das diligências para a localização de bens penhoráveis. Segundo a jurisprudência do STJ, o esgotamento dessas diligências caracteriza-se pela:

(A) comprovação da tentativa ou consumação de alienação ou oneração de bens ou rendas após a inscrição em dívida ativa, como acontece na medida cautelar fiscal.

(B) diligência da fazenda pública em demonstrar ter realizado buscas razoavelmente exigíveis, já que inexiste na jurisprudência um rol mínimo de diligências a serem realizadas.

(C) existência de pedido e determinação, nos autos, de constrição sobre ativos financeiros via BacenJud, expedição de ofícios aos registros públicos do domicílio do executado e ao Departamento Nacional - ou estadual - de Trânsito.

(D) existência de pedido e determinação, nos autos, de constrição sobre ativos financeiros via BacenJud, expedição de ofícios aos registros de imóveis do local de residência do executado e da sede da comarca e da capital da respectiva unidade da Federação.

(E) simples inexistência de pagamento ou de oferecimento de bens à penhora no prazo legal da contestação, como ocorre na medida cautelar fiscal.

Resposta: Alternativa "C".

2. PREFERÊNCIAS

Detalhe curioso: apesar de o capítulo do CTN intitular-se **Garantias e privilégios do crédito tributário**, a seção é denominada de **Preferências**. Termo, aliás, mais adotado pela doutrina.

Por existir uma diversidade de credores em face da insuficiência do patrimônio do devedor, fala-se em **concurso**, que é o rateio do montante na proporção do crédito de cada credor. E, no rateio desse montante, a lei prioriza a solvência de alguns tipos de crédito, em detrimento de outros, e o faz instituindo **preferências** entre eles.

2.1. Preferência geral do crédito tributário

Regra geral, o crédito tributário prefere a qualquer outro, seja qual for sua natureza ou o tempo de sua constituição. As exceções ficam por conta dos créditos decorrentes da legislação do trabalho e do acidente do trabalho (CTN, art. 186, parte final), e no caso de **falência** do devedor, quando mais alguns tipos de créditos têm recebimento prioritário, precedendo sua solvência (CTN, art. 186, parágrafo único).

2.2. Preferência em caso de falência

De acordo com o texto do parágrafo único do art. 186 do CTN, com redação conferida pela LC nº 118/2005, na falência, o crédito tributário não prefere aos créditos extraconcursais ou às importâncias passíveis de restituição, nos termos da lei falimentar, nem aos créditos com garantia real, no limite do valor do bem gravado.

Visando impedir incompatibilidades futuras com a dinâmica legislação trabalhista, o Código possibilitou a qualquer lei ordinária estabelecer limites e condições para a preferência dos créditos dela decorrentes em caso de falência (vide, por exemplo, o limite de 150 salários-mínimos, previsto no art. 83, I, da Lei de Recuperação e Falências).

2.2.1. Créditos extraconcursais

A decretação de falência ou de recuperação judicial é o marco separador dos créditos da empresa e dos créditos da massa. Aqueles, anteriores à decretação; estes, posteriores.

Os créditos extraconcursais são aqueles despendidos pela administração da massa por serviços e despesas **após** o decreto de falência ou de recuperação judicial. Exatamente por serem "extraconcursais" não se submetem ao concurso, não havendo, a princípio, razão de falar de "preferências" quanto a eles, já que devem ser pagos sem levar em consideração a situação jurídica dos demais credores.

É a nova Lei de Recuperação e Falências que tipifica os créditos extraconcursais (art. 84):

Créditos extraconcursais
- Remunerações devidas ao administrador judicial e seus auxiliares;
- Derivados da legislação do trabalho;
- Decorrentes de acidentes de trabalho relativos a serviços prestados após a decretação da falência;
- Quantias fornecidas à massa pelos credores;
- Despesas com arrecadação, administração, realização do ativo e distribuição do seu produto, bem como custas do processo de falência;
- Custas judiciais relativas às ações e execuções em que a massa falida tenha sido vencida;
- Obrigações resultantes de atos jurídicos válidos praticados durante a recuperação judicial, ou após a decretação da falência;
- Tributos relativos a fatos geradores ocorridos após a decretação da falência.

Registre-se que, anteriormente à modificação do CTN e à revogação da antiga Lei de Falências, a jurisprudência já entendia que alguns tipos de créditos gozavam da especial proteção, agora prevista em lei.

- **Qual o entendimento do STJ sobre esse ponto:**
- Os créditos decorrentes de serviços prestados à massa falida, inclusive a remuneração do síndico, gozam dos privilégios próprios dos trabalhistas. (Súmula 219)

O CTN (art. 188, *caput*, e § 2º), identicamente, tipifica como extraconcursais os créditos tributários decorrentes de fatos geradores ocorridos **no curso** dos processos de falência e de concordata, que, na redação anterior à LC nº 118/2005, eram tratados como encargos da massa falida.

Se, no decurso dos processos de falência ou de concordata, o crédito tributário decorrente de encargos da massa falida for contestado, o juiz remeterá as partes ao processo competente, ordenando que se faça reserva de bens suficientes à extinção total da dívida, caso esta não seja garantida de outra forma (CTN, art. 188, § 1º), ouvido, quanto à natureza e ao valor dos bens reservados, o representante da Fazenda Pública credora.

Em resumo, pode-se afirmar que o art. 188 do CTN preconiza algumas importantes nuances dos créditos extraconcursais, conforme explicado na tabela abaixo.

Características dos créditos extraconcursais
- Os créditos tributários oriundos de fatos geradores pós-falência ou pós-recuperação judicial gozam de preferência absoluta;
- Preferem até mesmo às demais dívidas da massa;
- Para contestá-los, é necessário garantir a instância ou reservar bens suficientes à satisfação total da dívida;
- O representante da Fazenda Pública credora deve ser ouvido sobre a natureza e sobre o valor dos bens reservados.

2.2.2. *Multas tributárias*

Agora, as multas tributárias preferem apenas aos créditos subordinados (CTN, art. 186, parágrafo único, III), ou seja: para efeito de preferência, foram excluídas do conceito de crédito tributário.

Créditos subordinados são aqueles colocados em última escala no grau de preferência entre os demais créditos. São, literalmente, "subordinados aos demais".

Ordem de classificação dos créditos na falência	
1º	- Trabalhistas, limitados a 150 salários-mínimos por credor, e acidentários;
2º	- Com garantia real até o limite do valor do bem gravado;
3º	- Tributários, excetuadas as multas tributárias;
4º	- Com privilégio especial;
5º	- Com privilégio geral;
6º	- Quirografários;
7º	- Multas contratuais e penas pecuniárias por infração das leis penais ou administrativas, inclusive as multas tributárias;
8º	- Créditos subordinados.

A inovação veio assumir posição já pacificada na jurisprudência do STF, que, antigamente, havia sumulado o entendimento de que "Inclui-se no crédito habilitado em falência a multa fiscal simplesmente moratória" (Súmula 191), recentemente alterado, com edição de novo enunciado, cuja motivação baseia-se na injustiça da possibilidade de a pena alcançar o patrimônio de terceiros, não responsáveis pela sua perpetração:

> **Qual o entendimento do STF sobre esse ponto:**
>
> A multa fiscal moratória constitui pena administrativa, não se incluindo no crédito habilitado em falência. (Súmula 565)

Repare que a súmula pacificou o tema a respeito da natureza da multa moratória, asseverando que esta guarda similitude com as demais penalidades por infração. Ademais, o CTN não aparta a multa moratória da multa por infração, considerando aquela uma espécie deste gênero.

> **Como esse assunto foi cobrado em concurso?**
>
> **(Vunesp/PGM/São_José_dos_Campos/Procurador/2017)** Nos termos da lei, o crédito tributário prefere a qualquer outro, seja qual for sua natureza ou o tempo de sua constituição, ressalvados os créditos decorrentes da legislação do trabalho ou do acidente do trabalho. Nesse sentido, é correto afirmar que na falência, a multa tributária prefere apenas aos créditos
>
> (A) com garantia real.
>
> (B) com privilégio especial.
>
> (C) com privilégio geral.
>
> (D) quirografários.
>
> (E) subordinados
>
> *Resposta: Alternativa "E".*

2.3. Inventário, arrolamento, liquidação de pessoa jurídica

Tal como em relação aos créditos extraconcursais, os arts. 189 e 190 do CTN reafirmam a preferência absoluta do crédito tributário nos processos de inventário, arrolamento e liquidação de pessoas jurídicas.

Igualmente, a contestação dos créditos tributários nesses casos exige garantia de instância ou reserva de bens suficientes ao adimplemento total da dívida.

> **Como esse assunto foi cobrado em concurso?**
>
> **(Vunesp/Câmara/Monte_Alto/Procurador/2019)** No que concerne às preferências do crédito tributário, é correto afirmar que:
>
> (A) prefere a qualquer outro, seja qual for sua natureza ou o tempo de sua constituição, ressalvados apenas os créditos decorrentes da legislação do trabalho.

(B) na falência, o crédito tributário prefere aos créditos extraconcursais e aos créditos com garantia real, no limite do bem gravado.

(C) na falência, a multa tributária prefere aos créditos com garantia e geral e aos quirografários.

(D) são considerados concursais os créditos tributários decorrentes de fatos geradores ocorridos no curso da falência.

(E) são pagos preferencialmente a quaisquer outros os créditos tributários vencidos ou vincendos, a cargo de pessoas jurídicas de direito privado em liquidação judicial ou voluntária, exigíveis no decurso da liquidação.

Resposta: Alternativa "E".

2.4. Não sujeição a concurso e a habilitação

2.4.1. *Conceitos gerais*

Nos chamados **juízos universais,** há uma comunhão de credores de um mesmo devedor cujo patrimônio é insuficiente para honrar a totalidade de suas dívidas. Tal comunhão faz-se necessária para que os credores, reunidos em um **juízo concentrador**, possam repartir entre si o patrimônio subsistente do devedor da maneira mais justa possível, isto é: proporcionalmente aos seus respectivos créditos, num processo judicial de cobrança coletiva. A essa reunião dá-se o nome de **concurso de credores**.

Normalmente, para que o interessado seja aceito na comunhão de credores, deve ele **habilitar-se** no juízo universal, dentro dos prazos especificados nas leis respectivas, apresentando prova de sua condição de credor e de seu crédito, sob pena de preclusão do direito de havê-lo.

A cobrança judicial do crédito tributário, entretanto, não se sujeita a qualquer tipo de habilitação, nem a concurso de credores. Segundo o art. 187 do CTN.

Cobrança judicial do crédito tributário Não sujeição a	
- Concurso de credores;	- Habilitação em: - falência; - recuperação judicial; - concordata; - inventário; - arrolamento.

Observações:

a) a falência é um processo de execução coletiva para liquidar o patrimônio empresarial e extinguir a pessoa jurídica respectiva.

b) a recuperação judicial é um processo para viabilizar a situação econômico-financeira de uma empresa em crise.

c) a concordata é um instituto em extinção, pois foi substituída pela figura da recuperação judicial. Permanece referenciada apenas para disciplinar relações jurídicas anteriores à Lei nº 11.101/2005.

d) o inventário é o processo judicial concernente à distribuição do patrimônio em sucessão hereditária.

e) o arrolamento é um inventário simplificado, quando os herdeiros, maiores e capazes, partilham amigavelmente os bens do espólio.

O efeito consequente da não sujeição ao concurso de credores e à habilitação é impedir que o direito de receber o crédito tributário possa precluir por conta da inércia da Fazenda Pública em promover sua habilitação nos autos respectivos, assim como possibilitar-lhe cobrar diretamente seus créditos, sem submeter-se ao juízo universal.

2.4.2. *Penhora de bens*

Duas observações são pertinentes a respeito de concurso de credores e penhora de bens.

A primeira é que, apesar de a cobrança judicial do crédito tributário não se sujeitar à habilitação ou ao concurso de credores, isto não implica sobreposição sobre os haveres daqueles credores que, em ações de execução individuais, **já tenham conseguido a penhora de bens** para satisfação de seus direitos, mesmo que se refiram a créditos quirografários.

A segunda diz respeito ao momento de ocorrência da penhora, em relação à decretação da falência, expressa na Súmula 44 do extinto TFR ("Ajuizada a execução fiscal anteriormente à falência, com penhora realizada antes desta, não ficam os bens penhorados sujeitos à arrecadação no juízo falimentar; proposta a execução fiscal (após a falência), a penhora far-se-á no rosto dos autos do processo de quebra, citando-se o síndico.").

2.5. Concurso de preferências

Há uma exceção à não sujeição do crédito tributário a concurso de credores quando mais de uma pessoa jurídica de direito público é credora do mesmo devedor com patrimônio insuficiente para saldar suas dívidas. Para tal situação, o CTN estabelece uma hierarquia entre as preferências atribuídas ao crédito tributário. É o chamado **concurso de preferências**.

Segundo o parágrafo único do art. 187 do CTN, o concurso de preferência somente se verifica entre pessoas jurídicas de direito público, na seguinte ordem:

Concurso de preferências	
1º	União;
2º	Estados, Distrito Federal e Territórios, conjuntamente e *pro rata;*
3º	Municípios, conjuntamente e *pro rata;*

A Lei de Execução Fiscal (art. 29) repete o conteúdo do CTN e o acresce com referências às respectivas autarquias dos entes políticos: (1º) União e suas autarquias; (2º) Estados, Distrito Federal e Territórios e suas autarquias, conjuntamente e *pro rata;* (3º) Municípios e suas autarquias, conjuntamente e *pro rata.*

Parte da doutrina assevera que essas disposições são inconstitucionais, por afrontarem o art. 19, III, parte final, da Carta, que veda aos entes políticos criar preferências entre si, e, também, por afrontarem o princípio federativo insculpido no art. 18 da CF, que assegura à organização político-administrativa republicana a **autonomia** de seus entes, motivo suficiente para repulsar a hierarquização das preferências acima descrita.

O STF, contudo, analisando a matéria sob a égide do antigo ordenamento constitucional, aceitou a hierarquização:

- **Qual o entendimento do STF sobre esse ponto:**
- O concurso de preferência a que se refere o parágrafo único do art. 187 do Código Tributário Nacional é compatível com o disposto no art. 9º, I, da Constituição Federal. (Súmula 563)

A norma constitucional referida nesse enunciado encontra-se no atual art. 19, III, da Constituição Federal.

- **Qual o entendimento do STJ sobre esse ponto:**
- O crédito tributário de autarquia federal goza do direito de preferência em relação àquele de que seja titular a Fazenda Estadual, desde que coexistentes execuções e penhoras. A instauração do concurso de credores pressupõe pluralidade de penhoras sobre o mesmo bem, por isso que apenas se discute a preferência quando há execução fiscal e recaia a penhora sobre o bem excutido em outra demanda executiva. (REsp 957836, recurso repetitivo)

2.6. Quitação

A exigência de quitação – prova de que os tributos devidos foram adimplidos – é obrigatória nos casos descritos pelo Código.

Exigência obrigatória de quitação
- Sentença de extinção das obrigações do falido (CTN, art. 191);
- Concessão da recuperação judicial (CTN, art. 191-A);
- Sentenças de adjudicação ou de partilha (CTN, art. 192);
- Aceitação de proposta em concorrência pública e celebração de contrato com a Administração Pública (CTN, art. 193) - nesses casos, salvo disposição de lei que autorize a dispensa da exigência de quitação.

Normalmente, o documento que comprova a quitação é a certidão negativa (CTN, art. 205) ou a certidão positiva com efeitos de negativa - relativa à existência de créditos não vencidos, ou em curso de cobrança executiva em que tenha sido efetivada a penhora, ou cuja exigibilidade esteja suspensa (CTN, art. 206).

Alguns doutrinadores entendem que, por conta de seu caráter restritivo, a exigência de quitação não pode ser estendida por lei ordinária. Mas a própria Lei de Execução Fiscal, por exemplo, cuida de alargar o preceito, exigindo que, nos processos de falência, concordata, liquidação, inventário, arrolamento ou concurso de credores, toda alienação seja judicialmente autorizada somente com a prova de quitação da dívida ativa ou com a concordância da Fazenda Pública (LEF, art. 31).

▸ **Como esse assunto foi cobrado em concurso?**

(Vunesp/PGM/São_Roque/Advogado/2020) O Município "X" exige, por meio de lei, a prova de quitação dos tributos municipais por parte das empresas interessadas em assinar contratos de fornecimento de bens ao Município, por meio da apresentação de certidão negativa. Em determinada contratação, a empresa "Y" apresentou certidão na qual constavam três débitos: um ainda não vencido; um em curso de cobrança executiva em foi efetivada a penhora; e outro incluído em parcelamento vigente. A respeito da situação hipotética, é correto afirmar, com base no Código Tributário Nacional (CTN), que

(A) é inconstitucional a exigência de prova de quitação dos tributos municipais como condição para a contratação com o Poder Público, ainda que a exigência esteja prevista em lei.

(B) a certidão apresentada pela empresa não tem capacidade de suprir a prova de quitação dos tributos, uma vez que é exigível o crédito pendente de execução, mesmo diante da garantia da dívida.

(C) a apresentação da certidão com os débitos mencionados na situação deverá surtir os mesmos efeitos da certidão negativa de tributos municipais, uma vez que as situações dos créditos podem ser descritas como casos de exclusão do crédito tributário.

(D) a certidão apresentada pela empresa não tem capacidade de suprir a prova de quitação dos tributos, uma vez que a certidão aponta a existência de crédito vincendo ainda não pago, impugnado ou parcelado.

(E) a apresentação da certidão com os débitos mencionados na situação deverá surtir os mesmos efeitos da certidão negativa de tributos municipais, por expressa determinação do CTN.

Resposta: Alternativa "E".

Capítulo

XVII

Administração Tributária

SUMÁRIO • 1. Introdução. – 2. Fiscalização: 2.1. Alcance; 2.2. Limites aos poderes da fiscalização; 2.2.1. Inviolabilidade do estabelecimento; 2.2.2. Sigilo de correspondência; 2.2.3. Direito ao silêncio; 2.2.4. Constrição oblíqua para o pagamento de tributos; 2.3. Conservação dos livros de interesse da fiscalização; 2.4. Termo de início de ação fiscal; 2.4.1. Consequências da lavratura; 2.4.2. Prazo máximo para conclusão da fiscalização; 2.5. Intimações escritas; 2.5.1. Dever de informar; 2.5.2. Sigilo bancário; 2.6. Permuta de informações entre Fazendas Públicas; 2.6.1. Prova emprestada; 2.6.2. Permuta internacional de informações; 2.7. Requisição de forças públicas. – 3. Sigilo tributário: 3.1. Ressalvas ao sigilo tributário; 3.2. Não submissão ao sigilo tributário; 3.3 Sigilo bancário. – 4. Dívida ativa: 4.1. Definição; 4.2. Consequências da inscrição em dívida ativa; 4.2.1. Exequibilidade; 4.2.2. Presunção de certeza e liquidez; 4.2.3. Não suspensão do prazo prescricional; 4.3. Requisitos da certidão de dívida ativa. – 5. Certidão negativa: 5.1. Prazo para expedição; 5.2. Certidão positiva com efeito de negativa; 5.3. Certidão expedida com dolo ou fraude. – 6. Disposições finais do CTN.

1. INTRODUÇÃO

A Administração Tributária desempenha atividades consideradas, pela Constituição Federal, essenciais ao funcionamento do Estado, devendo balizar-se pelos mandamentos explanados na tabela abaixo (CF, art. 37, XXII).

Regras constitucionais da Administração Tributária
- Ter como agentes servidores de carreiras específicas; - Ter recursos prioritários para a realização de suas atividades; - Atuar de forma integrada, inclusive com o compartilhamento de cadastros e de informações fiscais, na forma da lei ou convênio.

É considerada tão importante que a Emenda Constitucional nº 42/2003 excepcionou o **princípio da não vinculação da receita de impostos a órgão, fundo ou despesa**, passando a permitir a afetação de receitas para o custeio de atividades da Administração Tributária dos diversos entes políticos (CF, art. 167, IV).

2. FISCALIZAÇÃO

Cabe à legislação em sentido amplo (leis, decretos, portarias etc.) regular, em caráter geral ou específico, a competência e os poderes das autoridades administrativas em matéria de fiscalização da sua aplicação (CTN, art. 194).

São tantas e tão complexas e dinâmicas as relações jurídico-tributárias entre o fisco e os cidadãos que a maior parte das normas tributárias é infralegal, o que possibilita melhor adaptabilidade e rapidez nas modificações, visando atender aos interesses do Poder Público.

Os atos da Administração Tributária carecem de normatização que:

a) especifique a competência da autoridade fazendária, requisito de validade de qualquer ato administrativo;

b) regule os poderes e os limites das atividades fiscalizatórias.

2.1. Alcance

A legislação que regula a competência e os poderes da fiscalização aplica-se às pessoas naturais ou jurídicas, contribuintes ou não, inclusive às que gozam de imunidade tributária ou de isenção de caráter pessoal (CTN, art. 194, parágrafo único). É o que acontece frequentemente com as obrigações acessórias, geralmente impostas pela legislação para controle de certas situações de interesse da fiscalização, mesmo que o obrigado seja imune, isento, não contribuinte etc.

O art. 175, parágrafo único, do CTN reforça a submissão geral à legislação tributária, asseverando, ainda, que a exclusão do crédito tributário pela anistia ou pela isenção não dispensa o cumprimento das obrigações acessórias dependentes da obrigação principal cujo crédito seja excluído, ou dela consequente.

▸ **Como esse assunto foi cobrado em concurso?**

(Vunesp/PGE/SP/Procurador/2018) No que diz respeito à isenção, conforme o Código Tributário Nacional, é correto afirmar:

(A) é causa excludente do crédito tributário, mas não dispensa o cumprimento das obrigações acessórias dependentes da obrigação principal cujo crédito tenha sido excluído.

(B) é causa extintiva do crédito tributário, sendo extensiva às taxas e contribuições que tenham por fato gerador o mesmo fato jurídico relevante do crédito tributário extinto.

(C) é causa excludente do crédito tributário e pode ser livremente suprimida, mesmo quando concedida sob condição onerosa.

(D) é causa extintiva do crédito tributário e depende, em qualquer hipótese, de despacho, genérico ou particular, de autoridade administrativa competente para a verificação.

(E) é causa excludente do crédito tributário e só pode ser concedida em caráter geral, nos termos da lei, pela isonomia tributária, mas deve sofrer, em qualquer caso, restrições temporais por meio de regulamento.

Resposta: Alternativa "A".

2.2. Limites aos poderes da fiscalização

> CTN. Art. 195. Para os efeitos da legislação tributária, não têm aplicação quaisquer disposições legais excludentes ou limitativas do direito de examinar mercadorias, livros, arquivos, documentos, papéis e efeitos comerciais ou fiscais, dos comerciantes industriais ou produtores, ou da obrigação destes de exibi-los.

Com o escopo de assegurar o amplo acesso a qualquer registro fiscal-contábil do sujeito passivo, o CTN, nesse artigo, prevê a inaplicabilidade de limitações legais aos poderes de investigação do fisco – cujo intuito foi a neutralização das disposições contidas nos arts. 17 e 18 do secular Código Comercial, que impediam, de maneira draconiana, o acesso às informações mantidas nos livros dos comerciantes.

> ▸ **Qual o entendimento do STF sobre esse ponto:**
>
> ◙ Estão sujeitos à fiscalização tributária ou previdenciária quaisquer livros comerciais, limitado o exame aos pontos objeto da investigação. (Súmula 439)

Os poderes da fiscalização, entretanto, esbarram em limites de diversas ordens: funcionais, territoriais, temporais etc., previstos pela legislação como meios de controle da atividade fiscal e da gestão de tributos.

Dentre os diversos tipos de limites, alguns se tornaram relevantes na doutrina e na jurisprudência, ganhando status constitucional, no que diz respeito aos direitos fundamentais individuais em face das prerrogativas do Estado-fiscal. Vejam-se, pois:

2.2.1. *Inviolabilidade do estabelecimento*

O mais importante efeito jurídico da "invasão de domicílio" pelo fisco é a invalidade das provas colhidas ilicitamente, que não podem ser aproveitadas em qualquer tipo de processo, seja administrativo, seja judicial.

Caso seja negado à Administração acesso aos livros e documentos objeto de fiscalização, os órgãos competentes podem valer-se de medidas cautelares específicas, previstas no Código de Processo Civil, e requerer ao Poder Judiciário a **busca e apreensão**, ou a **exibição** forçada, para que façam valer o seu poder-dever de investigação dos fatos geradores, independentemente da comprovação de qualquer irregularidade. Assim, o fisco pode requerer a busca e apreensão de coisas (livros, documentos etc.), explicitando as razões que justifiquem a medida – negativa do fiscalizado em apresentá-los, descumprindo imposição legal; substrato para o lançamento tributário etc. – e, também, o local onde se encontram os objetos requeridos (CPC/15, art. 536, § 2º).

O pedido formulado deve conter a individuação, tão completa quanto possível, do documento ou da coisa; a finalidade da prova, indicando os fatos que se relacionam com o documento ou a coisa; as circunstâncias em que se fundamenta o requerente para afirmar que o documento ou a coisa existe e que se acha em poder da parte contrária. Não se admite a recusa do fiscalizado, caso sua obrigação de exibir decorra de lei (art. 399, I, CPC/15).

A jurisprudência, contudo, assegura que, no decorrer da fiscalização, é lícita a apreensão de documentário fiscal.

> ▸ **Qual o entendimento do STF sobre esse ponto:**
>
> ☒ Fiscalização tributária. Apreensão de livros contábeis e documentos fiscais realizada, em escritório de contabilidade, por agentes fazendários e policiais federais, sem mandado judicial. Inadmissibilidade. Espaço privado, não aberto ao público, sujeito à proteção constitucional da inviolabilidade domiciliar (CF, art. 5º, XI). Subsunção ao conceito normativo de "casa". Necessidade de ordem judicial. (HC 82788. DJ 2.6.2006).

Há autores que entendem desnecessárias tais medidas uma vez que o fisco pode **arbitrar** a base de cálculo do tributo devido, consoante o disposto no art. 148 do CTN. Olvidam, contudo, o caráter "ultima ratio" do arbitramento, que só deve ser utilizado quando **impossível** ao fisco proceder ao levantamento da base de cálculo. Em razão da negativa de apresentação de livros e documentos, ainda não se pode considerar impossível a tarefa de lançar ordinariamente o tributo: é necessário recorrer ao juízo competente para exibição forçada dos dados necessários ao deslinde da fiscalização.

Registre-se, ainda, que a Lei nº 8.137/1990, que define os crimes contra a ordem tributária, econômica e contra as relações de consumo, tipifica como crime a conduta de não atender a exigência de autoridade fiscal, no prazo de dez dias (art. 1º, parágrafo único). Trata-se de um crime omissivo próprio, de desobediência, que se consuma com o mero desatendimento, com pena de dois a cinco anos de reclusão e multa.

2.2.2. *Sigilo de correspondência*

Segundo o art. 5º, XII, da Constituição "é inviolável o sigilo da correspondência e das comunicações telegráficas, de dados e das comunicações telefônicas, salvo, no último caso, por ordem judicial, nas hipóteses e na forma que a lei estabelecer para fins de investigação criminal ou instrução processual penal".

A correspondência empresarial ou pessoal dos sujeitos passivos é, pois, inviolável. Assim, qualquer fato gerador identificado pela fiscalização, em análise não autorizada pela Justiça ou pelo fiscalizado, não poderá embasar lançamentos tributários oriundos desse tipo de quebra de sigilo.

2.2.3. Direito ao silêncio

O dever de apresentar documentos e contabilidade à fiscalização não implica, para aqueles que cometeram crimes contra a ordem tributária, definidos na Lei nº 8.137/1990, o encargo inconstitucional de fazer prova contra si mesmo (*nemo tenetur se detegere*).

2.2.4. Constrição oblíqua para o pagamento de tributos

Os meios hábeis para a cobrança dos créditos não pagos à Fazenda Pública são as cobranças administrativas ou as execuções fiscais, sendo vedadas as constrições indiretas ou oblíquas.

As mais conhecidas constrições indiretas são: a apreensão de mercadorias em trânsito, a interdição de estabelecimento, a proibição do normal andamento das atividades comerciais - abertura de filais, por exemplo -, a negativa de autorização para emissão de notas fiscais, a proibição de adquirir estampilhas e selos, a proibição de desembaraço aduaneiro etc.

Várias súmulas da jurisprudência do STF reafirmam essa vedação, por ofensa a um dos fundamentos constitucionais da República: a livre iniciativa (CF, art. 1º, IV, parte final).

▸ **Qual o entendimento do STF sobre esse ponto:**

- É inadmissível a interdição de estabelecimento como meio coercitivo para cobrança de tributo. (Súmula 70)
- É inadmissível a apreensão de mercadorias como meio coercitivo para pagamento de tributos. (Súmula 323)
- Ao contribuinte em débito, não é lícito à autoridade proibir que adquira estampilhas, despache mercadorias nas alfândegas e exerça suas atividades profissionais. (Súmula 547)
- É inconstitucional o uso de meio indireto coercitivo para pagamento de tributo (sanção política), tal qual ocorre com a exigência de fiança, garantia real ou fidejussória como condição para impressão de notas fiscais de contribuintes com débitos tributários. (RE 565048, repercussão geral)

▸ **Qual o entendimento do STJ sobre esse ponto:**

- A inscrição e modificação de dados no CNPJ devem ser garantidas a todas as empresas legalmente constituídas, mediante o arquivamento de seus estatutos e suas alterações na junta comercial estadual, sem a imposição de restrições infralegais, que obstaculizem o exercício da livre iniciativa e desenvolvimento pleno de suas atividades econômicas. (REsp 1103009, recurso repetitivo)

Advirta-se que a apreensão de mercadorias é aceita como forma de sedimentação probatória do ilícito tributário: comprovação da materialidade e da autoria do delito. A retenção de mercadoria até a comprovação da posse legítima daquele que a transporta também não constitui coação, assim como a retenção temporária para efetivar procedimentos de fiscalização.

Algumas constrições oblíquas previstas em lei, entretanto, não ferem o ordenamento constitucional, como aquelas autorizadas nos arts. 191 a 193 do CTN, que exigem prévia quitação dos tributos para: a sentença de extinção das obrigações do falido; a concessão da recuperação judicial; as sentenças de adjudicação ou de partilha e para a aceitação de proposta em concorrência pública e celebração de contrato com a Administração Pública.

Como esse assunto foi cobrado em concurso?

(FMP/PGE/AC/Procurador/2017) Os Estados costumam apreender mercadorias e não permitir a emissão de notas fiscais a quem deve para o Fisco. Examine as assertivas abaixo e assinale a correta.

(A) O procedimento de apreensão é o correto, pois muitas vezes se a fiscalização permitir que a mercadoria passe, mesmo com tributo recolhido a menor, poderá ocorrer de o Estado não mais conseguir cobrar.

(B) Estes procedimentos são ilegais e se denominam sanções políticas, pois muitas vezes são utilizados para perseguição dos inimigos políticos dos governantes.

(C) São inconstitucionais os procedimentos referidos, já assim declarados mais de uma vez pelo STF.

(D) Apreender as mercadorias é correto, mas impedir a empresa de emitir notas fiscais ou vender produtos não.

(E) Nenhuma das alternativas acima é correta.

Resposta: Alternativa "C".

2.3. Conservação dos livros de interesse da fiscalização

Os destinatários das normas tributárias guardam seus livros pelo prazo prescricional de "cinco anos", sem se aterem ao fato de que este prazo não é fixo, já que pode ser interrompido ou suspenso.

O disposto no art. 199, parágrafo único, do CTN impõe que os livros obrigatórios de escrituração comercial e fiscal e os comprovantes dos lançamentos neles efetuados devem se conservados até que ocorra a prescrição dos créditos tributários decorrentes das operações a que se refiram, pois, a qualquer momento, neste decurso de tempo, podem ser questionados judicial ou administrativamente pelo fisco.

2.4. Termo de início de ação fiscal

2.4.1. Consequências da lavratura

O art. 196 do CTN exige que as diligências fiscais – auditorias, inspeções, visitas etc. – sejam precedidas de um **termo de início** que fixe prazo para sua conclusão.

É o comumente chamado **termo de início de fiscalização**, documento imprescindível, que configura verdadeira garantia do fiscalizado e ônus da fiscalização.

Duas são suas consequências práticas:

1ª) Antecipa o início do prazo decadencial:

Em regra, o prazo decadencial de cinco anos é contado do primeiro dia do exercício seguinte àquele em que o lançamento poderia ter sido efetuado (CTN, art. 173, I), entretanto, quando ocorre notificação ao sujeito passivo de qualquer medida preparatória indispensável ao lançamento, no ano de ocorrência do fato gerador, a contagem inicia-se da data da lavratura da medida (CTN, art. 173, parágrafo único).

2ª) Delimita a preclusão do prazo para que seja intentada a denúncia espontânea:

Não se considera espontânea a denúncia apresentada após o início de qualquer procedimento administrativo ou medida de fiscalização, relacionados com a infração (CTN, art. 138, parágrafo único).

Por fim, o CTN estabelece que, sempre que possível, os termos sejam lavrados em um dos livros fiscais exibidos (CTN, art. 196, parágrafo único), norma hoje em franco desuso, haja vista que a escrituração contábil moderna faz-se de modo eletrônico. Quando lavrado em documento autônomo, cópia autenticada pela autoridade deve ser entregue ao fiscalizado.

> ▸ **Como esse assunto foi cobrado em questões discursivas de concurso?**
>
> **(FGV/OAB/XXV_Exame/Porto_Alegre/2018)** Poderia o contribuinte recolher espontaneamente os valores devidos, acrescidos de multa e encargos legais, após o início de um procedimento de fiscalização relativo ao mesmo tributo e período de apuração?

2.4.2. Prazo máximo para conclusão da fiscalização

Os termos que iniciam procedimentos de fiscalização devem prevenir surpresas e evitar transtornos às atividades normais do fiscalizado. Não se mostra razoável que seu prazo seja indefinido ou abusivamente longo, o que causaria ilegal constrangimento ao fiscalizado.

Para efeito de ilustração, cabe salientar que o prazo de duração das fiscalizações tem sido objeto de normatização bastante restritiva pelos modernos "estatutos do contribuinte" na Europa (ex.: Ley 1/1998 - Ley de derechos y garantías de los contribuyentes, Espanha; Legge 27 luglio 2000, nº 212, Disposizioni in materia di statuto dei diritti del contribuente, Itália) e também no Brasil, onde são mais conhecidos por "códigos de defesa do contribuinte" (ex.: Lei Complementar nº 313, de 22.12.2005, do Estado de Santa Catarina).

2.5. Intimações escritas

2.5.1. *Dever de informar*

Segundo o CTN (art. 197), mediante intimação escrita, são obrigados a prestar todas as informações de que disponham com relação aos bens, negócios ou atividades de terceiros:

Obrigados a prestar informações ao fisco
- Tabeliães, escrivães e demais serventuários de ofício;
- Instituições financeiras;
- Empresas de administração de bens;
- Corretores, leiloeiros e despachantes oficiais;
- Inventariantes;
- Síndicos, comissários e liquidatários;
- Quaisquer outras entidades ou pessoas que a lei designe, em razão de seu cargo, ofício, função, ministério, atividade ou profissão.

O rol, como se vê, é aberto para que a lei ordinária obrigue pessoas que possam prestar informações no interesse da Administração Tributária. É o que acontece, por exemplo, nos Municípios, quanto à obrigação de as empresas responsáveis por loteamentos informarem os compradores dos terrenos, para efeito de identificação dos sujeitos passivos do IPTU.

Tal obrigação, entretanto, não abrange informações cujo sigilo derive legalmente do cargo, ofício, função, ministério, atividade ou profissão de quem o guarde (CTN, art. 197, parágrafo único).

2.5.2. *Sigilo bancário*

Constitucionalmente, é facultado à Administração Tributária, especialmente para conferir efetividade à graduação dos impostos segundo a capacidade econômica do contribuinte, identificar, respeitados os direitos individuais e nos termos da lei, o patrimônio, os rendimentos e as atividades econômicas deste (CF, art. 145, § 1º).

Apesar do relevo do mandamento, grande parte da doutrina escora-se na proteção constitucional da intimidade e da vida privada (CF, art. 5º, X) para abarcar o sigilo bancário de maneira absoluta, indo de encontro ao moderno constitucionalismo, já que não mais são admitidos direitos e garantias fundamentais de modo absoluto (STF, MS 23452). Aliás, dos trinta países integrantes da *Organisation for Economic Co-operation and Development* (OECD), apenas dois não facultam ao Poder Público acesso a dados bancários em casos de crimes e fraudes tributárias, no que destoam da grande maioria dos países ocidentais (Paulsen, 2004). Contudo, o acesso, normalmente, faz-se com autorização judicial, o que não afasta do controle de órgãos executivos a triagem de grandes movimentações de recursos.

A LC nº 105/2001, que dispõe sobre o sigilo das operações de instituições financeiras, no seu art. 1º, § 3º, estatui que não configura violação do dever de sigilo, entre outros, o fornecimento de informações:

Não configura violação de sigilo
- Necessárias à identificação dos contribuintes da CPMF, e os valores globais das respectivas operações, nos termos, nas condições e nos prazos que vierem a ser estabelecidos pelo Ministro de Estado da Fazenda (art. 1º, inc. III);
- Ordenadas pelo Poder Judiciário (art. 3º);
- Ordenadas pelas Comissões Parlamentares de Inquérito (art. 4º);
- De operações financeiras à Administração Tributária da União, com valores em limites disciplinados periodicamente pelo Poder Executivo (art. 5º);
- Referentes à ocorrência de crime definido em lei como de ação pública, ou indícios da prática de tais crimes, ao Ministério Público (art. 9º);
- Constantes em registros das instituições financeiras, inclusive contas de depósitos e aplicações, quando indispensáveis a processo administrativo ou fiscal instaurado na União, nos Estados, no Distrito Federal ou nos Municípios (art. 6º).

Na prática, ficou instituída uma espécie de monitoramento mensal da atividade financeira dos contribuintes pelos órgãos do Poder Executivo, visando revelar incompatibilidades com as declarações de tributos à Receita Federal.

Apesar de as disposições constantes no Decreto Federal nº 4.545/2002, que regulamenta tais repasses de informação, serem bastante rígidas quanto ao procedimento e ao tratamento das informações por parte dos órgãos tributários que as recebem, ficaram conhecidas como "transferência de sigilo" (Paulsen, 2004), ou seja, uma verdadeira quebra de sigilo bancário indireta.

▸ **Qual o entendimento do STF sobre esse ponto:**

◙ O art. 6º da LC 105/01 não ofende o direito ao sigilo bancário, porque realiza a igualdade em relação aos cidadãos, por meio do princípio da capacidade contributiva, bem como estabelece requisitos objetivos e o translado do dever de sigilo da esfera bancária para a fiscal. (RE 601314, repercussão geral)

2.6. Permuta de informações entre Fazendas Públicas

Por mandamento constitucional, as Administrações Tributárias dos entes federativos devem atuar de forma integrada, inclusive com o compartilhamento de cadastros e de informações fiscais, na forma da lei ou convênio (CF, art. 37, XXII).

Esse mandamento é reforçado pelo texto do art. 199 do CTN, que permite aos fiscos prestar-se "mutuamente assistência para a fiscalização dos tributos respectivos e permuta de informações, na forma estabelecida, em caráter geral ou específico, por lei ou convênio".

▸ **Como esse assunto foi cobrado em concurso?**

(FCC/Sefaz/GO/Auditor/2018) Relativamente à fiscalização tributária, notadamente no que diz respeito aos impostos de competência das diversas pessoas jurídicas de direito público interno, o Código Tributário Nacional estabelece que às Fazendas Públicas é permitida a prestação de assistência mútua:

(A) entre todas elas, para a fiscalização dos tributos respectivos e para a permuta de informações, na forma estabelecida por lei ou convênio, em caráter geral ou específico.

(B) apenas para a permuta de informações, desde que restrita ao âmbito dos Estados e do Distrito Federal, relativamente aos impostos de sua competência comum, e ao âmbito dos Municípios e do Distrito Federal, relativamente aos impostos de competência comum destes.

(C) entre todas elas, para a permuta de informações e para a fiscalização de tributos, na forma estabelecida, por lei ou convênio, vedada a prestação de informações pela Fazenda Pública da União, que, no entanto, poderá recebê-las das Fazendas Públicas estaduais e municipais.

(D) para a permuta de informações de caráter tributário, mas vedada para fiscalização dos tributos respectivos, pois a fiscalização é atividade indelegável.

(E) apenas para a fiscalização de tributos respectivos, desde que restrita ao âmbito dos Estados e do Distrito Federal, relativamente aos impostos de sua competência comum, e ao âmbito dos Municípios, relativamente aos impostos de competência comum destes.

Resposta: Alternativa "A".

2.6.1. *Prova emprestada*

A permuta de informações permite que o ente tributante de uma esfera aproveite o material probatório levantado por outra e, baseado **indiciariamente** nele, levante os fatos geradores dos tributos de sua competência e lance os créditos respectivos, desde que as informações sejam repassadas por meio de convênios ou leis regularmente aprovados para tanto.

Caso contrário, o Poder Judiciário anula a troca de informações, fulminando, consequentemente, os lançamentos tributários dele derivados, por ofensa ao devido processo legal.

Exemplo: se o Município identifica operações - prestação de serviços - que ensejaram sonegação de ISS, provavelmente houve, também, sonegação do imposto de renda devido à União, mas, neste caso, a Secretaria da Receita Federal não pode basear o lançamento do IR sonegado somente naquilo que foi levantado pelo Município, deverá utilizar a **prova emprestada** como **indício** e dar seguimento às verificações, fazendo levantamentos mediante procedimento administrativo próprio.

2.6.2. Permuta internacional de informações

O art. 199, parágrafo único do CTN permite à Fazenda Pública da União, na forma estabelecida em tratados, acordos ou convênios, permutar informações com Estados estrangeiros no interesse da arrecadação e da fiscalização de tributos.

Como só a União pode representar o Brasil nas relações internacionais (CF, art. 21, I), caso algum Estado, Município ou o Distrito Federal tenha interesse em permutar informações tributárias com o estrangeiro, deverá fazê-lo devidamente representado pelo Estado brasileiro, por meio da Fazenda Pública da União.

2.7. Requisição de forças públicas

Segundo o art. 200 do CTN, as autoridades fiscais podem requisitar auxílio das forças públicas (polícias) quando:

Requisição de força pública
- Quando as autoridades fiscais forem vítimas de:
- Embaraço;
- Desacato.
- Quando necessário à efetivação de medida prevista na legislação tributária, ainda que não se configure fato definido em lei como crime ou contravenção.

O **embaraço** é o obstáculo dolosamente imposto pelo fiscalizado ao fisco. Pode consistir na negativa de acesso ao estabelecimento, na negativa de abrir compartimentos de transporte de cargas em trânsito, na negativa de exibição de livros e documentos fiscais etc. Normalmente, é tipificado como infração administrativa, mas a Lei nº 8.137/1990, que define os crimes contra a ordem tributária, tipifica como crime omissivo próprio de desobediência a conduta daquele que não atende exigência de autoridade fiscal, no prazo de dez dias (art. 1º, parágrafo único).

O **desacato** é crime perpetrado por particular contra a Administração Pública, tipificado no art. 331 do Código Penal, cuja conduta consiste em causar vexame, constrangimento ou humilhação ao funcionário público no exercício da função ou em razão dela, por meio de violência, gestos ou expressões ofensivas à dignidade da função pública.

A mera negativa de exibição de livros e documentos e de acesso ao estabelecimento, apesar de configurar embaraço, não comporta requisição da força pública para ser contornada, devendo o fisco, nesse caso, peticionar ao Poder Judiciário para garantir seu poder-dever de investigação, nestes casos. As exceções ficam por conta das atividades ilícitas porventura perpetradas no local, em flagrante delito, suficientes para a requisição policial por parte das autoridades fiscais, para colheita de provas e repressão imediata do delito.

3. SIGILO TRIBUTÁRIO

> **CTN. Art. 198.** Sem prejuízo do disposto na legislação criminal, é vedada a divulgação, por parte da Fazenda Pública ou de seus servidores, de informação obtida em razão do ofício sobre a situação econômica ou financeira do sujeito passivo ou de terceiros e sobre a natureza e o estado de seus negócios ou atividades.

É o que se denomina **sigilo tributário** ou **sigilo fiscal**. Sua transgressão invariavelmente é tida como infração administrativa e também como crime contra a Administração Pública, tipificado genericamente como **violação de sigilo funcional** no art. 325 do Código Penal, na conduta daquele que: revelar fato de que tem ciência em razão do cargo e que deva permanecer em segredo, ou facilitar-lhe a revelação; permitir ou facilitar, mediante atribuição, fornecimento e empréstimo de senha ou qualquer outra forma, o acesso de pessoas não autorizadas a sistemas de informações ou banco de dados da Administração Pública; se utilizar, indevidamente, do acesso restrito.

3.1. Ressalvas ao sigilo tributário

Algumas exceções são opostas ao dever de sigilo (CTN, art. 198, § 1º).

Exceções ao dever de sigilo
- Permuta de informações entre: fazendas públicas; União e estados estrangeiros. - Requisição de autoridade judiciária no interesse da justiça; - Solicitação de autoridade administrativa no bojo de processo administrativo regularmente instalado para investigação de infração administrativa.

Como as Comissões Parlamentares de Inquérito - CPIs têm poderes de investigação próprios de autoridades judiciais (CF, art. 58, § 3º), também podem solicitar informações diretamente ao fisco.

O intercâmbio de informação sigilosa, no âmbito da Administração Pública - conhecido como **transferência de sigilo** - dever ser realizado mediante processo regularmente instaurado, com entrega feita pessoalmente à autoridade solicitante, mediante recibo, que formalize a transferência e assegure a preservação do sigilo (CTN, art. 198, § 2º).

> **Qual o entendimento do STF sobre esse ponto:**
>
> 1. É constitucional o compartilhamento dos relatórios de inteligência financeira da UIF e da íntegra do procedimento fiscalizatório da Receita Federal do Brasil (RFB), que define o lançamento do tributo, com os órgãos de persecução penal para fins criminais, sem a obrigatoriedade de prévia autorização judicial, devendo ser resguardado o sigilo das informações em procedimentos formalmente instaurados e sujeitos a posterior controle jurisdicional. 2. O compartilhamento pela UIF e pela RFB, referente ao item anterior, deve ser feito unicamente por meio de comunicações formais, com garantia de sigilo, certificação do destinatário e estabelecimento de instrumentos efetivos de apuração e correção de eventuais desvios. (RE 1055941, j. 4.12.2019, repercussão geral)

3.2. Não submissão ao sigilo tributário

A LC nº 104/2001 excepcionou o outrora longo alcance do sigilo das informações tributárias, ao dar nova redação ao art. 198, § 3º, do CTN, para permitir a divulgação pública de certas informações:

Não se submetem ao sigilo tributário
- Representações fiscais para fins penais;
- Inscrições na dívida ativa;
- Parcelamento e moratória.

Vários autores são contra esse tipo de exceção, convictos da carga vexatória que carregam ao permitir que o fisco divulgue nomes de devedores. Esquecem, entretanto, que a dívida ativa regularmente inscrita é **receita pública**, e, como tal, deve-se permitir ao cidadão saber **quem** são os devedores do Estado, assim como se permite saber **quem** são os credores, atendo-se ao princípio da transparência orçamentária.

Quanto à representação penal, é documento que propicia o início da **ação penal pública**, a ser promovida privativamente pelo Ministério Público, na forma da lei (CF, art. 129, I). Como a publicidade dos atos processuais é regra geral no nosso ordenamento e só pode ser restringida quando a defesa da intimidade ou o interesse social o exigirem (CF, art. 5º, LX), é válida a opção legal de não proteger com o sigilo processual as condutas perpetradas nos crimes tributários, por lhes faltarem valor social ou íntimo a ser resguardado.

> **Como esse assunto foi cobrado em concurso?**
>
> **(Cespe/TRF/5R/Juiz/2017)** Em cada uma das opções a seguir, é apresentada uma situação hipotética. Assinale a opção que apresenta situação que configura quebra de sigilo fiscal conforme as disposições do CTN.

(A) com base nas informações constantes dos livros fiscais obtidos em determinada empresa, o funcionário do fisco lavrou auto de infração e, ao final do procedimento administrativo, sem autorização judicial, encaminhou a informação para apuração criminal.

(B) a Fazenda Pública divulgou, por meio de sistemas públicos, sem autorização dos contribuintes, a concessão de moratória ou parcelamentos.

(C) um funcionário da Receita Federal, tendo tomado conhecimento de informações fiscais por conta de sua função, repassou-as a outro funcionário da Receita Federal, do mesmo setor, para providências funcionais, sem expressa autorização da chefia direta.

(D) tendo tomado conhecimento de informações fiscais, um funcionário do fisco lavrou o devido auto de infração e, após o prazo de impugnação, encaminhou-o para a inscrição na dívida ativa, sem conhecimento do secretário da Receita Federal.

(E) tendo verificado práticas ilícitas de natureza tributária, no curso de processo administrativo fiscal, o funcionário do fisco encaminhou a informação ao Ministério Público, ao final do procedimento administrativo, bem como repassou para um jornalista amigo as informações, sob a promessa de sigilo da fonte.

Resposta: Alternativa "E".

3.3. Sigilo bancário

A LC nº 105/01, que dispõe sobre o sigilo das operações de instituições financeiras, possibilita o acesso do Fisco a dados bancários, visando identificar patrimônio, rendimentos e atividades econômicas do contribuinte. Segundo o STF (ADI 2390), isso não leva à violação da intimidade dos titulares desses dados, posto ser vedada a divulgação dessas informações, ou seja: diante das cautelas fixadas na lei, não se trata de "**quebra de sigilo**", mas sim transferência de informações sigilosas no âmbito da Administração Pública.

O acesso aos dados, contudo, se amplo, necessita estar amparado em procedimento ou administrativo fiscal em andamento, o que atrai todas as garantias previstas na Lei 9.784/99, dentre elas, a observância aos princípios da finalidade, da motivação, da proporcionalidade e do interesse público.

A Corte Suprema, no entanto, restringiu aos estados-membros e aos municípios acesso às informações previstas no art. 6º da lei complementar, exigindo regulamentação no âmbito destes entes federativos de forma análoga ao Dec. Federal 3.724/01, observados os seguintes parâmetros: a) pertinência temática entre a obtenção das informações bancárias e o tributo objeto de cobrança no procedimento administrativo instaurado; b) prévia notificação do contribuinte quanto à instauração do processo e a todos os demais atos, garantido o mais amplo acesso do contribuinte aos autos, permitindo-lhe tirar cópias, não apenas de documentos, mas também de decisões; c) sujeição do pedido de acesso a um superior hierárquico; d) existência de sistemas eletrônicos de segurança que fossem certificados e com o registro de acesso; e, e) estabelecimento de mecanismos efetivos de apuração e correção de desvios.

4. DÍVIDA ATIVA

4.1. Definição

Dívida ativa é o termo usado na ciência das finanças para designar os créditos dos entes públicos não pagos no prazo de vencimento e, por isso, inscritos em registros próprios da Fazenda Pública como dívidas passíveis de cobrança até que ocorra sua prescrição.

O art. 201 do CTN define **dívida ativa tributária** como aquela proveniente de crédito dessa natureza, regularmente inscrita na repartição administrativa competente, depois de esgotado o prazo fixado, para pagamento, pela lei ou por decisão final proferida em processo regular.

Já a distinção entre dívida ativa tributária e não tributária da Fazenda Pública é dada pelo art. 39, § 2º da Lei nº 4.320/1964 - que define normas gerais de direito financeiro para os entes políticos - por exclusão: todos os créditos públicos que não forem **tributários** - aqueles decorrentes de tributos e respectivos adicionais e multas - são considerados **não tributários** - cujo rol é exemplificativo.

Dívida Ativa	
Tributária (rol taxativo)	**Não tributária (rol exemplificativo)**
- Tributos; - Multas respectivas; - Adicionais respectivos (juros e atualização);	- Demais créditos fazendários: - Multas não tributárias - Foros, laudêmios e aluguéis - Preços públicos; - Indenizações; - Outras obrigações legais etc.

4.2. Consequências da inscrição em dívida ativa

Uma vez constituído definitivamente o crédito tributário, comina-se ao sujeito passivo um prazo para o pagamento, findo o qual, se transcorrido ***in albis***, torna-se **exigível** pela Fazenda Pública que, por seu turno, obriga-se a inscrevê-lo na dívida ativa e a propor sua cobrança administrativa ou judicial.

4.2.1. *Exequibilidade*

Relembrando, podem ser identificados três momentos de eficácia para o crédito tributário:

Momentos de eficácia do crédito tributário		
1º	Existência	Lei + fato gerador + lançamento
2º	Exigibilidade	Existência + decurso *in albis* do prazo de pagamento
3º	Exequibilidade	Exigibilidade + inscrição em dívida ativa

Em representação gráfica:

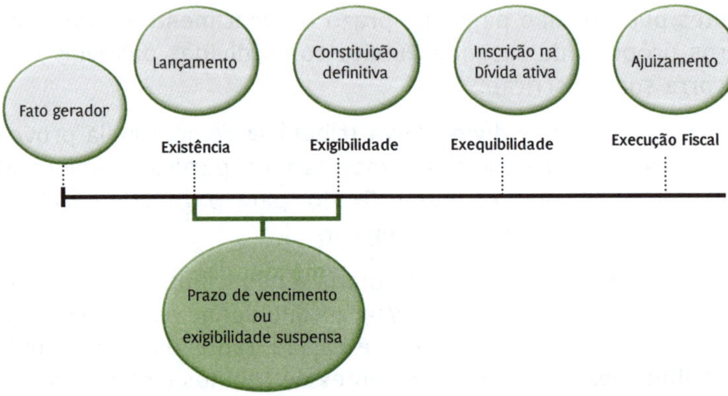

A inscrição em dívida ativa é ato que objetiva controlar a legalidade do lançamento, portanto, com este não se confunde. Não se pode falar de constituição de crédito tributário via inscrição em dívida.

Com a inscrição na dívida ativa, o crédito torna-se **exequível**, isto é, passível de execução judicial forçada. Isto porque o art. 784, IX, do CPC/15, define a Certidão de Dívida Ativa - CDA - como um **título executivo extrajudicial** apto, portanto, para instruir a petição inicial de uma execução fiscal sem a necessidade de prévia discussão da dívida num processo de conhecimento.

A inscrição em dívida ativa é um procedimento unilateral que, diferentemente do lançamento, independe de notificação do sujeito passivo. Feita a inscrição, a Fazenda Pública está apta a cobrar judicialmente a dívida seguindo rito processual específico: a execução fiscal, disciplinada na Lei nº 6.830/1980, Lei de Execução Fiscal.

Normalmente, as leis ordinárias dos entes tributantes fixam prazos para o ajuizamento das cobranças não adimplidas da dívida ativa, mas as Fazendas Públicas, devido aos altos custos das execuções fiscais, podem abrir mão das cobranças antieconômicas, amparadas na Lei de Responsabilidade Fiscal (LC nº 101/2000, art. 14, § 3º, II), que permite o cancelamento dos débitos cujo montante seja inferior ao dos respectivos custos de cobrança.

- **Como esse assunto foi cobrado em questões discursivas de concurso?**

(Cespe/PGM/Campo_Grande/Procurador/2019) Indique a natureza do ato de inscrição em dívida ativa tributária e aborde os efeitos jurídicos desse ato.

4.2.2. *Presunção de certeza e liquidez*

Diz o art. 204, *caput*, do CTN que "a dívida regularmente inscrita goza da presunção de certeza e liquidez e tem o efeito de prova pré-constituída".

Como qualquer ato administrativo, a inscrição em dívida ativa goza da presunção relativa de legitimidade, o que faz com que o crédito tributário representado pela CDA presuma-se certo, quanto à sua existência e veracidade, e exato quanto ao seu valor.

Diz-se presunção **relativa** por admitir prova em contrário, isto é, poder ser ilidida por prova inequívoca, a cargo do sujeito passivo ou do terceiro a quem aproveite (CTN, art. 204, parágrafo único).

O efeito da presunção é **inverter o ônus da prova**. Ordinariamente, compete ao fisco provar a existência do fato gerador e da incidência tributária para proceder ao lançamento. Finalizado o procedimento, com a inscrição do crédito tributário em dívida ativa, preclui o direito de o sujeito passivo impugnar a relação jurídica nas vias administrativas.

Na via judicial, entretanto, é cabível ação de conhecimento para tanto, autônoma ou no bojo da execução fiscal, sob forma de embargos à execução. Caso se insurja contra a cobrança de crédito constante em CDA, caberá ao interessado arcar com o ***onus probandi*** e afastar a presunção com provas robustas e inequívocas.

Por fim, a fluência de juros de mora não exclui a liquidez do crédito (CTN, art. 201, parágrafo único), pois a fórmula de calcular os juros (art. 202, II) deve vir expressa na CDA, sob pena de nulidade. Assim, a qualquer momento, por simples operação matemática, o valor líquido do título pode ser atualizado.

> **Como esse assunto foi cobrado em concurso?**
>
> **(Vunesp/CM/Campo_Limpo_Paulista/Procurador2018)** Sobre a dívida ativa e a execução fiscal, avalie as afirmações a seguir e selecione a alternativa correta:
>
> (A) o crédito tributário passa a integrar a dívida ativa após o seu registro em sistema informatizado por decorrência da apresentação de recurso administrativo pelo sujeito passivo.
>
> (B) a execução fiscal tem início com a inscrição em dívida ativa do crédito tributário, podendo haver a determinação de penhora dos bens do devedor mesmo antes da sua citação.
>
> (C) a defesa do devedor no processo de execução fiscal pode ser realizada por meio da apresentação de contestação, oposição, embargos à execução, ou impugnação.
>
> (D) a dívida regularmente inscrita em dívida ativa goza de presunção relativa de certeza e de liquidez e tem o efeito de prova pré-constituída.

(E) não se admite o saneamento de omissão no termo de inscrição em dívida ativa, por se tratar de atividade plenamente vinculada e sujeita à legalidade estrita.

Resposta: Alternativa "D".

4.2.3. Não suspensão do prazo prescricional

Como já visto no capítulo *Extinção do crédito tributário*, o art. 2º, § 3º, da Lei nº 6.830/1980, Lei de Execução Fiscal, diz que a inscrição em dívida ativa suspende a prescrição por cento e oitenta dias ou até a distribuição da execução fiscal, se esta ocorrer antes de findo aquele prazo, o que só é aplicável aos **créditos não tributários**, pois, como a disciplina dos prazos prescricionais dos créditos inscritos em dívida ativa depende da natureza destes créditos, se tributários, a CF (art. 146, III, b) exige que a regência seja prevista em lei complementar, donde se aplica o disposto no CTN, art. 174, em vez do citado artigo da LEF, que é lei ordinária.

4.3. Requisitos da certidão de dívida ativa

O termo de inscrição da dívida ativa é mais conhecido como CDA, e sua validade pressupõe certos requisitos determinados em lei (CTN, art. 202, *caput*, e parágrafo único).

Requisitos da CDA
- Autenticação da autoridade competente;
- Nome do devedor e corresponsáveis com respectivo domicílio / residência;
- Quantia devida e fórmula de cálculo dos juros de mora;
- Origem e natureza do crédito (fundamento legal específico);
- Data de inscrição;
- Número do processo administrativo de origem;
- Livro e folha da inscrição.

A omissão ou o erro de qualquer um dos requisitos é causa de nulidade da CDA e do respectivo processo de cobrança (CTN, art. 203). Nulidade que, entretanto, poderá ser sanada até a **decisão de primeira instância**, mediante substituição da CDA, devolvendo ao sujeito passivo, acusado ou interessado o prazo para defesa, que somente poderá versar sobre a parte modificada (CTN, art. 203, parte final).

▸ **Qual o entendimento do STJ sobre esse ponto:**

◙ A Fazenda Pública pode substituir a certidão de dívida ativa (CDA) até a prolação da sentença de embargos, quando se tratar de correção de erro material ou formal, vedada a modificação do sujeito passivo da execução. (Súmula 392)

5. CERTIDÃO NEGATIVA

A solicitação de certidões negativas em repartições públicas reveste-se das prerrogativas constitucionais do **direito de petição**, como a gratuidade e a obrigação da prestação da informação requerida (CF, art. 5º, XXXIV), assim como a aplicabilidade imediata do preceito garantidor, independentemente de regulamentação infraconstitucional.

O art. 205 do CTN **faculta somente às leis ordinárias** exigir que a prova da quitação de determinado tributo, quando exigível, seja feita por certidão negativa, expedida à vista de requerimento do interessado, que contenha todas as informações necessárias à identificação de sua pessoa, domicílio fiscal e ramo de negócio ou atividade e indique o período a que se refere o pedido. Do que se depreende serem ilegais as exigências de certidão negativa por outros instrumentos normativos que não a lei (ex.: decretos, portarias, circulares etc.).

Obrigatoriedade de certidão negativa
- Sentença de extinção das obrigações do falido (CTN, art. 191); - Concessão da recuperação judicial (CTN, art. 191-A); - Sentenças de adjudicação ou de partilha (CTN, art. 192);
Aceitação de proposta em concorrência pública e celebração de contrato com a Administração Pública (CTN, art. 193) – nestes casos, salvo disposição de lei que autorize a dispensa da exigência de quitação.

Em alguns casos excepcionais, o CTN dispensa a necessidade de certidão negativa: quando se tratar de prática de atos indispensáveis para evitar a caducidade de direitos. Mas o texto desta previsão, encartado no art. 207, é por demais ambíguo, e de difícil ocorrência na prática, o que o torna mais uma curiosidade: "independentemente de disposição legal permissiva, será dispensada a prova de quitação de tributos, ou o seu suprimento, quando se tratar de prática de ato indispensável para evitar a caducidade de direito, respondendo, porém, todos os participantes no ato pelo tributo porventura devido, juros de mora e penalidades cabíveis, exceto as relativas a infrações cuja responsabilidade seja pessoal ao infrator".

▸ **Qual o entendimento do STJ sobre esse ponto:**

- Declarado e não pago o débito tributário pelo contribuinte, é legítima a recusa de expedição de certidão negativa ou positiva com efeito de negativa. (Súmula 446)
- Na importação, é indevida a exigência de nova certidão negativa de débito no desembaraço aduaneiro, se já apresentada a comprovação da quitação de tributos federais quando da concessão do benefício relativo ao regime de "drawback". (Súmula 569)

▸ **Como esse assunto foi cobrado em concurso?**

(FCC/TJ/MS/Juiz/2020) A respeito do tema decadência e prescrição tributárias, é correto afirmar:

(A) Quando previsto em lei, é possível confessar e parcelar débito tributário. Nesse caso, o contribuinte não mais poderá discutir a ocorrência da decadência, em razão da novação da dívida.

(B) A Constituição Federal impõe que lei complementar trate de normas gerais de direito tributário. Assim, é constitucional lei ordinária que trate especificamente de prazos de decadência e prescrição de forma distinta do Código Tributário Nacional, dilatando estes prazos.

(C) Na hipótese de tributo sujeito a lançamento por homologação, se o contribuinte realizar o depósito judicial com vistas à suspensão da exigibilidade do crédito tributário, não se considera realizada a constituição do crédito tributário por homologação, cabendo ao Fisco realizar o lançamento por homologação, sob pena de ocorrer a decadência.

(D) Nos tributos lançados por homologação, a entrega de declaração pelo contribuinte reconhecendo débito fiscal constitui o crédito tributário, dispensada qualquer outra providência por parte do fisco. Assim, não pago o tributo em seu vencimento, passa a contar o prazo prescricional para a cobrança do débito tributário.

(E) Nos termos do Código Tributário Nacional, diferencia-se a prescrição da decadência, pois com a decadência ocorre a extinção do crédito tributário, já com a prescrição não se extingue o crédito tributário, mas o direito de ação da Fazenda pública.

Resposta: Alternativa "D".

5.1. Prazo para expedição

A certidão negativa será sempre expedida nos termos em que tenha sido requerida e será fornecida dentro de 10 (dez) dias da data da entrada do requerimento na repartição (CTN, art. 205, parágrafo único).

O descumprimento deste prazo por parte do sujeito ativo enseja mandado de segurança e, por constituir garantia do cidadão, encartada nas normas gerais tributárias, a lei ordinária não pode alargá-lo.

5.2. Certidão positiva com efeito de negativa

A certidão positiva com efeitos de negativa é a exarada constando débitos do sujeito passivo garantidos pela penhora de bens no curso de uma execução fiscal, ou não passíveis de cobrança imediata por lhes faltar exigibilidade, seja porque não estão vencidos, seja porque estejam com a exigibilidade suspensa:

Certidão negativa com efeito de positiva
Créditos tributários
- Não vencidos; - Em execução fiscal garantida por penhora; - Com exigibilidade suspensa.

▸ Como esse assunto foi cobrado em concurso?

(Cespe/PGE/SE/Procurador/2017) Uma certidão positiva com efeitos de negativa consiste em

(A) documento administrativo que indica a existência de créditos inexigíveis ou que já estão garantidos, embora não sirva para a comprovação de regularidade do pagamento de tributos.

(B) certidão judicial que indica a existência de créditos exigíveis e não garantidos, apesar de não servir para a comprovação de regularidade do pagamento de determinado tributo.

(C) certidão judicial usada para a comprovação de regularidade do pagamento de determinado tributo, ainda que indique a existência de créditos vencidos e exigíveis.

(D) documento administrativo utilizado para a comprovação de regularidade do pagamento de determinado tributo, ainda que indique a existência de créditos garantidos ou inexigíveis.

(E) certidão administrativa ou judicial que serve para a comprovação de regularidade do pagamento de determinado tributo e que certifica a existência de créditos exigíveis e não adimplidos, mesmo sem garantia.

Resposta: Alternativa "D".

▸ Qual o entendimento do STJ sobre esse ponto:

- A Fazenda Pública, em ação anulatória ou em execução embargada, faz jus à expedição da CPD-EN, independentemente de penhora, posto inexpropriáveis os seus bens. Proposta ação anulatória pela Fazenda, está o crédito tributário com a sua exigibilidade suspensa, porquanto as garantias que cercam o crédito devido pelo ente público são de ordem tal que prescindem de atos assecuratórios da eficácia do provimento futuro, sobressaindo o direito de ser obtida CPD-EN. (REsp 1123306, recurso repetitivo)
- O contribuinte pode, após o vencimento da sua obrigação e antes da execução, garantir o juízo de forma antecipada, para o fim de obter CPD-EN. A caução oferecida antes da propositura da execução fiscal é equiparável à penhora antecipada e viabiliza a certidão, desde que suficiente à garantia do juízo. É viável a antecipação dos efeitos que seriam obtidos com a penhora no executivo fiscal, por caução de

> eficácia semelhante. A "contrario sensu", o contribuinte que contra si tenha ajuizada execução fiscal ostenta condição mais favorável do que aquele contra o qual o Fisco não se voltou judicialmente ainda. (REsp 1123669, recurso repetitivo)

5.3. Certidão expedida com dolo ou fraude

Segundo o art. 208 do CTN, a certidão negativa expedida com dolo ou fraude, que contenha erro contra a Fazenda Pública, responsabiliza pessoalmente o funcionário que a expedir, pelo crédito tributário e juros de mora acrescidos, não se excluindo a responsabilidade criminal e/ou funcional que no caso couber.

Assim, caso o funcionário, ao expedir certidões negativas, oculte dolosamente débitos imputados ao sujeito passivo, torna-se **responsável pessoal** pela dívida omitida, independentemente de vir, ou não, posteriormente, a ser responsabilizado funcional e criminalmente pelo delito perpetrado.

Há críticas ao preceito, porquanto, nesse caso, a responsabilidade pessoal:

1º) Acaba por gerar uma **obrigação tributária decorrente de ato ilícito**, contrariando o disposto no art. 3º do CTN: "tributo é toda prestação pecuniária compulsória, em moeda ou cujo valor nela se possa exprimir, que não constitua sanção de ato ilícito...".

É um caso de responsabilidade civil por prejuízo causado ao erário, cujo valor passa a ter características de indenização, não de tributo. Ideal teria sido a previsão legal de imposição de sanções pecuniárias, o que preservaria a lógica do sistema.

2º) Implica exigir, do próprio funcionário, com exclusividade, o adimplemento do crédito tributário omitido na certidão, afastando da cobrança o devedor originário. A previsão legal deveria ter-se reportado à **responsabilidade solidária**, o que permitiria alcançar, também, o devedor originário, caso ficasse comprovado conluio entre eles para burlar a cobrança (já que pode acontecer, também, de o interesse do funcionário visar somente prejudicar o fisco, pouco se importando em beneficiar o devedor originário).

Já o erro constante em certidão negativa, decorrente de mera **culpa** do funcionário – em casos de negligência, imprudência ou imperícia –, entretanto, não o transforma em responsável pessoal. Necessário, para a responsabilização, a comprovação do dolo, revestido na **intenção** de fraudar ou prejudicar o interesse público.

6. DISPOSIÇÕES FINAIS DO CTN

Dentre as disposições finais do Código Tributário Nacional, duas destacam-se:

1ª) A que diz respeito à contagem dos prazos, que, segundo o Código, são contínuos, excluindo-se de sua contagem o dia de início e incluindo-se o dia de vencimento. Note-se que diferentemente da legislação penal, institutos como a decadência e a prescrição, que correm contra a Fazenda Pública e a favor do contribuinte, também têm seus prazos contados a partir do "dia seguinte", como a regra geral, não podendo ter seu marco inicial modificado por legislação ordinária, já que o texto do CTN não abre esta possibilidade (art. 210).

2ª) A que exige do Poder Executivo de todas as esferas a edição de um decreto anual com as consolidações, em texto único, de suas respectivas legislações tributárias (art. 211). Esta deve ser a norma geral tributária menos observada do Brasil. Não se tem conhecimento de nenhum ente político que a respeite, o que muito contribui para a situação de complexidade, atecnia e falta de sistematização dos subsistemas tributários estaduais, municipais e do Distrito Federal.

6. DISPOSIÇÕES FINAIS DO CTN

[illegible] as disposições finais do Código Tributário Nacional, [illegible]

[illegible]

[illegible]

Capítulo

XVIII

Infrações e Delitos Tributários

1. TIPOLOGIA DAS INFRAÇÕES TRIBUTÁRIAS

O conceito de ilicitude, no direito, é amplo e liga-se à violação de uma norma de conduta prevista no ordenamento jurídico. No âmbito do direito público, a ilicitude dá-se pela **ilegalidade** – "contrariedade à lei" – pois um dos pilares desse ramo do direito é sua vinculação ao princípio da legalidade, porquanto regula matérias constantes neste veículo normativo que é a **lei**.

Como o direito tributário é umbilicalmente ligado ao direito administrativo, do qual deriva, e como ambos estão inseridos no direito público, o ilícito tributário pressupõe, consequentemente, **infração à lei**, diferentemente do direito privado, no qual pode ocorrer, por exemplo, infração civil decorrente de descumprimento de um contrato.

O ordenamento jurídico valora as condutas que regula e, dependendo da gravidade da infração tributária, distingue as sanções aplicáveis:

a) Condutas que acarretam falta de pagamento de tributos ou inobservância de obrigações formais geralmente são sancionadas com penalidades pecuniárias, as multas;

b) Condutas mais graves, consistentes em burlar o pagamento de tributos, por meio de artifícios ilegais, que não a mera inadimplência, são sancionadas com um *plus* às multas: as penalidades criminais.

No direito tributário, didaticamente, convencionou-se denominar o descumprimento da legislação tributária de **infrações tributárias** e o descumprimento da legislação penal de **crimes tributários** ou **delitos tributários.** Essa dicotomia levou a doutrina a distinguir um **direito tributário penal** e um **direito penal tributário.**

2. DIREITO TRIBUTÁRIO PENAL E DIREITO PENAL TRIBUTÁRIO

Essa separação não é científica, tendo significado apenas para efeito de abordagem do assunto, não constituindo nenhum ramo de direito autônomo.

O direito tributário penal é constituído por normas de direito tributário que impõem sanções pelo descumprimento de normas tributárias que implicam descumprimento de obrigações principais ou acessórias. Trata de infrações administrativas.

O direito penal tributário é constituído por normas de direito penal que impõem sanções pelo descumprimento de normas penais. Trata de infrações penais.

3. TIPOLOGIA DAS SANÇÕES TRIBUTÁRIAS

Como qualquer sanção jurídica, tanto a sanção tributária penal quanto a sanção penal tributária visam desestimular o comportamento contrário ao direito e estipular reveses a serem suportados pelos infratores.

Legislativamente, podem ser previstas sanções tributárias de diversas ordens; algumas, contudo, não são permitidas no ordenamento brasileiro:

a) **Sanções patrimoniais** - as penalidades pecuniárias (multas) - são as que têm maior aplicabilidade no direito moderno. Geralmente são: estipuladas em proporção ao "quantum debeatur", agravando-o na medida da repulsa à infração cometida; fixas, quando se referem ao descumprimento de obrigações acessórias; variáveis entre um limite máximo e mínimo, de acordo com o caso concreto sob análise da autoridade administrativa.

a.1) **Sanções patrimoniais moratórias** - apesar de se revestirem de caráter sancionador, pelo inadimplemento da obrigação tributária no prazo devido, as sanções moratórias (juros e multa de mora) são tidas, por parte da doutrina, como meramente ressarcitórias à Fazenda Pública, uma vez que os cofres públicos veem-se impossibilitados de contar com as receitas tributárias tempestivamente, o que acarreta pesado ônus financeiro para as atividades estatais. Mas, essa **recomposição** é mais adequadamente feita pela **correção monetária** dos créditos tributários, que é a atualização do valor devido, não possuindo caráter sancionador.

a.2) **Sanções patrimoniais confiscatórias** - algumas multas, estipuladas em valor desproporcional ao montante devido, são consideradas pela doutrina e pela jurisprudência do STF como agressões ao princípio do não confisco.

b) **Sanções penais** - são pessoais e extrapolam o âmbito do direito tributário. Aplicáveis aos crimes e contravenções e só podem ser previstas em lei federal em sentido estrito, já que é vedada a edição de medida provisória para defini-las (CF, art. 62, § 1º, I, b). Vide item *Delitos tributários* adiante. Implicam restrição do direito de liberdade e, também, restrições patrimoniais pela aplicação de multas penais.

c) **Sanções políticas** – alguns tipos de sanção não encontram respaldo constitucional, sendo vedadas explícita ou implicitamente, como as denominadas sanções políticas – alguns entes tributantes instituem contra os inadimplentes constrições oblíquas para o pagamento de tributos sob forma de: apreensão de mercadorias em trânsito, interdição de estabelecimentos, negativa de autorização de notas fiscais, imposição de regime especial diferenciado para o recolhimento de tributos etc., que sempre são tidas pelos tribunais como inconstitucionais, por cercearem o andamento normal dos negócios do devedor e por agredirem o princípio da livre-iniciativa (CF, arts. 1º, IV, 5º, XIII e 170, IV), contornando o caminho correto para a cobrança dos créditos tributários não adimplidos, que é a execução fiscal.

Quando o fisco engendra soluções legislativas com esse intuito, quase sempre são rechaçadas na Justiça, como no exemplo abaixo.

Algumas constrições indiretas, porém, não ferem o ordenamento constitucional, como a exigência de certidões negativas para celebrar contratos com a Administração Pública, para sentenciar a extinção das obrigações do falido, para conceder a recuperação judicial etc. (vide arts. 191 a 193 do CTN).

3.1. Interpretação benigna das sanções tributárias

As leis tributárias que definem infrações e cominam sanções submetem-se ao disciplinamento geral das regras de aplicação, interpretação e integração de normas previstas no CTN, observando a particularidade prevista no art. 112 do Código, no que diz respeito à **interpretação benigna**:

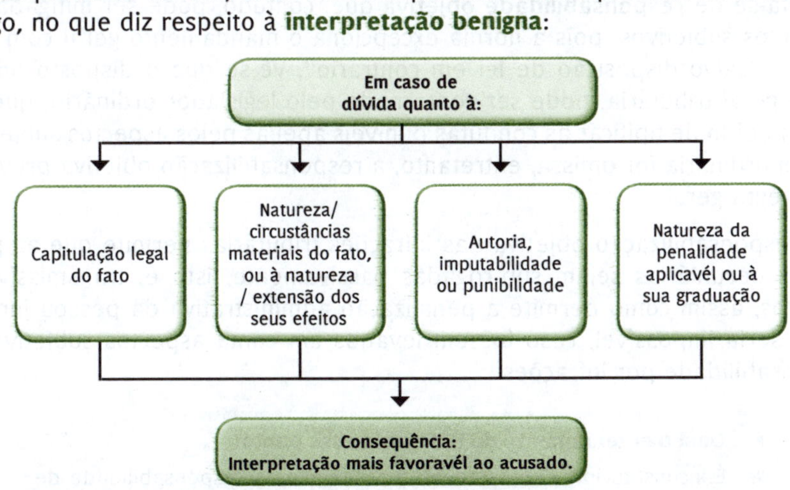

Ressalte-se que tal regra é uma exceção às regras gerais e, inexistindo dúvidas, não deve ser aplicada.

3.2. Limite à imposição de penalidades pecuniárias

A Constituição Federal veda a utilização de **tributo com efeito de confisco** (art. 150, IV). Como multa não é tributo e, portanto, com este não se confunde, já que se trata de regimes jurídicos distintos, aplica-se-lhe o mandamento constitucional?

A questão que, a princípio, envolve discussão a respeito do que é confisco em matéria tributária, pois, como falta objetividade legislativa para definir **oneração tributária** ou **sanção tributária confiscatória**, acaba sendo resolvida judicialmente como afronta ao texto constitucional, o que leva o STJ a não conhecer de recursos especiais, de sua competência, para analisar a matéria, que fica, no entendimento deste Tribunal Superior, somente a cargo do STF (REsp 734390).

> ▸ **Qual o entendimento do STF sobre esse ponto:**
>
> ◙ Para que a multa moratória cumpra sua função de desencorajar a elisão fiscal, de um lado não pode ser pífia, mas, de outro, não pode ter um importe que lhe confira característica confiscatória, inviabilizando inclusive o recolhimento de futuros tributos. Não é confiscatória a multa moratória no importe de 20%. (RE 582461, repercussão geral)

4. RESPONSABILIDADE POR INFRAÇÕES TRIBUTÁRIAS

Regra geral, a responsabilidade por infrações à legislação tributária não depende da vontade do agente ou do responsável, nem da efetividade, da natureza ou da extensão dos efeitos do ato praticado (CTN, art. 136), ou seja, ocorre com o mero descumprimento das normas tributárias.

Trata-se de **responsabilidade objetiva** que, contudo, pode ser mitigada com elementos subjetivos, pois a norma excepciona o mandamento geral com o conhecido "salvo disposição de lei em contrário". Vê-se que o disposto no CTN, norma geral tributária, pode ser contornado pelo legislador ordinário, que não fica impedido de tipificar as condutas puníveis apenas pelos aspectos subjetivos. Se a lei ordinária for omissa, entretanto, a responsabilização objetiva prevalece como regra geral.

A responsabilização objetiva das infrações tributárias permite que as penalidades pecuniárias sejam sub-rogadas passivamente, isto é, transmissíveis a terceiros, assim como permite a penalização administrativa da pessoa jurídica, o que seria impossível, caso fossem levados em conta aspectos subjetivos da responsabilidade por infrações.

> ▸ **Qual o entendimento do STF sobre esse ponto:**
>
> ◙ É inconstitucional lei estadual que disciplina a responsabilidade de terceiros por infrações de forma diversa da matriz geral estabelecida pelo CTN. (ADI 4845, j. 13.2.2020)

4.1. Responsabilidade pessoal do agente

O art. 137 do CTN excepciona o caráter objetivo das infrações tributárias, ao deslocar a responsabilidade para o executor material da conduta em três hipóteses, que discrimina como responsabilidade pessoal.

Responsabilidade pessoal do agente
- Conceituadas como crimes ou contravenções, salvo quando praticadas no exercício regular de administração, mandato, função, cargo ou emprego, ou no cumprimento de ordem expressa emitida por quem de direito.
- Em cuja definição o dolo específico do agente seja elementar.
- Que decorram direta e exclusivamente de dolo específico:
• Das pessoas referidas no artigo 134, contra aquelas por quem respondem;
• Dos mandatários, prepostos ou empregados, contra seus mandantes, preponentes ou empregadores;
• Dos diretores, gerentes ou representantes de pessoas jurídicas de direito privado, contra estas.

Nas infrações que constituem crimes tributários, há dois casos em que o executor material, o agente, não será responsabilizado, mas sim os autores intelectuais:

1º) Se as praticou recebendo ordens de superiores, é destes a responsabilidade;

2º) Se as praticou em exercício regular de administração, mandato, função, cargo ou emprego. Aqui, considera-se exercício regular aquele tido por "normal" pelo proprietário ou mandatário do negócio. Exemplo: se um funcionário é obrigado, pelo patrão, a omitir dados contábeis ou a não emitir notais fiscais, sendo tais atos rotineiros, a responsabilidade pelo ato praticado é do patrão, e não do empregado, que só cumpriu a obrigação que lhe foi determinada.

Entretanto, caso o executor material tenha agido com intuito de lesar o fisco em proveito próprio, de forma não autorizada ou tolerada por superiores ou pelas pessoas por quem responde, é inteiramente sua a autoria e a responsabilidade pelos atos praticados, assim como os créditos deles decorrentes.

▸ **Como esse assunto foi cobrado em concurso?**

(Ieses/TJ/SC/Cartórios/2019) Os tributos, em regra, devem ser exigidos da pessoa que realiza o fato gerador da obrigação tributária. Entretanto, a lei pode atribuir de modo expresso, em determinadas situações, a responsabilidade pelo crédito tributário a terceira pessoa, vinculada ao fato gerador da respectiva obrigação, excluindo a responsabilidade do contribuinte ou atribuindo-a a este em caráter supletivo do cumprimento total ou parcial da referida obrigação. No que tange à responsabilidade tributária, assinale a alternativa INCORRETA:

(A) Nas hipóteses de impossibilidade de exigência do cumprimento da obrigação principal pelo espólio, o inventariante responde solidariamente com este nos atos em que intervier ou pelas omissões de que for responsável, assim como ocorre com os tutores e curadores em relação aos tributos devidos por seus tutelados ou curatelados.

(B) Em relação às infrações que decorram direta e exclusivamente de dolo específico, a responsabilidade é pessoal ao agente.

(C) Os mandatários, prepostos e empregados não são pessoalmente responsáveis pelos créditos correspondentes a obrigações tributárias resultantes de atos praticados com excesso de poderes ou infração de lei, contrato social ou estatutos, contra seus mandantes, preponentes ou empregadores.

(D) De acordo com o entendimento sumulado do Superior Tribunal de Justiça, o inadimplemento da obrigação tributária pela sociedade não gera, por si só, a responsabilidade solidária do sócio-gerente.

Resposta: Alternativa C.

4.2. Denúncia espontânea

O CTN diz que a responsabilidade é excluída pela **denúncia espontânea** da infração, acompanhada, se for o caso, do pagamento do tributo devido e dos juros de mora, ou do depósito da importância arbitrada pela autoridade administrativa, quando o montante do tributo dependa de apuração (art. 138).

Trata-se de uma **sanção premial**, que visa estimular a adimplência espontânea das obrigações tributárias principais e acessórias, mas, para que se configure a espontaneidade, é necessário que a confissão espontânea ocorra antes do início de qualquer procedimento administrativo ou medida de fiscalização relacionados com a infração (CTN, art. 138, parágrafo único).

A fiscalização normalmente se inicia com a lavratura formal do termo de início de ação fiscal (CTN, art. 196), mas pode ocorrer por outros atos de autoridade no gozo de suas funções, como por exemplo, o início do desembaraço aduaneiro, a revista de malas em portos e aeroportos, a conferência de mercadorias em trânsito etc.

A medida de fiscalização também deverá dizer respeito à infração verificada, pois, numa auditoria tributária de ISS, por exemplo, nada impede que o contribuinte fiscalizado realize confissão espontânea relativa ao IPTU ou ao ITBI do imóvel onde se encontra. Assim também ocorre em relação ao **período fiscalizado**, que deverá ser consignado no termo de início de ação fiscal: se os tributos devidos por esse mesmo sujeito passivo estiverem sob homologação, relativamente ao ano em curso, nada obsta que confesse fatos geradores omitidos em anos anteriores.

A denúncia espontânea não é suficiente, por si só, para elidir a infração cometida, porquanto é necessário que a situação ensejadora da penalidade seja regularizada: se o tributo não foi recolhido, que o seja; se uma declaração fiscal não foi transmitida, se um livro não foi escriturado etc., a menos que o refazimento do ato seja impossível, caso em que o fisco contenta-se com o recebimento do crédito em atraso ou com o aviso da ocorrência do fato (ex.: débitos oriundos de notas fiscais não emitidas; extravio de notas fiscais etc.).

Tratando-se de infração tipificada também como delito fiscal, a denúncia espontânea afasta ambas as possibilidades de punição, tanto a penal quanto a administrativa. *Contrario sensu*, seria ilógico permitir-se ao infrator o benefício da exclusão da punibilidade administrativa, abrindo espaço para sua responsabilização criminal, o que, última instância, seria um estímulo à produção de provas auto incriminadoras, aviltando as relações de boa-fé entre o Estado e os cidadãos.

Por fim, como o processo administrativo tributário rege-se pelo princípio da verdade real, a retratação de denúncia espontânea é plenamente escorreita quando o ato retratado haja criado obrigação tributária desprovida de suporte fático (ex.: quando se confessa débitos tributários efetivamente já recolhidos, ou quando se transmite declaração intempestiva, sobrepondo declaração escorreita feita anteriormente, no prazo legal).

> ▸ **Como esse assunto foi cobrado em concurso?**
>
> **(Cespe/Sefaz/AL/Auditor/2020)** A denúncia espontânea da infração, acompanhada, se for o caso, do pagamento do tributo devido com juros de mora correspondentes, realizada até a conclusão do procedimento administrativo ou da medida de fiscalização relacionada com a infração resulta na exclusão da responsabilidade do contribuinte pela infração.
>
> *Resposta: Errada.*

4.2.1. Observações sobre a denúncia espontânea

Vários conflitos judiciais envolvem fisco e cidadão quanto ao alcance da denúncia espontânea. No mais das vezes, por se tratar de matéria infraconstitucional, o STF não abre a via extraordinária para analisar ofensa de forma reflexa ou indireta à Constituição, competindo tal mister ao STJ, que vem pacificando temas importantes sobre o alcance das confissões tributárias.

4.2.1.1. Não configuração de denúncia espontânea

Somente o **pagamento integral** da dívida em atraso irradia os efeitos da denúncia espontânea.

A simples confissão de dívida, acompanhada do seu pedido de parcelamento, não configura denúncia espontânea e, por isso, deve ser penalizada com a multa moratória.

É esse o sentido do art. 155-A, § 1º, do CTN, quando afirma que "salvo disposição em contrário, o parcelamento do crédito tributário não exclui a incidência de juros e multas."

Também o depósito judicial efetuado por devedores que querem contestar a dívida não é aceito como irradiador de efeitos de denúncia espontânea.

4.2.1.2. Exclusão da multa moratória pela denúncia espontânea

Na prática, as multas moratórias são as mais lançadas pelo fisco, até mesmo em caso de denúncia espontânea de infração cometida – no mais das vezes, aplicadas quando se verifica atraso no recolhimento dos tributos. Para tanto, a Fazenda Pública desconsidera o caráter punitivo das multas moratórias, considerando-as simplesmente indenizatórias dos recolhimentos em atraso. Os tribunais, todavia, não adotam tal entendimento.

A jurisprudência não reconhece natureza distinta entre **multa moratória** e **multa administrativa**. Assim, está superada a doutrina que defendia a não aplicação do art. 138 do CTN às multas simplesmente moratórias, em caso de denúncia espontânea.

Já a exigência dos juros moratórios e da atualização monetária do montante devido, por não ter caráter penal, não é excluída pela denúncia espontânea.

> ▸ **Qual o entendimento do STF sobre esse ponto:**
>
> ▪ A multa fiscal moratória constitui pena administrativa, não se incluindo no crédito habilitado em falência. (Súmula 565)

4.2.1.3. Inaplicabilidade a tributos homologados "declarados"

Nos casos de autolançamento, quando o sujeito passivo declara, ele mesmo, o tributo devido, aguardando a homologação fazendária, não se pode invocar o art. 138 do CTN para elidir a multa moratória, a menos que haja o recolhimento integral da quantia devida.

> ▸ **Qual o entendimento do STJ sobre esse ponto:**
>
> ▪ O benefício da denúncia espontânea não se aplica aos tributos sujeitos a lançamento por homologação regularmente declarados, mas pagos a destempo. (Súmula 360)
>
> ▪ O instituto da denúncia espontânea não se aplica aos casos de parcelamento do débito tributário. (REsp 1102577, recurso repetitivo)
>
> ▪ A denúncia espontânea fica configurada na hipótese em que o contribuinte, após efetuar a declaração parcial do débito tributário (sujeito a lançamento por homologação), acompanhada do respectivo pagamento integral, porquanto a retifica (antes de qualquer procedimento do Fisco), assim, noticia a existência de diferença a maior cuja quitação dá-se concomitantemente. (REsp 1149022, recurso repetitivo)

▸ **Como esse assunto foi cobrado em concurso?**

(Cespe/TJ/PR/Juiz/2017) A empresa ABC declarou regularmente débito de ICMS no valor de R$ 6.000, referente ao mês de junho de 2012, e não o pagou. Posteriormente, a empresa ABC recebeu notícia de que haveria fiscalização em seu setor e, por isso, realizou denúncia espontânea de seu débito ao fisco para eximir-se do pagamento da multa moratória. Acerca dessa situação hipotética e de aspectos legais a ela pertinentes, assinale a opção correta:

(A) o contribuinte pode, por declaração, constituir o crédito tributário, confessando-o, mas isso não o impede de realizar denúncia espontânea.

(B) no caso de tributo por homologação e com declaração regular, não cabe a denúncia espontânea, não sendo, portanto, válido o ato praticado pelo contribuinte.

(C) apenas o lançamento constitui o crédito tributário, podendo sempre o contribuinte, antes do início de ação de cobrança, realizar a denúncia espontânea, o que, no caso, leva à exclusão da multa de mora.

(D) na hipótese considerada, a mera notícia de fiscalização não é início de ação fiscal, de modo que a empresa ABC poderia proceder à denúncia espontânea, que, no entanto, não excluiria a multa moratória.

Resposta: Alternativa "B".

4.2.1.4. *Inaplicabilidade à obrigação acessória*

O STJ não admite a aplicação do instituto da denúncia espontânea, previsto no artigo 138 do CTN, para afastar a multa pelo não cumprimento no prazo legal de obrigação acessória. Para a Corte, é cabível a aplicação de multa pelo atraso ou pela falta de entrega da DCTF, pois se trata de uma **obrigação acessória autônoma**, sem qualquer vínculo direto com a existência do fato gerador do tributo, exercendo a Administração Pública, nesses casos, o poder de polícia que lhe é atribuído. A entrega extemporânea da declaração constitui infração formal, não podendo ser considerada como infração de natureza tributária.

5. DELITOS TRIBUTÁRIOS

As infrações penais tributárias constituem crimes ou contravenções previstos em leis penais. No Brasil, porém, não há contravenções tipificadas em matéria tributária. Para a maior parte dos crimes tributários, prevalece legislativamente o interesse arrecadatório do Estado, em detrimento da carga ética da penalização *strictu sensu* da conduta, o que fica explícito nas causas de extinção da punibilidade, previstas quando ocorre o pagamento ou o parcelamento das quantias devidas e oriundas desses delitos.

As normas brasileiras preveem várias condutas tipificadas como delitos tributários, em sua maioria, **crimes de resultado**, isto é, dependentes do atingimento de um resultado - sonegação de quantia devida ao fisco ou apropriação indébita, por exemplo - para que sejam consumados. Não são previstas penas por **tentativa**, o que, em face da possibilidade de extinguir a punibilidade pelo recolhimento do montante devido, sequer faria sentido.

5.1. Tipologia dos delitos tributários

5.1.1. Crimes contra a ordem tributária praticados por particulares

A Lei nº 8.137/1990, que define, entre outros delitos, os crimes contra a ordem tributária, aparta-os em delitos praticados por particulares e por funcionários públicos, estes últimos, assim definidos:

> **Art. 1º** Constitui crime contra a ordem tributária suprimir ou reduzir tributo, ou contribuição social e qualquer acessório, mediante as seguintes condutas:
>
> I - Omitir informação, ou prestar declaração falsa às autoridades fazendárias;
>
> II - Fraudar a fiscalização tributária, inserindo elementos inexatos, ou omitindo operação de qualquer natureza, em documento ou livro exigido pela lei fiscal;
>
> III - Falsificar ou alterar nota fiscal, fatura, duplicata, nota de venda, ou qualquer outro documento relativo à operação tributável;
>
> IV - Elaborar, distribuir, fornecer, emitir ou utilizar documento que saiba ou deva saber falso ou inexato;
>
> V - Negar ou deixar de fornecer, quando obrigatório, nota fiscal ou documento equivalente, relativa a venda de mercadoria ou prestação de serviço, efetivamente realizada, ou fornecê-la em desacordo com a legislação.
>
> [...]
>
> Parágrafo único. A falta de atendimento da exigência da autoridade, no prazo de 10 (dez) dias, que poderá ser convertido em horas em razão da maior ou menor complexidade da matéria ou da dificuldade quanto ao atendimento da exigência, caracteriza a infração prevista no inciso V.
>
> **Art. 2º** Constitui crime da mesma natureza:
>
> I - Fazer declaração falsa ou omitir declaração sobre rendas, bens ou fatos, ou empregar outra fraude, para eximir-se, total ou parcialmente, de pagamento de tributo;
>
> II - Deixar de recolher, no prazo legal, valor de tributo ou de contribuição social, descontado ou cobrado, na qualidade de sujeito passivo de obrigação e que deveria recolher aos cofres públicos;
>
> III - Exigir, pagar ou receber, para si ou para o contribuinte beneficiário, qualquer percentagem sobre a parcela dedutível ou deduzida de imposto ou de contribuição como incentivo fiscal;
>
> IV - Deixar de aplicar, ou aplicar em desacordo com o estatuído, incentivo fiscal ou parcelas de imposto liberadas por órgão ou entidade de desenvolvimento;

V – Utilizar ou divulgar programa de processamento de dados que permita ao sujeito passivo da obrigação tributária possuir informação contábil diversa daquela que é, por lei, fornecida à Fazenda Pública.

▸ **Qual o entendimento do STF sobre esse ponto:**

- O crime previsto no inc. V do art. 1º da Lei 8.137/90 prescinde do processo administrativo-fiscal e a instauração deste não afasta a possibilidade de imediata persecução criminal. (HC 96200, 2010, Informativo 588)
- Os delitos previstos no art. 1º da Lei 8.137/90 são de natureza material, exigindo-se, para a sua tipificação, a constituição definitiva do crédito tributário para o desencadeamento da ação penal. Carece de justa causa qualquer ato investigatório ou persecutório judicial antes do pronunciamento definitivo da administração fazendária no tocante ao débito fiscal de responsabilidade do contribuinte. (HC 108159, Informativo 702, 2013)

5.1.2. Crimes contra a ordem tributária praticados por funcionários públicos

E os crimes tributários praticados por funcionários públicos:

> Art. 3º Constitui crime funcional contra a ordem tributária, além dos previstos no Decreto-Lei nº 2.848, de 7 de dezembro de 1940 – Código Penal (Título XI, Capítulo I):
>
> I – Extraviar livro oficial, processo fiscal ou qualquer documento, de que tenha a guarda em razão da função; sonegá-lo, ou inutilizá-lo, total ou parcialmente, acarretando pagamento indevido ou inexato de tributo ou contribuição social;
>
> II – Exigir, solicitar ou receber, para si ou para outrem, direta ou indiretamente, ainda que fora da função ou antes de iniciar seu exercício, mas em razão dela, vantagem indevida; ou aceitar promessa de tal vantagem, para deixar de lançar ou cobrar tributo ou contribuição social, ou cobrá-los parcialmente. [...]
>
> III – Patrocinar, direta ou indiretamente, interesse privado perante a administração fazendária, valendo-se da qualidade de funcionário público. [...]

5.1.3. Apropriação indébita previdenciária

A Lei nº 9.983/2000 incluiu, no Código Penal, a tipificação da apropriação indébita previdenciária:

> Art. 168-A. Deixar de repassar à previdência social as contribuições recolhidas dos contribuintes, no prazo e forma legal ou convencional:
>
> [...]
>
> § 1º Nas mesmas penas incorre quem deixar de:

> I - Recolher, no prazo legal, contribuição ou outra importância destinada à previdência social que tenha sido descontada de pagamento efetuado a segurados, a terceiros ou arrecadada do público;
>
> II - Recolher contribuições devidas à previdência social que tenham integrado despesas contábeis ou custos relativos à venda de produtos ou à prestação de serviços;
>
> III - Pagar benefício devido a segurado, quando as respectivas cotas ou valores já tiverem sido reembolsados à empresa pela previdência social.
>
> § 2º É extinta a punibilidade se o agente, espontaneamente, declara, confessa e efetua o pagamento das contribuições, importâncias ou valores e presta as informações devidas à previdência social, na forma definida em lei ou regulamento, antes do início da ação fiscal.
>
> § 3º É facultado ao juiz deixar de aplicar a pena ou aplicar somente a de multa se o agente for primário e de bons antecedentes, desde que:
>
> I - Tenha promovido, após o início da ação fiscal e antes de oferecida a denúncia, o pagamento da contribuição social previdenciária, inclusive acessórios; ou
>
> II - O valor das contribuições devidas, inclusive acessórios, seja igual ou inferior àquele estabelecido pela previdência social, administrativamente, como sendo o mínimo para o ajuizamento de suas execuções fiscais.
>
> § 4° A faculdade prevista no § 3° deste artigo não se aplica aos casos de parcelamento de contribuições cujo valor, inclusive dos acessórios, seja superior àquele estabelecido, administrativamente, como sendo o mínimo para o ajuizamento de suas execuções fiscais

Antes, vigia a norma penal encartada no art. 95 da Lei nº 8.212/1991, revogada expressamente. Já o art. 2º, II, da Lei nº 8.137/1990 sofreu revogação tácita somente quando aplicável a contribuições previdenciárias.

A ausência de recolhimento da parte patronal e de terceiros não constitui crime, mas mera inadimplência.

O § 2º do art. 168-A do Código Penal, incluído pela Lei nº 9.983/2000, prevê a extinção da punibilidade, mas seu alcance foi bastante alargado pelo art. 9º da Lei nº 10.684/2003, no que respeita aos créditos parcelados, como se verá adiante. Já o § 3º do dispositivo em comento possibilita ao juiz conceder o **perdão judicial** ou aplicar multa, nas condições que especifica. Mais recentemente, a Lei 13.606/18, inserir o § 4º, restringindo o alcance desse tipo de perdão.

5.1.4. Sonegação de contribuição previdenciária

A mesma Lei nº 9.983/2000 incluiu, também, no Código Penal, a tipificação da sonegação de contribuição previdenciária:

> **Art. 337-A.** Suprimir ou reduzir contribuição social previdenciária e qualquer acessório, mediante as seguintes condutas:

> I - Omitir de folha de pagamento da empresa ou de documento de informações previsto pela legislação previdenciária segurados empregado, empresário, trabalhador avulso ou trabalhador autônomo ou a este equiparado que lhe prestem serviços;
>
> II - Deixar de lançar mensalmente nos títulos próprios da contabilidade da empresa as quantias descontadas dos segurados ou as devidas pelo empregador ou pelo tomador de serviços;
>
> III - Omitir, total ou parcialmente, receitas ou lucros auferidos, remunerações pagas ou creditadas e demais fatos geradores de contribuições sociais previdenciárias:
>
> [...]
>
> § 1º É extinta a punibilidade se o agente, espontaneamente, declara e confessa as contribuições, importâncias ou valores e presta as informações devidas à previdência social, na forma definida em lei ou regulamento, antes do início da ação fiscal.
>
> § 2º É facultado ao juiz deixar de aplicar a pena ou aplicar somente a de multa se o agente for primário e de bons antecedentes, desde que:
>
> I - (vetado);
>
> II - O valor das contribuições devidas, inclusive acessórios, seja igual ou inferior àquele estabelecido pela previdência social, administrativamente, como sendo o mínimo para o ajuizamento de suas execuções fiscais.
>
> § 3º Se o empregador não é pessoa jurídica e sua folha de pagamento mensal não ultrapassa R$ 1.510,00 (um mil, quinhentos e dez reais), o juiz poderá reduzir a pena de um terço até a metade ou aplicar apenas a de multa.
>
> § 4º O valor a que se refere o parágrafo anterior será reajustado nas mesmas datas e nos mesmos índices do reajuste dos benefícios da previdência social.

Essa norma, no que se refere às contribuições previdenciárias e acessórios, revogou tacitamente o art. 1º, I e II, da Lei nº 8.137/1990.

Será visto, adiante, que o art. 9º da Lei nº 10.684/2003 também alterou o alcance do disposto no § 1º do art. 337-A do Código Penal, introduzido pela Lei nº 9.983/2000, que trata da extinção da punibilidade no caso de parcelamento. O § 2º do dispositivo em tela dispõe sobre **perdão judicial** ou aplicação de multa, nas condições que especifica, e os §§ 3º e 4º preveem **causas especiais de diminuição de pena**.

5.2. Extinção da punibilidade

A extinção da punibilidade é o impedimento legal à pretensão punitiva do Estado. Várias são as formas de sua ocorrência: morte do agente - pois a pena não pode passar da pessoa do condenado -, graça, anistia, indulto; *abolitio criminis* - quando uma lei nova deixa de considerar certos fatos como delito, retroagindo e beneficiando quem os tenha cometido - prescrição e decadência penais, retratação do agente, perdão judicial, ressarcimento do dano, cumprimento do livramento condicional etc.

No direito tributário, geralmente ocorre extinção da punibilidade na hipótese de pagamento dos tributos e multas devidos, oriundos de fatos geradores omitidos delituosamente, isto é, sonegados à fiscalização.

Pela falta de direcionamento na política de penalização das infrações tributárias, várias leis que tratam de extinção da punibilidade nos casos de crimes contra a ordem tributária foram promulgadas nas últimas décadas, cada qual com um conteúdo distinto. Por variarem de acordo com as necessidades de caixa do governo federal, os tribunais não enxergam nessas leis um instrumento de combate à sonegação, mas sim um instrumento de arrecadação.

> ▸ **Qual o entendimento do STF sobre esse ponto:**
>
> ◙ À incriminação e à efetiva repressão penal dos crimes contra a ordem tributária, na lei vigente, não se podem atribuir inspirações éticas, a construção da sanção penal tem, assim, no contexto, o significado moralmente neutro de técnica auxiliar de arrecadação. (HC 81611. DJ 13.5.2005)

5.2.1. Lei 10.684/2003

O "Refis II", instituído pela Lei nº 10.684/2003, em seu art. 9º, estatui a **suspensão da pretensão punitiva** do Estado, referente aos crimes previstos nos arts. 1º e 2º da Lei nº 8.137/1990 e nos arts. 168-A e 337-A do Código Penal, durante o período de parcelamento dos créditos tributários sonegados. Prazo durante o qual se suspende, igualmente, a **prescrição criminal**.

Já a **extinção da punibilidade** fica condicionada ao pagamento integral do montante sonegado.

Efeitos "penais" do parcelamento (Lei nº 10.684/2003)
- Suspensão da pretensão punitiva;
- Suspensão da prescrição penal;
- Extinção da punibilidade somente após a quitação integral do débito.

> ▸ **Qual o entendimento do STF sobre esse ponto:**
>
> ◙ O pagamento integral de débito - devidamente comprovado nos autos - empreendido pelo paciente em momento anterior ao trânsito em julgado da condenação que lhe foi imposta é causa de extinção de sua punibilidade, conforme opção político-criminal do legislador pátrio. (HC 116828, j. 13.8.2013. Informativo 715)

Esta lei trouxe, também, outras discussões no tocante à sua aplicação retroativa e à extinção da punibilidade pela novação, tão-somente, da dívida tributária, abaixo examinadas.

5.2.1.1. *Retroação benéfica*

Como as disposições legais inovadoras em matéria de extinção da punibilidade são benéficas – ***lex mitior*** –, retroagem para alcançar os fatos delituosos cominados antes de sua publicação, como manda a Constituição (art. 5º, XL). Assim, o pagamento do tributo, a qualquer tempo – até mesmo após o recebimento da denúncia, ou da sentença condenatória transitada em julgado –, extingue a punibilidade do crime tributário.

5.2.1.2. *Novação da dívida*

Antes do advento da Lei nº 10.684/2003, o STJ entendia que o deferimento do parcelamento pelo fisco operava uma **novação de dívida tributária**, extinguindo a punibilidade de imediato, assim como o processo penal correspondente. Caso o parcelamento não viesse a ser efetivado, só restaria ao fisco receber seus créditos por meio de execução fiscal. A partir da lei inovadora, entretanto, a jurisprudência aderiu à literalidade do dispositivo.

- **Qual o entendimento do STF sobre esse ponto:**
- Considerando que a Lei 10.684/2003 introduziu nova disciplina geral para os efeitos do pagamento e do parcelamento na esfera de punibilidade dos crimes tributários, entendeu-se que ela deve incidir em todas as formas de parcelamento, independentemente do tipo de programa ou de regime utilizado e que, por ser mais benéfica ao réu, há de retroagir, ainda que a decisão esteja acobertada pela coisa julgada (CP, art. 2º, parágrafo único). Nesse sentido, aduziu-se que, a partir da sua vigência, tornou-se determinante saber, apenas, se o parcelamento foi deferido pela Administração Tributária, desencadeando-se na esfera penal, em caso positivo, por força de lei, os efeitos previstos no seu art. 9º, ou seja, a suspensão da pretensão punitiva e da prescrição. (HC 85273. DJ. 01.9.2006)

Em sentido contrário à jurisprudência do STJ, a Medida Provisória nº 303/2006, conhecida como "Refis III", em seu art. 16, prescreveu que "a inclusão de débitos nos parcelamentos de que trata a presente Medida Provisória não implica novação de dívida".

Por se tratar de uma tentativa legislativa de transfigurar a natureza de um instituto umbilicalmente ligado ao direito privado, como é a novação, restringindo-lhe a interpretação, dificilmente seria aceita pelo tribunal, que muito provavelmente aplicaria o mesmo entendimento também aos créditos parcelados sob essa nova disciplina legal. Mas tal discussão tornou-se mera curiosidade, já que a MP nº 303/2006 não foi convertida em lei.

5.3. Inexigibilidade de conduta diversa

Alguns tribunais vêm admitindo, nos casos em que a situação financeira da empresa seja grave a ponto de inviabilizar suas operações normais, que a falta de recolhimento de contribuições previdenciárias retidas de seus empregados - apropriação indébita previdenciária - não restaria configurada, pelo reconhecimento, nesses casos, de uma causa supralegal de exclusão da culpabilidade, a chamada "inexigibilidade de conduta diversa):

> Penal. Omissão no recolhimento de contribuição previdenciária. Art. 168-A, § 1º, I, do Código Penal. Dificuldades financeiras. Inexigibilidade de conduta diversa. Comprovação nos autos. Causa supralegal de exclusão da culpabilidade. 1. Demonstradas nos autos as dificuldades financeiras enfrentadas pela empresa administrada pelo réu à época dos fatos, admite-se o reconhecimento de causa supralegal de exclusão da culpabilidade, pela inexigibilidade de conduta diversa. (TRF4. 7ª T. ACR 2000.72.4.001149/SC. DJ 14.6.2006).

5.4. Princípio da insignificância

Devido à desestruturação dos órgãos responsáveis pela cobrança judicial dos créditos tributários e ao estratosférico número de execuções fiscais acumuladas ao longo de anos, o que inviabiliza qualquer tentativa de gerenciamento da situação, os entes estatais preferem renunciar às dívidas pequenas, centrando esforços na cobrança dos grandes devedores.

Para tanto, editam leis que os desobrigam a ajuizar cobranças de até determinado valor, nelas estipulado. Acontece que essas leis acabam beneficiando, também, os "pequenos sonegadores", por questão de isonomia de tratamento. A jurisprudência vem se firmando para considerar como "crime de bagatela tributária" esses montantes devidos.

5.5. Condição objetiva de punibilidade

Para a configuração dos delitos tributários é necessária a ocorrência do **resultado**: a supressão ou diminuição dolosa do tributo devido, ou a apropriação indébita de tributo retido de terceiros.

Acontece que o lançamento do crédito tributário, realizado de ofício nesses casos, também se submete ao crivo do contraditório no contencioso tributário, quando o sujeito passivo insurge-se contra a pretensão administrativa, impugnando-a.

Uma vez impugnado o lançamento, suspende-se a exigibilidade do crédito (CTN, art. 151, III), que fica passível de desconstituição. Assim, para que o fisco possa representar ao Ministério Público para que este proceda à ação penal, é necessário que o lançamento esteja definitivamente constituído na esfera administrativa, sob pena de **falta de justa causa** para a pretensão punitiva do Estado.

O STF, embora ressaltando não se tratar de **condição objetiva de procedibilidade**, entendimento já assentado na casa, vem exigindo o encerramento do procedimento fiscal para a constituição ou não do crédito tributário, como **condição objetiva de punibilidade**, rejeitando as denúncias oferecidas antes da conclusão final administrativa à conta da **falta de justa causa**.

Pacífico hoje, portanto, o entendimento de que o exaurimento das vias administrativas é condição de punibilidade dos delitos tributários. Assim, quando o Parquet receber denúncia de ocorrência de fatos configuradores de crimes tributários, deve requerer ao ente tributante competente a averiguação, o lançamento e a constituição definitiva do crédito - resultado - para, caso este não seja pago ou parcelado, dar seguimento à ação penal.

▸ **Qual o entendimento do STF sobre esse ponto:**

- Não se tipifica crime material contra a ordem tributária, previsto no art. 1º, incisos I a IV, da Lei 8.137/90, antes do lançamento definitivo do tributo. (Súmula Vinculante 24)
- É possível a instauração de inquérito policial para apuração de crime contra a ordem tributária, antes do encerramento do processo administrativo-fiscal, quando for imprescindível para viabilizar a fiscalização. (HC 95443, j. 2.2.2010, Informativo 573)
- O caso versaria não a simples sonegação de tributos, mas a existência de organização, em diversos patamares, visando à prática de delitos, entre os quais os de sonegação fiscal, falsidade ideológica, lavagem de dinheiro, ocultação de bens e capitais, corrupção ativa e passiva, com frustração de direitos trabalhistas. Concluiu-se não se poder reputar impróprio o curso da ação penal, não cabendo exigir o término de possível processo administrativo fiscal. (HC 96324, j. 14.6.2011, Informativo 631)
- Tratando-se dos delitos contra a ordem tributária, tipificados no art. 1º da Lei 8.137/90, a instauração da concernente persecução penal depende da existência de decisão definitiva, proferida em sede de procedimento administrativo, na qual se haja reconhecido a exigibilidade do crédito tributário ("an debeatur"), além de definido o respectivo valor ("quantum debeatur"), sob pena de, em inocorrendo essa condição objetiva de punibilidade, não se legitimar, por ausência de tipicidade penal, a válida formulação de denúncia. (HC 86032, DJe 13.6.2008)

5.6. Inadmissibilidade de denúncia genérica

A jurisprudência acatava a denúncia genérica em casos de crimes societários, o que, se por um lado facilitava a exordial do Ministério Público, por outro, quase nunca levava a termo a condenação, já que, na sentença, impossibilitava o juízo de estabelecer claramente as penas cominadas pessoalmente a cada envolvido.

O STJ, em 1999, começou a alterar esse panorama, exigindo que a denúncia descrevesse, pelo menos, o modo como os coautores concorriam para o crime, aduzindo que "a invocação da condição de sócio, gerente ou administrador, sem a descrição de condutas específicas, não basta para viabilizar a peça acusatória, por impedir o pleno direito de defesa" (HC 8258.).

A partir daí, houve uma evolução que culminou, no STF, com a mudança do entendimento historicamente assumido pela Corte Suprema.

Portanto, atualmente, a denúncia dos crimes societários deve precisar a conduta dos agentes envolvidos, sob pena de inépcia.

- **Qual o entendimento do STF sobre esse ponto:**
- Crime societário. Alegada inépcia da denúncia, por ausência de indicação da conduta individualizada dos acusados. Mudança de orientação jurisprudencial, que, no caso de crimes societários, entendia ser apta a denúncia que não individualizasse as condutas de cada indiciado, bastando a indicação de que os acusados fossem de algum modo responsáveis pela condução da sociedade comercial sob a qual foram supostamente praticados os delitos. Necessidade de individualização das respectivas condutas dos indiciados. (HC 86879. DJ 16.6.2006)

Capítulo

XIX

Impostos Federais

SUMÁRIO • 1. Imposto de importação: 1.1. Fato gerador; 1.2. Contribuintes e responsáveis; 1.3. Base de cálculo; 1.4. Alíquotas; 1.5. Lançamento; 1.6. Extrafiscalidade; 1.7. Tributação exclusiva. – 2. Imposto de exportação: 2.1. Fato gerador; 2.2. Contribuintes e responsáveis; 2.3. Base de cálculo; 2.4. Alíquotas; 2.5. Lançamento; 2.6. Extrafiscalidade; 2.7. Tributação exclusiva. – 3. Imposto de renda: 3.1. Fato gerador; 3.2. Contribuintes e responsáveis; 3.3. Base de cálculo; 3.4. Alíquotas; 3.5. Lançamento. – 4. Imposto sobre produtos industrializados: 4.1. Fato gerador; 4.2. Contribuintes e responsáveis; 4.3. Base de cálculo; 4.4. Alíquotas; 4.5. Lançamento; 4.6. Não cumulatividade; 4.7. Extrafiscalidade; 4.8. Imunidade. – 5. Imposto sobre operações financeiras: 5.1. Fato gerador; 5.1.1. Operações de crédito; 5.1.2. Operações de câmbio; 5.1.3. Operações de seguro; 5.1.4. Operações relativas a títulos e valores mobiliários; 5.2. Contribuintes e responsáveis; 5.3. Base de cálculo; 5.4. Alíquotas; 5.5. Lançamento; 5.6. Extrafiscalidade. – 6. Imposto sobre a propriedade territorial rural: 6.1. Fato gerador; 6.2. Contribuintes e responsáveis; 6.3. Base de cálculo; 6.4. Alíquotas; 6.5. Lançamento; 6.6. Extrafiscalidade; 6.7. Imunidade. – 7. Imposto sobre grandes fortunas. – 8. Impostos residuais.

1. IMPOSTO DE IMPORTAÇÃO

1.1. Fato gerador

O fato gerador desse imposto é determinado pelo art. 19 do CTN, que estabelece a entrada do produto estrangeiro em território nacional como a ocorrência que determina o nascimento da respectiva obrigação tributária. Como se sabe, o CTN traça as normas gerais de direito tributário, cabendo à legislação ordinária instituir o tributo.

O Decreto-lei nº 37/1966 é a norma que dispõe sobre o imposto de importação, determinando, em seu art. 1º, que o imposto "incide sobre mercadoria estrangeira e tem como fato gerador sua entrada no território nacional".

Interessante observar que a norma instituidora do imposto refere-se ao termo "mercadoria" e não a produto, como acontece no art. 153, I, da CF e no art. 19 do CTN. Apesar disso, interpreta-se o termo como sinônimo de "produto" (STJ, REsp 392).

Sendo assim, o imposto de importação incide sobre a entrada, em território nacional, de produto importado do exterior, independentemente de tal bem ser identificado como mercadoria ou não.

1.2. Contribuintes e responsáveis

O art. 31do DL nº 37/66 define os contribuintes desse imposto.

Contribuintes do imposto de importação		
O importador	**O destinatário**	**O adquirente**
Qualquer pessoa que promova a entrada de mercadoria estrangeira no território nacional;	De remessa postal internacional indicado pelo respectivo remetente	De mercadoria entrepostada.

No caso de produtos que tenham ingressado ilegalmente no País ou em local diverso do porto ou aeroporto, o importador não poderá realizar o desembaraço aduaneiro: ocorrerá a apreensão e o **perdimento** dos bens, com o subsequente leilão. O adquirente dos bens leiloados será o sujeito passivo do imposto.

Convém esclarecer que adquirente de mercadoria entrepostada é aquele que adquire mercadoria em entreposto aduaneiro, ou seja, aquele que adquire a mercadoria que se encontrava em recinto alfandegário, com suspensão do pagamento do imposto.

O art. 32 do DL nº 37/1966 enumera os **responsáveis** pelo imposto, na conformidade das tabelas abaixo.

Responsáveis pelo imposto de importação
- O transportador, quando transportar mercadoria procedente do exterior ou sob controle aduaneiro, até mesmo em percurso interno; - O depositário, ou seja, qualquer pessoa incumbida da custódia de mercadoria sob controle aduaneiro.

Responsáveis solidários pelo imposto de importação
- O adquirente ou cessionário de mercadoria beneficiada com isenção ou redução do imposto; - O representante, no País, do transportador estrangeiro; - O adquirente de mercadoria de procedência estrangeira, no caso de importação realizada por sua conta e ordem, por intermédio de pessoa jurídica importadora; - O encomendante predeterminado que adquire mercadoria de procedência estrangeira de pessoa jurídica importadora.

1.3. Base de cálculo

A base de cálculo do imposto será determinada de acordo com o tipo de alíquota utilizada, se **específica** ou ***ad valorem***.

Caso se utilize a alíquota específica, a base de cálculo será a quantidade de mercadoria, expressa na unidade de medida indicada na tarifa.

Nas situações nas quais se utilizem alíquotas *ad valorem*, a base de cálculo será o valor aduaneiro apurado segundo as normas do art. 7º do Acordo Geral sobre Tarifas Aduaneiras e Comércio – GATT (*General Agreements on Tarifs and Trade*).

Interessante assinalar, ainda, que quando se tratar de produto levado a leilão, a base de cálculo será o **preço da arrematação** (CTN, art. 20, III).

Base de cálculo do imposto de importação	
Alíquota específica	• a quantidade de mercadoria expressa na unidade de medida estabelecida.
Alíquota *ad valorem*	• o valor aduaneiro apurado segundo as normas do art. 7º do Acordo Geral sobre Tarifas Aduaneiras e Comércio – GATT.
Preço da arrematação	• produto levado a leilão.

▸ **Qual o entendimento do STJ sobre esse ponto:**

◙ Os serviços de capatazia estão incluídos na composição do valor aduaneiro e integram a base de cálculo do imposto de importação. (REsp 1799306, 19.5.2020, recurso repetitivo)

▸ **Como esse assunto foi cobrado em concurso?**

(FCC/Sefaz/SC/Auditor/2018) Conforme o Código Tributário Nacional (CTN), no que se refere ao imposto de importação:

(A) o fato gerador é o desembaraço aduaneiro em alfândega nacional ou em EADI (Estação Aduaneira do Interior).

(B) a base de cálculo é, quando a alíquota for específica, a unidade de medida adotada pela lei tributária.

(C) o contribuinte é o nacional que adquire bens ou mercadorias no exterior, de estrangeiro.

(D) o fato gerador ocorre no momento em que o negócio jurídico, de compra e venda, esteja definitivamente constituído, nos termos do direito aplicável.

(E) a base de cálculo é o valor do produto no mercado varejista regional, posta no estabelecimento do fornecedor (FOB), em situação de livre concorrência.

Resposta: Alternativa "B".

1.4. Alíquotas

Como observado no item anterior, são utilizadas alíquotas específicas e *ad valorem*. Tais alíquotas são previstas em tabelas aduaneiras, que contêm classificações de diversas espécies de mercadorias, segundo convenções internacionais.

A partir de janeiro de 1995, passou a vigorar a Tarifa Externa Comum - TEC, com a adoção da Nomenclatura Comum do Mercosul (NCM), para fins de padronização da identificação dos produtos. Cada país membro do Mercosul pode elaborar uma lista de exceções à TEC, conforme esclarece a Resolução nº 27, de 16.8.2001, da Câmara de Comércio Exterior - Camex.

As alíquotas do imposto podem ser alteradas, obedecidas as condições e limites estabelecidos em lei, **por ato infralegal do Poder Executivo**, pois o imposto de importação é uma das espécies tributárias que excepcionam o princípio da legalidade. É bom lembrar que apenas as alíquotas podem ser alteradas, não existindo possibilidade de alteração das demais características do imposto, tais como a definição do sujeito passivo ou a base de cálculo, a não ser por meio de lei ou medida provisória.

O imposto sobre importação **não se submete aos princípios da anterioridade e da anterioridade nonagesimal**, previstos no art. 153, III, "b" e "c" da Constituição, podendo ser cobrado no mesmo exercício em que houver sido instituído ou majorado. Tal exceção também se aplica aos casos de revogação de benefícios fiscais, como a isenção, que produzirão seus efeitos imediatamente.

1.5. Lançamento

Considera-se ocorrido o fato gerador, de acordo com as disposições constantes no art. 23 do DL nº 37/66:

> **Art. 23.** Quando se tratar de mercadoria despachada para consumo, considera-se ocorrido o fato gerador na data do registro, na repartição aduaneira, da declaração a que se refere o artigo 44.
>
> **Parágrafo único.** A mercadoria ficará sujeita aos tributos vigorantes na data em que a autoridade aduaneira efetuar o correspondente lançamento de ofício no caso de:
>
> I - falta, na hipótese a que se refere o § 2º do art. 1º; e
>
> II - introdução no país sem o registro de declaração de importação, a que se refere o inciso III do § 4º do art. 1º.

Será considerada "mercadoria despachada para o consumo" qualquer mercadoria objeto de despacho aduaneiro definitivo, ou seja, que se integre em definitivo à economia nacional.

Para efeito de lançamento do imposto, deve-se aplicar a legislação vigente à época do registro da declaração de importação, ato formal realizado por meio do Sistema Integrado de Comércio Exterior - Siscomex.

As informações pertinentes ao cálculo do imposto são registradas no Siscomex (Declaração de Importação) e, posteriormente, **homologadas** pelo fisco, no desembaraço.

1.6. Extrafiscalidade

O imposto de importação tem caráter **eminentemente extrafiscal**, haja vista que o seu principal objetivo é ser um dos instrumentos das políticas nacionais cambiais e de comércio exterior, possibilitando que o governo federal utilize-o para fomentar ou desestimular determinado setor da atividade econômica, mediante a elevação ou redução de alíquotas.

Sendo assim, se houver um aumento expressivo e injustificado no preço de determinado produto nacional, por exemplo, o governo poderá reduzir as alíquotas do imposto de importação para incentivar a entrada, em território nacional, de similar importado, com intuito de restabelecer o equilíbrio no mercado. O inverso ocorreria se o governo resolvesse desestimular a entrada de determinado produto de origem estrangeira, protegendo produtos nacionais, com o incremento da alíquota da exação.

1.7. Tributação exclusiva

À exceção do ICMS, do II e do IE, nenhum outro **imposto** poderá incidir sobre operações relativas a (CF, art. 155, § 3º): energia elétrica, serviços de telecomunicações, derivados de petróleo e combustíveis e minerais do País.

2. IMPOSTO DE EXPORTAÇÃO

2.1. Fato gerador

O imposto de exportação, que tem sua estrutura básica definida nos arts. 23 a 28 do CTN, tem seu fato gerador explicitado pelo Regulamento Aduaneiro (Dec. 6.759/2009) nos seguintes termos:

> **Art. 213.** O imposto de exportação tem como fato gerador a saída da mercadoria do território aduaneiro (Decreto-Lei nº 1.578, de 1977, art. 1º, *caput*).
>
> **Parágrafo único.** Para efeito de cálculo do imposto, considera-se ocorrido o fato gerador na data de registro do registro de exportação no Sistema Integrado de Comércio Exterior (Siscomex).

O texto estabelece um critério geográfico claro para conceituação de exportação, ou seja, considera-se exportação a saída do território nacional, não se admitindo a tributação, por essa exação, de operações internas (o art. 2º do Decreto explica que "o território aduaneiro compreende todo o território nacional").

O imposto incide sobre a saída de "**produtos**" (DL 1.578/77, art. 1º, *caput*), conceito que abrange tanto mercadorias como outros bens. Produtos "nacionais" são aqueles produzidos no país e produtos "nacionalizados" são os produtos que foram importados, para o território nacional, de maneira definitiva.

2.2. Contribuintes e responsáveis

O contribuinte do imposto é o exportador ou quem a lei a ele equiparar (CTN, art. 27). O DL 1.578/77 afirma, em seu art. 5º, que "o contribuinte do imposto é o exportador, assim considerado qualquer pessoa que promova a saída do produto do território nacional".

São responsáveis o depositário e o transportador, além de outras pessoas designadas pela legislação do imposto.

2.3. Base de cálculo

Segundo o art. 24 do Código Tributário Nacional, a base de cálculo do imposto será:

Base de cálculo do imposto de exportação	
Alíquota específica	A unidade de medida adotada pela lei tributária;
Alíquota *ad valorem*	O preço normal que o produto, ou seu similar, alcançaria, ao tempo da exportação, em uma venda em condições de livre concorrência.

No caso de alíquota ***ad valorem***, considera-se a entrega como efetuada no porto ou lugar de saída do produto, deduzidos os tributos diretamente incidentes sobre a operação de exportação e, nas vendas efetuadas a prazo superior aos correntes no mercado internacional, o custo do financiamento (CTN, art. 24, parágrafo único).

Deve-se, ainda, observar que o art. 2º do DL 1.578/77, com a redação dada pela MP nº 2.158/2001 (com efeitos permanentes, de acordo com a EC nº 32/2001), estabelece a base de cálculo do imposto, com utilização expressa do preço FOB. A sigla FOB (***free on board***) é um Inconterm (***international commercial term***), que designa uma cláusula do comércio internacional, por meio da qual as obrigações do vendedor se exaurem com a entrega da mercadoria a bordo do navio localizado em determinado porto.

No Regulamento Aduaneiro (Decreto nº 6.759/2009):

> **Art. 214.** A base de cálculo do imposto é o preço normal que a mercadoria, ou sua similar, alcançaria, ao tempo da exportação, em uma venda em condições de livre concorrência no mercado internacional, observadas as normas expedidas pela Câmara de Comércio Exterior (Decreto-Lei nº 1.578, de 1977, art. 2º, *caput*, com a redação dada pela Medida Provisória nº 2.158-35, de 2001, art. 51).
>
> § 1º Quando o preço da mercadoria for de difícil apuração ou for suscetível de oscilações bruscas no mercado internacional, a Câmara de Comércio Exterior fixará critérios específicos ou estabelecerá pauta de valor mínimo, para apuração da base de cálculo (Decreto-Lei nº 1.578, de 1977, art. 2º, § 2º, com a redação dada pela Medida Provisória nº 2.158-35, de 2001, art. 51).
>
> § 2º Para efeito de determinação da base de cálculo do imposto, o preço de venda das mercadorias exportadas não poderá ser inferior ao seu

custo de aquisição ou de produção, acrescido dos impostos e das contribuições incidentes e da margem de lucro de quinze por cento sobre a soma dos custos, mais impostos e contribuições (Decreto-Lei nº 1.578, de 1977, art. 2º, § 3º, com a redação dada pela Lei nº 9.716, de 1998, art. 1º).

2.4. Alíquotas

Segundo o Regulamento Aduaneiro (Decreto nº 6.759/2009):

> Art. 215. O imposto será calculado pela aplicação da alíquota de trinta por cento sobre a base de cálculo (Decreto-Lei nº 1.578, de 1977, art. 3º, *caput*, com a redação dada pela Lei nº 9.716, de 1998, art. 1º).
>
> § 1º Para atender aos objetivos da política cambial e do comércio exterior, a Câmara de Comércio Exterior poderá reduzir ou aumentar a alíquota do imposto (Decreto-Lei nº 1.578, de 1977, art. 3º, *caput*, com a redação dada pela Lei nº 9.716, de 1998, art. 1º).
>
> § 2º Em caso de elevação, a alíquota do imposto não poderá ser superior a cento e cinquenta por cento (Decreto-Lei nº 1.578, de 1977, art. 3º, parágrafo único, com a redação dada pela Lei nº 9.716, de 1998, art. 1º).

2.5. Lançamento

Considera-se ocorrido o fato gerador no momento de expedição da guia de exportação ou documento equivalente (DL 1.578/77, art. 1º, § 1º). Com o advento do Siscomex, em que se processam eletronicamente as informações aduaneiras, não há mais a necessidade de utilização de guia de exportação, tendo sido tal formalidade substituída pelo "registro da exportação", que passou a ser o momento determinante para a concretização do fato gerador previsto abstratamente na norma tributária.

Sendo assim, deve-se observar, no lançamento, a legislação em vigor à época do fato gerador, ou seja, a legislação em vigor ao tempo do registro da exportação no Siscomex.

As informações pertinentes ao cálculo do imposto são registradas no Siscomex (Declaração de Exportação) e, posteriormente, **homologadas** pelo fisco, no desembaraço.

2.6. Extrafiscalidade

O imposto de exportação, a exemplo do imposto de importação, tem caráter **eminentemente extrafiscal**, uma vez que seu principal objetivo é servir como instrumento das políticas de comércio exterior e cambial do governo.

> ▸ **Como esse assunto foi cobrado em concurso?**
>
> **(Cespe/TJ/PR/Juiz/2019)** A Constituição Federal de 1988 prevê exceções ao princípio tributário da anterioridade, como ocorre nos casos dos impostos sobre importação e sobre exportação. Nesses

casos, a exceção é justificada pela necessidade de ajuste do tributo aos objetivos da política cambial e do comércio exterior. De acordo com a doutrina majoritária, a referida hipótese de exceção ao princípio tributário da anterioridade é explicada em razão de os tributos citados terem finalidade:

(A) parafiscal.

(B) parafiscal e extrafiscal.

(C) extrafiscal.

(D) exclusivamente fiscal.o

Resposta: Alternativa "C".

2.7. Tributação exclusiva

À exceção do ICMS, do II e do IE, nenhum outro **imposto** poderá incidir sobre operações relativas a (CF, art. 155, § 3º): energia elétrica, serviços de telecomunicações, derivados de petróleo e combustíveis e minerais do País.

3. IMPOSTO DE RENDA

3.1. Fato gerador

O art. 153, III, da Constituição Federal outorga competência à União para instituição de imposto sobre "renda e proventos de qualquer natureza". Os conceitos de renda e proventos são essenciais para determinação do campo de incidência do tributo, pois a eles está limitada a tributação prevista na norma constitucional. Coube ao CTN, art. 43, defini-los, para o suporte do fato gerador respectivo, como "a aquisição da disponibilidade econômica ou jurídica de renda ou proventos de qualquer natureza", nos termos indicados na tabela abaixo.

Fato gerador do IR (aquisição da disponibilidade econômica ou jurídica de)	
Renda	**Proventos de qualquer natureza**
Assim entendido o produto do capital, do trabalho ou da combinação de ambos	Assim entendidos os acréscimos patrimoniais não compreendidos no conceito de renda.

A incidência do imposto independe da denominação da receita ou do rendimento, da localização, condição jurídica ou nacionalidade da fonte, da origem e da forma de percepção (CTN, art. 43, § 1º).

▸ **Qual o entendimento do STJ sobre esse ponto:**

- Incide o imposto de renda sobre o resultado das aplicações financeiras realizadas pelas cooperativas. (Súmula 262)
- Incide imposto de renda sobre o resultado das aplicações financeiras realizadas pelas cooperativas, visto que consubstanciam atos não cooperativos (Súm. 262/STJ). (REsp 58265, recurso repetitivo)

▸ **Como esse assunto foi cobrado em concurso?**

(Cesgranrio/Petrobras/Auditor/2018) Nos termos do Código Tributário Nacional, o fato gerador do imposto de renda é a aquisição da disponibilidade econômica ou jurídica de renda do:

(A) bem isento.

(B) patrimônio da União.

(C) capital da pessoa física.

(D) serviço do município.

(E) fornecimento do Estado.

Resposta: Alternativa "C".

Na hipótese de receita ou de rendimento oriundos do exterior, a lei estabelecerá as condições e o momento em que se dará sua disponibilidade, para fins de incidência do imposto (CTN, art. 43, § 2º).

Os termos **renda** e **proventos** significam, segundo entendimento doutrinário e jurisprudencial, acréscimo patrimonial, produto do capital ou trabalho (renda) ou de alguma atividade que já cessou (proventos). Sendo assim, o imposto de renda só incidirá em caso de acréscimo patrimonial real, não se admitindo que, a título de tributação da renda, onere-se base econômica diversa, tal como o faturamento.

▸ **Qual o entendimento do STJ sobre esse ponto:**

- A tributação isolada e autônoma do imposto de renda sobre os rendimentos auferidos pelas pessoas jurídicas em aplicações financeiras de renda fixa e sobre os ganhos líquidos em operações realizadas nas bolsas de valores de mercadorias, de futuros e assemelhados, à luz dos arts. 29 e 36 da Lei 8.541/1992, é legítimo e complementar ao conceito de renda delineado no art. 43 do CTN, uma vez que as aludidas entradas financeiras não fazem parte da atividade fim das empresas. (REsp 939527, recurso repetitivo)
- Incidem IRPJ e CSLL sobre os juros remuneratórios devidos na devolução dos depósitos judiciais efetuados para suspender a exigibilidade do crédito tributário. (REsp 1138695, recurso repetitivo)

- Incidem IRPJ e CSLL sobre os juros decorrentes da mora na devolução de valores determinada em ação de repetição do indébito tributário. (REsp 1138695, recurso repetitivo)
- Os depósitos judiciais utilizados para suspender a exigibilidade do crédito tributário consistem em ingressos tributários, sujeitos à sorte da demanda judicial, e não em receitas tributárias, de modo que não são dedutíveis da base de cálculo do IRPJ até o trânsito em julgado da demanda. (REsp 1168038, recurso repetitivo)
- A quantia que couber por rateio a cada participante, superior ao valor das respectivas contribuições, constitui acréscimo patrimonial (CTN, art. 43) e, como tal, atrai a incidência de imposto de renda. (REsp 760246, recurso repetitivo)
- É legítima a indedutibilidade da CSSL na apuração do lucro real, por não caracterizar despesa operacional da empresa, mas, sim, parcela do lucro destinada ao custeio da Seguridade Social, e encontrar-se inserida no conceito de renda estabelecido no art. 43, do CTN. (REsp 1113159, recurso repetitivo)
- São tributáveis pelo IR os rendimentos do abono de permanência a que se referem o § 19 do art. 40 da CF, o § 5º do art. 2º e o § 1º do art. 3º da EC 41/03, e o art. 7º da Lei 10.887/04. (REsp 1192556, recurso repetitivo)

Disponibilidade jurídica indica o direito de usufruir a renda ou proventos de qualquer natureza, auferidos com base em atos e operações legitimamente previstos no ordenamento jurídico, tais como rendimentos de salários, aposentadorias, lucros etc. Disponibilidade econômica diz respeito a qualquer fato, mesmo irregular ou até ilícito, que represente acréscimo patrimonial.

O fato gerador do imposto não se concretiza com a mera **expectativa de direito** referente à aquisição de renda, que há de ser efetiva (STF, RE 204886).

Conforme o art. 43 do CTN, a aquisição de disponibilidade econômica ou jurídica decorrente de qualquer acréscimo patrimonial ocorrido. Contudo, nas **indenizações**, não há acréscimo patrimonial, mas apenas recomposição do patrimônio material ou imaterial do indenizado, não ocorrendo, por conseguinte, vinculação com o patrimônio real, sem gerar acréscimo patrimonial.

Como a renda, na definição da legislação, é fruto oriundo ou do capital, ou do trabalho, ou de provento de qualquer natureza (forma de acréscimo patrimonial), não é possível enquadrar a indenização em uma dessas categorias, pois não se trata de fruto de capital ou trabalho, nem acréscimo patrimonial, mas mera recomposição de patrimônio.

▸ Qual o entendimento do STJ sobre esse ponto:

- O pagamento de férias não gozadas por necessidade do serviço não está sujeito à incidência do imposto de renda. (Súmula 125)

- O pagamento de licença-prêmio não gozada por necessidade do serviço não está sujeito ao imposto de renda. (Súmula 136)
- A indenização recebida pela adesão a programa de incentivo à demissão voluntária não está sujeita à incidência do imposto de renda. (Súmula 215)
- São isentas de imposto de renda as indenizações de férias proporcionais e o respectivo adicional. (Súmula 386)
- Incide imposto de renda sobre os valores percebidos a título de indenização por horas extraordinárias trabalhadas, ainda que decorrentes de acordo coletivo. (Súmula 463)
- Não incide imposto de renda sobre a indenização por danos morais. (Súmula 498)
- Constitui acréscimo patrimonial a atrair a incidência do imposto de renda, em caso de liquidação de entidade de previdência privada, a quantia que couber a cada participante, por rateio do patrimônio, superior ao valor das respectivas contribuições à entidade em liquidação, devidamente atualizadas e corrigidas. (Súmula 590)
- É desnecessária a apresentação de laudo médico oficial para o reconhecimento judicial da isenção do imposto de renda, desde que o magistrado entenda suficientemente demonstrada a doença grave por outros meios de prova. (Súmula 598)
- O contribuinte faz jus à concessão ou à manutenção da isenção do imposto de renda, não se lhe exigindo a demonstração da contemporaneidade dos sintomas da doença nem da recidiva da enfermidade. (Súmula 627)
- Não incide o imposto de renda sobre indenização decorrente de desapropriação, seja por necessidade (utilidade pública), seja por interesse social, visto que não representa acréscimo patrimonial. (Recurso repetitivo, REsp 1116460)
- Descabe a incidência do imposto de renda sobre verba paga a título de ajuda de custo pelo uso de veículo próprio no exercício das funções profissionais (auxílio-condução), por se tratar de verba indenizatória. (Recurso repetitivo, REsp 1096288)
- Os valores a serem pagos em razão de decisão judicial trabalhista que determina a reintegração do ex-empregado assumem a natureza de verba remuneratória, atraindo a incidência de imposto sobre a renda. Isso porque são percebidos a título de salários vencidos, como se o empregado estivesse no pleno exercício de seu vínculo empregatício. (Recurso repetitivo, REsp 1142177)
- As verbas pagas por liberalidade na rescisão do contrato de trabalho são aquelas que, nos casos em que ocorre a demissão com ou sem justa causa, são pagas sem decorrerem de imposição de nenhuma fonte normativa prévia ao ato de dispensa (incluindo-se

aí programas de demissão voluntária – PDV e acordos coletivos), dependendo apenas da vontade do empregador e excedendo as indenizações legalmente instituídas. Sobre tais verbas a jurisprudência é pacífica no sentido da incidência do IR já que não possuem natureza indenizatória. (Recurso repetitivo, REsp 1112745)

- Não incide imposto de renda sobre os juros moratórios legais em decorrência de sua natureza e função indenizatória ampla. (Recurso repetitivo, REsp 1227133)
- As verbas concedidas ao empregado por mera liberalidade do empregador quando da rescisão unilateral de seu contrato de trabalho implicam acréscimo patrimonial por não possuírem caráter indenizatório. (Recurso repetitivo, REsp 1102575)
- Incide imposto de renda sobre o adicional de um terço de férias gozadas. (Recurso repetitivo, REsp 1459779)

Segundo determinação constitucional expressa, o IR será informado pelos critérios da generalidade, da universalidade e da progressividade, na forma da lei (CF, art. 153, § 2º). Tais características são corolários do princípio da isonomia, uma vez que buscam implementar a justiça fiscal, vedando, de forma cabal, a existência de qualquer privilégio odioso que atente contra o princípio constitucional da igualdade.

Por **generalidade** do imposto, entende-se a sujeição de todos os indivíduos à tributação, independentemente de seu cargo, posto ou função.

A **universalidade** determina que a totalidade da renda deverá estar sujeita à tributação, independentemente da denominação jurídica dos rendimentos e proventos auferidos.

A **progressividade** tem como objetivo implementar a isonomia na tributação da renda ou proventos, onerando de forma mais gravosa os contribuintes que revelem maior capacidade contributiva.

Importante ressaltar, ainda, que o imposto de renda constitui uma **exceção à anterioridade nonagesimal**, prevista no art. 150, III, "c", da Constituição Federal.

3.2. Contribuintes e responsáveis

O contribuinte do imposto é o **titular da disponibilidade** a que se refere o conceito do fato gerador do tributo (CTN, art. 43), sem prejuízo de atribuir a lei essa condição ao possuidor, a qualquer título, dos bens produtores de renda ou dos proventos tributáveis. Existem contribuintes pessoas físicas e contribuintes pessoas jurídicas.

A lei pode atribuir à fonte pagadora da renda ou dos proventos tributáveis a condição de responsável pelo imposto cuja retenção e recolhimento lhe caibam.

O regulamento do imposto de renda encontra-se positivado no Decreto nº 9.580/2018, que estabelece normas para o IRPF (pessoa física), IRPJ (pessoa jurídica) e para administração, fiscalização e arrecadação do tributo.

3.3. Base de cálculo

A base de cálculo do imposto, segundo o art. 44 do CTN, é o **montante, real, arbitrado ou presumido, da renda ou dos proventos**.

Para as pessoas físicas, a Lei nº 7.713/88 determina que o imposto incidirá sobre o rendimento bruto, sem qualquer dedução, ressalvado o disposto nos seus arts. 9º a 14. A referida norma autoriza deduções da base de cálculo como aquelas relativas a despesas com educação e saúde. A jurisprudência dominante entende ser incabível a pretensão de atualização automática dos valores das tabelas de dedução, uma vez que isso, para ter caráter vinculante para a Administração, deveria estar previsto expressamente em lei.

As pessoas jurídicas têm como base de cálculo do imposto o lucro real ou o lucro presumido e, nos casos previstos na legislação, o lucro arbitrado (Dec. nº 9.580/2018).

Lucro real não se confunde com lucro líquido, pois este último representa o resultado contábil apurado segundo regras determinadas pela legislação própria (Lei nº 6.404/76 – Lei das Sociedades Anônimas). O lucro real, base de cálculo do IRPJ, é obtido a partir de uma série de deduções, exclusões e compensações previstas na legislação fiscal, que não são idênticas às previstas na legislação referente ao lucro líquido. Assim, a partir do lucro líquido apurado contabilmente, e depois de realizadas as deduções, exclusões e compensações legais, chega-se ao lucro real.

Empresas com faturamento limitado a determinado valor podem optar por um sistema mais simples de tributação, o chamado **lucro presumido**, desde que não se encontrem entre as exceções previstas em lei (sociedades por ações e sociedades com participação de entidades da Administração Pública, por exemplo). A base de cálculo será determinada pela aplicação de percentuais sobre a receita.

O **lucro arbitrado** será utilizado como base de cálculo quando a pessoa jurídica tributada com base no lucro real deixar de cumprir obrigações acessórias, quando houver fraude na apuração da base de cálculo, inidoneidade nas informações oferecidas, enfim, quando a apuração por meio do lucro real ou presumido revelar-se impossível de ser realizada.

3.4. Alíquotas

Por mandamento constitucional, o imposto de renda deve ser progressivo (CF, art. 153, § 2º, I). As diferentes alíquotas de acordo com a faixa de renda, bem como as deduções da base de cálculo, têm como objetivo implementar a progressividade do imposto de renda, tributando de forma mais onerosa aqueles contribuintes de maior renda.

3.5. Lançamento

O IR é tido por um imposto de caráter complexivo, o que exige a especificação legal de uma data para que se considere (fictamente) ocorrido o fato gerador do tributo relativo a determinado ano-base. A legislação impõe aos contribuintes fazer "declarações" do imposto - obrigações acessórias -, que perfazem a sistemática de cálculo dos valores a pagar antecipadamente ao exame da autoridade fiscal, daí ser considerado um imposto submetido a **lançamento por homologação**.

Para as pessoas físicas, considera-se o fato gerador ocorrido no dia 31 de dezembro do ano-calendário, devendo a verificação do valor a ser restituído ou recolhido ser realizada até 30 de abril do ano subsequente.

No imposto de renda das pessoas jurídicas - IRPJ, o período de apuração é trimestral, podendo o contribuinte que pagar com base no lucro real optar pelo período de apuração anual, com antecipações mensais. Na apuração trimestral, o fato gerador ocorrerá no fim de cada trimestre, e, na apuração anual, o fato gerador ocorrerá no dia 31 de dezembro do ano-calendário.

Para balizar temporalmente as regras legais do lançamento tributário do imposto de renda, o STF sumulou posição, aplicada em reiterados casos, segundo a qual não afronta o princípio da anterioridade a aplicação de lei que haja sido publicada no mesmo ano em que se apurou a base de cálculo do IR, devendo ser aplicada a lei que estiver em vigor no ano da declaração.

Tal posição, apesar de muita criticada pela doutrina, que a considera um verdadeiro atentado contra o princípio da anterioridade, tem sido seguida pelos tribunais.

- **Qual o entendimento do STF sobre esse ponto:**
- É inconstitucional a aplicação retroativa de lei que majora a alíquota incidente sobre o lucro proveniente de operações incentivadas ocorridas no passado, ainda que no mesmo ano-base, tendo em vista que o fato gerador se consolida no momento em que ocorre cada operação de exportação, à luz da extrafiscalidade da tributação na espécie. (RE 592396, repercussão geral)

- **Qual o entendimento do STJ sobre esse ponto:**
- Ao imposto de renda calculado sobre os rendimentos do ano-base, aplica-se a lei vigente no exercício financeiro em que deve ser apresentada a declaração. (Súmula 584)

4. IMPOSTO SOBRE PRODUTOS INDUSTRIALIZADOS

4.1. Fato gerador

O art. 153, IV, da Constituição outorga competência à União para a instituição da exação. Tal competência tributária, compreendida pela análise sistemática das disposições constitucionais, leva-nos a concluir que o imposto incide sobre "operações com produtos industrializados" e não simplesmente sobre "o produto". O termo "operações" deve ser compreendido em seu sentido jurídico usual, ou seja, significando atos ou negócios jurídicos em que ocorre a transmissão de um direito.

O art. 46 do CTN descreve as hipóteses de incidência do imposto:

Fato gerador do imposto sobre produtos industrializados	
Desembaraço aduaneiro.	Quando de procedência estrangeira;
Saída do estabelecimento.	Considera-se contribuinte autônomo qualquer estabelecimento de importador, industrial, comerciante ou arrematante;
Arrematação.	Quando apreendido ou abandonado e levado a leilão.

Considera-se industrializado o produto que tenha sido submetido a qualquer operação que lhe modifique a natureza ou a finalidade, ou o aperfeiçoe para o consumo (CTN, 46, parágrafo único).

Produto e **mercadoria** são conceitos diferentes. Por produto entende-se qualquer bem produzido pela natureza ou pelo homem, independente da sua destinação. O termo mercadoria refere-se, de maneira ampla, aos bens destinados à comercialização, tendo significado mais restrito.

Produto industrializado é aquele que passa por processo de industrialização, ou seja, é o produto objeto de processo que modifique sua natureza, finalidade ou o aperfeiçoe para consumo, tais como a transformação, a montagem e o beneficiamento, o acondicionamento ou o reacondicionamento e a renovação ou o recondicionamento (Decreto nº 4.544/2002 – Regulamento do IPI, art. 4º).

- **Qual o entendimento do STJ sobre esse ponto:**
- Incide IPI sobre veículo importado para uso próprio, haja vista que tal cobrança não viola o princípio da não cumulatividade nem configura bitributação. (REsp 1.396.488, 30.9.2019, recurso repetitivo)
- Os produtos importados estão sujeitos a uma nova incidência do IPI quando de sua saída do estabelecimento importador na operação de revenda, mesmo que não tenham sofrido industrialização no Brasil. (EREsp 1403532, recurso repetitivo)

4.2. Contribuintes e responsáveis

O art. 51 do CTN define os contribuintes do IPI:

Contribuintes do imposto sobre produtos industrializados
- O importador ou quem a lei a ele equiparar;
- O industrial ou quem a lei a ele equiparar;
- O comerciante de produtos sujeitos ao imposto, que os forneça ao importador ou ao industrial;
- O arrematante de produtos apreendidos ou abandonados, levados a leilão.

Para os efeitos desse imposto, considera-se contribuinte autônomo qualquer estabelecimento de importador, industrial, comerciante ou arrematante.

A legislação ordinária (Lei nº 4.502/1964; Decreto-lei nº 1.593/1977; Lei nº 9.532/1997, entre outras) estabelece um imenso rol de responsáveis tributários, dentre os quais são citados, a título de exemplo: o transportador, em relação aos produtos tributados que transportar; o possuidor ou detentor, em relação aos produtos tributados que possuir ou mantiver para fins de venda ou industrialização; o estabelecimento de produtos usados cuja origem não possa ser comprovada etc.

> **Qual o entendimento do STF sobre esse ponto:**
>
> Incide IPI na importação de veículo automotor por pessoa natural, ainda que não desempenhe atividade empresarial e o faça para uso próprio. (RE 723651, repercussão geral)

4.3. Base de cálculo

Base de cálculo do imposto sobre produtos industrializados	
Na importação de produtos industrializados:	• o valor que servir ou que servirá de base de cálculo dos tributos aduaneiros, por ocasião do despacho de importação, acrescido do montante desses tributos e dos encargos cambiais efetivamente pagos pelo importador ou dele exigíveis;
No leilão de produtos apreendidos ou abandonados:	• o preço da arrematação;
Base de cálculo do imposto sobre produtos industrializados	
Nas demais operações:	• o preço da operação que caracteriza o fato gerador, representada pelo valor do produto acrescido do valor do frete e demais despesas adicionais cobradas do comprador ou destinatário.

▸ **Qual o entendimento do STJ sobre esse ponto:**

- A Lei 7.798/89, ao impedir a dedução dos descontos incondicionais, permitiu a incidência da exação sobre base de cálculo que não corresponde ao valor da operação, em flagrante contrariedade ao art. 47, II, a, do CTN. Os descontos incondicionais não compõem a real expressão econômica da operação tributada, sendo permitida a dedução desses valores da base de cálculo. A dedução dos descontos incondicionais é vedada, no entanto, quando a incidência do tributo se dá sobre valor previamente fixado (regime de preços fixos), salvo se o resultado dessa operação for idêntico ao que se chegaria com a incidência do imposto sobre o valor efetivo da operação, depois de realizadas as deduções pertinentes. (REsp 1149424, recurso repetitivo)

4.4. Alíquotas

O IPI é um imposto com alíquotas proporcionais, que sofrem variação de acordo com a natureza do produto tributado. Suas alíquotas encontram-se registradas na Tabela de Incidência do IPI – TIPI, que tem por base a Nomenclatura Comum do Mercosul – NCM.

A Constituição (art. 153, § 3º, I) determina a **seletividade** da exação, que deve ser seguida de maneira obrigatória. Sendo assim, o imposto deve ser seletivo, incidindo de maneira mais gravosa nos produtos não essenciais, tais como cigarros, bebidas e supérfluos.

É bom ter em mente que, diferentemente da seletividade prevista para o ICMS, que é facultativa, a seletividade do IPI é obrigatória.

Seletividade	
ICMS (facultativa)	**IPI (obrigatória)**
O imposto poderá ser seletivo, em função da essencialidade das mercadorias e dos serviços.	O imposto será seletivo, em função da essencialidade do produto.

Por excetuar o princípio da legalidade, suas alíquotas podem ser alteradas por ato do Poder Executivo, desde que obedecidos os parâmetros legais. O IPI também não se sujeita ao princípio da anterioridade de exercício, mas está sujeito à anterioridade nonagesimal.

▸ **Como esse assunto foi cobrado em concurso?**

(Quadrix/CFO/DF/Técnico/2017) A respeito de tributos e seus impactos nas operações das empresas, julgue o item seguinte: a seletividade do IPI, em função da essencialidade do produto, traduz-se na sua elevada incidência sobre produtos supérfluos e na sua reduzida carga sobre produtos básicos.

Resposta: Certa.

4.5. Lançamento

Regra geral, a exação é objeto de **lançamento por homologação** (cf. CTN, art. 150), escriturada em "livros de entrada e saída" dos produtos, em que são calculados os montantes devidos, oriundos da diferença entre créditos relativos às entradas de matérias-primas e insumos, e débitos relativos à saída de produtos.

4.6. Não cumulatividade

A Constituição Federal estabelece, em seu art. 153, § 3º, II, a **não cumulatividade** do IPI, determinando a compensação do imposto devido em cada operação com o montante cobrado nas operações anteriores.

A não cumulatividade é característica obrigatória da exação e não pode ser afastada por legislação infraconstitucional. O respeito à não cumulatividade é, por conseguinte, um dever constitucional do ente tributante.

Tal princípio visa evitar a chamada "tributação em cascata", vista como danosa para a economia, uma vez que acaba desestimulando o setor produtivo por meio de uma tributação excessiva.

Discussões atuais e polêmicas cercam o instituto da não cumulatividade do IPI. Pode-se destacar, dentre as mais controversas, as questões referentes aos créditos oriundos de insumos isentos e de insumos tributados à alíquota zero.

▸ **Qual o entendimento do STF sobre esse ponto:**

- Inexiste direito a crédito presumido de IPI relativamente à entrada de insumos isentos, sujeitos à alíquota zero ou não tributáveis, o que não contraria o princípio da não cumulatividade. (Súmula Vinculante 58)
- O crédito-prêmio de IPI, incentivo fiscal de natureza setorial instituído pelo art. 1º do DL 491/69, deixou de vigorar em 5.10.1990 ante a ausência de sua confirmação por lei no prazo de dois anos após a publicação da CF, conforme definido no § 1º do art. 41 do ADCT. (RE 577348, repercussão geral)

▸ **Qual o entendimento do STJ sobre esse ponto:**

- É devida a correção monetária ao creditamento do IPI quando há oposição ao seu aproveitamento decorrentes de resistência ilegítima do Fisco. (Súmula 411)
- O benefício fiscal do ressarcimento do crédito presumido do IPI relativo às exportações incide mesmo quando as matérias-primas ou os insumos sejam adquiridos de pessoa física ou jurídica não contribuinte do PIS/Pasep. (Súmula 494)
- A aquisição de bens integrantes do ativo permanente da empresa não gera direito a creditamento de IPI. (Súmula 495)

- É devida a correção monetária sobre o valor referente a créditos de IPI admitidos extemporaneamente pelo Fisco. (REsp 1035847, recurso repetitivo)
- A aquisição de matéria-prima e/ou insumo não tributados ou sujeitos à alíquota zero, utilizados na industrialização de produto tributado pelo IPI, não enseja direito ao creditamento do tributo pago na saída do estabelecimento industrial. (REsp 1134903, recurso repetitivo)
- Na oportunidade da liquidação da sentença, por se tratar de reconhecimento de crédito-prêmio de IPI, a parte deverá apresentar toda a documentação suficientes à comprovação da efetiva operação de exportação, bem como do ingresso de divisas no país, sem o que não se habilita à fruição do benefício, mesmo estando ele reconhecido na sentença. (REsp 959338, recurso repetitivo)
- O prazo prescricional das ações que visam ao recebimento do crédito-prêmio do IPI, nos termos do art. 1º do Dec. 20.910/32, é de cinco anos. (REsp 1111148, recurso repetitivo)

4.7. Extrafiscalidade

O IPI é um tributo essencialmente fiscal, representando um importante ingresso de receitas nos cofres da União. Apesar do caráter fiscal predominante, o imposto também exerce, ainda que indiretamente, função extrafiscal, ao servir de instrumento regulador do mercado de determinados produtos, onerando de maneira mais gravosa os produtos considerados supérfluos, ou não essenciais, e fomentando a produção de produtos essenciais, por meio da redução de alíquotas e outros incentivos fiscais.

4.8. Imunidade

O IPI não incidirá sobre produtos industrializados destinados ao exterior (CF, art. 153, § 3º, III) nem sobre: energia elétrica, serviços de telecomunicações, derivados de petróleo e combustíveis e minerais do País, situações que a Constituição protege da tributação de qualquer outro imposto, à exceção do ICMS, do II e do IE (art. 155, § 3º).

► **Como esse assunto foi cobrado em concurso?**

(Fundep/CRM/MG/Advogado/2017) Assinale a alternativa em que a descrição, as atribuições e as características próprias do Imposto sobre Produtos Industrializados (IPI) estão corretamente apresentadas.

(A) a competência para instituir e cobrar o Imposto sobre Produtos Industrializados constitui significativa parcela de poder político que se concentra em mãos do governo estadual, não obstante considerável parcela de sua arrecadação seja destinada aos municípios.

(B) o Imposto sobre Produtos Industrializados, ou IPI, será cumulativo, compensando-se o que for devido em cada operação com o montante cobrado nas anteriores.

(C) o IPI será progressivo e terá suas alíquotas fixadas de forma a desestimular a exportação, privilegiando a produção nacional.

(D) o Imposto sobre Produtos Industrializados não incidirá sobre produtos industrializados destinados ao exterior.

Resposta: Alternativa "D".

5. IMPOSTO SOBRE OPERAÇÕES FINANCEIRAS

5.1. Fato gerador

Segundo define a legislação tributária (CF, art. 153, V; CTN, art. 63; Leis nºs 8.894/1994 e 9.779/1999; Dec. 6.306/2007), os fatos geradores do imposto são as operações: (a) de crédito; (b) de câmbio; (c) de seguro; e (d) relativas a títulos e valores mobiliários.

Verifica-se que, na verdade, existem quatro bases econômicas de incidência, consubstanciadas nas operações acima descritas. A designação tradicional do imposto, chamado comumente de IOF - Imposto sobre Operações Financeiras, confunde o verdadeiro significado da previsão constitucional, uma vez que o Constituinte não outorgou competência para a União tributar qualquer operação financeira, mas apenas aquelas descritas expressamente na norma constitucional. Por esse motivo, grande parte da doutrina critica a nomenclatura IOF, preferindo usar os termos "imposto sobre operações de crédito", "imposto sobre operações de câmbio", "imposto sobre operações de seguros" e "imposto sobre operações relativas a títulos e valores mobiliário", dependendo do fato gerador em concreto.

O imposto incide sobre **operações**, termo entendido no seu conceito jurídico tradicional, ou seja, com significado de atos ou negócios jurídicos em que ocorre a transmissão de um direito. Sendo assim, a exação não incide simplesmente sobre títulos ou valores mobiliários, câmbio, ou seguros, mas sim sobre negócios jurídicos que tenham por objeto esses bens ou valores, daí verificarem-se os seguintes fatos geradores para o imposto:

5.1.1. Operações de crédito

Nas operações de crédito, o fato gerador é a entrega ou colocação do montante à disposição do tomador (CTN, art. 63, I).

▸ **Qual o entendimento do STF sobre esse ponto:**

◙ É inconstitucional o inciso V do art. 1º da Lei 8033/1990, que instituiu a incidência do imposto nas operações de crédito, câmbio e seguros - IOF sobre saques efetuados em caderneta de poupança. (Súmula 664)

> ▸ **Qual o entendimento do STJ sobre esse ponto:**
>
> ◙ Nos depósitos judiciais, não incide o imposto sobre operações financeiras. (Súmula 185)

5.1.2. *Operações de câmbio*

As operações de câmbio constituem a entrega de moeda nacional ou estrangeira, ou de documento que a represente, ou sua colocação à disposição do interessado em montante equivalente à moeda estrangeira ou nacional entregue ou posta à disposição por este (CTN, art. 63, II).

O fato gerador do imposto considera-se ocorrido no momento da realização da operação de câmbio, ou seja, no momento de sua liquidação.

5.1.3. *Operações de seguro*

Nas operações de seguros, o fato gerador ocorre no momento do recebimento do prêmio (CTN, art. 63, III; Decreto-lei nº 1.783/1980, art. 1º, II).

A expressão "operações de seguro" compreende seguros de vida e congêneres, seguro de acidentes pessoais e do trabalho, seguros de bens, valores, coisas e outros não especificados.

5.1.4. *Operações relativas a títulos e valores mobiliários*

Nas operações relativas a títulos e valores mobiliários, o fato gerador ocorre com a aquisição, cessão, resgate, repactuação ou pagamento para liquidação de títulos e valores mobiliários (CTN, art. 63, IV; Lei nº 8.894/1994, art. 2º, II; Dec. 6.306/2007 – Regulamento do IOF, art. 25).

> ▸ **Qual o entendimento do STF sobre esse ponto:**
>
> ◙ A incidência de IOF sobre o negócio jurídico de transmissão de títulos e valores mobiliários, tais como ações de companhias abertas e respectivas bonificações, encontra respaldo no art. 153, V, da CF, sem ofender os princípios tributários da anterioridade e da irretroatividade, nem demandar a reserva de lei complementar. (RE 583712, repercussão geral)

5.2. Contribuintes e responsáveis

São contribuintes do imposto: pessoas físicas ou jurídicas tomadores de crédito; os compradores ou vendedores de moeda estrangeira; as pessoas físicas ou jurídicas seguradas; os adquirentes de títulos ou valores mobiliários, e os titulares de aplicações financeiras; as instituições financeiras e demais instituições autorizadas a funcionar pelo Banco Central do Brasil; as instituições autorizadas que efetuarem a primeira aquisição de ouro, ativo financeiro ou instrumento cambial.

A legislação ordinária reguladora do imposto estabelece, ainda, as hipóteses de responsabilidade tributária, que normalmente incidem sobre as instituições que realizam as operações que se configurem como fatos geradores do imposto (Dec. 6.306/2007, arts. 26 e 27; Decreto-lei nº 1.783/1980, art. 3º, IV).

5.3. Base de cálculo

A base de cálculo é o valor da operação, considerados os fatos geradores relativos a cada hipótese prevista na legislação:

Base de cálculo do IOF	
Operações de crédito	• o valor principal que constitua o objeto da obrigação;
Operações de seguro	• o valor dos prêmios pagos;
Operações de câmbio	• o montante em moeda nacional recebido, entregue ou posto à disposição, correspondente ao valor, em moeda estrangeira da operação;
Operações relativas a títulos e valores mobiliários	• o valor da aquisição, resgate, cessão ou repactuação, o valor da operação de financiamento realizada em bolsas de valores, de futuros, de mercadorias e assemelhados; o valor de resgate de quotas de fundos de investimento e de clubes de investimento; ouro: o preço de sua aquisição, observados os limites de variação da cotação vigente no mercado doméstico, no dia da operação.

5.4. Alíquotas

As alíquotas desse imposto são variáveis de acordo com a espécie de operação, seguindo os limites estabelecidos na legislação ordinária.

Por excetuar os princípios da anterioridade e da anterioridade nonagesimal, bem como o princípio da legalidade, as alíquotas do imposto podem ser alteradas por ato do Poder Executivo, atendidas as condições e limites estabelecidos em lei, incidindo imediatamente após a publicação do ato que realizar a alteração. Deve-se atentar para o fato de que a alteração de outros aspectos estruturais do tributo, tais como base de cálculo e contribuintes, exige lei ou medida provisória.

5.5. Lançamento

Por se tratar de fato gerador instantâneo, e não existindo ficção legal, aplicar-se-á ao lançamento a legislação vigente no momento da concretização da operação prevista como fato gerador do imposto.

5.6. Extrafiscalidade

A exação exprime função extrafiscal, ao ser utilizada como instrumento da política econômica do governo, mormente no que diz respeito ao incentivo a determinados mercados, tais como o mercado de ações e títulos correlatos.

A alteração das alíquotas do tributo por meio de ato infralegal do Poder Executivo visa possibilitar uma maior agilidade na aplicação de medidas governamentais que tenham como objetivo influir em determinados setores da economia, sendo, assim, de importância vital para o sucesso da função extrafiscal do imposto.

6. IMPOSTO SOBRE A PROPRIEDADE TERRITORIAL RURAL

6.1. Fato gerador

O fato gerador do ITR, segundo determinação do CTN, art. 29, é a propriedade, o domínio útil ou a posse de imóvel por natureza, localizado fora da zona urbana do Município, aferível em 1º de janeiro de cada ano.

A identificação do tipo de imóvel, se urbano ou rural, deve ser feita de acordo com os ditames do art. 32, § 1º, do CTN, que, ao estabelecer os critérios jurídicos para a caracterização da zona urbana, com a listagem de requisitos mínimos necessários, acaba, **por exclusão**, definindo o conceito de zona rural, que será toda aquela área considerada como não urbana.

Além deste critério espacial, a **destinação do imóvel**, nos termos do art. 15 do **DL 57/1966** (recepcionado pela CF/88 com status de lei complementar, tal qual o CTN), é regra a ser observada na definição da incidência do tributo:

> **Art. 15.** O disposto no art. 32 da Lei nº 5.172, de 25 de outubro de 1966, não abrange o imóvel de que, comprovadamente, seja utilizado em exploração extrativa vegetal, agrícola, pecuária ou agroindustrial, incidindo assim, sobre o mesmo, o ITR e demais tributos com o mesmo cobrados.

Nesses casos, ocorre a incidência do ITR, e não do IPTU, ainda que o imóvel esteja localizado em área considerada **urbana** por legislação municipal.

> ▸ **Qual o entendimento do STF sobre esse ponto:**
>
> ◙ Não incide IPTU, mas ITR, sobre imóvel localizado na área urbana do Município, desde que comprovadamente utilizado em exploração extrativa, vegetal, agrícola, pecuária ou agroindustrial (DL 57/66, art. 15). (REsp 1112646, recurso repetitivo)

> ▸ **Como esse assunto foi cobrado em concurso?**
>
> **(Cespe/MPE/RR/Promotor/2017)** Um imóvel localizado na área urbana de determinado município é utilizado por seu proprietário comprovadamente para o exercício exclusivo de atividades agrícola e pecuária. Nessa situação hipotética:

(A) é cabível apenas a cobrança do ITR, por expressa previsão legal, uma vez que o imóvel é utilizado em exploração agrícola e pecuária.

(B) o IPTU e o ITR serão tributos devidos e cobrados cumulativamente, pois se referem a dois fatos geradores distintos: o IPTU será devido em razão da propriedade urbana; o ITR será devido pelo uso de imóvel em atividades agrícola e pecuária.

(C) embora sejam devidos, os dois tributos não poderão ser cobrados cumulativamente, pois ambos incidem sobre o mesmo bem, devendo ser aplicado o princípio da não cumulatividade: o contribuinte terá o direito de descontar do valor do IPTU devido o montante que for eventualmente pago a título de ITR.

(D) somente será cabível a cobrança do IPTU, uma vez que o critério aplicado pelo CTN é o da localização do imóvel, sendo irrelevante a destinação dada por seu proprietário.

Resposta: Alternativa "A".

Por determinação constitucional expressa (CF, art. 153, § 4º, II), são imunes à incidência do ITR as pequenas glebas rurais, definidas em lei, quando as explore o proprietário que não possua outro imóvel.

Regulamentando a previsão constitucional, o parágrafo único do art. 2º da Lei nº 9.393/96 contém a definição, para efeitos de tributação, de "pequenas glebas rurais", que são aquelas com área igual ou inferior a: 100 ha, se localizado em Município compreendido na Amazônia Ocidental ou no Pantanal matogrossense e sul-matogrossense; 50 ha, se localizado em Município compreendido no Polígono das Secas ou na Amazônia Oriental; 30 ha, se localizado em qualquer outro Município.

6.2. Contribuintes e responsáveis

São contribuintes do imposto: o proprietário do imóvel, o titular do seu domínio útil, ou o seu possuidor a qualquer título. Não existe **ordem de preferência** na eleição da figura do contribuinte, permitindo-se ao fisco eleger aquele que melhor possibilite a arrecadação da exação. Isso porque, muitas vezes, o possuidor "ad usucapionem" ou o titular do domínio útil é "mais dono" do que o proprietário.

São **responsáveis** pelo imposto os sucessores a qualquer título, conforme previsão constante nos arts. 128 a 133 do CTN.

▸ **Qual o entendimento do STJ sobre esse ponto:**

- O promitente vendedor é parte legítima para figurar no polo passivo da execução fiscal que busca a cobrança de ITR nas hipóteses em que não há registro imobiliário do ato translativo de propriedade. (REsp 1073846, recurso repetitivo)

Ainda em relação ao aspecto pessoal do ITR, deve-se lembrar que o inc. III do art. 153 da Constituição prevê a possibilidade de o imposto ser cobrado e fiscalizado pelos Municípios, na forma da lei, com recolhimento do total da receita arrecadada aos cofres municipais. Tal comando constitucional foi regulamentado pela Lei nº 11.250/2005, que permite a cobrança e a fiscalização do ITR pelos Municípios que assim optarem, desde que haja a formalização de convênio com a União, por meio da Secretaria da Receita Federal.

No caso de opção do Município pela fiscalização e cobrança do ITR, ocorrerá uma alteração no polo ativo da obrigação tributária, uma vez que o Município passará a ser o sujeito ativo da exação. É caso de delegação de capacidade tributária ativa, continuando a competência legislativa afeta à União, visto ser essa indelegável.

6.3. Base de cálculo

A base de cálculo é o **valor fundiário** (CTN, art. 30), conceito que se reporta ao valor da extensão territorial, uma vez que a base de cálculo do ITR, por determinação constitucional, refere-se à propriedade territorial, inconfundível com a propriedade predial, que se sujeita somente IPTU, quando em zona urbana.

Reverberando o comando do CTN, o art. 11 da Lei nº 9.393/1996, instituidora do ITR, estabelece a base de cálculo do tributo:

> Art. 11. O valor do imposto será apurado aplicando-se sobre o Valor da Terra Nua Tributável - VTNt a alíquota correspondente, prevista no Anexo desta Lei, considerados a área total do imóvel e o Grau de Utilização - GU.

A base de cálculo do ITR, o chamado **valor da terra nua tributável**, é o valor da terra nua, obtido com as exclusões previstas no art. 10 da Lei nº 9.393/1996, ou seja, com a desconsideração do valor referente a construções, instalações, benfeitorias, culturas cultivadas, florestas plantadas, e com a exclusão de áreas de preservação permanente, de reserva legal, de interesse ecológico, as comprovadamente imprestáveis para qualquer exploração agrícola, pecuária, granjeira, aquícola florestal, e as cobertas por florestas nativas, primárias ou secundárias em estágio médio ou avançado de regeneração. A área total do imóvel, após as exclusões, é que será tributada.

6.4. Alíquotas

As alíquotas do ITR variam de acordo com a área, em hectares, e com o grau de utilização do imóvel. A variação das alíquotas de acordo com o grau de utilização vem atender determinação constitucional, presente no art. 153, § 4º, da CF, que estabelece a **progressividade** das alíquotas da exação, de forma a desestimular a manutenção de propriedades improdutivas.

> **Como esse assunto foi cobrado em concurso?**
>
> **(Cespe/MPE/RR/Promotor/2017)** A tributação sobre a propriedade rural, fundamental para o desenvolvimento agrário, tem como espécie o ITR, tributo de competência da União. A respeito das características desse imposto, assinale a opção correta.
>
> (A) é um imposto progressivo: quanto mais alto for o valor do objeto que recebe o gravame tributário, maior será a alíquota e, portanto, o ônus imputado ao contribuinte.
>
> (B) o contribuinte do imposto é o real proprietário do imóvel rural; aquele que for apenas possuidor não será considerado contribuinte do imposto.
>
> (C) é classificado como um imposto proporcional, ou seja, a alíquota é constante e o resultado aumenta à medida que aumenta o valor do bem sobre o qual ele incide.
>
> (D) o município poderá optar por fiscalizá-lo e cobrá-lo e, até mesmo, reduzi-lo de forma discricionária, conforme a política agrária local.
>
> *Resposta: Alternativa "A".*

6.5. Lançamento

O fato gerador do ITR (propriedade, posse, domínio ou domínio útil) é continuado, sendo anual o lançamento do imposto. A Lei nº 9.393/1996 determina, em seu art. 4º, que o domicílio tributário do contribuinte é o município onde se localize o imóvel, vedada a eleição de qualquer outro.

6.6. Extrafiscalidade

A utilização do ITR como instrumento de política fundiária, por meio do estabelecimento de alíquotas progressivas e mais gravosas, incidentes sobre propriedades rurais improdutivas, revela o seu caráter extrafiscal, que encontra lastro no texto constitucional (CF, art. 153, § 4º), sedimentado na finalidade social do uso da terra.

6.7. Imunidade

O ITR não incide sobre pequenas glebas rurais, definidas em lei, quando as explore o proprietário que não possua outro imóvel (CF, art. 153, § 4º), nem sobre operações de transferência de imóveis desapropriados para fins de reforma agrária, que são imunes a quaisquer impostos (CF, art. 184, § 5º).

Convém relembrar que as passagens da Constituição que fazem referências a **isenções**, (v.g. art. 184, § 5º: "São isentas de impostos federais, estaduais e municipais as operações de transferência de imóveis desapropriados para fins de reforma agrária"; art. 195, § 7º: "São isentas de contribuição para a seguridade social as entidades beneficentes de assistência social que atendam às exigências estabelecidas em lei") devem ser lidas como **imunidades**.

▸ **Como esse assunto foi cobrado em concurso?**

(Consulplan/TJ/MG/Cartórios/2018) Sobre as imunidades tributárias, é correto afirmar que:

(A) as imunidades do art. 150, VI, da Constituição Federal, negam a competência para a instituição de impostos, taxas e contribuições.

(B) o § 5º do art. 184 da Constituição ("são isentas de impostos federais, estaduais e municipais as operações de transferência de imóveis desapropriados para fins de reforma agrária") concede isenção, não imunidade.

(C) a imunidade prevista no art. 150, VI, alínea c, da Constituição Federal, aplica-se aos bens imóveis, mesmo que temporariamente ociosos, de propriedade das instituições de educação e de assistência social sem fins lucrativos que atendam aos requisitos legais.

(D) a imunidade prevista no art. 150, inciso VI, alínea c, da Constituição Federal, a impedir a instituição de impostos sobre patrimônio, renda ou serviços das entidades sindicais dos trabalhadores, das instituições de educação e de assistência social, sem fins lucrativos, beneficia o contribuinte de fato, não alcançando o de direito.

Resposta: Alternativa "C".

7. IMPOSTO SOBRE GRANDES FORTUNAS

A Constituição Federal outorga competência à União para instituir o imposto sobre grandes fortunas, nos termos de lei complementar (CF, art. 153, VII). Tal previsão não foi concretizada, até a presente data, apesar de existirem alguns projetos de lei prevendo a criação do imposto.

O IGF tem como materialidade, prevista na Constituição, a tributação de "grandes fortunas". Caberia à lei complementar dispor sobre o fato gerador, conceituando "grande fortuna", conceito que não pode ser igual aos já utilizados para tributação do patrimônio dos contribuintes.

8. IMPOSTOS RESIDUAIS

Somente a União Federal tem competência para instituir **novos impostos** (e contribuições) não especificamente previstos na Constituição.

Para tanto, é necessária a promulgação de **lei complementar** que assegure a não cumulatividade e a não coincidência de fato gerador e de base de cálculo com outras espécies tributárias semelhantes, discriminadas na Constituição (arts. 154, II, c/c art. 195, § 4º):

Impostos residuais	Contribuições sociais residuais
– Instituição por lei complementar.	– Instituição por lei complementar.
– Não cumulatividade.	– Não cumulatividade.
– Fato gerador e base de cálculo distintos de outros impostos.	– Fato gerador e base de cálculo distintos de outras contribuições.

Ao vedar a não cumulatividade, impede-se, também, a criação de impostos (e contribuições) **adicionais** àqueles já existentes no sistema constitucional tributário.

▸ **Como esse assunto foi cobrado em concurso?**

(Vunesp/Sefin/Guarulhos/Fiscal_Rendas/2019) A competência para instituir impostos não cumulativos e que não tenham fato gerador ou base de cálculo próprios dos discriminados na Constituição Federal, mediante lei complementar, é chamada de competência tributária:

(A) extraordinária concorrente de todos os entes da Federação.

(B) plena dos Estados, Distrito Federal e Municípios.

(C) excepcional da União, exercida em caso de guerra externa ou sua iminência.

(D) ordinária de todos os entes da Federação.

(E) residual da União.

Resposta: Alternativa "E".

Capítulo

XX

Impostos Estaduais

SUMÁRIO • 1. Imposto sobre a transmissão "causa mortis" e doação: 1.1. Fato gerador; 1.2. Competência; 1.3. Contribuintes e responsáveis; 1.4. Base de cálculo; 1.5. Alíquotas; 1.6. Lançamento; 1.7. Extrafiscalidade; 1.8. Imunidade. – 2. Imposto sobre circulação de mercadorias e prestação de serviços de transporte interestadual, intermunicipal e de comunicação: 2.1. Fato gerador; 2.1.1. Conceitos gerais; 2.1.2. Incidência na importação; 2.1.3. Mercadorias fornecidas com serviços não tributáveis pelo ISS; 2.1.4. Incidência unifásica sobre combustíveis e lubrificantes; 2.1.5. Outros casos específicos; 2.2. Contribuintes e responsáveis; 2.3. Base de cálculo; 2.4. Não cumulatividade; 2.5. Alíquotas; 2.5.1. Alíquotas interestaduais e de exportação; 2.5.2 Alíquotas máximas e mínimas; 2.5.3. Alíquotas internas e interestaduais; 2.5.4. Alíquotas para consumidor final de outro estado; 2.5.5. Destinação da diferença de alíquotas; 2.6. Lançamento; 2.7. Extrafiscalidade; 2.8. Imunidade; 2.9. Competência da lei complementar sobre ICMS; 2.10. Convênios de ICMS. – 3. Imposto sobre propriedade de veículos automotores: 3.1. Fato gerador; 3.2. Contribuintes e responsáveis; 3.3. Base de cálculo; 3.4. Alíquotas; 3.5. Extrafiscalidade; 3.6. Imunidade.

1. IMPOSTO SOBRE A TRANSMISSÃO "CAUSA MORTIS" E DOAÇÃO

1.1. Fato gerador

A lei complementar deve estabelecer normas gerais em matéria tributária, especialmente sobre fatos geradores, base de cálculo e contribuintes dos impostos, de acordo com a previsão constante do art. 146, III, da Constituição Federal. O CTN, apesar de cumprir o papel de norma geral reguladora do direito tributário, não traz comandos específicos sobre as transmissões de bens móveis abarcadas pelo ITCMD, haja vista que, à época de sua edição, não existia previsão constitucional referente a tal exação.

A própria Carta Política brasileira determina, em seu art. 24, § 3º, que, no caso de inexistência de lei federal sobre normas gerais, os Estados exercerão a competência legislativa plena, para atender a suas peculiaridades e, ainda, no art. 34, §§ 3º e 4º do ADCT, estabelece a competência dos Estados para legislar sobre matérias que visem implantar o seu sistema tributário.

Não poderia ser diferente o tratamento dispensado pelo Constituinte aos Estados, uma vez que tais comandos visam proteger a autonomia do ente político estadual, em respeito aos princípios federativo e republicano.

Destarte, para compreender a estrutura e o funcionamento do ITCMD, há de se analisar as regras existentes na Constituição Federal e nas leis estaduais que versem sobre o imposto.

Seu fato gerador é estabelecido pela lei ordinária estadual ou distrital aplicável, que, de acordo com a competência outorgada pela CF, é a **transmissão de quaisquer bens ou direitos recebidos em razão de**:

a) **Sucessão *causa mortis*** legítima ou testamentária, mesmo que provisória;

b) **Doação**, conceituada no art. 538 do Código Civil como "contrato em que uma pessoa, por liberalidade, transfere do seu patrimônio bens ou vantagens para o de outra".

Essa caracterização da hipótese de incidência faz com que o imposto seja comumente conhecido por "imposto sobre heranças e doações".

Nesse ponto, verificam-se algumas diferenças entre as hipóteses de incidência do ITCMD em relação ao ITBI municipal:

Principais diferenças entre os impostos de transmissão	
ITCMD	**ITBI**
Competência estadual e distrital;	Competência municipal e distrital;
Incidência sobre transmissões não onerosas;	Incidência sobre transmissões onerosas;
Incidência sobre qualquer tipo de bem.	Incidência tão-somente sobre bens imóveis e direitos a eles relativos.

- **Qual o entendimento do STF sobre esse ponto:**
- É legítima a incidência do imposto de transmissão "causa mortis" no inventário por morte presumida. (Súmula 331)

1.2. Competência

Deve-se atentar, ainda, para as regras constitucionais referentes à competência para a instituição e arrecadação do imposto em determinadas situações, definidas pelo art. 155, § 1º, incisos I, II e III:

Regras constitucionais específicas de competência	
Situação	**Competência**
- Bens imóveis e respectivos direitos (inc. I)	- Do Estado da situação do bem, ou do Distrito Federal.
- Bens móveis, títulos e créditos (inc. II)	- Do Estado onde se processar o inventário ou arrolamento, ou tiver domicílio o doador, ou do Distrito Federal.

Regras constitucionais específicas de competência	
Situação	**Competência**
- Doação por pessoa que tenha domicílio ou resida no exterior (inc. III, "a") - Bens deixados por *de cujus* residente ou domiciliado ou que teve seu inventário processado no exterior (inc. III, "b")	- Regulada por lei complementar.

Como esse assunto foi cobrado em concurso?

(FMP/MPE/RO/Promotor/2017) De acordo com o disposto no art. 155, § 1º, da Constituição da República Federativa do Brasil, é correto o que se afirma acerca do imposto sobre transmissão "causa mortis" e doação, de quaisquer bens ou direitos na alternativa:

(A) Relativamente a bens imóveis e respectivos direitos, compete ao Estado da situação do bem ou ao Distrito Federal.

(B) Relativamente a bens imóveis e respectivos direitos, compete ao Estado onde se processar o inventário ou o arrolamento dos bens ou ao Distrito Federal.

(C) Relativamente a bens imóveis e respectivos direitos, compete ao Estado onde estiver domiciliado o contribuinte ou ao Distrito Federal.

(D) Terá suas alíquotas mínimas fixadas pelo Senado Federal.

(E) Terá suas alíquotas mínimas e máximas fixadas por lei complementar estadual.

Resposta: Alternativa "A".

1.3. Contribuintes e responsáveis

Os contribuintes do imposto são determinados pela legislação estadual aplicável e, em geral, são elevados à sujeição passiva:

Sujeitos passivos do ITCMD
- Nas doações: o donatário dos bens, direitos ou créditos;
- Nas transmissões por morte: o herdeiro ou legatário;
- Nas cessões: o cedente.

Como inexiste norma geral sobre o imposto, cada Estado legisla de forma plena, apenas respeitando os limites impostos pela Constituição Federal.

Definir a atribuição de responsabilidade constitui tarefa relativamente livre para o legislador, desde que obedecidas as regras pertinentes do CTN. Um exemplo clássico é a atribuição de responsabilidade do imposto ao **doador**, caso não seja possível a cobrança ao **donatário**.

1.4. Base de cálculo

A base de cálculo do imposto, também determinada pela legislação estadual, é o **valor venal** dos bens, direitos e créditos, no momento da ocorrência do fato gerador do tributo.

A legislação específica pode trazer hipóteses de redução da base de cálculo em algumas operações, tais como nas transmissões não onerosas de domínio útil ou usufruto, por exemplo. O que não é rechaçado pela jurisprudência dos tribunais.

Tratando-se de transmissão *causa mortis*, o valor do bem ou direito será determinado por **avaliação judicial** e homologado pelo juiz. Antiga súmula de jurisprudência, já superada, dizia que o imposto deveria ser calculado sobre o valor dos bens na data da avaliação (Súm. 113/STF).

Hoje, contudo, admite-se a fixação da data da transmissão dos bens como parâmetro para se calcular o imposto devido (STJ, REsp 15071).

▸ **Qual o entendimento do STF sobre esse ponto:**

- O imposto de transmissão "causa mortis" não é exigível antes da homologação do cálculo. (Súmula 114)
- Sobre os honorários do advogado contratado pelo inventariante, com a homologação do juiz, não incide o imposto de transmissão "causa mortis". (Súmula 115)
- Calcula-se o imposto de transmissão "causa mortis" sobre o saldo credor da promessa de compra e venda de imóvel, no momento da abertura da sucessão do promitente vendedor. (Súmula 590)

1.5. Alíquotas

Impõe a Constituição Federal que as alíquotas do imposto tenham um teto definido pelo Senado da República (art. 155, § 1º, IV).

Hoje, a alíquota máxima é de 8%, índice determinado pela Resolução nº 9/1992 do Senado Federal. As alíquotas específicas para cada situação são estabelecidas na legislação estadual ou distrital aplicável e devem sempre obedecer a esse limite.

▸ **Qual o entendimento do STF sobre esse ponto:**

- O imposto de transmissão "causa mortis" é devido pela alíquota vigente ao tempo da abertura da sucessão. (Súmula 112)

A jurisprudência permite a progressividade do ITCMD, mas não aceita que as leis que regem o tributo utilizem, como critério de diferenciação dessas alíquotas, suportes normativos que desconsiderem a capacidade contributiva.

▸ **Qual o entendimento do STF sobre esse ponto:**

◙ O entendimento de que a progressividade das alíquotas do ITCD é inconstitucional decorre da suposição de que o § 1º do art. 145 da CF a admite exclusivamente para os impostos de caráter pessoal. Entretanto, todos os impostos estão sujeitos ao princípio da capacidade contributiva, mesmo os que não têm caráter pessoal. Esse dispositivo estabelece que os impostos, sempre que possível, devem ter caráter pessoal. Assim, todos os impostos, independentemente de sua classificação como de caráter real ou pessoal, podem e devem guardar relação com a capacidade contributiva do sujeito passivo. É possível aferir a capacidade contributiva do sujeito passivo do ITCD, pois, tratando-se de imposto direto, a sua incidência pode expressar, em diversas circunstâncias, progressividade ou regressividade direta. A progressividade de alíquotas não tem como descambar para o confisco, porquanto existe o controle do teto das alíquotas pelo Senado Federal (CF, art. 155, § 1º, IV). Inexiste incompatibilidade com a Súmula 668/STF. Diferentemente do que ocorre com o IPTU, no âmbito do ITCD não existe necessidade de emenda constitucional para que o imposto seja progressivo. (RE 562045, repercussão geral)

▸ **Como esse assunto foi cobrado em concurso?**

(FGV/Sefaz/RO/Auditor/2018) O Estado X editou uma lei na qual fixou alíquotas progressivas, que variam de 1% a 8% do Imposto sobre a Transmissão Causa Mortis e Doação (ITCD), em razão do valor do bem a ser transmitido e sua localidade. Sobre o caso descrito, assinale a afirmativa correta:

(A) a fixação de alíquotas do ITCD não cabe aos Estados-membros e sim ao Senado Federal.

(B) a fixação de alíquotas progressivas do ITCD é inconstitucional, uma vez que a progressividade, no caso dos impostos reais, só pode ser adotada se houver expressa previsão constitucional.

(C) a progressividade estabelecida é válida, porém a alíquota máxima de 8% viola o confisco, uma vez que restringe desmedidamente o matrimônio do contribuinte.

(D) a fixação de alíquotas progressivas do ITCD não ofende a Constituição Federal, pois é um imposto que revela efetiva capacidade contributiva de quem percebe a transferência patrimonial.

(E) a fixação de alíquotas progressivas do ITCD é inconstitucional, uma vez que a Constituição Federal veda a progressividade de impostos de natureza real.

Resposta: Alternativa "D".

1.6. Lançamento

O lançamento do ITCMD possui dois estatutos jurídicos distintos, dependentes da natureza da transmissão a ser tributada.

Na **transmissão *causa mortis***, os bens do *de cujus* são repassados aos herdeiros mediante inventário ou arrolamento.

No caso de inventário, o lançamento aguarda o deslinde do processo judicial e, somente após a definição dos quinhões hereditários, é calculado o imposto. Aqui, é o particular que fornece as declarações, sem, contudo, antecipar o pagamento: é lançamento por declaração.

No caso de arrolamento, o inventariante apresenta, de plano, a partilha amigável entre as partes e a prova de quitação dos tributos relativos ao espólio e suas rendas. O particular presta todas as informações necessárias e antecipa o pagamento do tributo: é lançamento por homologação.

Nos casos de **transmissão por doação**, o lançamento também se dá por homologação.

1.7. Extrafiscalidade

A exação não tem caráter extrafiscal: sua função primordial é carrear recursos para a Fazenda Pública.

1.8. Imunidade

Não há imunidades **específicas** estipuladas para o ITCMD.

2. IMPOSTO SOBRE CIRCULAÇÃO DE MERCADORIAS E PRESTAÇÃO DE SERVIÇOS DE TRANSPORTE INTERESTADUAL, INTERMUNICIPAL E DE COMUNICAÇÃO

2.1. Fato gerador

2.1.1. *Conceitos gerais*

Os fatos geradores do ICMS estão determinados na Lei Complementar nº 87/1996 (conhecida como "Lei Kandir"), que estabelece normas gerais sobre o imposto, em cumprimento ao disposto no art. 146, III, da Constituição Federal.

Segundo a Carta Magna, compete aos Estados e ao Distrito Federal instituir impostos sobre operações relativas à circulação de mercadorias e sobre prestações de serviços de transporte interestadual e intermunicipal e de comunicação, ainda que as operações e as prestações se iniciem no exterior (CF, art. 155, II).

Operações sob incidência do ICMS (mesmo que se iniciem no exterior)
- Circulação de mercadorias; - Prestação de serviços de transporte interestadual; - Prestação de serviços de transporte intermunicipal; - Prestação de serviços de comunicação.

Para a exata compreensão da hipótese de incidência, o conceito de **operação** deve ser entendido em seu sentido jurídico, significando atos ou negócios jurídicos em que ocorre transmissão de bens ou direitos.

O imposto não incide sobre "**mercadorias**" e sim sobre operações onerosas que transfiram a titularidade de bens classificados como mercadorias. Situações como a realização de simples transferência física de mercadorias e assemelhadas não se subsumem à tributação pelo ICMS.

O ICMS incide sobre prestações de serviços de transporte interestadual e intermunicipal, por qualquer via, de pessoas, bens, mercadorias ou valores. Para a incidência do imposto ser tida como legítima, a situação deve contemplar um negócio jurídico, com a existência de prestador e tomador do serviço, sendo uma aberração jurídica a tributação do transporte de bens ou mercadorias da empresa, por ela mesma transportados, o que configuraria uma estranha "prestação de serviços para si mesmo".

Atente-se, ainda, para o fato de que, por determinação expressa da Constituição Federal (art. 155, § 3º), a energia elétrica deve ser classificada como **mercadoria**.

2.1.2. *Incidência na importação*

A Emenda Constitucional nº 33/2001 alterou o art. 155, § 2º, IX, a, da CF, para que o ICMS incida também sobre

> **Art. 155, § 2º, IX, a)** sobre a entrada de bem ou mercadoria importados do exterior por pessoa física ou jurídica, ainda que não seja contribuinte habitual do imposto, qualquer que seja a sua finalidade, assim como sobre o serviço prestado no exterior, cabendo o imposto ao Estado onde estiver situado o domicílio ou o estabelecimento do destinatário da mercadoria, bem ou serviço;

Contornando, assim, a antiga jurisprudência do STF, que não admitia a incidência do imposto em caso de aquisição de bens corpóreos, industriais ou comerciais que não se destinassem à distribuição e à comercialização para consumo.

▸ **Qual o entendimento do STF sobre esse ponto:**

- Na entrada de mercadoria importada do exterior, é legítima a cobrança do ICMS por ocasião do desembaraço aduaneiro. (Súmula Vinculante 48)
- Não incide o ICMS importação na operação de arrendamento mercantil internacional, salvo na hipótese de antecipação da opção de compra na medida em que o arrendamento mercantil não implica, necessariamente, transferência de titularidade sobre o bem. (RE 540829, repercussão geral)
- Após a EC 33/01, é constitucional a instituição do ICMS incidente sobre a importação de bens, sendo irrelevante a classificação jurídica do ramo de atividade da empresa importadora. (RE 439796, repercussão geral)
- O sujeito ativo da obrigação tributária de ICMS incidente sobre mercadoria importada é o Estado-membro no qual está domiciliado ou estabelecido o destinatário legal da operação que deu causa à circulação da mercadoria, com a transferência de domínio. (ARE 665134, 27.4.2020, repercussão geral)
- I. Após a Emenda Constitucional 33/2001, é constitucional a incidência de ICMS sobre operações de importação efetuadas por pessoa, física ou jurídica, que não se dedica habitualmente ao comércio ou à prestação de serviços, devendo tal tributação estar prevista em lei complementar federal. II. As leis estaduais editadas após a EC 33/2001 e antes da entrada em vigor da Lei Complementar 114/2002, com o propósito de impor o ICMS sobre a referida operação, são válidas, mas produzem efeitos somente a partir da vigência da LC 114/2002. (RE 1221330, 16.6.2020, repercussão geral)

2.1.3. Mercadorias fornecidas com serviços não tributáveis pelo ISS

Segundo o art. 155, § 2º, IX, "b", da Constituição Federal, o ICMS também incide "sobre o valor total da operação, quando mercadorias forem fornecidas com serviços não compreendidos na competência tributária dos municípios".

Ou seja: grava, também, o fornecimento de mercadorias com prestação de serviços não compreendidos na competência tributária dos Municípios e no fornecimento de mercadorias com prestação de serviços sujeitos ao imposto sobre serviços, de competência dos municípios, quando a lei complementar aplicável (LC 116/2003) expressamente o sujeitar à incidência do imposto estadual.

▸ **Qual o entendimento do STF sobre esse ponto:**

- No tocante às farmácias de manipulação, incide o ISS sobre as operações envolvendo o preparo e o fornecimento de medicamentos encomendados para posterior entrega aos fregueses, em caráter pessoal, para consumo; incide o ICMS sobre os medicamentos de prateleira por elas produzidos, ofertados ao público consumidor. (RE 605552, 5.8.2020, repercussão geral)

▸ **Qual o entendimento do STJ sobre esse ponto:**

- O fornecimento de mercadorias com a simultânea prestação de serviços em bares, restaurantes e estabelecimentos similares constitui fato gerador do ICMS a incidir sobre o valor total da operação. (Súmula 163)

2.1.4. *Incidência unifásica sobre combustíveis e lubrificantes*

Segundo a Constituição Federal (art. 155, § 2º, XII, "h"), cabe à lei complementar definir os combustíveis e lubrificantes sobre os quais o imposto incidirá uma única vez – incidência unifásica –, hipótese em que a **regra de não incidência** prevista no art. 155, § 2º, X, "b", da CF deixa de ser aplicada.

2.1.5. *Outros casos específicos*

Várias discussões judiciais sobre a incidência do ICMS levaram a jurisprudência a fixar entendimentos sobre uma série de ocorrências pontuais relativas ao fato gerador desse imposto.

▸ **Qual o entendimento do STF sobre esse ponto:**

- O ICMS não incide sobre alienação de salvados de sinistro pelas seguradoras. (Súmula Vinculante 32)
- Não constitui fato gerador do imposto de circulação de mercadorias a saída física de máquinas, utensílios e implementos a título de comodato. (Súmula 573)
- É legítima a incidência do ICMS na comercialização de exemplares de obras cinematográficas, gravados em fitas de videocassete. (Súmula 662)
- O fornecimento de água potável por empresas concessionárias desse serviço público não caracteriza operação de circulação de mercadoria e não é tributável pelo ICMS. As águas em estado natural são bens públicos e só podem ser exploradas por particulares mediante concessão, permissão ou autorização. (RE 607056, repercussão geral)
- É constitucional a incidência do ICMS sobre a operação de venda, realizada por locadora de veículos, de automóvel com menos de 12 meses de aquisição da montadora. (RE 1025986, 5.8.2020, repercussão geral)

▸ **Como esse assunto foi cobrado em concurso?**

(FGV/Sefaz/RO/Técnico/2018) Na entrega de mercadoria importada do exterior, considera-se ocorrido o fato gerador do Imposto Sobre Circulação de Mercadorias e Prestação de Serviços (ICMS), o momento em que se dá

(A) o desembaraço aduaneiro.

(B) a entrada da mercadoria no estabelecimento do destinatário.

(C) a saída da mercadoria do exterior.

(D) a aquisição da mercadoria, ainda que a mercadoria não seja entregue corretamente.

(E) a entrega da declaração de importação pelo estabelecimento adquirente.

Resposta: Alternativa "A".

▸ **Qual o entendimento do STJ sobre esse ponto:**

- O ICMS não incide na gravação e distribuição de filmes e videoteipes. (Súmula 135)
- O ICMS incide na importação de aeronave, por pessoa física, para uso próprio. (Súmula 155)
- Não constitui fato gerador do ICMS o simples deslocamento de mercadoria de um para outro estabelecimento do mesmo contribuinte. (Súmula 166)
- Na importação de veículo por pessoa física, destinado a uso próprio, incide o ICMS. (Súmula 198)
- O ICMS não incide no serviço dos provedores de acesso à internet. (Súmula 334)
- O ICMS não incide sobre o serviço de habilitação de telefone celular. (Súmula 350)
- O ICMS incide sobre o valor da tarifa de energia elétrica correspondente à demanda de potência efetivamente utilizada. (Súmula 391)
- O ICMS incide sobre o valor da venda a prazo constante da nota fiscal. (Súmula 395)
- As empresas de construção civil não estão obrigadas a pagar ICMS sobre mercadorias adquiridas como insumos em operações interestaduais. (Súmula 432)
- O produto semielaborado, para fins de incidência de ICMS, é aquele que preenche cumulativamente os três requisitos do art. 1º da Lei Complementar nº 65/1991. (Súmula 433)
- Com base no art. 3º, VIII, da LC 87/96, não incide ICMS sobre operação de "leasing" em que não se efetivou a transferência de titularidade do bem. (REsp 1131718, recurso repetitivo)

2.2. Contribuintes e responsáveis

Contribuinte do imposto é qualquer pessoa, física ou jurídica, que realize, com habitualidade ou em volume que caracterize intuito comercial, operações de circulação de mercadoria ou prestações de serviços de transporte interestadual e intermunicipal e de comunicação, ainda que as operações e as prestações se iniciem no exterior.

Podem ser consideradas responsáveis pelo imposto as pessoas relacionadas ao fato gerador do tributo, tais como o adquirente da mercadoria ou o tomador do serviço.

2.3. Base de cálculo

A base de cálculo do imposto representa a quantificação da operação mercantil tributável, sendo expressa pelo preço de venda ou da prestação do serviço.

Não devem compor a base de cálculo valores que não guardam relação com a operação mercantil tributável, como juros de financiamento, por exemplo.

Por determinação constitucional expressa, o imposto:

> **CF, 155, § 2º, XI** – Não compreenderá, em sua base de cálculo, o montante do imposto sobre produtos industrializados, quando a operação, realizada entre contribuintes e relativa a produto destinado à industrialização ou à comercialização, configure fato gerador dos dois impostos;

▸ **Qual o entendimento do STF sobre esse ponto:**

- É constitucional a inclusão do valor do ICMS na sua própria base de cálculo. (RE 582461, repercussão geral)
- O ICMS incide sobre a tarifa de assinatura básica mensal cobrada pelas prestadoras de serviço de telefonia, independentemente da franquia de minutos concedida ou não ao usuário. (RE 912888, repercussão geral)
- A demanda de potência elétrica não é passível, por si só, de tributação via ICMS, porquanto somente integram a base de cálculo desse imposto os valores referentes àquelas operações em que haja efetivo consumo de energia elétrica pelo consumidor. (RE 593824, 27.4.2020, repercussão geral)

▸ **Qual o entendimento do STJ sobre esse ponto:**

- Nas operações com cartão de crédito, os encargos relativos ao financiamento não são considerados no cálculo do ICMS. (Súmula 237)
- É ilegal a cobrança de ICMS com base no valor da mercadoria submetido ao regime de pauta fiscal. (Súmula 431)
- Os descontos incondicionais nas operações mercantis não se incluem na base de cálculo do ICMS. (Súmula 457)
- O ICMS descaracteriza-se acaso integrarem sua base de cálculo elementos estranhos à operação mercantil realizada, como, por exemplo, o valor intrínseco dos bens entregues por fabricante à empresa atacadista, a título de bonificação, ou seja, sem a efetiva cobrança de um preço sobre os mesmos. (REsp 923012, recurso repetitivo)

- O valor do frete integra a base de cálculo do ICMS incidente sobre a circulação da mercadoria, para fins da substituição tributária progressiva ("para frente"), à luz do art. 8º, II, "b", da LC 87/96. Entrementes, nos casos em que a substituta tributária não efetua o transporte, nem o engendra por sua conta e ordem, o valor do frete não deve ser incluído na base de cálculo do imposto, "ex vi" do disposto no art. 13, § 1º, II, "b", da LC 87/96. (REsp 931727, recurso repetitivo)
- Ainda que se adote a substituição tributária como forma de arrecadação de ICMS, é legal a sistemática do "cálculo por dentro". (REsp 1454184, recurso repetitivo)

2.4. Não cumulatividade

O ICMS deve ser **não cumulativo**, assim como o IPI, compensando-se o que for devido em cada operação relativa à circulação de mercadorias ou prestação de serviços com o montante cobrado nas anteriores pelo mesmo ou por outro Estado ou pelo Distrito Federal (CF, art. 155, § 2º, I).

A LC nº 87/1996 normatiza a não cumulatividade do imposto com diversos comandos específicos. Trata-se de uma exigência constitucional inexistente para o IPI, cuja sistemática de não cumulatividade pode ser veiculada em lei ordinária. Aliás, essa distinção de fontes normativas faz sentido porque o ICMS pode agrupar, na sua cadeia de incidência, vários entes federados e diferentes normas reguladoras, diferentemente do IPI, cuja competência é única e exclusiva da União.

Regra geral, na cadeia de tributação pelo ICMS, **a isenção e a não incidência não geram créditos para compensação nas operações seguintes**, assim como também anulam os créditos relativos às operações anteriores. A lei, entretanto, pode determinar de forma diferente, permitindo o creditamento nesses casos (CF, art. 155, § 2º, II e alíneas).

► **Qual o entendimento do STF sobre esse ponto:**

- A redução da base de cálculo de ICMS equivale à isenção parcial, o que acarreta a anulação proporcional de crédito relativo às operações anteriores, salvo disposição em lei estadual em sentido contrário. (RE 635688, repercussão geral)
- É devida a restituição da diferença do ICMS pago a mais no regime de substituição tributária para a frente se a base de cálculo efetiva da operação for inferior à presumida. (RE 593849, repercussão geral)

► **Qual o entendimento do STJ sobre esse ponto:**

- É lícito ao comerciante de boa-fé aproveitar os créditos de ICMS decorrentes de nota fiscal posteriormente declarada inidônea, quando demonstrada a veracidade da compra e venda. (Súmula 509)

- O ICMS incidente sobre a energia elétrica consumida pelas empresas de telefonia, que promovem processo industrial por equiparação, pode ser creditado para abatimento do imposto devido quando da prestação de serviços. (REsp 1201635, recurso repetitivo)
- As atividades de "panificação e de congelamento de produtos perecíveis", "rotisseria e restaurante", "açougue e peixaria" e "frios e laticínios" (...) por supermercado não configuram processo de industrialização de alimentos, (...) razão pela qual inexiste direito ao creditamento do ICMS pago na entrada da energia elétrica consumida no estabelecimento comercial. (REsp 1117139, recurso repetitivo)

Como esse assunto foi cobrado em concurso?

(FCC/DPE/SP/Defensor/2019) Acerca do imposto sobre circulação de mercadorias e serviços (ICMS), é correto afirmar:

(A) A contratação de arrendamento mercantil caracteriza o fato gerador do ICMS, devendo o tributo ser pago pela pessoa física ou jurídica que figurar no contrato como arrendatário do bem, firmada ou não a cláusula de opção de compra.

(B) É lícito ao contribuinte de boa-fé aproveitar créditos de ICMS decorrentes de nota fiscal posteriormente declarada inidônea, desde que demonstrada a existência da compra e venda indicada no documento.

(C) O fornecimento de mercadorias com a simultânea prestação de serviços de bares, restaurantes e estabelecimentos similares não constitui fato gerador do ICMS, uma vez que perfaz a hipótese de incidência do ISSQN.

(D) Em razão do princípio da obrigatoriedade da tributação, as operações mistas, aquelas que comportam um "duplo objeto negocial", podem ser tributadas por diversas pessoas políticas sem que se caracterize a bitributação, uma vez que constituem o fato gerador de dois ou mais tributos.

(E) Não caracterizam fato gerador do ICMS as hipóteses de movimentação de mercadorias entre estabelecimentos de um mesmo contribuinte, salvo se a movimentação ocorrer entre estabelecimentos situados em Estados diferentes ou entre Estados e o Distrito Federal.

Resposta: Alternativa "B".

2.5. Alíquotas

Há várias disposições constitucionais a respeito do manuseio legislativo das alíquotas do ICMS, o que fez com que, não sem razão, a sistemática desse imposto se tornasse a mais complexa dentre as existentes no Brasil.

Regras constitucionais sobre as alíquotas do ICMS
- Alíquotas aplicáveis às operações e prestações, interestaduais e de exportação, estabelecidas por Resolução do Senado (art. 155, § 2º, IV). - É facultado ao Senado Federal: • estabelecer alíquotas mínimas nas operações internas, mediante resolução de iniciativa de um terço e aprovada pela maioria absoluta de seus membros (art. 155, § 2º, V, "a"); • fixar alíquotas máximas nas mesmas operações para resolver conflito específico que envolva interesse de Estados, mediante resolução de iniciativa da maioria absoluta e aprovada por dois terços de seus membros (art. 155, § 2º, V, b). - Salvo deliberação em contrário dos Estados e do Distrito Federal, nos termos do disposto no inciso XII, "g", as alíquotas internas, nas operações relativas à circulação de mercadorias e nas prestações de serviços, não poderão ser inferiores às previstas para as operações interestaduais (art. 155, § 2º, VI). - Em relação às operações e prestações que destinem bens e serviços a consumidor final localizado em outro Estado, adotar-se-á a alíquota interestadual e caberá ao Estado de localização do destinatário o imposto correspondente à diferença entre a alíquota interna do Estado destinatário e a alíquota interestadual (art. 155, § 2º, VII); - A responsabilidade pelo recolhimento do ICMS correspondente à diferença entre a alíquota interna e a interestadual de que trata o inciso acima será atruibuída: (a) ao destinatário, se contribuinte; (b) ao remetente, seu destinatário não for contribuinte.

2.5.1. *Alíquotas interestaduais e de exportação*

Na organização dos poderes da República, enquanto a Câmara de Deputados é composta de representantes do povo, o Senado Federal compõe-se de representantes dos Estados e do Distrito Federal, o que fez com que a Carta Magna reservasse ao Senado funções específicas no tocante à proteção e à estruturação do pacto federativo. Como a incidência do ICMS pode ter reflexos em vários entes federados na mesma operação tributada, foram previstas algumas regras constitucionais de competência do Senado, visando resguardar a sistemática do imposto.

De acordo com a Constituição:

Competências do Senado Federal em matéria de ICMS	
Obrigatória	**Facultativas**
- Exarar resolução, de iniciativa do Presidente da República ou de um terço dos Senadores, aprovada pela maioria absoluta de seus membros, que estabelecerá as alíquotas aplicáveis às operações e prestações, interestaduais e de exportação.	- Estabelecer alíquotas mínimas nas operações internas, mediante resolução de iniciativa de um terço e aprovada pela maioria absoluta de seus membros; - Fixar alíquotas máximas nas mesmas operações para resolver conflito específico que envolva interesse de Estados, mediante resolução de iniciativa da maioria absoluta e aprovada por dois terços de seus membros.

A Resolução 22 do Senado Federal estabeleceu as seguintes **alíquotas interestaduais**:

> Art. 1º A alíquota do Imposto sobre Operações Relativas à Circulação de Mercadorias e sobre Prestação de Serviços de Transporte Interestadual e Intermunicipal e de Comunicação, nas operações e prestações interestaduais, será de doze por cento.
>
> Parágrafo único. Nas operações e prestações realizadas nas Regiões Sul e Sudeste, destinadas às Regiões Norte, Nordeste e Centro-Oeste e ao Estado do Espírito Santo, as alíquotas serão:
>
> I - em 1989, oito por cento;
>
> II - a partir de 1990, sete por cento.

ALÍQUOTAS INTERESTADUAIS

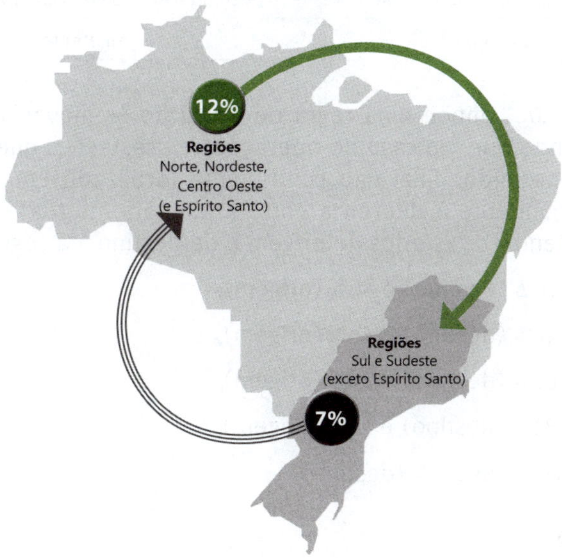

2.5.2 Alíquotas máximas e mínimas

O art. 155, § 2º, IV, parte final, da CF, faculta ao Senado Federal instituir alíquotas máximas e mínimas de ICMS nas **operações internas**.

2.5.3. Alíquotas internas e interestaduais

Regra geral (CF, art. 155, § 2º, VI), as **alíquotas internas** do ICMS não poderão ser inferiores às previstas para as operações interestaduais. Essa vedação, contudo, pode ser modificada por **convênio** (nos termos do art. 155, XII, g, da CF).

2.5.4. Alíquotas para consumidor final de outro estado

A EC 87/2015 unificou a adoção da alíquota interestadual nas operações e prestações que destinem bens e serviços a consumidor final, contribuinte ou não do imposto, localizado em outro Estado. Anteriormente, a definição da alíquota aplicável dependia de o destinatário da mercadoria ser, ou não, contribuinte do imposto.

2.5.5. *Destinação da diferença de alíquotas*

A diferença entre a alíquota interna e a interestadual cabe somente ao Estado de localização do destinatário.

A responsabilidade pelo recolhimento do imposto correspondente à diferença entre a alíquota interna e a interestadual será feita da seguinte forma:

Responsabilidade p/ recolhimento da diferença de alíquotas (operações interestaduais)	
Destinatário contribuinte de ICMS	Destinatário não contribuinte de ICMS
Destinatário	Remetente

O art. 99 da ADCT impõe uma regra de transição às inovações trazidas pela EC 87/2015, dizendo que, no caso de operações e prestações que destinem bens e serviços a consumidor final não contribuinte localizado em outro Estado, o imposto correspondente à diferença entre a alíquota interna e a interestadual será **partilhado** entre os Estados de origem e de destino, na seguinte proporção:

a) em 2015: 20% (destino) e 80% (origem);

b) em 2016: 40% (destino) e 60% (origem);

c) em 2017: 60% (destino) e 40% (origem);

d) em 2018: 80% (destino) e 20% (origem);

e) a partir de 2019: 100% (destino).

2.6. Lançamento

Regra geral, assim como no IPI e no ISS, a exação é objeto de lançamento por homologação (cf. CTN, art. 150), escriturada em "livros de entrada e saída" dos produtos, em que são calculados os montantes devidos, oriundos da diferença entre créditos relativos às entradas de matérias-primas e insumos, e débitos relativos à saída de produtos. Também pode ser objeto de lançamento de ofício (notificação fiscal, arbitramento etc.).

2.7. Extrafiscalidade

Sua função é predominantemente fiscal, entretanto o art. 155, § 2º, III, da Constituição Federal, ao estabelecer que o imposto poderá ser seletivo, em função da essencialidade das mercadorias e dos serviços, faculta aos entes federados configurar a tributação de maneira extrafiscal, gravando com mais força produtos não essenciais, assim entendidos os supérfluos, os artigos de luxo.

É bom ter em mente que, diferentemente da seletividade prevista para o IPI, que é obrigatória, a seletividade do ICMS é facultada ao legislador.

Seletividade	
ICMS (facultativa)	**IPI (obrigatória)**
O imposto poderá ser seletivo, em função da essencialidade das mercadorias e dos serviços.	O imposto será seletivo, em função da essencialidade do produto.

2.8. Imunidade

Segundo a Constituição (art. 155, § 2º, , "a"), o imposto não incide sobre:

Imunidades ao ICMS
- Operações que destinem mercadorias para o exterior; - Serviços prestados a destinatários no exterior; - Operações que destinem a outros Estados petróleo (incluindo lubrificantes, combustíveis líquidos e gasosos dele derivados) e energia elétrica; - Ouro, quando definido em lei como ativo financeiro ou instrumento cambial; - Prestações de serviço de comunicação nas modalidades de radiodifusão sonora e de sons e imagens de recepção livre e gratuita.

À exceção do ICMS, do II e do IE, nenhum outro **imposto** poderá incidir sobre operações relativas a (CF, art. 155, § 3º): energia elétrica; serviços de telecomunicações; derivados de petróleo e combustíveis e minerais do País.

- **Qual o entendimento do STF sobre esse ponto:**
- Segundo o artigo 155, § 2º, X, b, da CF/1988, cabe ao Estado de destino, em sua totalidade, o ICMS sobre a operação interestadual de fornecimento de energia elétrica a consumidor final, para emprego em processo de industrialização, não podendo o Estado de origem cobrar o referido imposto. (RE 748543, 5.8.2020, repercussão geral)
- A imunidade a que se refere o art. 155, § 2º, X, "a", da CF não alcança operações ou prestações anteriores à operação de exportação. (RE 754917, 5.8.2020, repercussão geral)

2.9. Competência da lei complementar sobre ICMS

Segundo o art. 155, § 2º, XII, da Constituição, compete à lei complementar, em matéria de ICMS:

Competência da lei complementar
- Definir seus contribuintes; - Dispor sobre substituição tributária; - Disciplinar o regime de compensação do imposto; - Fixar, para efeito de sua cobrança e definição do estabelecimento responsável, o local das operações relativas à circulação de mercadorias e das prestações de serviços; - Excluir da incidência do imposto, nas exportações para o exterior, serviços e outros produtos além dos mencionados no inciso X, "a"; - Prever casos de manutenção de crédito, relativamente à remessa para outro Estado e exportação para o exterior, de serviços e de mercadorias; - Regular a forma como, mediante deliberação dos Estados e do Distrito Federal, isenções, incentivos e benefícios fiscais serão concedidos e revogados; - Definir os combustíveis e lubrificantes sobre os quais o imposto incidirá uma única vez, qualquer que seja a sua finalidade, hipótese em que não se aplicará o disposto no inciso X, "b"; - Fixar a base de cálculo, de modo que o montante do imposto a integre, também na importação do exterior de bem, mercadoria ou serviço.

▸ **Como esse assunto foi cobrado em concurso?**

(FCC/MPE/PB/Promotor/2018) Embora o ICMS seja um dos impostos mais minuciosamente disciplinados no texto constitucional, a própria Constituição Federal estabeleceu que algumas matérias deveriam ser disciplinadas por meio de lei complementar federal. Em razão disso, no âmbito do ICMS, cabe à lei complementar:

(A) definir "processo de industrialização", para fins de incidência deste imposto e inclusão do IPI em sua base de cálculo; fixar, para efeito de sua cobrança e definição do estabelecimento responsável, o local das operações relativas à circulação de mercadorias e das prestações de serviços; e dispor sobre substituição tributária.

(B) regular a forma como, mediante deliberação dos Estados e do Distrito Federal, isenções, incentivos e benefícios fiscais serão concedidos e revogados; definir suas alíquotas; e excluir da incidência do imposto, nas exportações para o exterior, serviços e outros produtos além dos mencionados no próprio texto constitucional.

(C) prever casos de manutenção de crédito, relativamente à remessa para outro Estado e exportação para o exterior, de serviços e de mercadorias; disciplinar o regime de compensação do imposto; e definir infrações e cominar penalidades para irregularidades praticadas contra a legislação do imposto.

(D) disciplinar o regime de compensação do imposto; definir seus contribuintes; e fixar, para efeito de sua cobrança e definição do estabelecimento responsável, o local das operações relativas à circulação de mercadorias e das prestações de serviços.

(E) excluir da incidência do imposto, nas exportações para o exterior, serviços e outros produtos, além dos mencionados no próprio texto constitucional; prever casos de manutenção de crédito, relativamente à remessa para outro Estado e exportação para o exterior, de serviços e de mercadorias; e fixar as datas para pagamento do imposto retido antecipadamente por substituição tributária.

Resposta: Alternativa "D".

2.10. Convênios de ICMS

Reza o art. 155, § 2º, XII, "g", da CF, no tocante ao ICMS, que cabe à lei complementar "regular a forma como, mediante deliberação dos Estados e do Distrito Federal, isenções, incentivos e benefícios fiscais serão concedidos e revogados".

A norma excepciona o princípio da legalidade, permitindo que certos convênios tenham **força de lei**, como é o caso desta previsão.

Nesse caso, a deliberação dos Estados, que é feita por convênio, poderá conceder e revogar benesses fiscais relativas ao ICMS, excepcionando a exigência, prevista na própria Constituição, de **lei específica** que regule exclusivamente a matéria ou o tributo a que se refiram, para conceder qualquer subsídio, isenção, redução de base de cálculo, concessão de crédito presumido, anistia ou remissão relativos a impostos, taxas ou contribuições (CF, art. 150, § 6º).

O objetivo dessa regra é evitar um problema muito comum nos estados federados: a **guerra fiscal**, em que um ente federado, tentando atrair mais investimentos que outro, oferece condições tributárias mais vantajosas para a instalação de fábricas, entrepostos de mercadorias, prestadores de serviços etc. Vantagens essas que, se levadas ao extremo, produzem distorções econômicas graves, de repercussão regional e nacional.

Assim, a "deliberação conjunta" dos Estados (e Distrito Federal) é a ferramenta constitucional disponibilizada para que haja consenso federativo na normatização dessas regras.

Na maioria dos casos, entretanto, os convênios são utilizados para estabelecer regras de simplificação e padronização de informações e documentos fiscais utilizados no território nacional. O Conselho Nacional de Política Fazendária – Confaz, por exemplo, edita diversos convênios firmados entre os Estados federados, principalmente no que se refere ao ICMS e, também, a normas sobre: Equipamento Emissor de Cupom Fiscal (ECF); Código Fiscal de Operações e de Prestações (CFOP); Sistema Nacional Integrado de Informações Econômico-Fiscais (Sinief); Guia Nacional de Recolhimento de Tributos Estaduais (GNRE) etc.

> **Como esse assunto foi cobrado em concurso?**
>
> **(Cespe/Sefaz/AL/Auditor/2020)** Isenções, incentivos e benefícios fiscais alusivos ao ICMS devem ser concedidos ou revogados mediante deliberação dos estados e do Distrito Federal, por meio de convênio, nos termos de lei complementar.
>
> *Resposta: Certa.*

3. IMPOSTO SOBRE PROPRIEDADE DE VEÍCULOS AUTOMOTORES

3.1. Fato gerador

De maneira análoga ao imposto sobre transmissão *causa mortis* e doação, o Imposto sobre Propriedade de Veículos Automotores - IPVA não teve sua estrutura determinada por lei complementar, sendo, portanto, permitido aos Estados sua normatização plena, desde que respeitados os parâmetros constitucionais pertinentes.

O fato gerador do imposto é a propriedade de veículo automotor de qualquer espécie (à exceção de aeronaves e embarcações), sendo a cobrança realizada anualmente. O imposto é devido no local onde o veículo deve ser registrado, inscrito ou matriculado perante as autoridades competentes.

> **Qual o entendimento do STF sobre esse ponto:**
>
> - IPVA: campo de incidência que não inclui embarcações e aeronaves. (RE 255111)
> - Os Estados-membros estão legitimados a editar normas gerais referentes ao IPVA, no exercício da competência concorrente prevista no artigo 24, § 3º, da CF. (RE 414259-AgR)

3.2. Contribuintes e responsáveis

O contribuinte do imposto é o proprietário do veículo, podendo ser consideradas responsáveis outras pessoas, tais como o adquirente, o titular do domínio útil ou possuidor, além das demais previsões de responsabilidade tributária elencadas na legislação estadual específica.

Interessante observar que o STF já decidiu acerca da possibilidade de os estados fixarem sanção administrativa no caso de ausência de pagamento do IPVA - sanção, registre-se, derivada da mera inadimplência -, tendo se pronunciado a Corte pela constitucionalidade de lei que determinava a impossibilidade de renovação da licença de trânsito, nesta situação.

O conteúdo dessa decisão confronta entendimentos históricos da Corte sobre meios coercitivos para pagamento de tributos.

> ▸ **Qual o entendimento do STF sobre esse ponto:**
>
> ◙ IPVA. Não pagamento. Consequência: impossibilidade de renovar a licença de trânsito. Sanção administrativa em virtude do inadimplemento do pagamento do IPVA. Matéria afeta à competência dos Estados-membros. (ADI 1654. DJ 3.3.2004)

> ▸ **Qual o entendimento do STF sobre esse ponto:**
>
> ◙ A responsabilidade solidária do ex-proprietário, prevista no art. 134 do Código de Trânsito Brasileiro CTB, não abrange o IPVA incidente sobre o veículo automotor, no que se refere ao período posterior à sua alienação. (Súmula 585)

3.3. Base de cálculo

A base de cálculo do imposto, determinada na legislação estadual aplicável, é o **valor venal** do veículo. Os valores poderão variar de acordo com a situação do veículo, se novos ou usados.

As tabelas de valores venais utilizadas para calcular o valor do imposto sofrem atualizações. Essas atualizações não significam desrespeito aos princípios constitucionais norteadores do Sistema Tributário Nacional, uma vez que não consubstanciam majoração de tributo ou alteração de elementos essenciais da exação, tais como o fato gerador ou a base de cálculo.

Segundo a Constituição Federal (art. 150, § 1º, parte final), a **fixação da base de cálculo** do IPVA não se submete ao princípio da anterioridade nonagesimal.

3.4. Alíquotas

A Emenda Constitucional nº 42/03 estabeleceu a competência do Senado Federal para a determinação da alíquota mínima do imposto, além de prever a possibilidade de fixação de alíquotas diferenciadas em função do tipo e da utilização do veículo (CF, art. 155, § 6º).

Os Estados têm liberdade para fixação das alíquotas por meio de lei ordinária específica, desde que obedeçam aos parâmetros constitucionais e aos da lei complementar pertinente.

Quanto à possibilidade de **aliquotamento progressivo**, é importante registrar a existência de precedente do STF que, apesar de não ter julgado o mérito da questão, aparentemente aceita a possibilidade.

> ▸ **Qual o entendimento do STF sobre esse ponto:**
>
> ◙ IPVA. Progressividade. 1. Todos os tributos submetem-se ao princípio da capacidade contributiva, ao menos em relação a um de seus três

aspectos (objetivo, subjetivo e proporcional), independentemente de classificação extraída de critérios puramente econômicos. 2. Porém, as razões não deixam entrever a má utilização de critérios como essencialidade, frivolidade, utilidade, adequação ambiental etc. Considerado este processo, de alcance subjetivo, a alegação de incompatibilidade constitucional não pode ser genérica. 3. Em relação à fixação da base de cálculo, aplicam-se os mesmos fundamentos, dado que o agravante não demonstrou a tempo e modo próprio a inadequação dos critérios legais adotados. (RE 406955 AgR, Dje 21.10.2011)

3.5. Extrafiscalidade

A exação não tem caráter extrafiscal: sua função primordial é carrear recursos para a Fazenda Pública.

3.6. Imunidade

Não há imunidades **específicas** estipuladas para o IPVA, mas, por se tratar de um imposto sobre o patrimônio, convém ressaltar sua submissão à imunidade recíproca.

▸ **Qual o entendimento do STF sobre esse ponto:**

- São imunes à incidência do IPVA os veículos automotores pertencentes à Empresa Brasileira de Correios e Telégrafos, ainda que o patrimônio, renda ou serviço desempenhado pela entidade não esteja necessariamente relacionado ao privilégio postal. (ACO 879, DJ 10.2.2015)
- Não incide IPVA sobre veículo automotor adquirido, mediante alienação fiduciária, por pessoa jurídica de direito público. (RE 727851, 22.6.2020, repercussão geral)

Capítulo

XXI

Impostos Municipais

SUMÁRIO • 1. Imposto sobre a propriedade predial e territorial urbana: 1.1. Fato gerador; 1.1.1. Propriedade; 1.1.2. Domínio útil; 1.1.3. Posse; 1.1.4. Bem imóvel por natureza ou acessão física; 1.1.5. Zona urbana; 1.1.6. Natureza do imposto; 1.2. Contribuintes e responsáveis; 1.2.1. Contribuintes; 1.2.2. Responsáveis; 1.3. Base de cálculo; 1.4. Alíquotas; 1.5. Lançamento; 1.6. Extrafiscalidade; 1.6.1. Direito ambiental tributário; 1.6.2. IPTU-sanção; 1.7. Imunidade. – 2. Imposto sobre transmissão "inter vivos" de bens imóveis: 2.1. Competência; 2.2. Fato gerador; 2.3. Contribuintes e responsáveis; 2.4. Base de cálculo; 2.5. Alíquotas; 2.6. Lançamento; 2.7. Extrafiscalidade; 2.8. Imunidade. – 3. Imposto sobre serviços de qualquer natureza: 3.1. Competência; 3.2. Fato gerador; 3.2.1. Lista de serviços tributáveis; 3.2.2. Serviço tributável; 3.2.3. Não incidência; 3.3. Contribuintes e responsáveis; 3.4. Base de cálculo; 3.5. Alíquotas; 3.6. Lançamento; 3.7. Extrafiscalidade; 3.8. Imunidade. – 4. Impostos distritais e controle concentrado de constitucionalidade.

1. IMPOSTO SOBRE A PROPRIEDADE PREDIAL E TERRITORIAL URBANA

1.1. Fato gerador

O fato gerador do imposto é assim definido:

> **CTN. Art. 32.** O imposto, de competência dos Municípios, sobre a propriedade predial e territorial urbana tem como fato gerador a propriedade, o domínio útil ou a posse de bem imóvel por natureza ou por acessão física, como definido na lei civil, localizado na zona urbana do Município.

Como se vê, o legislador tripartiu as figuras tributáveis em **propriedade, domínio útil** e **posse**.

1.1.1. *Propriedade*

O conceito de propriedade deve ser desvelado por interpretação das normas do Código Civil e da Constituição Federal. A lei civil brasileira não conceitua a propriedade, mas determina que:

> **Art. 1.228.** O proprietário tem a faculdade de usar, gozar e dispor da coisa, e o direito de reavê-la do poder de quem quer que injustamente a possua ou detenha.
>
> **§ 1º** O direito de propriedade deve ser exercido em consonância com as suas finalidades econômicas e sociais e de modo que sejam preservados, de conformidade com o estabelecido em lei especial, a flora, a fauna, as

> belezas naturais, o equilíbrio ecológico e o patrimônio histórico e artístico, bem como evitada a poluição do ar e das águas.

Do que se depreende uma característica atual do direito de propriedade: sua limitação pelos interesses sociais e pelas finalidades econômicas. A Constituição Federal (art. 5º, XXIII) estabelece de forma expressa que a propriedade deve cumprir uma função social, sendo assim dissonante dos objetivos do Constituinte o exercício de direito de propriedade em detrimento de objetivos sociais superiores.

1.1.2. *Domínio útil*

O domínio útil refere-se ao conceito de **enfiteuse** ou **aforamento**, direito real sobre coisa alheia que se consubstancia no uso e na fruição de imóvel alheio, mediante pagamento de renda anual (foro). Traduz-se no direito de usufruir do imóvel da forma mais ampla possível, podendo, ainda, transmiti-lo a terceiro, a título oneroso ou gratuito. Distingue-se do chamado domínio direto, por meio do qual a pessoa mantém para si apenas a substância da coisa, não, porém, suas utilidades.

Com o advento do Código Civil Brasileiro de 2002 (Lei nº 10.406/2002), não se pode mais constituir enfiteuse ou subenfiteuse, continuando em vigor apenas as já constituídas até 10 de janeiro de 2003. Esse instituto foi substituído, no Código Civil de 2002, pelo **direito de superfície** (CC, art. 1.369).

1.1.3. *Posse*

Apesar de o Código Civil não conceituar a posse, que é um estado de fato, sua natureza depreende-se do conceito de **possuidor**, que é "todo aquele que tem de fato o exercício, pleno ou não, de algum dos poderes inerentes à propriedade" (CC, art. 1.196).

Conceito este que não deve ser confundido com o de mero **detentor** de coisa: "aquele que, achando-se em relação de dependência para com outro, conserva a posse em nome deste e em cumprimento de ordens ou instruções suas (CC, art. 1.198).

O texto constitucional não faz referência à tributação da posse pelo IPTU, mas o CTN é claro a esse respeito, englobando-a entre as hipóteses de incidência da exação. A intenção do legislador foi tributar a base econômica da propriedade e não só o titular desse direito, mas também aqueles que detêm alguns dos poderes a ele inerentes – posse ***ad usucapionem*** e domínio útil – usufruem.

Apesar de a incidência do IPTU sobre a posse causar grande celeuma acadêmica, a jurisprudência dos tribunais é pacífica e remansosa em aceitá-la, sempre que se revista do ***animus domini***.

1.1.4. *Bem imóvel por natureza ou acessão física*

Considera-se bem imóvel o assim conceituado pela lei civil, ou seja, o solo e tudo o quanto se lhe incorporar natural ou artificialmente (CC, art. 79). As ficções jurídicas previstas no art. 80 do Código Civil (os direitos reais sobre imóveis e as ações que os asseguram e o direito à sucessão aberta), apesar de serem consideradas imóveis para os efeitos legais, não se submetem ao IPTU, que só incide sobre **prédios** e **terrenos**.

1.1.5. Zona urbana

A definição da zona urbana em **lei municipal** não é suficiente, por si só, para ensejar a tributação dos imóveis nela situados. Exige o art. 32, § 1º, do Código Tributário Nacional a existência de alguns melhoramentos.

Requisitos mínimos para exigir IPTU (pelo menos dois dos seguintes melhoramentos)
- Meio-fio ou calçamento, com canalização de águas pluviais;
- Abastecimento de água;
- Sistema de esgotos sanitários;
- Rede de iluminação pública, com ou sem posteamento para distribuição domiciliar;
- Escola primária ou posto de saúde a uma distância máxima de 3 (três) quilômetros do imóvel considerado.

Que devem ter sido: ou construídos, ou mantidos pelo Poder Público. Permite-se, também, que a lei municipal possa considerar urbanas as áreas urbanizáveis, ou de expansão urbana, constantes de loteamentos aprovados pelos órgãos competentes, destinados à habitação, à indústria ou ao comércio, mesmo que localizados fora da zona urbana primitiva (CTN, art. 32, art. 2º).

O IPTU incide apenas sobre imóveis localizados na zona urbana ou urbanizável do Município, ensejando a incidência do imposto sobre propriedade territorial rural - ITR, de competência da União, a propriedade de bem imóvel em zona não urbana.

Importante ressaltar o entendimento dos tribunais sobre o aparente conflito de incidência IPTU x ITR, exigindo observar, além do **critério espacial** previsto no art. 32 do CTN, a **destinação do imóvel**, nos termos do art. 15 do DL 57/1966:

> **Art. 15.** O disposto no art. 32 da Lei nº 5.172, de 25 de outubro de 1966, não abrange o imóvel de que, comprovadamente, seja utilizado em exploração extrativa vegetal, agrícola, pecuária ou agroindustrial, incidindo assim, sobre o mesmo, o ITR e demais tributos com o mesmo cobrados.

Nesses casos, ocorre a incidência do ITR, e não do IPTU, ainda que os imóveis estejam localizados em áreas consideradas urbanas por legislação municipal.

> ▸ **Qual o entendimento do STJ sobre esse ponto:**
>
> ◙ A incidência do IPTU sobre imóvel situado em área considerada pela lei local como urbanizável ou de expansão urbana não está condicionada à existência dos melhoramentos elencados no art. 32, § 1º, do CTN. (Súmula 626)

- Não incide IPTU, mas ITR, sobre imóvel localizado na área urbana do Município, desde que comprovadamente utilizado em exploração extrativa, vegetal, agrícola, pecuária ou agroindustrial (DL 57/66, art. 15). (REsp 1112646, recurso repetitivo)

1.1.6. Natureza do imposto

Há conceituados tributaristas que veem características de ônus real nos tributos incidentes sobre a propriedade, o domínio útil e a posse de bens imóveis, exatamente por incidirem sobre direitos **reais**. Baseiam-se, para tanto, no disposto no *caput* do art. 130 do CTN:

> **Art. 130.** Os créditos tributários relativos a impostos cujo fato gerador seja a propriedade, o domínio útil ou a posse de bens imóveis, e bem assim os relativos a taxas pela prestação de serviços referentes a tais bens, ou a contribuições de melhoria, sub-rogam-se na pessoa dos respectivos adquirentes, salvo quando conste do título a prova de sua quitação.

Para eles, nada impede que o legislador vincule determinada prestação tributária a uma coisa, instituindo sobre ela um ônus real tributário, o que é simplificado no velho chavão de que "o imóvel responde pelos tributos sobre ele incidentes", a despeito de as relações de tributação basearem-se em princípio obrigacional, não real.

Há fragilidades nessa concepção:

1º) Não há, no dispositivo, nenhuma alusão à limitação da responsabilidade do adquirente, assim, quando as dívidas tributárias incidentes sobre o imóvel são superiores ao próprio valor deste, nem por isso deixam de ser cobradas ao adquirente, que recebe o imóvel com todos os gravames tributários sobre ele pendentes, ou seja: a dívida "ultrapassa" o imóvel para vincular, também, o patrimônio do adquirente, em evidente caráter pessoal.

2º) A tese da tributação **real** do IPTU, que o incompatibiliza com a progressividade instituída pela EC nº 29/2000, no § 1º do art. 156 da Constituição Federal, e, por isso, levaria à declaração da inconstitucionalidade da própria Emenda, está na iminência de ser rechaçada pelo STF (RE nº 423768/SP), após conseguir vitórias nos tribunais paulistas.

3º) Apenas por divagação, já que, na prática, é caso raríssimo. Imagine-se um terreno **vago** – vago na acepção jurídica: terreno sem dono, ***res nullius*** –, a tese da tributação real criaria uma situação ilógica: imposto sem sujeito passivo.

1.2. Contribuintes e responsáveis

1.2.1. Contribuintes

São contribuintes do imposto: o proprietário do imóvel, o titular do seu domínio útil, ou o seu possuidor a qualquer título. Não existe **ordem de preferência** na eleição da figura do contribuinte, permitindo-se ao fisco eleger aquele que melhor possibilite a arrecadação da exação.

Isso porque, muitas vezes, o possuidor *ad usucapionem* ou o titular do domínio útil é "mais dono" do que o proprietário, e, também, por questões lógicas, pois, caso houvesse que se respeitar uma ordem de indicação do contribuinte (primeiro o proprietário, depois o possuidor e, por último do titular do domínio útil), nenhum "terreno de marinha" seria tributado, pois a propriedade deles é da União, ente imune, cabendo ao enfiteuta somente a titularidade do domínio útil.

- **Qual o entendimento do STJ sobre esse ponto:**
- Cabe à legislação municipal estabelecer o sujeito passivo do IPTU. (Súmula 399)
- O locatário não possui legitimidade ativa para discutir a relação jurídico-tributária de IPTU e de taxas referentes ao imóvel alugado nem para repetir indébito desses tributos. (Súmula 614)
- Os impostos incidentes sobre o patrimônio decorrem de relação jurídica tributária instaurada com a ocorrência de fato imponível encartado, exclusivamente, na titularidade de direito real, razão pela qual consubstanciam obrigações "propter rem", impondo-se sua assunção a todos aqueles que sucederem ao titular do imóvel. 5. Consequentemente, a obrigação tributária, quanto ao IPTU e ao ITR, acompanha o imóvel em todas as suas mutações subjetivas, ainda que se refira a fatos imponíveis anteriores à alteração da titularidade do imóvel, exegese que encontra reforço na hipótese de responsabilidade tributária por sucessão prevista nos arts. 130 e 131, I, do CTN. O promitente comprador (possuidor a qualquer título) do imóvel, bem como seu proprietário/promitente vendedor (aquele que tem a propriedade registrada no Registro de Imóveis) são contribuintes responsáveis pelo pagamento do IPTU. 7. É que, nas hipóteses em que verificada a "contemporaneidade" do exercício da posse direta e da propriedade (e não a efetiva sucessão do direito real de propriedade, tendo em vista a inexistência de registro do compromisso de compra e venda no cartório competente), o imposto sobre o patrimônio poderá ser exigido de qualquer um dos sujeitos passivos "coexistentes", exegese aplicável à espécie, por força do princípio de hermenêutica "ubi eadem ratio ibi eadem legis dispositio". (REsp 1073846, recurso repetitivo)

> **Como esse assunto foi cobrado em concurso?**
>
> **(Consulplan/TJ/MG/Cartórios/2019)** Acerca da jurisprudência do STJ em matéria tributária, assinale a alternativa incorreta.
>
> (A) O usufrutuário de imóvel urbano possui legitimidade ativa para questionar o IPTU.
>
> (B) O locatário tem legitimidade ativa para litigar em ações de natureza tributária envolvendo o IPTU.
>
> (C) O cessionário de direito de uso de imóvel público não é contribuinte do IPTU, pois detém a posse mediante relação de natureza pessoal, sem "animus domini".
>
> (D) É legítima a cobrança do Imposto Predial Territorial Urbano - IPTU sobre imóveis situados em área de expansão urbana, ainda que não dotada dos melhoramentos previstos no art. 32, § 1º, do CTN.
>
> *Resposta: Alternativa "B".*

1.2.2. *Responsáveis*

Definir a atribuição de responsabilidade é tarefa relativamente livre para o legislador, desde que obedecidas as regras pertinentes do CTN.

Importante observar que uma regra esparsa, contida no art. 21 do Estatuto da Cidade (Lei nº 10.257/2001), lei federal que regulamentou os arts. 182 e 183 da Constituição Federal, no tocante à regulação do uso da propriedade urbana, introduziu no direito brasileiro o **direito de superfície**, conceituado como direito real de construir ou plantar em solo alheio, possibilitando a imputação de **responsabilidade tributária** sob uma nova modalidade:

> **Art. 21. § 3º** O superficiário responderá integralmente pelos encargos e tributos que incidem sobre a propriedade superficiária, arcando, ainda, proporcionalmente à sua parcela de ocupação efetiva, com os encargos e tributos sobre a área objeto da concessão do direito de superfície, salvo disposição em contrário do contrato respectivo.

1.3. Base de cálculo

A base de cálculo do imposto é o **valor venal** do bem imóvel, não se considerando, na determinação da base de cálculo, o valor dos bens móveis mantidos, em caráter permanente ou temporário, no imóvel, para efeito de sua utilização, exploração, aformoseamento ou comodidade (art. 33, *caput*, e parágrafo único do CTN).

O valor venal será calculado de acordo com a metodologia específica constante da legislação municipal aplicável, podendo levar em consideração fatores diversos, tais como a localização dos logradouros, preços correntes no mercado, idade do imóvel, padrão da construção etc. Cabe ao legislador municipal, ao instituir esse imposto, dispor sobre os critérios de avaliação, permitindo que o lançamento seja baseado de forma individualizada, por imóvel, ou por presunções relativas, de acordo com dados da Planta Genérica de Valores do Município exator.

A atualização do valor venal do imóvel por índices oficiais de correção não representa majoração da base de cálculo do tributo, podendo ser realizada pelo próprio Poder Executivo, mediante decreto. Tal atualização não se configura em atentado ao princípio da legalidade tributária.

▸ **Qual o entendimento do STJ sobre esse ponto:**

◙ É defeso, ao município, atualizar o IPTU, mediante decreto, em percentual superior ao índice oficial de correção monetária. (Súmula 160)

A **fixação da base de cálculo** do IPTU é uma das exceções ao princípio da anterioridade nonagesimal, também conhecido como "noventena" (CF, art. 150, § 1º).

1.4. Alíquotas

As alíquotas devem ser estabelecidas na legislação municipal, e seus valores devem obedecer aos parâmetros determinados pela Constituição Federal, dentre eles a vedação do confisco. As alíquotas não podem atingir valores tais que representem a destruição do patrimônio do contribuinte.

A progressividade do IPTU, implementada por diversas legislações municipais, foi tema de várias discussões judiciais. O STF decidiu pela inconstitucionalidade das leis municipais que criassem a progressividade em função do valor venal ou tipo de utilização do imóvel. Ao decidir pela inconstitucionalidade de tais leis, afirmou que a Constituição Federal apenas previu a progressividade no tempo, em seu art. 182, § 4º, como forma de atuação do Estado para buscar o cumprimento da função social da propriedade. Tal progressividade tem caráter nitidamente sancionador.

A Emenda Constitucional nº 29/2000, no entanto, introduziu no texto da Constituição Federal a previsão da progressividade das alíquotas do IPTU em razão do valor do imóvel (CF, art. 156, § 1º). Com base nessa nova realidade, a jurisprudência se modificou.

Em conclusão, podemos afirmar que, hoje, temos dois tipos de progressividade das alíquotas do IPTU:

1ª) progressividade em função do valor venal do imóvel (CF, art. 156, § 1º);

2ª) progressividade no tempo, utilizada como forma de intervenção estatal para implementar a função social da propriedade (CF, art. 182, § 4º).

Os litígios judiciais sobre a progressividade do IPTU alcançaram a um número tão elevado que o STF criou uma regra específica para os efeitos da declaração de inconstitucionalidade nesses casos (RE 602347, adiante).

- **Qual o entendimento do STF sobre esse ponto:**

- É inconstitucional a lei municipal que tenha estabelecido, antes da Emenda Constitucional 29/2000, alíquotas progressivas para o IPTU, salvo se destinada a assegurar o cumprimento da função social da propriedade urbana. (Súmula 668)
- É inconstitucional a fixação de adicional progressivo do imposto predial e territorial urbano em função do número de imóveis do contribuinte. (Súmula 589)
- É legítimo a lei prever alíquotas diversas, para imóveis residenciais e comerciais, se editada após a EC 29/2000. (RE 586693, repercussão geral)
- Declarada inconstitucional a progressividade de alíquota tributária, é devido o tributo calculado pela alíquota mínima correspondente, de acordo com a destinação do imóvel. RE 602347, repercussão geral)
- São constitucionais as leis municipais anteriores à Emenda Constitucional n. 29/2000, que instituíram alíquotas diferenciadas de IPTU para imóveis edificados e não edificados, residenciais e não residenciais. (RE 666156, 11.5.2020, repercussão geral)

- **Como esse assunto foi cobrado em concurso?**

(Vunesp/TJ/SP/Juiz/2017) Considerando o disposto no artigo 156, parágrafo 1º, inciso I, da Constituição Federal, pode-se afirmar que foi instituída a denominada:

(A) progressividade fiscal genérica.
(B) progressividade extrafiscal genérica.
(C) progressividade fiscal específica do IPTU.
(D) progressividade extrafiscal específica do IPTU.

Resposta: Alternativa "C".

1.5. Lançamento

Comumente, aduz-se que o fato gerador do IPTU é complexivo, contínuo no tempo. Tal ilação é ultrapassada: o fato imponível do imposto verifica-se na data eleita pela lei para tanto - normalmente, no dia 1º de janeiro, de ofício.

É a situação do imóvel nesse dia que irá determinar a incidência do imposto, assim como as demais cominações legais pertinentes (alíquotas, base de cálculo etc.). Assim, pouco importa que, no dia seguinte, o imóvel tenha sido desapropriado, vendido ou destruído por força natural.

- **Qual o entendimento do STJ sobre esse ponto:**

- A retificação de dados cadastrais do imóvel, após a constituição do crédito tributário, autoriza a revisão do lançamento de IPTU pela autoridade administrativa (desde que não extinto o direito potestativo da Fazenda Pública pelo decurso do prazo decadencial), quando decorrer da apreciação de fato não conhecido por ocasião do lançamento anterior, "ex vi" do disposto no art. 149, VIII, do CTN. (REsp 1130545, recurso repetitivo)

Importante questão é a da notificação do lançamento, que, em face da impossibilidade fática de notificar-se pessoalmente todos os contribuintes de um determinado município, consideram-se todos notificados presuntivamente com o envio dos carnês de cobrança pelo correio.

▸ **Qual o entendimento do STJ sobre esse ponto:**

- O contribuinte do IPTU é notificado do lançamento pelo envio do carnê ao seu endereço. (Súmula 397)
- O envio ao endereço do contribuinte da guia de cobrança (carnê) da taxa de licença para funcionamento configura notificação presumida do lançamento do tributo, que pode ser ilidida pelo contribuinte, a quem cabe a prova de que não recebeu a guia. Aplica-se, por analogia, o entendimento do recurso repetitivo referente ao ônus da prova do recebimento do carnê de IPTU (Súm. 397). (REsp 1114780, recurso repetitivo)

1.6. Extrafiscalidade

A função extrafiscal do imposto está delineada claramente no capítulo que trata da política urbana no texto da Constituição Federal:

> **Art. 182, § 4º** É facultado ao Poder Público municipal, mediante lei específica para área incluída no plano diretor, exigir, nos termos da lei federal, do proprietário do solo urbano não edificado, subutilizado ou não utilizado, que promova seu adequado aproveitamento, sob pena, sucessivamente, de:
>
> I – Parcelamento ou edificação compulsórios;
>
> II – Imposto sobre a propriedade predial e territorial urbana progressivo no tempo;
>
> III – Desapropriação com pagamento mediante títulos da dívida pública de emissão previamente aprovada pelo Senado Federal, com prazo de resgate de até dez anos, em parcelas anuais, iguais e sucessivas, assegurados o valor real da indenização e os juros legais.

Como já explanado, deve-se distinguir duas normas relativas à progressividade do IPTU: progressividade em função do valor venal do imóvel (CF, art. 156, § 1º) e a progressividade no tempo, utilizada como forma de intervenção estatal para implementar a função social da propriedade (CF, art. 182, § 4º).

A primeira é de caráter estritamente fiscal; a segunda, extrafiscal, de natureza punitiva, com objetivo de forçar o proprietário do imóvel subutilizado a dar-lhe destinação social, nos termos dos planos diretor e urbanístico municipal.

O IPTU progressivo no tempo poderá ser utilizado pelo Município nos limites delineados pelo art. 7º do Estatuto da Cidade, que prevê, também, em seu art. 5º, que lei municipal específica para área incluída no plano diretor poderá determinar o parcelamento, a edificação ou a utilização compulsórios do solo urbano não edificado, subutilizado ou não utilizado, devendo fixar as condições e os prazos para implementação da referida obrigação.

> **Art. 7º** Em caso de descumprimento das condições e dos prazos previstos na forma do *caput* do art. 5º desta Lei, ou não sendo cumpridas as etapas previstas no § 5º do art. 5º desta Lei, o Município procederá à aplicação do imposto sobre a propriedade predial e territorial urbana (IPTU) progressivo no tempo, mediante a majoração da alíquota pelo prazo de cinco anos consecutivos.
>
> **§ 1º** O valor da alíquota a ser aplicado a cada ano será fixado na lei específica a que se refere o *caput* do art. 5º desta Lei e não excederá a duas vezes o valor referente ao ano anterior, respeitada a alíquota máxima de quinze por cento.
>
> **§ 2º** Caso a obrigação de parcelar, edificar ou utilizar não esteja atendida em cinco anos, o Município manterá a cobrança pela alíquota máxima, até que se cumpra a referida obrigação, garantida a prerrogativa prevista no art. 8º.
>
> **§ 3º** É vedada a concessão de isenções ou de anistia relativas à tributação progressiva de que trata este artigo.

Nessa situação, pode-se aplicar as alíquotas progressivas no tempo, pelo prazo de cinco anos consecutivos. A alíquota anual aplicável deverá ser fixada em lei específica, não podendo exceder a duas vezes o valor referente ao ano anterior, respeitada a alíquota máxima de 15%.

Caso os requisitos previstos nas leis urbanísticas não sejam atendidos em cinco anos, o Município manterá a cobrança pela alíquota máxima, sendo vedada a concessão de isenções ou de anistia relativas à tributação progressiva.

1.6.1. *Direito ambiental tributário*

O Estatuto da Cidade também é chamado pela doutrina de "Lei do Meio Ambiente Artificial". Vários estudiosos identificam em suas normas, hauridas diretamente do sistema constitucional, uma nova visão sobre as cidades, que passaram a ter **natureza jurídica de bem ambiental** (Fiorillo, 2005), e, também, sobre o IPTU, que, conforme o regramento que lhe foi conferido pelo Estatuto, passou a ter natureza de tributo ambiental, de natureza eminentemente extrafiscal, quando sua hipótese de incidência ocorrer subsumida à progressividade no tempo, conforme preceitua a Constituição Federal, art. 182, § 4º, II.

1.6.2. IPTU-sanção

O art. 3º do CTN, ao definir tributo, diz que este, dentre outras características, não deve constituir **sanção de ato ilícito**.

Entretanto, nota-se que, com o texto do art. 182, § 4º, II, da Constituição Federal, tal regra foi mitigada, no que diz respeito ao IPTU, pois a progressividade no tempo é estipulada exatamente como uma das sanções cabíveis contra aqueles que descumprirem o adequado aproveitamento da propriedade imobiliária urbana, ou seja: contra quem descumprir o Plano Diretor municipal.

1.7. Imunidade

Por se tratar de imposto sobre o patrimônio, submete-se às regras constitucionais previstas no art. 150, VI, "a", "b" e "c": vedado aos entes federados instituir impostos sobre:

a) patrimônio, renda ou serviços, uns dos outros;

b) templos de qualquer culto; e

c) patrimônio, renda ou serviços dos partidos políticos, incluindo suas fundações, das entidades sindicais dos trabalhadores, das instituições de educação e de assistência social, sem fins lucrativos, atendidos os requisitos da lei.

▸ **Qual o entendimento do STF sobre esse ponto:**

- Ainda quando alugado a terceiros, permanece imune ao IPTU o imóvel pertencente a qualquer das entidades referidas pelo artigo 150, inciso VI, alínea "c", da Constituição Federal, desde que o valor dos aluguéis seja aplicado nas atividades para as quais tais entidades foram constituídas. (Súmula Vinculante 52).
- A imunidade recíproca, prevista no art. 150, VI, a, da CF não se estende a empresa privada arrendatária de imóvel público, quando seja ela exploradora de atividade econômica com fins lucrativos. Nessa hipótese é constitucional a cobrança do IPTU pelo Município. (RE 594015, repercussão geral)
- Incide IPTU sobre imóvel de pessoa jurídica de direito público cedido a pessoa jurídica de direito privado, devedora do tributo. (RE 601720, repercussão geral)

▸ **Como esse assunto foi cobrado em concurso?**

(FGV/ALE/RO/Advogado/2018) Um imóvel de propriedade do Estado ABC está regularmente alugado para uma empresa privada que nele explora atividade hoteleira. No ano de 2018, a empresa recebeu notificação do Município XYZ para pagamento de IPTU referente ao imóvel alugado, sob a alegação de que o Código Tributário Municipal prevê o locatário comercial como contribuinte de IPTU. Diante desse cenário, e à luz da mais recente jurisprudência do STF, assinale a afirmativa correta:

(A) tal cobrança é indevida, pois este locatário comercial, na qualidade de mero possuidor sem "animus domini", não poderia ser definido como contribuinte do IPTU.

(B) por ser o imóvel de propriedade do Estado ABC, não é possível a cobrança de IPTU do locatário comercial, mas apenas do proprietário.

(C) o proprietário do imóvel (Estado ABC) e o seu locatário (empresa hoteleira) podem responder solidariamente pelo débito de IPTU.

(D) tal cobrança é devida, pois o locatário comercial explora atividade econômica com fins lucrativos.

(E) o IPTU não poderá ser cobrado do locatário comercial, uma vez que o imóvel pertence a um Estado-membro da Federação, o qual goza de imunidade tributária.

Resposta: Alternativa "D".

2. IMPOSTO SOBRE TRANSMISSÃO "INTER VIVOS" DE BENS IMÓVEIS

2.1. Competência

A competência para a instituição do imposto é do **município em que estiver localizado o bem imóvel**.

▸ **Como esse assunto foi cobrado em concurso?**

(Fundep/PGM/Lagoa_Santa/Advogado/2019) Em relação ao imposto sobre transmissão de bens imóveis por ato "inter vivos" de competência municipal (ITBI), assinale a alternativa incorreta.

(A) compete ao município da situação do bem.

(B) pode incidir sobre a transmissão "inter vivos", a qualquer título, por ato oneroso, de bens imóveis, por natureza ou acessão física, e de direitos reais sobre imóveis, exceto os de garantia, bem como cessão de direitos a sua aquisição.

(C) não incide sobre a transmissão de bens ou direitos incorporados ao patrimônio de pessoa jurídica em realização de capital, salvo se a atividade preponderante do adquirente for a compra e venda desses bens ou direitos, locação de bens imóveis ou arrendamento mercantil.

(D) possui previsão constitucional expressa autorizativa da progressividade de alíquotas em razão do valor venal do bem imóvel transmitido.

Resposta: Alternativa "D".

2.2. Fato gerador

Segundo dispõe o art. 156, II, da Constituição Federal, o ITBI tem como fato gerador a transmissão *inter vivos*, por ato oneroso, de bens imóveis, por natureza ou acessão física, e de direitos reais sobre imóveis, exceto os de garantia, bem como a cessão de direitos à sua aquisição.

Transmissão inter vivos, a qualquer título, por ato oneroso:
- De bens imóveis, por natureza ou acessão física;
- De direitos reais sobre imóveis, exceto os de garantia;
- Cessão de direitos a sua aquisição.

A transmissão da propriedade do bem imóvel se dá com o registro do título translativo no Registro de Imóveis. O alienante continuará a ser o proprietário legal do imóvel enquanto não efetuado o registro do título no cartório competente.

Apesar da prática comum de se exigir o comprovante de recolhimento do imposto para que se possa registrar a alienação, a jurisprudência e a doutrina majoritárias entendem ser tal exigência descabida, pois o fato gerador do ITBI é a transmissão do imóvel, que só se concretiza com o registro do título.

A transmissão de bem imóvel ou de direito real sobre imóvel que gera incidência do ITBI deve ser onerosa, sendo assim, transferência de propriedade de bem imóvel advinda de negócios previstos na lei civil tais como compra e venda, dação em pagamento, permuta e troca, por exemplo, podem ser tributados pelo ITBI.

Não se justifica, no entanto, a incidência de ITBI em operações desprovidas de caráter oneroso, tais como usucapião e desapropriação. Na aquisição do imóvel por usucapião, temos uma transmissão não onerosa, uma vez que inexiste caráter recíproco nas contraprestações econômicas, nem vinculação jurídica entre as partes. O adquirente tem seu patrimônio aumentado sem nada ter de desembolsar para adquirir a propriedade objeto da usucapião.

Como esse assunto foi cobrado em concurso?

(Cespe/PGM/João_Pessoa/Procurador/2018) A procuradoria de determinado município foi consultada acerca da incidência de ITBI sobre contratos de promessa de compra e venda de imóvel e sobre aquisição de propriedade mediante usucapião. De acordo com a jurisprudência dos tribunais superiores, é correto afirmar que:

(A) não deverá haver incidência de ITBI em nenhuma das hipóteses.
(B) deverá haver incidência de ITBI apenas na primeira hipótese.
(C) deverá haver incidência de ITBI apenas na segunda hipótese.
(D) deverá haver incidência de ITBI em ambas as hipóteses.
(E) somente deverá haver incidência de ITBI no primeiro caso se houver pagamento de arras.

Resposta: Alternativa "A".

O ITBI não incidirá sobre transmissão de direitos reais de garantia (CF, art. 156, II), como a hipoteca, por exemplo, nem sobre a transmissão de bens ou direitos incorporados ao patrimônio de pessoa jurídica em realização de capital, nem sobre a transmissão de bens ou direitos decorrentes de fusão, incorporação, cisão ou extinção de pessoa jurídica, salvo se, nesses dois últimos casos, a atividade preponderante do adquirente for a compra e venda desses bens ou direitos, locação de bens imóveis ou arrendamento mercantil (CF, art. 156, § 2º, I).

Transmissões imunes ao ITBI
- Direitos reais de garantia sobre imóveis; - Bens ou direitos incorporados ao patrimônio de pessoa jurídica em realização de capital; - Bens ou direitos decorrente de fusão, incorporação, cisão ou extinção de pessoa jurídica, salvo se, nesses casos, a atividade preponderante do adquirente for a compra e venda desses bens ou direitos, locação de bens imóveis ou arrendamento mercantil.

Para fins de não incidência, a preponderância da atividade deve ser verificada de acordo com o estabelecido no art. 37, § 1º, do CTN, que assim a considera caso represente mais de 50% da receita operacional do adquirente, nos dois anos anteriores e nos dois subsequentes à aquisição.

2.3. Contribuintes e responsáveis

Contribuinte do imposto é qualquer uma das partes da operação tributável, o adquirente ou o alienante, o cedente ou o cessionário, conforme determinado pela legislação municipal aplicável.

Poderão ser considerados responsáveis pelo imposto os tabeliães e oficiais dos registros de imóveis que efetuarem registros sem exigir comprovação do recolhimento do imposto incidente na operação. Trata-se de responsabilidade de terceiro, prevista no art. 134, VI, do próprio CTN:

> **Art. 134.** Nos casos de impossibilidade de exigência do cumprimento da obrigação principal pelo contribuinte, respondem solidariamente com este nos atos em que intervierem ou pelas omissões de que forem responsáveis:. ..
> VI - Os tabeliães, escrivães e demais serventuários de ofício, pelos tributos devidos sobre os atos praticados por eles, ou perante eles, em razão do seu ofício;

Entretanto, caso o notário tenha agido com dolo específico, o art. 137, II, a, do CTN atribui-lhe responsabilidade pessoal e integral, eximindo por completo o contribuinte originário.

2.4. Base de cálculo

A base de cálculo do imposto é o valor venal dos bens e direitos transmitidos. A legislação municipal poderá estabelecer a metodologia para a obtenção da base de cálculo do tributo, sendo a mais comum, no que se refere à transmissão da propriedade do imóvel, a avaliação realizada pela Administração Tributária.

A jurisprudência mantém algumas restrições sumuladas sobre o tema.

▸ **Qual o entendimento do STF sobre esse ponto:**

- O imposto de transmissão "inter vivos" não incide sobre a construção, ou parte dela, realizada pelo adquirente, mas sobre o que tiver sido construído ao tempo da alienação do terreno. (Súmula 110)
- O imposto de transmissão "inter vivos" não incide sobre a construção, ou parte dela, realizada, inequivocamente, pelo promitente comprador, mas sobre o valor do que tiver sido construído antes da promessa de venda. (Súmula 470)

2.5. Alíquotas

As alíquotas são proporcionais, sendo inconstitucional qualquer tipo de progressividade de alíquota em função do valor venal do bem ou direito transmitido, conforme diz a Súm. 656/STF.

Os precedentes judiciais que deram origem ao enunciado prestigiaram a seguinte ideia: a progressividade só seria aceitável se expressamente prevista no texto constitucional. E que, para esse imposto, realizar-se-ia o princípio da capacidade contributiva proporcionalmente ao preço da venda.

Em 2011, o STF aparentemente aceitou a progressividade de alíquotas do IPVA, que, assim como o ITBI, é um imposto sobre o patrimônio (imposto real). Em 2013, a Corte adensa essa posição, aceitando a progressividade para as alíquotas do ITCMD.

As razões expressadas nesse último julgamento mostram-se suficientes para superar o conteúdo desta Súmula 656. Registre-se, porém, que a Corte ainda não se posicionou expressamente sobre caso versando ITBI.

▸ **Qual o entendimento do STF sobre esse ponto:**

- É inconstitucional a lei que estabelece alíquotas progressivas para o imposto de transmissão "inter vivos" de bens imóveis - ITBI com base no valor venal do imóvel. (Súmula 656)
- O entendimento de que a progressividade das alíquotas do ITCD é inconstitucional decorre da suposição de que o § 1º do art. 145 da CF a admite exclusivamente para os impostos de caráter pessoal. Entretanto, todos os impostos estão sujeitos ao princípio da capacidade contributiva, mesmo os que não têm caráter pessoal. Esse dispositivo estabelece que os impostos, sempre que possível, devem ter caráter pessoal. Assim, todos os impostos, independentemente de sua classificação como de caráter real ou pessoal, podem e devem guardar relação com a capacidade contributiva do sujeito passivo. É possível aferir a capacidade contributiva do sujeito passivo do ITCD,

pois, tratando-se de imposto direto, a sua incidência pode expressar, em diversas circunstâncias, progressividade ou regressividade direta. A progressividade de alíquotas não tem como descambar para o confisco, porquanto existe o controle do teto das alíquotas pelo Senado Federal (CF, art. 155, § 1º, IV). Inexiste incompatibilidade com a Súmula 668/STF. Diferentemente do que ocorre com o IPTU, no âmbito do ITCD não existe necessidade de emenda constitucional para que o imposto seja progressivo. (RE 562045, repercussão geral)

- IPVA. Progressividade. 1. Todos os tributos submetem-se ao princípio da capacidade contributiva, ao menos em relação a um de seus três aspectos (objetivo, subjetivo e proporcional), independentemente de classificação extraída de critérios puramente econômicos. 2. Porém, as razões não deixam entrever a má utilização de critérios como essencialidade, frivolidade, utilidade, adequação ambiental etc. Considerado este processo, de alcance subjetivo, a alegação de incompatibilidade constitucional não pode ser genérica. 3. Em relação à fixação da base de cálculo, aplicam-se os mesmos fundamentos, dado que o agravante não demonstrou a tempo e modo próprio a inadequação dos critérios legais adotados. (RE 406955 AgR, Dje 21.10.2011)

2.6. Lançamento

Alguns autores exemplificam o ITBI como imposto submetido a lançamento por declaração, mas, em verdade, trata-se, também, de mais um tributo sujeito a homologação, pois o contribuinte, na maior parte dos Municípios, preenche a guia e recolhe o imposto antes de qualquer medida fiscalizadora, dados que ficam sujeitos a ulterior homologação do fisco. Se não realizados os procedimentos legais pertinentes, cabe lançamento de ofício.

2.7. Extrafiscalidade

Seu caráter é eminentemente fiscal.

2.8. Imunidade

Os casos de imunidades específicas do ITBI são descritos pela Constituição como hipóteses de "não incidência". Como já visto, a não incidência, uma vez prevista na Carta Magna, é, na verdade, uma imunidade. Vide, no item *Fato gerador*, os casos de não incidência do imposto.

Como esse assunto foi cobrado em concurso?

(Vunesp/TJ/SP/Cartórios/Provimento/2018) A respeito do Imposto sobre Transmissão "Inter vivos" de bens imóveis - ITBI, é correto afirmar que:

(A) não incide sobre a transmissão de bens ou direitos decorrentes de fusão, incorporação, cisão ou extinção de pessoa jurídica, mesmo que a atividade preponderante do adquirente seja a compra e venda desses bens ou direitos, locação de bens imóveis ou arrendamento mercantil.

(B) sua instituição compete ao Município onde se realiza a transmissão.

(C) sua instituição compete ao Estado da situação do bem.

(D) não incide sobre a transmissão de bens ou direitos incorporados ao patrimônio de pessoa jurídica em realização de capital.

Resposta: Alternativa "D".

Interessante notar que, no caso de aquisição de imóveis por entidade imune, presume-se a vinculação futura do imóvel adquirido às atividades essenciais da adquirente, atraindo a incidência das imunidades previstas no art. 150, VI, b e c, da CF e respeitando o § 4º desse mesmo normativo.

▸ **Qual o entendimento do STF sobre esse ponto:**

- A destinação do imóvel às finalidades essenciais da entidade deve ser pressuposta no caso do ITBI, sob pena de não haver imunidade para esse tributo. (RE 470520, j. 17.9.2013. Informativo 720)
- A imunidade em relação ITBI, prevista no inciso I do § 2º do art. 156 da Constituição Federal, não alcança o valor dos bens que exceder o limite do capital social a ser integralizado. (RE 796376, 5.8.2020, repercussão geral)

3. IMPOSTO SOBRE SERVIÇOS DE QUALQUER NATUREZA

3.1. Competência

A LC nº 116/2003 determina, como regra geral, que o ISS será devido no local do estabelecimento prestador ou, na falta de estabelecimento, no local de domicílio do prestador, exceto nas hipóteses previstas em seu art. 3º.

Regra geral	- ISS devido no local do estabelecimento prestador ou, na falta de estabelecimento, no local de domicílio do prestador.
Regra especial – ISS devido no local	- Do estabelecimento do tomador ou intermediário do serviço ou, na falta de estabelecimento, onde ele estiver domiciliado, na hipótese de importação de serviço; - Da instalação dos andaimes, palcos, coberturas e outras estruturas, no caso dos serviços descritos no subitem 3.05; - Da execução da obra, no caso dos serviços descritos no subitem 7.02 e 7.19; - Da demolição, no caso dos serviços descritos no subitem 7.04; - Das edificações em geral, estradas, pontes, portos e congêneres, no caso dos serviços descritos no subitem 7.05; - Da execução da varrição, coleta, remoção, incineração, tratamento, reciclagem, separação e destinação final de lixo, rejeitos e outros resíduos quaisquer, no caso dos serviços descritos no subitem 7.09;

Regra especial – ISS devido no local	- Da execução da limpeza, manutenção e conservação de vias e logradouros públicos, imóveis, chaminés, piscinas, parques, jardins e congêneres, no caso dos serviços descritos no subitem 7.10; - Da execução da decoração e jardinagem, do corte e poda de árvores, no caso dos serviços descritos no subitem 7.11; - Do controle e tratamento do efluente de qualquer natureza e de agentes físicos, químicos e biológicos, no caso dos serviços descritos no subitem 7.12; - Do florestamento, reflorestamento, semeadura, adubação e congêneres, no caso dos serviços descritos no subitem 7.16; - Da execução dos serviços de escoramento, contenção de encostas e congêneres, no caso dos serviços descritos no subitem 7.17; - Da limpeza e dragagem, no caso dos serviços descritos no subitem 7.18; - Onde o bem estiver guardado ou estacionado, no caso dos serviços descritos no subitem 11.01; - Dos bens ou do domicílio das pessoas vigiados, segurados ou monitorados, no caso dos serviços descritos no subitem 11.02; - Do armazenamento, depósito, carga, descarga, arrumação e guarda do bem, no caso dos serviços descritos no subitem 11.04; - Da execução dos serviços de diversão, lazer, entretenimento e congêneres, no caso dos serviços descritos nos subitens do item 12, exceto o 12.13; - Do Município onde está sendo executado o transporte, no caso dos serviços descritos pelo subitem 16.01; - Do estabelecimento do tomador da mão-de-obra ou, na falta de estabelecimento, onde ele estiver domiciliado, no caso dos serviços descritos pelo subitem 17.05; - Da feira, exposição, congresso ou congênere a que se referir o planejamento, organização e administração, no caso dos serviços descritos pelo subitem 17.10; - Do porto, aeroporto, ferroporto, terminal rodoviário, ferroviário ou metroviário, no caso dos serviços descritos pelo item 20. - Do domicílio do tomador dos serviços dos subitens 4.22, 4.23 e 5.09; - Do domicílio do tomador do serviço no caso dos serviços prestados pelas administradoras de cartão de crédito ou débito e demais descritos no subitem 15.01; - Do domicílio do tomador do serviço do subitem 15.09.

Para efeito de determinação do local da prestação do serviço, considera-se estabelecimento prestador o local onde o contribuinte desenvolva a atividade de prestar serviços, de modo permanente ou temporário, e que configure unidade econômica ou profissional, sendo irrelevantes para caracterizá-lo as denominações de sede, filial, agência, posto de atendimento, sucursal, escritório de representação ou contato ou quaisquer outras que venham a ser utilizadas.

Apesar das regras contidas na LC nº 116/2003, o Superior Tribunal de Justiça entende que o município competente para impor a exação é aquele onde ocorre a efetiva prestação do serviço. A Corte prestigia o **princípio da territorialidade** da exação.

Esse entendimento jurisprudencial faz com que vários municípios legislem de acordo com essa jurisprudência, não se submetendo aos regramentos da lei complementar, o que causa enormes conflitos de competência, principalmente nas grandes regiões metropolitanas brasileiras, áreas adensadas, onde se concentra grande quantidade municípios circunvizinhos, em permanente. Hoje, pode-se afirmar que a temática do local da prestação do serviço é o maior problema da legislação brasileira sobre o ISS.

- **Qual o entendimento do STJ sobre esse ponto:**
- O sujeito ativo da relação tributária é aquele município onde o serviço é efetivamente prestado, onde a relação é perfectibilizada, assim entendido o local onde se comprove haver unidade econômica ou profissional do estabelecimento prestador, ou seja, onde ocorrido o fato gerador tributário, ali deverá ser recolhido o tributo. (REsp 1060210, recurso repetitivo)
- 1. A competência para cobrança do ISS, sob a égide do DL 406/68 era o do local da prestação do serviço (art. 12), o que foi alterado pela LC 116/03, quando passou a competência para o local da sede do prestador do serviço (art. 3º). 2. Em se tratando de construção civil, diferentemente, antes ou depois da lei complementar, o imposto é devido no local da construção (art. 12, letra "b" do DL 406/68 e art. 3º, da LC 116/03). 3. Mesmo estabeleça o contrato diversas etapas da obra de construção, muitas das quais realizadas fora da obra e em município diverso, onde esteja a sede da prestadora, considera-se a obra como uma universalidade, sem divisão das etapas de execução para efeito de recolhimento do ISS. (REsp 1117121, recurso repetitivo)

3.2. Fato gerador

3.2.1. Lista de serviços tributáveis

O Imposto sobre Serviços de Qualquer Natureza – ISS tem como fato gerador a **prestação de serviços** constantes da lista anexa à Lei Complementar nº 116/2003, ainda que tais serviços não constituam atividade preponderante do prestador.

A LC nº 116/2003 é a norma competente para estabelecer regras gerais sobre o tributo, conforme previsão contida no art. 146, III, "a", da Constituição Federal. Traz disposições acerca do fato gerador, base de cálculo, contribuintes e demais características estruturais do tributo, assim como a chamada "lista de serviços", que contém uma série de itens e subitens representativos dos serviços que constituem fato gerador do ISS.

A jurisprudência firmou a **taxatividade** da lista de serviços, ou seja, só considerou possível a incidência de ISS sobre os serviços estritamente nela discriminados.

- **Qual o entendimento do STF sobre esse ponto:**
- É taxativa a Lista de Serviços para efeito de incidência de ISS, admitindo-se, aos já existentes apresentados com outra nomenclatura, o emprego da interpretação extensiva para serviços congêneres. (REsp 1111234, recurso repetitivo)
- É taxativa a lista de serviços sujeitos ao ISS a que se refere o art. 156, III, da Constituição Federal, admitindo-se, contudo, a incidência do tributo sobre as atividades inerentes aos serviços elencados em lei em razão da interpretação extensiva. (RE 784439, 29.6.2020, repercussão geral)

- **Qual o entendimento do STJ sobre esse ponto:**
- 1. Os serviços postais e telemáticos prestados por empresas franqueadas, sob a égide da LC 56/87, não sofrem a incidência do ISS, em observância ao princípio tributário da legalidade. A franquia não era listada como serviço pelo legislador complementar, mas, antes, as atividades de corretagem, agenciamento e intermediação que a tivessem por objeto, situação jurídica que restou modificada pela LC 116/03, enunciando, no item 26.01 de sua lista anexa, como hipótese de incidência do ISS, os "serviços de coleta, remessa ou entrega de correspondências, documentos, objetos, bens ou valores, inclusive pelos correios e suas agências franqueadas". (REsp 1131872, recurso repetitivo)

3.2.2. Serviço tributável

O conceito constitucional de serviço tributável somente abrange: a) as obrigações de fazer e nenhuma outra; b) os serviços submetidos ao regime de direito privado não incluindo, portanto, o serviço público (porque este, além de sujeito ao regime de direito público, é imune a imposto, conforme o art. 150, VI, "a", da Constituição); c) que revelam conteúdo econômico, realizados em caráter negocial – o que afasta, desde logo, aqueles prestados a si mesmo, ou em regime familiar ou desinteressadamente (afetivo, caritativo etc.); d) prestados sem relação de emprego – definida pela legislação própria – excluído, pois, o trabalho efetuado em regime de subordinação (funcional ou empregatício), por não estar *in comercio*.

O fato gerador do ISS é a prestação de serviço, entendida como negócio jurídico relativo a uma "obrigação de fazer", nos moldes da lei civil aplicável. O legislador não pode alterar o conceito de serviço existente no direito privado, haja vista disposição expressa contida no art. 110 do CTN.

Destarte, a incidência do imposto só será legítima se o negócio jurídico realizado se subsumir ao conceito de prestação de serviço. O Supremo já expôs esse entendimento ao considerar inconstitucional a incidência de ISS sobre locação de bens móveis.

> **Como esse assunto foi cobrado em questões discursivas de concurso?**
>
> (Cespe/TJ/PR/Juiz/2017) A empresa Bem Vestida Ltda., sediada em Curitiba, aluga roupas variadas para festas em geral, tais como vestidos longos, curtos, "plus size" etc., para formaturas, casamentos, debutantes, festas e eventos sociais. Essa atividade está prevista na Lista de Serviços anexa à Lei n. 14.710/2009, do Município de Curitiba. Deu-se que essa empresa foi autuada pela Municipalidade, por falta de pagamento do imposto sobre serviços de qualquer natureza (ISS), relativamente aos últimos cinco anos, em virtude do que ela (empresa) ajuizou ação anulatória contra tal exigência tributária. Desenvolva, de modo concludente, todos os fundamentos legais e jurídicos pertinentes e necessários, relativamente a essa exigência do Município, no que diz respeito à sua competência tributária a propósito dessa hipótese de incidência do ISS.

O imposto incide também sobre o serviço proveniente do exterior do País ou cuja prestação se tenha iniciado no exterior do País (LC nº 116/2003, art. 1º, § 1º). Incide ainda sobre os serviços prestados mediante a utilização de bens e serviços públicos explorados economicamente mediante autorização, permissão ou concessão, com o pagamento de tarifa, preço ou pedágio pelo usuário final do serviço (LC nº 116/2003, art. 1º, § 3º).

O campo de incidência do ISS não se confunde com os do ICMS ou do IPI. O ICMS incide sobre operações de circulação de mercadorias, prestação de serviços de transporte interestadual e intermunicipal e de comunicação, tendo campo de incidência delimitado claramente pela Constituição Federal.

A LC nº 116/2003 delimita a incidência do ISS, aduzindo que os serviços tributáveis não ficam sujeitos ao ICMS, ainda que sua prestação envolva fornecimento de mercadorias, mas ressalva alguns casos, como o fornecimento de mercadorias produzidas pelo prestador de serviços fora do local da construção civil (item 7.02 da lista), ou emprego de peças e partes em caso de lubrificação, limpeza, lustração, revisão, carga e recarga, conserto, restauração, blindagem, manutenção e conservação de máquinas, veículos, aparelhos, equipamentos, motores, elevadores ou de qualquer objeto (item 14.01 da lista).

Já o IPI, apesar de conter uma "obrigação de fazer" consistente na industrialização do produto, contém uma "obrigação de dar" ao adquirente um produto industrializado, afastando-se do conceito de prestação de serviços pura e simples.

- **Qual o entendimento do STF sobre esse ponto:**
- É inconstitucional a incidência do Imposto sobre Serviços de Qualquer Natureza – ISS sobre operações de locação de bens móveis. (Súmula Vinculante 31)
- O imposto sobre serviços não incide sobre os depósitos, as comissões e taxas de desconto, cobrados pelos estabelecimentos bancários. (Súmula 588)
- O arrendamento mercantil compreende três modalidades: i) o leasing operacional; ii) o "leasing" financeiro; e, iii) o chamado "lease-back". No primeiro caso há locação, nos outros dois, serviço. A lei complementar não define o que é serviço, apenas o declara, para os fins do inc. III do art. 156 da CF. Não o inventa, simplesmente descobre o que é serviço para os efeitos do inc. III do art. 156 da CF. No arrendamento mercantil ("leasing" financeiro), contrato autônomo que não é misto, o núcleo é o financiamento, não uma prestação de dar. E financiamento é serviço, sobre o qual o ISS pode incidir, resultando irrelevante a existência de uma compra nas hipóteses do "leasing" financeiro e do "lease-back". (RE 592905, repercussão geral)
- As operadoras de planos de saúde realizam prestação de serviço sujeita ao ISSQN, previsto no art. 156, III, da CF. (RE-ED 651703, 28.2.2019, repercussão geral)
- No tocante às farmácias de manipulação, incide o ISS sobre as operações envolvendo o preparo e o fornecimento de medicamentos encomendados para posterior entrega aos fregueses, em caráter pessoal, para consumo; incide o ICMS sobre os medicamentos de prateleira por elas produzidos, ofertados ao público consumidor. (RE 605552, 5.8.2020, repercussão geral)
- É constitucional a incidência de Imposto sobre Serviços de Qualquer Natureza (ISS) sobre contratos de franquia (franchising) (itens 10.04 e 17.08 da lista de serviços prevista no Anexo da Lei Complementar 116/2003). (RE 603136, 29.5.2020, repercussão geral)
- É constitucional a incidência de ISS sobre serviços de distribuição e venda de bilhetes e demais produtos de loteria, bingos, cartões, pules ou cupons de apostas, sorteios e prêmios (item 19 da Lista de Serviços Anexa à Lei Complementar 116/2003). Nesta situação, a base de cálculo do ISS é o valor a ser remunerado pela prestação do serviço, independentemente da cobrança de ingresso, não podendo corresponder ao valor total da aposta. (RE 634764, 8.6.2020, repercussão geral)

▸ **Qual o entendimento do STJ sobre esse ponto:**

- O ISS incide na operação de arrendamento mercantil de coisas móveis. (Súmula 138)
- A prestação de serviço de composição gráfica, personalizada e sob encomenda, ainda que envolva fornecimento de mercadorias, está sujeita, apenas, ao ISS. (Súmula 156)
- O fornecimento de concreto, por empreitada, para construção civil, preparado no trajeto até a obra em betoneiras acopladas a caminhões, é prestação de serviço, sujeitando-se apenas à incidência do ISS. (Súmula 167)
- O ISS incide sobre o valor dos serviços de assistência médica, incluindo-se neles as refeições, os medicamentos e as diárias hospitalares. (Súmula 274)
- É legítima a incidência de ISS sobre os serviços bancários congêneres da lista anexa ao DL nº 406/1968 e à LC nº 56/1987. (Súmula 424)

3.2.3. Não incidência

Segundo o art. 2º da LC nº 116/2003, o imposto não incide sobre algumas situações.

Imunidades ao ISS
- As exportações de serviços para o exterior do País;
- A prestação de serviços em relação de emprego, dos trabalhadores avulsos, dos diretores e membros de conselho consultivo ou de conselho fiscal de sociedades e fundações, bem como dos sócios-gerentes e dos gerentes-delegados;
- O valor intermediado no mercado de títulos e valores mobiliários, o valor dos depósitos bancários, o principal, juros e acréscimos moratórios relativos a operações de crédito realizadas por instituições financeiras.

Como se vê, o item I, em verdade trata-se de **regulamentação de imunidade** prevista no texto constitucional (CF, art. 156, § 3º, II), que, conforme prevê o parágrafo único desse mesmo art. 2º, não alcança os serviços desenvolvidos no Brasil, cujo resultado aqui se verifique, ainda que o pagamento seja feito por residente no exterior.

3.3. Contribuintes e responsáveis

O contribuinte do ISS é o prestador do serviço, pessoa física ou jurídica, incluindo a empresa individual e o prestador autônomo de serviços.

Não são contribuintes aqueles que prestem serviços em relação de emprego, os trabalhadores avulsos, diretores e membros de conselho consultivo ou de conselho fiscal de sociedades e fundações, assim como sócios-gerentes e gerentes-delegados (LC nº 116/2003, art. 2º, II).

Os municípios e o Distrito Federal, mediante lei, poderão atribuir, de modo expresso, a responsabilidade pelo crédito tributário a terceira pessoa, vinculada ao fato gerador da respectiva obrigação, excluindo a responsabilidade do contribuinte ou atribuindo-a a este em caráter supletivo do cumprimento total ou parcial da referida obrigação, até mesmo no que se refere à multa e aos acréscimos legais. A responsabilidade tributária só pode ser determinada por meio de lei, expressamente, pois não pode ser presumida.

Os responsáveis estão obrigados ao recolhimento integral do imposto devido, multa e acréscimos legais, independentemente de ter sido efetuada sua retenção na fonte (LC 116/2003, art. 6º, § 1º).

3.4. Base de cálculo

A base de cálculo do imposto é o **preço do serviço**, sendo considerado o valor bruto recebido pelo prestador, permitindo-se abater apenas o valor dos materiais fornecidos pelo prestador dos serviços de execução, por administração, empreitada ou subempreitada, de obras de construção civil, hidráulica ou elétrica e de outras obras semelhantes, incluindo sondagem, perfuração de poços, escavação, drenagem e irrigação, terraplanagem, pavimentação, concretagem e a instalação e montagem de produtos, peças e equipamentos; e reparação, conservação e reforma de edifícios, estradas, pontes, portos e congêneres (LC nº 116/2003, art. 7º, § 2º).

> ▸ **Qual o entendimento do STF sobre esse ponto:**
>
> ◘ É inconstitucional lei municipal que veicule exclusão de valores da base de cálculo do ISSQN fora das hipóteses previstas em lei complementar nacional. (ADPF 190)

Quando os serviços descritos pelo subitem 3.04 (locação, sublocação, arrendamento, direito de passagem ou permissão de uso, compartilhado ou não, de ferrovia, rodovia, postes, cabos, dutos e condutos de qualquer natureza) da lista de serviços forem prestados no território de mais de um Município, a base de cálculo será proporcional, conforme o caso, à extensão da ferrovia, rodovia, dutos e condutos de qualquer natureza, cabos de qualquer natureza, ou ao número de postes, existentes em cada Município.

A verificação do "preço do serviço" para identificação da correta base de cálculo a ser considerada, muitas vezes, foge da simples análise do valor recebido pelo prestador, pois nem sempre a totalidade da receita auferida na operação representa retribuição pelo serviço prestado, configurando-se, em alguns casos, um simples ingresso temporário.

Várias atividades têm características próprias no que se refere à remuneração percebida, como as agências de viagens, que recebem valores para aquisição de passagens, pagamento de hospedagens, refeições, mas que têm como receita própria (preço do serviço) a comissão recebida.

> ▸ **Qual o entendimento do STJ sobre esse ponto:**
>
> ◙ No tocante à base de cálculo, o ISSQN incide apenas sobre a taxa de agenciamento quando o serviço prestado por sociedade empresária de trabalho temporário for de intermediação, devendo, entretanto, englobar também os valores dos salários e encargos sociais dos trabalhadores por ela contratados nas hipóteses de fornecimento de mão de obra. (Súmula 524)
>
> ◙ Arrendamento mercantil financeiro: a base de cálculo do ISS abrange o valor total da operação contratada, inclusive para os casos de lançamento por homologação. (REsp 1060210, recurso repetitivo)

3.5. Alíquotas

O ISS pode ter alíquotas **fixas**, no caso de serviços prestados por profissional autônomo, ou **proporcionais**, utilizadas para tributação dos serviços prestados por pessoa jurídica.

As alíquotas são determinadas pela legislação municipal e devem obedecer aos limites máximo e mínimo estabelecidos em lei complementar, consoante previsão expressa no art. 156, § 3º, I, da Constituição Federal.

Atualmente, a alíquota máxima do ISS é de 5 % (cinco por cento), estabelecida no art. 8º, II, da LC nº 116/2003. Na ausência de lei complementar que verse sobre a alíquota mínima do imposto, encontra-se em vigor o limite previsto no art. 88 do Ato das Disposições Constitucionais Transitórias – ADCT:

> **Art. 88.** Enquanto lei complementar não disciplinar o disposto nos incisos I e III do § 3º do art. 156 da Constituição Federal, o imposto a que se refere o inciso III do *caput* do mesmo artigo:
>
> I – Terá alíquota mínima de dois por cento, exceto para os serviços a que se referem os itens 32, 33 e 34 da Lista de Serviços anexa ao Decreto-Lei nº 406, de 31 de dezembro de 1968;
>
> II – Não será objeto de concessão de isenções, incentivos e benefícios fiscais, que resulte, direta ou indiretamente, na redução da alíquota mínima estabelecida no inciso I.

> ▸ **Qual o entendimento do STF sobre esse ponto:**
>
> ◙ É inconstitucional medida fiscal que resulte indiretamente na redução da alíquota mínima estabelecida pelo art. 88 do ADCT, a partir da redução da carga tributária incidente sobre a prestação de serviço na territorialidade do ente tributante. (ADPF 190)
>
> ◙ É inconstitucional lei municipal que estabelece impeditivos à submissão de sociedades profissionais de advogados ao regime de tributação fixa em bases anuais na forma estabelecida por lei nacional. (RE 940769, 24.4.2019, repercussão geral)

3.6. Lançamento

Regra geral, assim como o IPI e o ICMS, é objeto de lançamento por homologação (cf. CTN, art. 150). Também pode ser objeto de lançamento de ofício (notificação fiscal, arbitramento etc.).

3.7. Extrafiscalidade

Sua função é fiscal. É a maior fonte de receitas próprias dos grandes Municípios brasileiros.

3.8. Imunidade

Segundo o art. 156, § 3º, II, da Constituição Federal, cabe à lei complementar excluir da sua incidência exportações de serviços para o exterior. Trata-se de imunidade, que coube à LC nº 116/2003 complementar, com os seguintes dizeres:

> **Art. 2º** O imposto não incide sobre: I - as exportações de serviços para o exterior do País; *[...]*
>
> **Parágrafo único.** Não se enquadram no disposto no inciso I os serviços desenvolvidos no Brasil, cujo resultado aqui se verifique, ainda que o pagamento seja feito por residente no exterior.

▸ **Como esse assunto foi cobrado em concurso?**

(Ieses/TJ/RO/Cartórios/Provimento/2017) Sobre o Imposto Sobre Serviço - ISS, assinale a alternativa Incorreta:

(A) O imposto incide sobre as exportações de serviços para o exterior do país.

(B) A base de cálculo do imposto é o preço do serviço.

(C) A alíquota máxima do ISS é 5% (cinco por cento).

(D) O ISS tem como fato gerador a prestação de serviços constantes da lista anexa, ainda que esses não se constituam como atividade preponderante do prestador.

Resposta: Alternativa "A".

4. IMPOSTOS DISTRITAIS E CONTROLE CONCENTRADO DE CONSTITUCIONALIDADE

A Constituição Federal (art. 32, § 1º) reservou ao Distrito Federal as competências administrativas e legislativas cominadas aos Estados e aos Municípios, e assim o fez, entre outras razões, porque veda a divisão do Distrito Federal em Municípios.

Como não há previsão normativa específica sobre o controle concentrado da constitucionalidade das leis ou atos normativos distritais, o Supremo Tribunal Federal construiu entendimento para admiti-lo, desde que o ato ou a lei impugnados por afronta à Carta Magna tenham sido exarados no exercício da **competência estadual**.

Na hipótese, porém, de lei ou ato normativo distrital, exarados no exercício da competência municipal, será inadmissível o controle concentrado, pois equivaleria à arguição de uma lei municipal em face da Constituição Federal, o que não é permitido pelo texto constitucional, que só admite o controle difuso nesses casos.

> ▸ **Qual o entendimento do STF sobre esse ponto:**
>
> ◙ Não cabe ação direta de inconstitucionalidade de lei do Distrito Federal derivada da sua competência legislativa municipal. (Súmula 642)

Capítulo

XXII

Contribuições Especiais

SUMÁRIO: 1. Conceitos gerais. – 2. Contribuições para custeio da seguridade social: 2.1. Contribuições sociais do art. 195 da Constituição; 2.1.1. Contribuições sociais do empregador e equiparados; 2.1.1.1. Contribuição sobre folha de salários e rendimentos do trabalho; 2.1.1.2. Contribuição sobre receita ou faturamento; 2.1.1.3. Contribuição sobre o lucro; 2.1.2. Contribuições sociais do trabalhador e segurados; 2.1.3. Contribuições sociais de concursos de prognósticos; 2.1.4. Contribuições sociais do importador e equiparados; 2.1.5. Contribuição sobre resultado da produção; 2.2. Regras constitucionais das contribuições sociais; 2.2.1. Anterioridade nonagesimal; 2.2.2. Imunidade das entidades beneficentes de assistência social; 2.2.3. Diferenciação de alíquotas e bases de cálculo; 2.2.4. Vedação de remissão e anistia; 2.2.5. Não cumulatividade. – 3. Contribuição social do salário educação. – 4. Contribuições ao PIS/Pasep. – 5. Contribuições ao "Sistema S". – 6. Contribuições sociais residuais. – 7. Contribuições de intervenção no domínio econômico. – 8. Contribuições de interesse das categorias profissionais ou econômicas. – 9. Contribuição para custeio do regime próprio de previdência dos servidores públicos. – 10. Contribuição para custeio da iluminação pública.

1. CONCEITOS GERAIS

A Constituição submete as contribuições ao regime jurídico dos tributos, prevendo limitações constitucionais e regramentos gerais estipulados em lei complementar, o que denota sua natureza tributária, mas isso não permite confundi-las com as outras espécies tradicionais – impostos, taxas e contribuições de melhoria. Melhor vislumbrá-las como tributos que possuem características próprias, espécie autônoma, distinta das demais.

Pode-se caracterizá-las pela sua destinação, vale dizer, são ingressos necessariamente direcionados a financiar a atuação do Poder Público nas situações especificadas na Carta Magna, o que permite a imposição das seguintes espécies de contribuição.

Contribuições	
Contribuições para custeio da seguridade social	Arts. 195 e 239 Art. 74, ADCT
Contribuições sociais residuais	Art. 195, § 4º
Contribuições de intervenção no domínio econômico	Art. 149
Contribuições de interesse das categorias profissionais ou econômicas	Art. 149

Contribuições	
Contribuição para custeio do regime próprio de previdência dos servidores públicos	Arts. 40 e 149, § 1º
Contribuição para custeio da iluminação pública	Art. 149-A

Regra geral, são tributos instituídos **privativamente** pela União, com exceção da contribuição para custeio da iluminação pública, de competência municipal (e do Distrito Federal), e da contribuição para custeio do regime próprio de previdência dos servidores públicos, de competência **comum** aos três entes federativos, relativamente aos respectivos servidores.

▸ Como esse assunto foi cobrado em concurso?

(FCC/TJ/SC/Juiz/2017) As contribuições sociais para a seguridade social:

(A) estão entre as competências comuns da União, Estados, Distrito Federal e Municípios.

(B) incidem exclusivamente sobre os valores pagos a segurados empregados e avulsos.

(C) não podem, em hipótese alguma, se desvincular do orçamento da previdência social.

(D) não incidem sobre gorjetas pagas ao segurado.

(E) só incidem sobre o lucro líquido apurado conforme a legislação do Imposto de Renda

Resposta: Alternativa "A".

De acordo com o art. 4º do CTN, a natureza jurídica específica do tributo é determinada pelo seu **fato gerador**, sendo irrelevantes para qualificá-la: a denominação e demais características formais adotadas pela lei, bem como a destinação legal do produto da sua arrecadação. Afirmação que, entretanto, só é aplicável à **teoria tripartida** das espécies tributárias, que as diferencia em impostos, taxas e contribuições de melhoria (encartada no art. 5º do CTN), não englobando **contribuições especiais** e **empréstimos compulsórios.** O que impõe uma análise conjugada da base de cálculo e do fato gerador para a correta identificação da natureza jurídica da exação, assim como da necessária avaliação da **finalidade** das contribuições especiais e da possibilidade, ou não, de devolução do montante arrecadada, no caso dos empréstimos compulsórios.

A finalidade é requisito inafastável para a caracterização da contribuição. O enquadramento da finalidade apontada na lei instituidora dentre aquelas constitucionalmente previstas como autorizadoras da contribuição é requisito de validade da mesma. Verifica-se qual a finalidade pela análise da destinação legal do produto da arrecadação.

Segundo entendimento jurisprudencial, as contribuições **podem ter base de cálculo e fato gerador idênticos aos de impostos.**

> ▸ **Qual o entendimento do STF sobre esse ponto:**
>
> ◙ Não se aplica às contribuições sociais novas a segunda parte do inciso I do art. 154 da Carta Magna, ou seja, que elas não devam ter fato gerador ou base de cálculos próprios dos impostos discriminados na Constituição. (RE 223085. DJ 19.2.1999)

Podem ser instituídas por **lei ordinária**, salvo as contribuições para o financiamento da seguridade social incidentes sobre novas fontes de custeio, que exigem lei complementar, nos termos do § 4º do art. 195 da Constituição Federal.

Observa-se que as contribuições especiais podem incidir sobre substrato tributário de impostos. Uma leitura apressada desse art. 195, § 4º, CF, com remissão ao art. 154, I, pode levar a pensar que a instituição de novas contribuições sociais para custeio da seguridade social deve garantir que estas "sejam previstas em lei complementar, desde que sejam não cumulativas e não tenham fato gerador ou base de cálculo próprios dos impostos discriminados na Constituição". Entretanto, a exegese correta é que a elas só se aplica o disposto na primeira parte do art. 154, I, ou seja: devem ser instituídas por lei complementar, podendo sim, ter identidade de base de cálculo ou fato gerador de impostos.

> ▸ **Qual o entendimento do STF sobre esse ponto:**
>
> ◙ É legítima a cobrança da Cofins, do PIS e do Finsocial sobre as operações relativas a energia elétrica, serviços de telecomunicações, derivados de petróleo, combustíveis e minerais do país. (Súmula 659)

2. CONTRIBUIÇÕES PARA CUSTEIO DA SEGURIDADE SOCIAL

Dentre os objetivos da Seguridade Social, o art. 194, incs. V e VI, da Constituição consagra a equidade na forma de participação no custeio e a diversidade da base de financiamento.

A **equidade** exige a diferenciação como medida de verdadeira justiça na forma de participação do custeio da seguridade social, e deriva do corolário do princípio da isonomia, ou seja, igual teor de proteção conferido pelo sistema de seguridade deve corresponder, necessariamente, igual carga tributária no item específico das contribuições sociais a serem vertidas para tal sistema, assim como diferenciado teor de proteção deve corresponder distinta carga fiscal.

A previdência social busca a pluralidade de recursos na tentativa de definir o seguro social com a participação do indivíduo e da sociedade, impondo ao legislador ordinário buscar **múltiplas fontes de custeio**, obviamente diferenciadas, compromissadas com a técnica protetiva desejada.

2.1. Contribuições sociais do art. 195 da Constituição

As contribuições sociais representam um gênero. O art. 149 da Constituição regula o regime tributário de contribuições sociais de caráter não previdenciário, guardando os mesmos ditames dos demais tributos. Servem para custear a atuação do Estado em campos sociais diversos, como, por exemplo, o salário-educação (art. 212, § 5º) ou o FGTS, visando ao financiamento imobiliário. Diferentemente, as contribuições sociais previdenciárias - espécie - servem ao financiamento da seguridade social: previdenciário, saúde e assistência social.

O **financiamento da seguridade social**, dada a natureza tributária das contribuições sociais, em verdade também faz parte do sistema tributário nacional, limitando-se, em consequência, por seus regramentos, e tem como sustentáculo o **princípio da universalidade de custeio**, pulverizando sobre toda a sociedade o ônus de manter o fluxo de recursos necessários para cumprir os objetivos constitucionais, sempre calcados "em lei", como aduz o texto do artigo.

A exemplo do que ocorre com as contribuições previstas de forma específica no art. 149 da CF, as contribuições de seguridade e de previdência do art. 195 **podem ser instituídas por lei ordinária**, pois o art. 146, III, a, não faz referência às contribuições, reservando à lei complementar apenas a definição da hipótese de incidência, da base de cálculo e dos contribuintes dos "impostos discriminados nesta Constituição".

Apenas as contribuições para o financiamento da seguridade social incidentes sobre **novas fontes de custeio** é que exigem lei complementar, nos termos do § 4º do art. 195 da Constituição Federal.

As **contribuições para custeio da seguridade social** também são conhecidas como contribuições da previdência ou, meramente, como contribuições sociais. Integram as receitas do INSS, entidade paraestatal responsável pelas ações da seguridade social no Brasil.

Têm indiscutível natureza tributária: por imposição constitucional, submetem-se às normas gerais de direito tributário e aos princípios da legalidade e da anterioridade (quanto a este último, com regras próprias). Possui **função parafiscal**, por suprir entidades paraestatais com recursos vinculados a atividades específicas de interesse do Estado.

As receitas arrecadadas destinam-se ao **orçamento da seguridade social**, isto é, não são receitas do Tesouro Nacional. Algumas das contribuições, como a Cofins e a CSLL, apesar de arrecadas e fiscalizadas pela União (Receita Federal), são repassadas diretamente ao caixa da previdência, não violando sua destinação constitucional.

Por mandamento constitucional, a seguridade social será financiada por toda a sociedade, de forma direta e indireta, nos termos da lei, mediante recursos provenientes dos orçamentos da União, dos Estados, do Distrito Federal e dos

Municípios, e de contribuições sociais especificadas no corpo da Constituição Federal, conforme discriminado na tabela abaixo.

Espécies de contribuição para custeio da seguridade social	
Contribuição social do empregador	Art. 195, I
Contribuição social do trabalhador	Art. 195, II
Contribuição social sobre a receita de concursos de prognósticos	Art. 195, III
Contribuição social sobre a importação de bens e serviços	Art. 195, IV
Contribuições sociais para o PIS e para o Pasep	Art. 239
Contribuição social provisória sobre movimentação financeira	Art. 74, ADCT
Contribuições sociais residuais	Art. 195, § 4º

Estas contribuições destinam-se ao financiamento dos serviços relacionados à seguridade social: previdência social, saúde e assistência social, e somente a União é competente para instituí-las. **Não incidem sobre as receitas decorrentes de exportação**, mas incidem sobre a importação de produtos estrangeiros ou serviços. Suas alíquotas podem ser:

- ***ad valorem***, tendo por base o faturamento, a receita bruta ou o valor da operação e, no caso de importação, o valor aduaneiro; ou
- **específicas**, tendo por base a unidade de medida adotada.

> **Qual o entendimento do STF sobre esse ponto:**
>
> ◙ A imunidade encerra exceção constitucional à capacidade ativa tributária, cabendo interpretar os preceitos regedores de forma estrita. A imunidade prevista no inc. I do § 2º do art. 149 da CF não alcança o lucro das empresas exportadoras. Incide no lucro das empresas exportadoras a CSLL. (RE 564413, repercussão geral)

2.1.1. *Contribuições sociais do empregador e equiparados*

A CF (art. 195, I) arrola os sujeitos passivos deste tipo de contribuição social, cabendo às suas alíneas delimitar as bases econômicas que servirão de substrato à tributação, conforme resume a tabela abaixo.

Contribuições
- do empregador; - da empresa; - e da entidade a ela equiparada na forma da lei.

Incidentes sobre
- a folha de salários e demais rendimentos do trabalho pagos ou creditados, a qualquer título, à pessoa física que lhe preste serviço, mesmo sem vínculo empregatício;
- a receita ou o faturamento;
- o lucro.

▸ **Qual o entendimento do STF sobre esse ponto:**

◙ Enquadrado o tributo (Cofins) no art. 195, I, da CF, é dispensável a disciplina mediante lei complementar. (RE 527602, repercussão geral)

Quanto à discriminação dos **sujeitos passivos**, na Lei 8.212/91, que dispõe sobre a organização da Seguridade Social, encontram-se especificados os conceitos de empresa e de entidade a ela equiparada:

> **Art. 15.** Considera-se:
>
> I - empresa - a firma individual ou sociedade que assume o risco de atividade econômica urbana ou rural, com fins lucrativos ou não, bem como os órgãos e entidades da administração pública direta, indireta e fundacional;
>
> II - empregador doméstico - a pessoa ou família que admite a seu serviço, sem finalidade lucrativa, empregado doméstico.
>
> **Parágrafo único.** Equiparam-se a empresa, para os efeitos desta Lei, o contribuinte individual e a pessoa física na condição de proprietário ou dono de obra de construção civil, em relação a segurado que lhe presta serviço, bem como a cooperativa, a associação ou a entidade de qualquer natureza ou finalidade, a missão diplomática e a repartição consular de carreira estrangeiras

Cabe registrar, também, que a jurisprudência confere interpretação ampla ao termo "empregadores", constante no texto do inciso sob comento, baseado na solidariedade geral e que se baseiam as contribuições sociais. (STF, RE 335256)

Quanto às hipóteses de incidência, define o texto constitucional um triplo suporte, especificado nos tópicos adiante.

2.1.1.1. *Contribuição sobre folha de salários e rendimentos do trabalho*

A expressão "folha de salários" pressupõe remuneração paga a empregado como remuneração pelo trabalho desenvolvido em caráter não eventual e subordinado ao empregador.

Deve-se observar que a própria Constituição alarga o conceito de salário para efeito de cálculo das contribuições sociais em seu art. 201, § 11, que engloba, também, os chamados "ganhos habituais a qualquer título" (Paulsen, 2010):

> **Art. 201.** § 11. Os ganhos habituais do empregado, a qualquer título, serão incorporados ao salário para efeito de contribuição previdenciária e consequente repercussão em benefícios, nos casos e na forma da lei.

2.1.1.2. Contribuição sobre receita ou faturamento

Cuidando do elemento material das contribuições para a seguridade, essa norma permite a incidência sobre o faturamento, que, no sentido jurídico, deve ser entendido como o **resultado bruto** da atividade básica da empresa ou do ente equiparado. Assim, o conceito abrange todas as receitas advindas da atividade econômica básica ou operacional da unidade produtiva.

> **Qual o entendimento do STJ sobre esse ponto:**
>
> - A Contribuição para Financiamento da Seguridade Social - Cofins incide sobre as receitas provenientes das operações de locação de bens móveis. (Súmula 423)
> - A base de cálculo do PIS, até a edição da MP 1.212/95, era o faturamento ocorrido no sexto mês anterior ao do fato gerador. (Súmula 468)
> - Antes da EC 20/98, a definição constitucional de faturamento envolvia somente a venda de mercadorias, de serviços ou de mercadorias e serviços, não abrangendo a totalidade das receitas auferidas pela pessoa jurídica, tal como o legislador ordinário pretendeu. Somente após a edição da referida emenda constitucional, possibilitou-se a inclusão da totalidade das receitas - incluindo o JCP - como base de cálculo do PIS, circunstância materializada com a edição das leis 10.637/02 e 10.833/03. (REsp 1104184, recurso repetitivo)
> - A base de cálculo do PIS e da Cofins, independentemente do regime normativo aplicável (LCs 7/70 e 70/91 ou leis ordinárias 10.637/02 e 10.833/03), abrange os valores recebidos pelas empresas prestadoras de serviços de locação de mão-de-obra temporária (regidas pela Lei 6.019/74 e pelo Dec. 73.841/74), a título de pagamento de salários e encargos sociais dos trabalhadores temporários. (REsp 1141065, recurso repetitivo)

2.1.1.3. Contribuição sobre o lucro

O lucro fiscal, que ocasiona o fato gerador do imposto de renda, toma como elemento básico o lucro contábil, mas não faz parte de sua íntima estrutura, de modo integral.

O **lucro contábil**, que acarreta o fato gerador da contribuição social prevista no art. 195, I, c, da CF, é propriamente a base imponível deste tributo. Não constitui a base de cálculo do imposto de renda, pois, para tanto, há que se fazer algumas operações numéricas (adições, subtrações, compensações etc.). Esses ajustes compreendem a formação e a apuração do lucro tributável pelo imposto de renda, que nem sempre corresponde ao lucro tributável para a contribuição social.

2.1.2. *Contribuições sociais do trabalhador e segurados*

Participam do custeio da previdência o próprio trabalhador e, também, os demais segurados. A razão disso, além da diversificação das bases de financiamento, é manter um certo caráter "securitário" em que o interessado obriga-se a pagar um prêmio que lhe permita, no futuro, fazer jus às coberturas de eventuais imprevistos, e, também, um caráter "atuarial", em que a contribuição presente retorna ao beneficiário, no futuro, sob forma de aposentadoria.

A norma sob comento, em sua parte final, cria **imunidade de contribuições** sobre o recebimento das aposentadorias e das pensões concedidas pelo regime geral da previdência social.

> ▸ **Qual o entendimento do STF sobre esse ponto:**
>
> ◙ A contribuição previdenciária incide sobre o abono incorporado ao salário. (Súmula 241)
>
> ◙ É legítima a incidência da contribuição previdenciária sobre o 13º salário. (Súmula 688)

2.1.3. *Contribuições sociais de concursos de prognósticos*

Concursos de prognósticos são modalidades de jogo ou aposta, que a legislação brasileira só admite sejam explorados sob certas condições. A receita da loteria esportiva, da loteria federal, da megasena etc., deduzidos os valores devidos aos acertadores desses jogos, é um bem da União, a quem se defere o poder de explorar, licitamente, tais eventos.

Assim dispõe a Lei 8.212/91 sobre o tema:

> **Art. 26.** Constitui receita da Seguridade Social a contribuição social sobre a receita de concursos de prognósticos a que se refere o inciso III do *caput* do art. 195 da Constituição Federal.

Registre-se que a contribuição não incide sobre "jogo de azar", assim chamada a exploração ilegal de cassinos, "jogo do bicho" e outras jogatinas (STF, RE 502271-AgR).

2.1.4. *Contribuições sociais do importador e equiparados*

Segundo o dispositivo constitucional incide contribuição social sobre o importador de bens ou serviços do exterior, ou de quem a lei a ele equiparar.

A Lei 10.865/04 estendeu a cobrança do PIS/Pasep e da Cofins à importação de bens e serviços.

2.1.5. Contribuição sobre resultado da produção

De acordo com o art. 195, § 8º, da CF, o produtor, o parceiro, o meeiro e o arrendatário rurais e o pescador artesanal, e seus cônjuges, exercendo suas atividades em regime de **economia familiar**, sem empregados permanentes, recolhem contribuição social específica, **calculada sobre o resultado da comercialização da produção**, conforme regulamenta o artigo 25 da Lei 8.212/91.

2.2. Regras constitucionais das contribuições sociais

2.2.1. Anterioridade nonagesimal

As contribuições sociais previstas no art. 195 da CF só poderão ser exigidas depois de decorridos noventa dias da data da publicação da lei que as houver "instituído ou modificado".

Importante observar que a noventena prevista nesse dispositivo difere daquela versada no art. 150, III, c, da CF, que fala em lei que houver "instituído ou aumentado" o tributo.

Diferenças entre as "noventenas"	
CF, art. 195, § 6º	**CF, art. 150, III, c**
As contribuições sociais de que trata este artigo só poderão ser exigidas após decorridos noventa dias da data da publicação da lei que as houver instituído ou modificado...	É vedado cobrar tributos antes de decorridos noventa dias da data em que haja sido publicada a lei que os instituiu ou aumentou...

Importante lembrar que **não se aplica o princípio da anterioridade** às contribuições definidas neste art. 195 da CF, por expressa previsão da parte final do § 6º deste mesmo artigo.

2.2.2. Imunidade das entidades beneficentes de assistência social

O art. 195, § 7º da Constituição afirma que "são isentas de contribuição para a seguridade social as entidades beneficentes de assistência social que atendam às exigências estabelecidas em lei".

Aqui, mais uma vez, a atecnia do legislador impõe a correção do texto pois, em verdade, trata-se de verdadeira **imunidade** constitucional.

A assistência social é conceituada pela própria Constituição, no art. 203, e, pelo seu caráter intrínseco de utilidade e interesse social, o Constituinte permite sua subtração à tributação, desde que atenda aos requisitos pertinentes, estatuídos em lei. Trata-se, portanto, de uma **imunidade condicionada**.

- **Qual o entendimento do STF sobre esse ponto:**
- A lei complementar é forma exigível para a definição do modo beneficente de atuação das entidades de assistência social contempladas pelo art. 195, § 7º, da CF, especialmente no que se refere à instituição de contrapartidas a serem por elas observadas. (RE-ED 566622, 18.12.2019, repercussão geral)

2.2.3. *Diferenciação de alíquotas e bases de cálculo*

A diversificação das fontes de financiamento da seguridade social ganhou importante critério diferencial com a inclusão, pela EC 20/98, do § 9º ao art. 195 da Carta. De fato, associando a equidade com a diversidade, o preceito determina a aplicação de alíquotas diferenciadas em razão da atividade econômica exercida pela empresa (Balera, 2010):

> **CF. Art. 195, § 9º** As contribuições sociais previstas no inciso I do *caput* deste artigo poderão ter alíquotas ou bases de cálculo diferenciadas, em razão da atividade econômica, da utilização intensiva de mão-de-obra, do porte da empresa ou da condição estrutural do mercado de trabalho.

2.2.4. *Vedação de remissão e anistia*

Diz o art. 195, § 11 da Constituição que "é vedada a concessão de remissão ou anistia das contribuições sociais de que tratam os incisos I, a, e II deste artigo, para débitos em montante superior ao fixado em lei complementar".

A norma proíbe a remissão e a anistia das contribuições sociais (a) do empregador, da empresa e da entidade a ela equiparada na forma da lei, incidentes sobre a folha de salários e demais rendimentos do trabalho pagos ou creditados, a qualquer título, à pessoa física que lhe preste serviço, mesmo sem vínculo empregatício; e (b) do trabalhador e dos demais segurados da previdência social.

A vedação não é irrestrita, posto alcançar somente débitos de monta superior a **limite fixado em lei complementar**.

A razão do dispositivo é preservar as fontes de custeio da seguridade social, afastando, no que for possível, as pressões políticas por benefícios fiscais que possam agravar o histórico déficit previdenciário brasileiro.

2.2.5. *Não cumulatividade*

Segundo o art. 195, § 12, da CF, cabe à **lei** definir quais setores da economia para os quais as contribuições incidentes na forma dos incisos I, b; e IV do *caput*, serão **não cumulativas**.

O § 13 desse mesmo artigo **também assegura a não cumulatividade** a quaisquer hipóteses de substituição da contribuição sobre a folha e demais pagamentos a pessoa física pela incidente sobre a receita ou o faturamento. O objetivo desta regra é incentivar os contratos formais de trabalho, desonerando essa forma de tributação.

3. CONTRIBUIÇÃO SOCIAL DO SALÁRIO EDUCAÇÃO

Segundo o art. 212, § 5º da CF, "a educação básica pública terá como fonte adicional de financiamento a contribuição social do salário-educação, recolhida pelas empresas na forma da lei".

A norma traduz preocupação crítica com o financiamento da educação básica no Brasil, que necessita de investimentos de porte nessa área, prioritária para alcançar melhores níveis de desenvolvimento econômico e social.

> **Qual o entendimento do STF sobre esse ponto:**
>
> É constitucional a cobrança da contribuição do salário-educação, seja sob a Carta de 1969, seja sob a CF/1988, e no regime da Lei 9.424/96. (Súmula 732)

A contribuição foi instituída pela Lei 9.424/96:

> Art. 15. O Salário-Educação, previsto no art. 212, § 5º, da Constituição Federal e devido pelas empresas na forma em que vier a ser disposto em regulamento, é calculado com base na alíquota de 2,5% (dois e meio por cento) sobre o total das remunerações pagas ou creditadas, a qualquer título, aos segurados-empregados, assim definidos no art. 12, inciso I, da Lei nº 8.212, de 24 de julho de 1991.

> **Qual o entendimento do STJ sobre esse ponto:**
>
> A contribuição para o salário-educação tem como sujeito passivo as empresas, assim entendidas as firmas individuais ou sociedades que assumam o risco de atividade econômica, urbana ou rural, com fins lucrativos ou não, em consonância com o art. 15 da Lei 9.424/96, regulamentado pelo Dec. 3.142/99, sucedido pelo Dec. 6.003/06. A Lei 9.424/96, que regulamentou o art. 212, § 5º, da CF, ao aludir às empresas como sujeito passivo da referida contribuição social, o fez de forma ampla, encartando, nesse conceito, a instituição, individual ou coletiva, que, assumindo os riscos da atividade econômica, admite, assalaria e dirige a prestação pessoal de serviço, bem como qualquer entidade, pública ou privada, vinculada à previdência social, com ou sem fins lucrativos, ressalvadas as exceções previstas na legislação específica e excluídos os órgãos da administração direta (art. 1º, § 5º, do DL 1.422/75 c.c. art. 2º da CLT). (REsp 1162307, recurso repetitivo)

Já o § 6º desse mesmo art. 212 da Constituição diz que " as cotas estaduais e municipais da arrecadação da contribuição social do salário-educação serão distribuídas proporcionalmente ao número de alunos matriculados na educação básica nas respectivas redes públicas de ensino".

São destinadas aos estados e aos municípios parcelas de recursos arrecadados, calculada de acordo com as regras previstas no art. 60 do ADCT.

Trata-se de alocação de recursos restrita ao âmbito financeiro, não alcançando a esfera tributária. A União continua com a titularidade exclusiva da competência tributária, cabendo a estados e municípios unicamente a participação na arrecadação federal, sistemática que se assemelha à repartição de receitas tributárias, regulada no art. 157 e seguintes da Constituição.

4. CONTRIBUIÇÕES AO PIS/PASEP

A Constituição Federal alterou a destinação dessas duas contribuições (PIS e Pasep), afetando-as ao custeio do **seguro-desemprego** e do **abono salarial** (regulamentados pela Lei 7.998/90).

A Lei 10.637/02 dispõe que a contribuição ao PIS/Pasep incide sobre o faturamento mensal, que corresponde à noção de **receita bruta**, que é a totalidade das receitas auferidas, independentemente das atividades exercidas pelo contribuinte e da classificação contábil adotada.

Nos termos do § 4º, a empresa que provocar desemprego maior do que a média do setor em que se enquadra pagará contribuição adicional à seguridade social. Isso se deve à sobrecarga casada ao sistema PIS, que custeia o seguro-desemprego. Note-se que se trata de mais um caso de tributação exacerbada por características penais, uma espécie de **tributo-sanção**.

▸ **Qual o entendimento do STF sobre esse ponto:**

- É legítima a cobrança da Cofins, do PIS e do Finsocial sobre as operações relativas a energia elétrica, serviços de telecomunicações, derivados de petróleo, combustíveis e minerais do país. (Súmula 659)
- Não ofende o art. 173, § 1º, II, da Constituição Federal, a escolha legislativa de reputar não equivalentes a situação das empresas privadas com relação a das sociedades de economia mista, das empresas públicas e respectivas subsidiárias que exploram atividade econômica, para fins de submissão ao regime tributário das contribuições para o PIS e para o Pasep, à luz dos princípios da igualdade tributária e da seletividade no financiamento da Seguridade Social. (RE 577494, repercussão geral)
- O ICMS não compõe a base de cálculo para a incidência do PIS e da Cofins. (RE 574706, repercussão geral)
- As vendas inadimplidas não podem ser excluídas da base de cálculo da contribuição ao PIS e da Cofins, visto que integram a receita da pessoa jurídica. (RE 586482, repercussão geral)

- I. A contribuição para o PIS está sujeita ao princípio da anterioridade nonagesimal previsto no art. 195, § 6º, da CF; II. Nos casos em que a majoração de alíquota tenha sido estabelecida somente na conversão de medida provisória em lei, a contribuição apenas poderá ser exigida após noventa dias da publicação da lei de conversão. (RE 568503, repercussão geral)
- É inconstitucional a incidência da contribuição ao PIS e da Cofins não cumulativas sobre os valores recebidos por empresa exportadora em razão da transferência a terceiros de créditos de ICMS. (RE 606107, repercussão geral)
- A receita auferida pelas cooperativas de trabalho decorrentes dos atos (negócios jurídicos) firmados com terceiros se insere na materialidade da contribuição ao PIS/Pasep. (RE 599362, repercussão geral)
- É inconstitucional a incidência da contribuição ao PIS e da Cofins sobre a receita decorrente da variação cambial positiva obtida nas operações de exportação de produtos. (RE 627815, repercussão geral)
- A imunidade tributária prevista no art. 195, § 7º, da CF abrange a contribuição para o PIS. (RE 636941, repercussão geral)
- A contribuição ao PIS só pode ser exigida, na forma estabelecida pelo art. 2º da EC 17/97, após decorridos noventa dias da data da publicação da referida emenda constitucional. (RE 848353, repercussão geral)

▸ Qual o entendimento do STJ sobre esse ponto:

- Não incide a contribuição destinada ao PIS/Cofins sobre os atos cooperativos típicos realizados pelas cooperativas. (REsp 1164716, recurso repetitivo)
- É legítimo o repasse às tarifas de energia elétrica do valor correspondente ao pagamento do PIS e da Cofins incidente sobre o faturamento das empresas concessionárias. (REsp 1185070, recurso repetitivo)
- O valor suportado pelo beneficiário do serviço, nele incluindo a quantia referente ao ISSQN, compõe o conceito de receita ou faturamento para fins de adequação à hipótese de incidência do PIS e da Cofins. (REsp 1330737, recurso repetitivo)

5. CONTRIBUIÇÕES AO "SISTEMA S"

De acordo com a Constituição Federal:

> **Art. 240.** Ficam ressalvadas do disposto no art. 195 as atuais contribuições compulsórias dos empregadores sobre a folha de salários, destinadas às entidades privadas de serviço social e de formação profissional vinculadas ao sistema sindical.

"Sistema S" é como se denomina o conjunto de entidades paraestatais que constituem os **serviços sociais autônomos** brasileiros, e engloba: ABDI, Apex, Sebrae, Senac, Senai, Senar, Senat, Sesc, Sescoop, Sesi e Sest.

Trata-se de pessoas jurídicas de direito privado, não integrantes da administração pública, sem fins lucrativos, instituídos por lei e fomentados por recursos públicos. São entes **paraestatais**, com autonomia administrativa e financeira, desempenhando atividades privadas de interesse público - tradicionalmente, a assistência ou o ensino a determinadas categorias profissionais ou a grupos sociais e econômicos - e custeadas por **contribuições específicas**, instituídas pela União Federal.

O artigo em comento, ao falar em "atuais contribuições" recepciona expressamente aquelas existentes à época da promulgação da CF/1988, entretanto, vários serviços sociais autônomos são posteriores à Carta Magna, e, para seu custeio, foram criadas novas contribuições dessa mesma natureza, agora, sob o amparo do art. 149, visto que o art. 240 não as ampara.

Entidade	Diploma	Setor
Senai	DL 4.048/42	Industrial
Sesi	DL 9.403/46	Industrial
Senac	DL 8.621/46	Comercial
Sesc	DL 9.853/46	Comercial
Senar	Lei 8.315/92	Rural
Senat	Lei 8.706/93	Transporte
Sest	Lei 8.706/93	Transporte
Sescoop	MPv 2.168/01	Cooperativas

▸ **Qual o entendimento do STJ sobre esse ponto:**

◙ As empresas prestadoras de serviços estão sujeitas às contribuições ao Sesc e Senac, salvo se integradas noutro serviço social. (Súmula 499)

6. CONTRIBUIÇÕES SOCIAIS RESIDUAIS

Pela abrangência da permissão contida no art. 149 da Constituição, a doutrina entende que à União permite-se instituir outras contribuições sociais, que não aquelas especificamente destinadas ao custeio da seguridade social, para manter ou implementar a proteção de direitos sociais em sentido amplo. São as chamadas **contribuições sociais residuais**.

A União pode instituir contribuições para o financiamento da seguridade social incidentes sobre outras fontes destinadas a garantir a manutenção ou expansão da seguridade social, utilizando a competência residual prevista no § 4º do art. 195 da Constituição Federal ("a lei poderá instituir outras fontes destinadas a garantir a manutenção ou expansão da seguridade social, obedecido o disposto no art. 154, I"), desde que obedecidos os seguintes preceitos:

> **Art. 154.** A União poderá instituir: I – mediante lei complementar, impostos não previstos no artigo anterior, desde que sejam não cumulativos e não tenham fato gerador ou base de cálculo próprios dos discriminados nesta Constituição;

Uma leitura apressada do art. 195, § 4º, CF, com remissão ao art. 154, I, pode levar a pensar que a instituição de novas contribuições sociais para custeio da seguridade social deva garantir que estas "sejam previstas em lei complementar, desde que sejam não cumulativas e não tenham fato gerador ou base de cálculo próprios dos **impostos** discriminados na Constituição".

Entretanto, a exegese correta é que a elas só se aplica o disposto na primeira parte do art. 154, I, ou seja: devem ser instituídas por lei complementar, podendo sim, ter identidade de base de cálculo ou fato gerador de impostos.

Assim, os pressupostos constitucionais para criação de novas contribuições sociais podem ser resumidos conforme indica a tabela abaixo.

Requisitos para instituição de contribuições sociais "residuais"
- Instituição por lei complementar;
- Não cumulatividade;
- Fato gerador diferente dos de outras contribuições sociais;
- Base de cálculo diferente das de outras contribuições sociais.

7. CONTRIBUIÇÕES DE INTERVENÇÃO NO DOMÍNIO ECONÔMICO

Também denominada **contribuição interventiva** nos diversos segmentos da economia. Objetiva carrear recursos que possibilitem a intervenção da União, que é o único ente político competente para cobrar a exação.

A intervenção, na maior parte das vezes, ocorre em forma de fomento de atividades que viabilizam desenvolver setores específicos da economia. A própria Constituição (art. 177, § 4º), por exemplo, impõe à lei que instituir contribuição de intervenção no domínio econômico relativa às atividades de importação ou comercialização de petróleo e seus derivados, gás natural e seus derivados e álcool combustível – Cide-combustíveis – o dever de destinar os recursos arrecadados para:

a) o pagamento de subsídios a preços ou transporte de álcool combustível, gás natural e seus derivados e derivados de petróleo;

b) o financiamento de projetos ambientais relacionados com a indústria do petróleo e do gás;

c) o financiamento de programas de infraestrutura de transportes.

▸ **Como esse assunto foi cobrado em concurso?**

(FCC/Sefaz/SC/Auditor/2018) No que se refere à contribuição para o custeio da iluminação pública e à contribuição de intervenção no domínio econômico, a Constituição Federal dispõe que:

(A) compete à União e aos Estados instituir a contribuição de intervenção e compete aos Municípios instituir a contribuição de iluminação, garantido assim os meios necessários para prover segurança pública, com polícia e iluminação.

(B) a contribuição de intervenção no domínio econômico pode incidir nas importações e nas exportações.

(C) compete aos Municípios instituir a contribuição referente à iluminação pública e compete à União instituir a contribuição referente a intervenção no domínio econômico.

(D) compete aos Estados e ao Distrito Federal instituir a contribuição da iluminação pública nas estradas e rodovias iluminadas que cortam seus territórios.

(E) a contribuição para o custeio da iluminação pública não pode incidir sobre receitas de exportação ou de importação, nem sobre templos ou arenas de esportes, e a contribuição de intervenção precisa ser aprovada pelo Senado e pela Assembleia Legislativa do Estado.

Resposta: Alternativa "C".

O art. 174 da Constituição Federal possibilita a intervenção do Estado na economia como agente normativo e regulador, desde que calcada nas funções de fiscalização, incentivo e planejamento, na forma da lei.

Assim como as contribuições sociais, tais contribuições incidem sobre a importação de produtos estrangeiros ou serviços, mas não incidem sobre as receitas decorrentes de exportação. Suas alíquotas poderão ser **ad valorem**, tendo por base o faturamento, a receita bruta ou o valor da operação e, no caso de importação, o valor aduaneiro; ou específicas, tendo por base a unidade de medida adotada.

Além da Cide-combustíveis, outros exemplos bastante conhecidos de contribuição de intervenção no domínio econômico são o Adicional ao Frete para Renovação da Marinha Mercante – AFRMM e o Adicional de Tarifa Portuária – ATP.

▸ **Qual o entendimento do STF sobre esse ponto:**

- A imunidade encerra exceção constitucional à capacidade ativa tributária, cabendo interpretar os preceitos regedores de forma estrita. A imunidade prevista no inc. I do § 2º do art. 149 da CF não alcança o lucro das empresas exportadoras. Incide no lucro das empresas exportadoras a CSLL. (RE 564413, repercussão geral)

- A norma imunizante contida no inciso I do § 2º do art. 149 da Constituição Federal alcança as receitas decorrentes de operações indiretas de exportação caracterizadas por haver participação negocial de sociedade exportadora intermediária. (RE 759244, j. 12.2.2020, repercussão geral)

8. CONTRIBUIÇÕES DE INTERESSE DAS CATEGORIAS PROFISSIONAIS OU ECONÔMICAS

Também denominadas **contribuições profissionais** ou **contribuições corporativas**. São vinculadas a entidades representativas de certos segmentos profissionais, com objetivo de custeá-las para que possam fiscalizar e regulamentar o exercício de atividades profissionais ou econômicas. Exemplos são as anualidades de conselhos profissionais: OAB – advogados, CRC – contabilistas, CRM – médicos etc.; e as do denominado Sistema "S" (Sesi, Senai, Sesc e Senac).

São de caráter tributário **parafiscal**, pois o produto da arrecadação visa financiar órgãos autônomos que não integram a máquina administrativa do Estado, mas que exercem funções de interesse público.

A jurisprudência do STF (ADI 4762) também pontua as seguintes características desse tipo de contribuição: (a) podem sem progressivas, assim como qualquer espécie tributária (*v.g.*, em relação a pessoas físicas, correlacionando desigualdade educacional (níveis técnico e superior) e provável disparidade de renda; em relação a pessoas jurídicas, valorando o capital social); (b) são finalísticas, porque se prestam a suprir os cofres dos órgãos representativos das categorias profissionais, com o escopo de financiar as atividades públicas por eles desempenhadas; seu fato gerador é existência de inscrição no conselho respectivo, ainda que por tempo limitado, ao longo do exercício.

O Sistema "S" foi preservado expressamente no art. 240 da Constituição, que ressalvou as contribuições compulsórias dos empregadores sobre a folha de salários já existentes à época da promulgação da Carta, mantendo o destino dos recursos recolhidos às entidades privadas de serviço social e de formação profissional vinculadas ao sistema sindical, sem afetá-los à seguridade social.

Importante observar que a **contribuição confederativa** prevista no art. 8º, IV, da Constituição Federal não se enquadra na figura tributária aqui discutida, e sequer tem natureza tributária, conforme reiteradas decisões do STF, daí não ter o caráter de generalidade, típico dos tributos.

▸ Qual o entendimento do STF sobre esse ponto:

- A contribuição confederativa de que trata o artigo 8º, IV, da Constituição Federal, só é exigível dos filiados ao sindicato respectivo. (Súmula Vinculante 40)

9. CONTRIBUIÇÃO PARA CUSTEIO DO REGIME PRÓPRIO DE PREVIDÊNCIA DOS SERVIDORES PÚBLICOS

A previdência social brasileira é dividida em dois sistemas distintos, um, denominado **regime geral da previdência**, acolhe os trabalhadores em geral; outro, conhecido por **regime próprio da previdência**, destina-se somente aos servidores públicos **estatutários** (pois também existem funcionários públicos contribuintes do sistema geral da previdência, os **não estatutários**).

O regime próprio de previdência deve ser custeado com as seguintes fontes: contribuição do respectivo ente público, dos servidores ativos, dos servidores aposentados e dos pensionistas. Os beneficiários são os servidores titulares de cargos efetivos da União, dos Estados, do Distrito Federal e dos Municípios, incluídas suas autarquias e fundações.

Sua implementação depende da aprovação de **lei ordinária** pelo ente federado, que poderá prever **alíquotas progressivas** de acordo com o valor da base de contribuição ou dos proventos de aposentadoria e de pensões.

Caso ocorra **déficit atuarial**, a contribuição ordinária dos aposentados e pensionistas poderá incidir sobre o valor dos proventos de aposentadoria e de pensões que superarem o salário-mínimo. Se ainda assim o déficit não for equacionado, é facultada a instituição de **contribuição extraordinária**, no **âmbito federal**, que deverá ser instituída simultaneamente com outras medidas e vigorará por período determinado, contado da data de sua instituição.

Incide contribuição sobre os proventos de aposentadorias e pensões concedidas por esse regime que superem o limite máximo estabelecido para os benefícios do regime geral de previdência social, com percentual igual ao estabelecido para os servidores titulares de cargos efetivos (CF, art. 40, § 18).

> ▸ **Como esse assunto foi cobrado em concurso?**
>
> (**Cespe/Sefaz/AL/Auditor/2020**) A progressividade das alíquotas de contribuição previdenciária dos servidores públicos tem caráter fiscal, o que caracteriza aumento de tributação.
>
> *Resposta: Certa.*

A Emenda Constitucional nº 103/2019 trouxe novidades sobre essa modalidade de tributo, e passou a permitir, em caso de déficit atuarial, que a contribuição ordinária dos aposentados e pensionistas possa incidir sobre valores de proventos de aposentadoria/pensão que superem o salário-mínimo. E criou, também, a possibilidade de **contribuição extraordinária**, por período determinado, no âmbito federal, dos servidores públicos ativos e inativos, se insuficiente o incremento trazido para equacionar o déficit atuarial.

10. CONTRIBUIÇÃO PARA CUSTEIO DA ILUMINAÇÃO PÚBLICA

Foi introduzida pela Emenda Constitucional nº 39/2002, como forma de contornar a jurisprudência do STF, baseada na indivisibilidade do serviço tributado (CF, art. 145, II), que impedia aos municípios cobrar as conhecidas "taxas de iluminação pública".

▶ **Qual o entendimento do STF sobre esse ponto:**

◙ O serviço de iluminação pública não pode ser remunerado mediante taxa. (Súmula Vinculante 41)

▶ **Como esse assunto foi cobrado em concurso?**

(Fadesp/PGM/Marabá/Procurador/2019) Sobre a remuneração do serviço de iluminação pública é correto afirmar, de acordo com a jurisprudência consolidada dos Tribunais Superiores, que

(A) os Municípios podem instituir em leis próprias as Taxas de Iluminação Pública.

(B) o STF julgou inconstitucionais as leis municipais que criam as CIP/COSIP - Contribuição de Iluminação Pública - porque entende que elas servem para cobrar valores por serviços públicos divisíveis.

(C) a Súmula Vinculante 41 estabelece que o serviço de iluminação pública não pode ser cobrado através de contribuição.

(D) a Súmula Vinculante 41 estabelece que o serviço de iluminação pública não pode ser remunerado mediante taxa.

Resposta: Alternativa "D".

A opção pela espécie "contribuição" para carrear tais fundos pode ser explicada pelo seguinte motivo: o fundamento da contribuição, diferentemente das taxas, não é a hipótese de incidência, mas sim sua finalidade financeira, o interesse público na manutenção da atividade estatal de iluminação pública nas cidades brasileiras.

Sua competência foi atribuída aos Municípios e ao Distrito Federal (CF, art. 149-A), que devem respeitar os princípios da legalidade, anterioridade e anterioridade nonagesimal. **É facultada** sua cobrança na fatura de consumo de energia elétrica, o que não significa que não possa ser destacada do valor da conta de energia, caso o contribuinte queira impugná-la ou pagá-la separadamente.

▶ **Qual o entendimento do STF sobre esse ponto:**

◙ I. Lei que restringe os contribuintes da Cosip aos consumidores de energia elétrica do município não ofende o princípio da isonomia, ante a impossibilidade de se identificar e tributar todos os beneficiários do serviço de iluminação pública. II. A progressividade da alíquota, que resulta do rateio do custo da iluminação pública entre os consumidores de energia elétrica, não afronta o princípio da capacidade contributiva. III. Tributo de caráter "sui generis", que não se confunde com um imposto, porque sua receita se destina a finalidade específica, nem com uma taxa, por não exigir a contraprestação individualizada de um serviço ao contribuinte. (RE 573675, repercussão geral)

Capítulo

XXIII

Simples Nacional

SUMÁRIO • 1. Introdução. – 2. Principais implicações na tributação: 2.1. Alcance da norma; 2.2. Conceito de microempresa e empresa de pequeno porte; 2.3. Instâncias gestoras; 2.4. Instituição do Simples Nacional; 2.5. Vedações à opção pelo Simples Nacional; 2.6. Alíquotas, base de cálculo e recolhimento; 2.7. Obrigações acessórias; 2.8. Exclusão do Simples Nacional; 2.9. Fiscalização; 2.10. Processo administrativo e judicial.

1. INTRODUÇÃO

No tocante às microempresas e empresas de pequeno porte, o texto constitucional é claro ao estabelecer a possibilidade de um tratamento diferenciado, o que se observa tanto no capítulo relativo aos princípios gerais da atividade econômica:

> **Art. 146.** Cabe à lei complementar: [...] III – Estabelecer normas gerais em matéria de legislação tributária, especialmente sobre: [...] d) Definição de tratamento diferenciado e favorecido para as microempresas e para as empresas de pequeno porte, inclusive regimes especiais ou simplificados no caso do imposto previsto no art. 155, II, das contribuições previstas no art. 195, I e §§ 12 e 13, e da contribuição a que se refere o art. 239.
>
> **Parágrafo único.** A lei complementar de que trata o inciso III, d, também poderá instituir um regime único de arrecadação dos impostos e contribuições da União, dos Estados, do Distrito Federal e dos Municípios, observado que:
>
> I – Será opcional para o contribuinte;
>
> II – Poderão ser estabelecidas condições de enquadramento diferenciadas por Estado;
>
> III – O recolhimento será unificado e centralizado e a distribuição da parcela de recursos pertencentes aos respectivos entes federados será imediata, vedada qualquer retenção ou condicionamento;
>
> IV – A arrecadação, a fiscalização e a cobrança poderão ser compartilhadas pelos entes federados, adotado cadastro nacional único de contribuintes.

Quanto no capítulo relativo ao Sistema Tributário Nacional:

> **Art. 170.** A ordem econômica, fundada na valorização do trabalho humano e na livre iniciativa, tem por fim assegurar a todos existência digna,

> conforme os ditames da justiça social, observados os seguintes princípios: [...] IX – Tratamento favorecido para as empresas de pequeno porte constituídas sob as leis brasileiras e que tenham sua sede e administração no País.

Sendo assim, a Lei Complementar nº 123/2006 veio a regulamentar essas previsões constitucionais, instituindo o Estatuto Nacional da Microempresa e da Empresa de Pequeno Porte, mais conhecido como **Simples Nacional**, norma que objetiva fomentar a atividade econômica mediante um tratamento tributário, previdenciário e trabalhista menos oneroso e burocrático. A lei menciona, explicitamente, "tratamento diferenciado e favorecido a ser dispensado às microempresas e empresas de pequeno porte" (art. 1º, *caput*), especialmente sobre:

Disposições gerais sobre o tratamento diferenciado
– Apuração e recolhimento dos impostos e contribuições de todas as esferas, mediante regime único de arrecadação, incluindo as obrigações acessórias.
– Cumprimento de obrigações trabalhistas e previdenciárias, incluindo as obrigações acessórias.
– Acesso a crédito e ao mercado, até mesmo quanto à preferência nas aquisições de bens e serviços pelos Poderes Públicos, à tecnologia, ao associativismo e às regras de inclusão.
– ao cadastro nacional único de contribuintes (CF, art. 146, pár. ún., inc. IV)

▸ **Como esse assunto foi cobrado em concurso?**

(Cespe/Sefaz/AL/Auditor/2020) No que se refere ao Estatuto Nacional da Microempresa e da Empresa de Pequeno Porte – Simples Nacional, a lei que institui esse estatuto destina-se a dar tratamento diferenciado às micro e pequenas empresas no que se refere tanto às obrigações principais quanto às acessórias.

Resposta: Certa.

2. PRINCIPAIS IMPLICAÇÕES NA TRIBUTAÇÃO

2.1. Alcance da norma

A União, Estados, Distrito Federal e Municípios, por força do Estatuto, terão de estabelecer novos parâmetros para a Administração Tributária, com a utilização de novas ferramentas legislativas e operacionais que possibilitem a implementação das mudanças previstas na Lei Complementar nº 123/2006.

2.2. Conceito de microempresa e empresa de pequeno porte

O conceito de microempresa (ME) e empresa de pequeno porte (EPP) é assim determinado:

> **Art. 3º** Para os efeitos desta Lei Complementar, consideram-se microempresas ou empresas de pequeno porte a sociedade empresária, a sociedade

simples, a empresa individual de responsabilidade limitada e o empresário a que se refere o art. 966 da Lei no 10.406, de 10 de janeiro de 2002 (Código Civil), devidamente registrados no Registro de Empresas Mercantis ou no Registro Civil de Pessoas Jurídicas, conforme o caso, desde que:

I - no caso da microempresa, aufira, em cada ano-calendário, receita bruta igual ou inferior a R$ 360.000,00 (trezentos e sessenta mil reais); e

II - no caso de empresa de pequeno porte, aufira, em cada ano-calendário, receita bruta superior a R$ 360.000,00 (trezentos e sessenta mil reais) e igual ou inferior a R$ 4.800.000,00 (quatro milhões e oitocentos mil reais).

Alguns conceitos importantes:

- Empresário: pessoa jurídica (sociedade empresária) ou física (empresário individual) que desenvolve atividade econômica organizada para a produção ou para circulação de bens ou de serviços.
- Sociedade empresária: sociedade que desenvolve atividade típica de empresário, ou seja, que desenvolve atividade econômica organizada com finalidade de produção ou circulação de bens ou serviços.
- Sociedade simples: sociedades que não desenvolvem atividade típica de empresário.

Pessoas jurídicas não incluídas no conceito de ME e EPP (LC 123/2006, art. 3º, § 4º)
- De cujo capital participe outra pessoa jurídica;
- Que seja filial, sucursal, agência ou representação, no País, de pessoa jurídica com sede no exterior;
- De cujo capital participe pessoa física que seja inscrita como empresário ou seja sócia de outra empresa que receba tratamento jurídico diferenciado nos termos desta Lei Complementar, desde que a receita bruta global ultrapasse o limite de que trata o inciso II do *caput* deste artigo;
- Cujo titular ou sócio participe com mais de 10% do capital de outra empresa não beneficiada por esta Lei Complementar, desde que a receita bruta global ultrapasse o limite de que trata o inciso II do *caput* deste artigo;
- Cujo sócio ou titular seja administrador ou equiparado de outra pessoa jurídica com fins lucrativos, desde que a receita bruta global ultrapasse o limite de que trata o inciso II do *caput* deste artigo;
- Constituída sob a forma de cooperativas, salvo as de consumo;
- Que participe do capital de outra pessoa jurídica;
- Que exerça atividade de banco comercial, de investimentos e de desenvolvimento, de caixa econômica, de sociedade de crédito, financiamento e investimento ou de crédito imobiliário, de corretora ou de distribuidora de títulos, valores mobiliários e câmbio, de empresa de arrendamento mercantil, de seguros privados e de capitalização ou de previdência complementar;
- Resultante ou remanescente de cisão ou qualquer outra forma de desmembramento de pessoa jurídica que tenha ocorrido em um dos 5 (cinco) anos-calendário anteriores;

Pessoas jurídicas não incluídas no conceito de ME e EPP (LC 123/2006, art. 3º, § 4º)
- Constituída sob a forma de sociedade por ações. - Cujos titulares ou sócios guardem, cumulativamente, com o contratante do serviço, relação de pessoalidade, subordinação e habitualidade.

2.3. Instâncias gestoras

Foram criadas **três instâncias** para gerir o tratamento diferenciado e favorecido instituído pela LC 123/2006 (art. 2º): o Comitê Gestor do Simples Nacional; o Fórum Permanente das Microempresas e Empresas de Pequeno Porte e o Comitê para Gestão da Rede Nacional para Simplificação do Registro e da Legalização de Empresas e Negócios.

Comitê Gestor do Simples Nacional
- Vinculado ao Ministério da Fazenda. - Composição: - 4 representantes da União (Secretaria da Receita Federal do Brasil); - 2 representantes dos Estados e do Distrito Federal; - 2 representantes dos Municípios - Função: tratar dos aspectos tributários. - Competência: regulamentar a opção, exclusão, tributação, fiscalização, arrecadação, cobrança, dívida ativa, recolhimento e demais itens relativos ao regime de que trata o art. 12 da LC.
Fórum Permanente das ME e EPP
- Presidido e coordenado pela Secretaria da Micro e Pequena Empresa da Presidência da República. - Composição: formado pela participação dos órgãos federais competentes e das entidades vinculadas ao setor. - Função: tratar dos demais aspectos, exceto os de competência do Comitê para Gestão. - Finalidade: orientar e assessorar a formulação e coordenação da política nacional de desenvolvimento das ME e EPP, bem como acompanhar e avaliar a sua implantação.
Comitê para Gestão da Rede Nacional para Simplificação do Registro e da Legalização de Empresas e Negócios – CGSIM
- Composição: representantes da União, dos Estados e do Distrito Federal, dos Municípios e demais órgãos de apoio e de registro empresarial, na forma definida pelo Poder Executivo. - Função: tratar do processo de registro e de legalização de empresários e de pessoas jurídicas. - Competência: na forma da lei, regulamentar a inscrição, cadastro, abertura, alvará, arquivamento, licenças, permissão, autorização, registros e demais itens relativos à abertura, legalização e funcionamento de empresários e de pessoas jurídicas de qualquer porte, atividade econômica ou composição societária.

2.4. Instituição do Simples Nacional

O Estatuto institui, em seu art. 12, o Simples Nacional, Regime Especial Unificado de Arrecadação de Tributos e Contribuições devidos pelas ME e EPP. Tal regime especial contempla o recolhimento, em documento único, dos seguintes tributos:

Tributos recolhidos em documento único (art. 13 da Lei Complementar nº 123/2006)
- IRPJ;
- IPI (não exclui: PIS/Pasep, Cofins e IPI incidentes em importação);
- CSLL;
- Cofins (não exclui: PIS/Pasep, Cofins e IPI incidentes em importação);
- PIS/Pasep (não exclui: PIS/Pasep, Cofins e IPI incidentes em importação);
- Contribuição Patronal Previdenciária (Lei 8.212/91, art. 22), exceto p/ atividades de construção de imóveis e obras de engenharia em geral, inclusive sob a forma de subempreitada, execução de projetos e serviços de paisagismo, bem como decoração de interiores; e serviço de vigilância, limpeza ou conservação.
- ICMS;
- ISS.

O recolhimento em documento único não exclui a incidência de determinados impostos e contribuições, tais como o ITR, IOF, II, CPMF e outros (art. 13, § 1º).

Os optantes pelo Simples Nacional são isentos das demais contribuições instituídas pela União, incluindo as contribuições para as entidades privadas de serviço social e de formação profissional vinculadas ao sistema sindical - de que trata o art. 240 da Constituição Federal - e demais entidades de serviço social autônomo.

- **Qual o entendimento do STJ sobre esse ponto:**
- Súmula STJ 425. A retenção da contribuição para a seguridade social pelo tomador do serviço não se aplica às empresas optantes pelo Simples.

2.5. Vedações à opção pelo Simples Nacional

Nem todas as microempresas ou empresas de pequeno porte poderão fruir os benefícios do Estatuto, pois o legislador previu uma série de situações que as impede de optar pela tributação diferenciada (art. 17). Veda-se a opção para o empreendimento:

Atividades vedadas no Simples Nacional
- Que explore atividade de prestação cumulativa e contínua de serviços de assessoria creditícia, gestão de crédito, seleção e riscos, administração de contas a pagar e a receber, gerenciamento de ativos (asset management) ou compra de direitos creditórios resultantes de vendas mercantis a prazo ou de prestação de serviços (factoring) ou que execute operações de empréstimo, de financiamento e de

Atividades vedadas no Simples Nacional
desconto de títulos de crédito, exclusivamente com recursos próprios, tendo como contrapartes microempreendedores individuais, microempresas e empresas de pequeno porte, inclusive sob a forma de empresa simples de crédito;
- Que execute operações de empréstimo, de financiamento e de desconto de títulos de crédito, exclusivamente com recursos próprios, tendo como contrapartes microempreendedores individuais, microempresas e empresas de pequeno porte, inclusive sob a forma de empresa simples de crédito;
- Que tenha sócio domiciliado no exterior;
- De cujo capital participe entidade da administração pública, direta ou indireta, federal, estadual ou municipal;
- Que possua débito com o INSS, ou com as Fazendas Públicas Federal, Estadual ou Municipal, cuja exigibilidade não esteja suspensa;
- Que preste serviço de transporte intermunicipal e interestadual de passageiros, exceto quando na modalidade fluvial ou quando possuir características de transporte urbano ou metropolitano ou realizar-se sob fretamento contínuo em área metropolitana para o transporte de estudantes ou trabalhadores
- Que seja geradora, transmissora, distribuidora ou comercializadora de energia elétrica;
- Que exerça atividade de importação ou fabricação de automóveis e motocicletas;
- Que exerça atividade de importação de combustíveis;
- Que exerça atividade de produção ou venda no atacado de: (a) cigarros, cigarrilhas, charutos, filtros para cigarros, armas de fogo, munições e pólvoras, explosivos e detonantes; (b) bebidas não alcoólicas: refrigerantes, inclusive águas saborizadas gaseificadas; preparações compostas, não alcoólicas, para elaboração de bebida refrigerante; cervejas sem álcool; (c) bebidas alcoólicas, exceto aquelas produzidas ou vendidas no atacado por: micro e pequenas cervejarias/vinícolas; produtores de licores; micro e pequenas destilarias;
- Que realize cessão ou locação de mão-de-obra;
- Que se dedique ao loteamento e à incorporação de imóveis;
- Que realize atividade de locação de imóveis próprios, exceto quando se referir a prestação de serviços tributados pelo ISS;
- Com ausência de inscrição ou com irregularidade em cadastro fiscal federal, municipal ou estadual, quando exigível.

▸ **Qual o entendimento do STJ sobre esse ponto:**

◙ A opção pelo Simples de estabelecimentos dedicados às atividades de creche, pré-escola e ensino fundamental é admitida somente a partir de 24.10.2000, data de vigência da Lei nº 10.034/2000. (Súmula 448)

▸ **Como esse assunto foi cobrado em concurso?**

(Ameosc/Fisco/Barra_Bonita/Fiscal/2020) A microempresa ou empresa de pequeno porte que explore atividade de prestação cumulativa e contínua de serviços de assessoria creditícia, gestão de crédito, seleção e riscos, administração de contas a pagar e a receber, gerenciamento de ativos (asset management) ou compra de direitos creditórios resultantes de vendas mercantis a prazo ou de prestação de serviços (factoring) ou que execute operações de empréstimo, de financiamento e de desconto de títulos de crédito, exclusivamente com recursos próprios, tendo como contrapartes microempreendedores individuais, microempresas e empresas de pequeno porte, inclusive sob a forma de empresa simples de crédito:

(A) poderá, mas não deverá recolher os impostos e contribuições na forma do Simples Nacional.

(B) deverá recolher os impostos e contribuições na forma do Simples Nacional.

(C) não poderá recolher os impostos e contribuições na forma do Simples Nacional.

(D) será incentivada a recolher os impostos e contribuições na forma do Simples Nacional.

Resposta: Alternativa "C".

2.6. Alíquotas, base de cálculo e recolhimento

As alíquotas e a base de cálculo aplicáveis ao Simples Nacional serão determinadas de acordo com a atividade (comércio, indústria ou serviços) e com as faixas de receita bruta, conforme previsto nos anexos da LC nº 123/2006.

O Estatuto prevê a possibilidade de os Estados estabelecerem um **sublimite** para o uso das faixas de receita bruta, de acordo com a sua participação no PIB, da seguinte forma:

> **Art. 19.** Sem prejuízo da possibilidade de adoção de todas as faixas de receita previstas nos Anexos I a V desta Lei Complementar, os Estados cuja participação no Produto Interno Bruto brasileiro seja de até 1% (um por cento) poderão optar pela aplicação de sublimite para efeito de recolhimento do ICMS na forma do Simples Nacional nos respectivos territórios, para empresas com receita bruta anual de até R$ 1.800.000,00 (um milhão e oitocentos mil reais).

Os tributos deverão ser pagos por meio de documento único.

Cabe ao Comitê Gestor definir o sistema de repasses do total arrecadado, inclusive encargos legais, para os destinatários da tabela abaixo (LC 123/2006, art. 22).

Sistema de repasses definido pelo Comitê Gestor	
Ente	**Repasse do valor correspondente a**
Município ou DF	ISS
Estado ou DF	ICMS
INSS	Contribuição para Manutenção da Seguridade Social

2.7. Obrigações acessórias

O optante pelo Simples Nacional fica obrigado a apresentar, anualmente, declaração única e simplificada de informações socioeconômicas perante a Secretaria da Receita Federal, que deve ser disponibilizada à fiscalização, de acordo com modelo aprovado pelo Comitê Gestor.

Os documentos fiscais devem seguir os modelos aprovados pelo Comitê Gestor, órgão que também tem competência para instituir outras obrigações acessórias, vedadas, entretanto, aquelas instituídas de forma unilateral pelos entes federados.

O Comitê Gestor também é responsável pela padronização da declaração eletrônica que deverá ser enviada pelos contribuintes, bem como pela regulamentação da contabilidade simplificada a ser usada pelas ME e EPP.

2.8. Exclusão do Simples Nacional

As regras para exclusão de ofício ou a pedido do contribuinte serão estabelecidas pelo Comitê Gestor.

Várias são as hipóteses que contemplam a exclusão do Simples Nacional:

Casos de exclusão *ex officio* (LC 123/2006, art. 29)
- Verificada a falta de comunicação de exclusão obrigatória;
- For oferecido embaraço à fiscalização, caracterizado pela negativa não justificada de exibição de livros e documentos a que estiverem obrigadas, bem como pelo não fornecimento de informações sobre bens, movimentação financeira, negócio ou atividade que estiverem intimadas a apresentar, e nas demais hipóteses que autorizam a requisição de auxílio da força pública;
- For oferecida resistência à fiscalização, caracterizada pela negativa de acesso ao estabelecimento, ao domicílio fiscal ou a qualquer outro local onde desenvolvam suas atividades ou se encontrem bens de sua propriedade;
- A sua constituição ocorrer por interpostas pessoas;
- Tiver sido constatada prática reiterada de infração ao disposto nesta Lei Complementar;
- A empresa for declarada inapta, na forma dos arts. 81 e 82 da Lei 9.430/96;
- Comercializar mercadorias objeto de contrabando ou descaminho;
- Houver falta de escrituração do livro-caixa ou não permitir a identificação da movimentação financeira, inclusive bancária;
- For constatado que durante o ano-calendário o valor das despesas pagas supera em 20% (vinte por cento) o valor de ingressos de recursos no mesmo período, excluído o ano de início de atividade;
- For constatado que durante o ano-calendário o valor das aquisições de mercadorias para comercialização ou industrialização, ressalvadas hipóteses justificadas de aumento de estoque, for superior a 80% (oitenta por cento) dos ingressos de recursos no mesmo período, excluído o ano de início de atividade;

Casos de exclusão *ex officio* (LC 123/2006, art. 29)
- Houver descumprimento reiterado da obrigação contida no inciso I do *caput* do art. 26;
- Omitir de forma reiterada da folha de pagamento da empresa ou de documento de informações previsto pela legislação previdenciária, trabalhista ou tributária, segurado empregado, trabalhador avulso ou contribuinte individual que lhe preste serviço.

A exclusão também poderá ser realizada a pedido do contribuinte (art. 30 do Estatuto) e deve ser comunicada à Secretaria da Receita Federal.

Casos de exclusão a pedido (LC 123/2006, art. 30)
- por opção;
- obrigatoriamente, quando elas incorrerem em qualquer das situações de vedação previstas nesta Lei Complementar; ou
- obrigatoriamente, quando ultrapassado, no ano-calendário de início de atividade, o limite proporcional de receita bruta de que trata o § 2º do art. 3º;
- obrigatoriamente, quando ultrapassado, no ano-calendário, o limite de receita bruta previsto no inciso II do *caput* do art. 3º, quando não estiver no ano-calendário de início de atividade.

2.9. Fiscalização

A competência para fiscalizar o cumprimento das obrigações principais e acessórias relativas ao Simples Nacional e para verificar a ocorrência das hipóteses de exclusão *ex officio* é **concorrente**: da Secretaria da Receita Federal e das Secretarias de Fazenda ou de Finanças do Estado ou do Distrito Federal, segundo a localização do estabelecimento, e, tratando-se de prestação de serviços incluídos na competência tributária municipal, a competência será também do respectivo Município.

As Secretarias de Fazenda ou Finanças dos Estados poderão celebrar convênio com os Municípios de sua jurisdição para atribuir a estes a fiscalização referente ao Simples Nacional.

Em caso de não recolhimento ou recolhimento inferior ao devido, caberá lavratura de auto de infração por parte da autoridade competente para administrar o tributo objeto da autuação.

Cumpre, por derradeiro, mencionar que compete ao Comitê Gestor disciplinar a fiscalização do Simples Nacional e que se aplicam os juros e multa de mora e de ofício previstos para o Imposto de Renda, inclusive em relação ao ICMS e ao ISS.

▸ **Como esse assunto foi cobrado em concurso?**

(FCC/Sefin/São_Luís/Auditor/2018) De acordo com a disciplina estabelecida pela Lei Complementar federal n. 123/2006, acerca do Simples Nacional, os Municípios têm competência:

(A) para fiscalizar o cumprimento das obrigações principais e acessórias relativas ao Simples Nacional, desde que o estabelecimento fiscalizado seja prestador de serviços e se localize no Município que tem competência para proceder à sua fiscalização.

(B) para fiscalizar uma empresa de transporte intramunicipal localizada em seu território, relativamente ao cumprimento das obrigações principais e acessórias relativas ao Simples Nacional, mas não têm competência para verificar a ocorrência das hipóteses de exclusão de ofício desta empresa deste regime de tributação.

(C) para efetuar, por meio de suas autoridades fiscais, o lançamento do IRPJ, do IPI, do ITCMD e do ITBI, dentre outros, apurados na forma do Simples Nacional, relativamente a todos os estabelecimentos da empresa, independentemente do ente federado instituidor.

(D) concorrente para efetuar, por meio de suas autoridades fiscais, o lançamento do PIS, do COFINS, do ICMS e do ISS, apurados na forma do Simples Nacional, e de promover a autuação por descumprimento de obrigação acessória relacionada com esses impostos e contribuições, relativamente a todos os estabelecimentos da empresa, independentemente do ente federado instituidor da obrigação tributária.

(E) para fiscalizar um hotel localizado em seu território, relativamente ao cumprimento das obrigações principais e acessórias relativas ao Simples Nacional, e para verificar a ocorrência das hipóteses de sua exclusão, de ofício, deste regime de tributação, mas não têm competência para promover a autuação deste estabelecimento por descumprimento de obrigação acessória relativa ao IRPJ.

Resposta: Alternativa "E".

2.10. Processo administrativo e judicial

O processo administrativo fiscal é de competência do órgão julgador integrante da estrutura administrativa do ente tributante que efetuar o lançamento ou a exclusão de ofício. O Município poderá transferir, por convênio, para o Estado em que se localiza, a atribuição de julgamento dos contenciosos administrativos relativos ao Simples Nacional.

As consultas sobre o Simples Nacional serão processadas e decididas pela Secretaria da Receita Federal, exceto quando se referirem a tributos de competência dos Estados, Distrito Federal ou Municípios.

Os processos relativos a tributos e contribuições abrangidos pelo Simples Nacional serão ajuizados em face da União, que será representada em juízo pela Procuradoria-Geral da Fazenda Nacional.

Os créditos tributários oriundos da aplicação do Estatuto das ME e EPP serão apurados, inscritos em dívida ativa da União e cobrados judicialmente pela Procuradoria-Geral da Fazenda Nacional.

Mediante convênio, a Procuradoria-Geral da Fazenda Nacional poderá delegar aos Estados e Municípios a inscrição em dívida ativa estadual e municipal e a cobrança judicial dos tributos estaduais e municipais a que se refere o Estatuto.

▸ **Como esse assunto foi cobrado em concurso?**

(FGV/ALE/RO/Consultor/2018) ABC Calçados Ltda. - EPP, optante pelo regime de tributação do Simples Nacional, está inadimplente com o pagamento de seus tributos por essa sistemática. Em razão disso, o Estado ABC pretende inscrever em dívida ativa estadual e cobrar judicialmente a parcela do Simples referente ao ICMS devido pela empresa. Diante desse cenário, assinale a afirmativa correta:

(A) tais créditos tributários de ICMS oriundos do regime do Simples Nacional, somente podem ser apurados e inscritos em dívida ativa da União.

(B) tais créditos tributários de ICMS oriundos do regime do Simples Nacional, mesmo quando inscritos em dívida ativa estadual, somente podem ser cobrados judicialmente pela Procuradoria-Geral da Fazenda Nacional.

(C) tais créditos tributários de ICMS oriundos do regime do Simples Nacional, somente poderão ser inscritos em dívida ativa estadual quando a Procuradoria-Geral da Fazenda Nacional delegar tal atribuição ao Estado ABC, mediante convênio.

(D) tais créditos tributários de ICMS oriundos do regime do Simples Nacional, somente poderão ser cobrados judicialmente pela procuradoria estadual, independentemente de sua inscrição em dívida ativa estadual ou dívida ativa da União.

(E) tais créditos tributários de ICMS oriundos do regime do Simples Nacional, somente poderão ser cobrados judicialmente pela Procuradoria-Geral da Fazenda Nacional quando esta receber delegação de tal atribuição pelo Estado ABC, mediante convênio.

Resposta: Alternativa "C".

Referências

AGRA, Walber de Moura. Manual de direito constitucional. São Paulo: Editora Revista dos Tribunais, 2002.

ALMEIDA, Amador Paes de. Direito de empresa no Código Civil. São Paulo: Saraiva, 2004.

AMARO, Luciano. Direito tributário brasileiro. 7. ed. São Paulo: Saraiva, 2001.

ATALIBA, Geraldo. Hipótese de incidência tributária. 6. ed. São Paulo: Malheiros, 2000.

BALEEIRO, Aliomar. Direito tributário brasileiro. 11. ed. Rio de Janeiro: Forense, 2006.

BARRETO, Aires Fernandino. ISS na Constituição e na lei. 2. ed. São Paulo: Dialética, 2005.

BEZERRA FILHO, Manoel Justino. Nova lei de recuperação e falências comentada. 3. ed. São Paulo: Editora Revista dos Tribunais, 2005.

BITTENCOURT, Cezar R.; MONTEIRO, Luciana O. Crimes contra a ordem tributária. São Paulo: Saraiva, 2013.

BRITO, Edvaldo. ICMS – Substituição tributária – Possibilidade ou não de questionamento, pelo substituído, do valor a ser considerado pelo substituto. Revista Dialética de Direito Tributário. São Paulo, nº 97, p. 46-47, outubro. 2003.

CAMARGOS, Luciano Dias Bicalho. O imposto territorial rural e a função social da propriedade: doutrina, prática e jurisprudência. Belo Horizonte: Del Rey, 2001.

CARVALHO, Paulo de Barros. Curso de direito tributário. 11. ed. rev. São Paulo: Saraiva, 1999.

CAIS, Cleide Previtalli. O processo tributário. 4. ed. São Paulo: Editora Revista dos Tribunais, 2004.

CARVALHO FILHO, José dos Santos. Manual de direito administrativo. 16. ed. Rio de Janeiro: Lumen Juris, 2006.

COÊLHO, Sacha Calmon Navarro. Curso de direito tributário brasileiro. 9. ed. Rio de Janeiro: Forense, 2007.

COSTA, Regina Helena. Imunidades tributárias – teoria e análise da jurisprudência do STF. São Paulo: Malheiros, 2001.

COSTA JR., Paulo José da; DENARI, Zelmo. Infrações tributárias e delitos fiscais. 2. ed. São Paulo: Saraiva, 1996.

CUNHA, Leonardo José Carneiro da. A Fazenda Pública em juízo. São Paulo: Dialética, 2003.

DALLARI, Adilson Abreu; FERRAZ, Sérgio (Coords.) Estatuto da Cidade - Comentários à Lei Federal 10.257/2001. São Paulo: Malheiros, 2002.

DENARI, Zelmo. Arts. 180 a 182. In: MARTINS, Ives Gandra da Silva (Coord.). Comentários ao Código Tributário Nacional. v.2. 3. ed. São Paulo: Saraiva, 2002.

DINAMARCO, Cândido Rangel. Instituições de direito processual civil. vol. I. 5. ed. São Paulo: Malheiros, 2005.

DINIZ, Maria Helena. Compêndio de introdução à Ciência do Direito. 17. ed. São Paulo: Saraiva, 2005.

FANUCCHI, Fábio. Curso de direito tributário brasileiro. vol. I. 4. ed. São Paulo: Resenha Tributária, Instituto Brasileiro de Estudos Tributários, 1976.

FAVEIRO, Vítor. O estatuto do contribuinte - a pessoa do contribuinte no Estado Social de Direito. Coimbra: Coimbra Editora, 2002.

FERNANDES, Cintia Estefania. IPTU - texto e contexto. São Paulo: Quartier Latin, 2005.

FERREIRA, Roberto dos Santos. Crimes contra a ordem tributária. São Paulo: Malheiros, 1996.

FIORILLO, Celso Antonio Pacheco; FERREIRA, Renata Marques. Direito ambiental tributário. São Paulo: Saraiva, 2005.

FURLAN, Valéria Cristina Pereira. IPTU. São Paulo: Malheiros, 2000.

GAGLIANO, Pablo Stolze; PAMPLONA FILHO, Rodolfo. Novo curso de direito civil. Vol. I. Parte geral. 8 ed. São Paulo: Saraiva, 2006.

GODOI, Marciano Seabra de. Questões atuais do direito tributário na jurisprudência do STF. São Paulo: Dialética, 2006.

GONÇALVES, Carlos Roberto. Principais inovações no Código Civil de 2002: breves comentários. São Paulo: Saraiva, 2002.

______. Direito civil: parte geral. v. 1. 10. ed. São Paulo: Saraiva, 2003. Coleção Sinopses jurídicas.

______. Direito civil: parte geral. v. 3. 6. ed. São Paulo: Saraiva, 2003a. Coleção Sinopses jurídicas.

HOUAISS, Antônio; VILLAR, Mauro de Salles. Dicionário Houaiss da língua portuguesa. Rio de Janeiro: Objetiva, 2001.

JARDIM, Eduardo Marcial Ferreira. Arts. 170 a 172. In: MARTINS, Ives Gandra da Silva (Coord.). Comentários ao Código Tributário Nacional. v.2. 3. ed. São Paulo: Saraiva, 2002.

KERTZMAN, Ivan Mascarenhas. Curso prático de direito previdenciário. 2. ed. Salvador: Juspodivm, 2006.

LAPATZA, José Juan Ferreiro. Direito tributário – teoria geral do tributo. Barueri: Manole; Espanha: Marcial Pons, 2007.

LIMA, Maria Ednalva de. Interpretação e direito tributário: o processo de construção da regra-matriz de incidência e da decorrente norma individual e concreta. Rio de Janeiro: Forense, 2004.

LUNARDELLI, Pedro Guilherme Accorsi. Isenções tributárias. São Paulo: Dialética, 1999.

MACHADO, Hugo de Brito. Curso de direito tributário. 27. ed. São Paulo: Malheiros, 2006.

________. Comentários ao Código Tributário Nacional. vol. II. São Paulo: Atlas, 2004.

________. Comentários ao Código Tributário Nacional. vol. III. São Paulo: Atlas, 2005.

MANGIERI, Francisco Ramos; MELO, Omar Augusto Leite. ITBI – Imposto sobre transmissões de bens imóveis (inter vivos). Bauru: EDIPRO, 2006.

MARINONI, Luiz Guilherme; MITIDIERO, Daniel. Repercussão geral no recurso extraordinário. São Paulo: Editora Revista dos Tribunais, 2007.

MARINS, James. Direito processual tributário brasileiro – administrativo e judicial. 3. ed. São Paulo: Dialética, 2003.

MARTINS, Ives Gandra da Silva (Coord.). Processo administrativo tributário. 2. ed. São Paulo: Editora Revista dos Tribunais, 2002.

________. O sistema tributário na Constituição. 6. ed. São Paulo: Saraiva, 2007.

MELO, José Eduardo Soares de. Curso de direito tributário. 4. ed. São Paulo: Dialética, 2003.

MORAES, Bernardo Ribeiro de. Doutrina e prática das taxas. 2. ed. São Paulo: Quartier Latin, 2007.

NABAIS, José Casalta. O dever fundamental de pagar impostos. Coimbra: Almedina, 2004.

NERY JUNIOR, Nelson; NERY, Rosa Maria de Andrade. Código Civil anotado e legislação extravagante. 2. ed. rev. e ampl. São Paulo: Editora Revista dos Tribunais, 2004.

NASCIMENTO, Carlos Valder (Coord.) Comentários ao Código Tributário Nacional. 3. ed. Rio de Janeiro: Forense, 1998.

NOGUEIRA, Ruy Barbosa. Curso de Direito Tributário. 9. ed. São Paulo: Saraiva, 1989.

NUNES, Cleucio Santos. Teoria e prática do processo tributário. São Paulo: Dialética, 2002.

OLIVEIRA, Regis Fernandes de. Comentários ao Estatuto da Cidade. São Paulo: Revista dos Tribunais, 2002.

OLIVEIRA, Regis Fernandes de; HORVATH, Estevão. Manual de direito financeiro. 5. ed. rev. São Paulo: Revista dos Tribunais, 2002.

PAULSEN, Leandro; ÁVILA, René Bergmann. Direito processual tributário: processo administrativo fiscal e execução fiscal à luz da doutrina e da jurisprudência. 2. ed. Porto Alegre: Livraria do Advogado, 2005.

PAULSEN, Leandro. Direito tributário: Constituição e Código Tributário à luz da doutrina e da jurisprudência. 6. ed. Porto Alegre: Livraria do Advogado, 2004.

PAULSEN, Leandro; MELO, José Eduardo Soares de Melo. Impostos federais, estaduais e municipais. 2. ed. Porto Alegre: Livraria do Advogado, 2006.

PEIXOTO, Marcelo Magalhães (Coord.). IPTU - aspectos jurídicos relevantes. São Paulo: Quartier Latin, 2002.

ROCHA, João Marcelo. Direito tributário. 3. ed. Rio de Janeiro: Editora Ferreira, 2005.

SABBAG, Eduardo de Moraes. Direito tributário. 8. ed. São Paulo: Premier Máxima, 2006.

SANTOS JÚNIOR, Francisco Alves dos. Decadência e prescrição no direito tributário do Brasil - análise das principais teorias existentes e proposta para alteração da respectiva legislação. Rio de Janeiro: Renovar, 2001.

TORRES, Ricardo Lobo. Normas de interpretação e integração do direito tributário. 3. ed. Rio de Janeiro: Renovar, 2000.

________. Curso de direito financeiro e tributário. 14. ed. Rio de Janeiro: Renovar, 2007.

________. Tratado de direito constitucional, financeiro e tributário. vol. V. 2. ed. Rio de Janeiro: Renovar, 2000.

VESPERO FERNANDES, Regina Celi Pedrotti. Impostos sobre transmissão causa mortis e doação - ITCMD. 2. São Paulo: Editora Revista dos Tribunais, 2005.

VILLELA, Gilberto Etchaluz. A responsabilidade tributária. Porto Alegre: Livraria do Advogado, 2001.

ANOTAÇÕES

ANOTAÇÕES

ANOTAÇÕES

ANOTAÇÕES

ANOTAÇÕES

ANOTAÇÕES

ANOTAÇÕES

EDITORA JusPODIVM
www.editorajuspodivm.com.br

Impressão e Acabamento
PlenaPrint
Indústria Gráfica